# 我经历出版的那些事

石峰 著

中国书籍出版社
China Book Press

图书在版编目（CIP）数据

我经历出版的那些事 / 石峰著. -- 北京：中国书籍出版社, 2022.12

ISBN 978-7-5068-9322-0

Ⅰ.①我… Ⅱ.①石… Ⅲ.①出版工作—中国—文集 Ⅳ.① G239.2-53

中国版本图书馆 CIP 数据核字 (2022) 第 220013 号

## 我经历出版的那些事

石　峰　著

| | |
|---|---|
| 责任编辑 | 游　翔 |
| 责任印制 | 孙马飞　马　芝 |
| 封面设计 | 东方美迪 |
| 出版发行 | 中国书籍出版社 |
| 地　　址 | 北京市丰台区三路居路 97 号（邮编：100073） |
| 电　　话 | （010）52257143（总编室）　（010）52257140（发行部） |
| 电子邮箱 | eo@chinabp.com.cn |
| 经　　销 | 全国新华书店 |
| 印　　厂 | 河北省三河市顺兴印务有限公司 |
| 开　　本 | 787毫米×1092毫米　1/16 |
| 字　　数 | 345千字 |
| 印　　张 | 29.75　彩页 4 |
| 版　　次 | 2023 年 3 月第 1 版　2023 年 3 月第 1 次印刷 |
| 书　　号 | ISBN 978-7-5068-9322-0 |
| 定　　价 | 98.00 元 |

版权所有　翻印必究

作者照片

1988年10月访问苏联
前排右二作者、右三梁衡、右四白以素、右五杜导正、右七薛德震

1996年7月与新闻出版署同事去中国出版成就展上
右起阎晓宏、吴江江、王岩镔、石峰、杨牧之、孟传良、王俊国

2005年8月在第二届报业竞争力年会上讲话

与搜狐公司董事局主席兼CEO张朝阳亲切交谈

2007年在新闻出版总署楼前留影

2007年5月14日第36届世界期刊大会在北京隆重举行

2008年3月，出席第十一届全国政协第一次会议
右为新华社副社长马胜荣同志

# "口述出版史丛书"编委会

顾　　　问：刘杲　石峰　袁亮
编委会主任：魏玉山
编委会副主任：黄晓新　张立　董毅敏
编委会成员（按姓氏笔画为序）：

于秀丽　王平　王扬　刘成芳　刘向鸿
李晓晔　杨昆　杨春兰　张羽玲　陈含章
武斌　　尚烨　庞元　庞沁文　赵冰
赵安民　黄逸秋　游翔

# 收集鲜活史料　知古鉴今资政

——"口述出版史丛书"总序

党的十八大以来，以习近平同志为核心的党中央高度重视对党的历史的总结和运用。习近平总书记曾强调指出，历史是最好的教科书。学习党史、国史，是坚持和发展中国特色社会主义、把党和国家各项事业继续推向前进的必修课。这门功课不仅必修，而且必须修好。这一重要论断，为我们进一步学习和研究党史、国史，继承和发扬党的优良传统和工作作风，坚定中国特色社会主义道路自信、理论自信、制度自信、文化自信，推动各方面工作健康发展，指明了前进方向，提供了基本遵循。

从某种意义上说，中国共产党领导下的当代出版史是党史、国史的一个缩影。出版史与一个国家的社会发展史有着深厚的渊源，这一判断至少包含如下三层意思：作为一种实践活动，出版活动本身是人类社会活动的重要组成部分；作为一种传播载体，出版行为具有记录历史、传承文明的功能与作用；作为文化领域的重要分支，伴随着人类社会历史车轮的缓缓前行，出版业也在创造和书写着自身的行业发展史。

孔子曾称赞其弟子子贡为"告诸往而知来者"，意思是告诉你以前的事，你就能够举一反三、知道未来。这说明反思历史是未来发展的必要借鉴。没有历史的未来，亦犹无源之水、无本之木，是不可思议的。因此，我国出版业要在新的历史起点上继续繁荣发展，恐怕也需要对一个时期以来的出版史进行返观自省，梳理过往的发展轨迹，剖析发展节点上的是非曲折，总结疏导事业发展的经验教训，等等。一个行业，倘若没有深厚的历史作为积淀，是注定走不远的。

　　研究历史，就需要有丰富的相关史料。史料包括文献史料，有史书、档案文书、学术著作等文字史料，也包括当事人或亲历者提供的口述史料等。尽管我国史学有秉笔直书的理念倡导和传统，但毋庸讳言，那种"为尊者讳"的流弊却也屡见不鲜。因此，历史过程的亲历者、历史事件的当事人或目击者所提供的口述史料，就有着非同寻常、非常鲜活、非常珍贵的特殊价值。

　　几年前，北京电视台推出了一档集人文、历史和军事等题材在内的揭秘性纪实栏目——《档案》，颇受观众青睐。2011年，我看了一期《档案》节目后受到启发，觉得在我们出版界把那些当代的、珍贵的资料用音像的形式收集、记录和保存下来，很有必要、很有价值。我想，我们可以像《档案》栏目那样，去采访出版界的老领导、老职工，把当时他们对一些重大问题的决策经过、重大事件的亲身经历和处理过程，用口述的形式记录下来，保存起来。按我当时的想法，采访要原汁原味，遵守保密协议，记录者不得随意外传，受访者有什么谈什么，有不同看法，甚至涉及高层领导的意见，都可以谈，要尽可能地保持历史原貌，为后人研究我们当下的出版史，保存一批珍贵的第一手史料。

　　我把上述感想写信告诉了中国新闻出版研究院的领导，这封信受到了研究院领导班子的重视。他们专门抽调科研力量成立组织机构，并进行摸底研究，制定了采访规划，于是，"口述出版史"这个项目就应运而生了。现在回过头来看，与其说"口述出版史"的诞生，是由于我偶然间的一封信，倒不如说我的提议正好契合了研究院长期以来所关注出版基础理论的科研旨趣,更进一步讲,它也正好契合了国内各行业如火如荼的口述史理论探讨与实践探索。这大概就是唯物辩证法所讲的"偶然性事件中有必然性因子,而必然性往往通过偶然性来为自己开辟道路"吧。

我个人认为,以往中国近当代史的研究是以群体抽象为基础的"宏大叙事"模式。口述史的开展,可以在"宏大叙事"模式之外,多了一个"私人叙事"的视角,并由此收集、保存一批带有鲜活个性的、珍贵的当代史史料。这既是一种非常强烈的现实需要,同时,从某种意义上说,也是一种史学研究的创新。

之所以这样说,不仅是因为口述史作为一种现代史学研究方法,对操作规程有着严格要求(它要求采访人要有跨学科的研究视角、严谨的史学素养、扎实的实务功底、严格的保密规程,等等),更是因为它所涉及的受访人大多是行业内重要政策出台的起草者、参与者、见证者,他们阅历丰富、见识高深,不少受访的老同志在退居二线前身居高位,如何与这样高层次的受访对象展开对话与交流,采访并收集到文件上所看不到的"重要事件的处理始末、重要政策的起草与出台经过",这是一项极具挑战性的科研尝试。

然而,科学研究是不能畏首畏尾、止步不前的,而要有一种开拓创新、探寻真理的精神。我欣喜地看到,中国新闻出版研究院正在着力推动这项科研工作。随着时间的推移,它所抢救、收集到的出版业口述史料,会日益彰显其珍贵的价值。为了能早日把"口述出版史"项目所采集到的史料奉献给业界,研究院决定出版一套"口述出版史丛书"。我认为,其立意是高远的,这对于夯实当代出版史研究、弘扬出版文化、推动出版业的健康发展,都具有重要的现实意义和深远的历史意义。因此,我欣然应允,为之作序。

日月如梭，时移世迁。当代出版史研究也需要随着时间和实践的发展而不断深化。从"三亲"（亲历、亲见、亲闻）切入，聚焦"两重"（重大事件的处理始末、重要政策的起草出台），是该丛书的基本定位。鉴于不同访谈者在不同历史事件中的参与程度不同，该丛书将以出版人物的个人访谈、出版事件的集体记忆等形式陆续推出，形式不同，但相同的是对历史真实的尊重，其学术价值颇值得期待。

常言道，众人拾柴火焰高。"口述出版史"项目的全面铺开，离不开全行业各个环节、各个方面同仁们的关注、关心甚至参与。我衷心希望借"口述出版史丛书"这样一个内容十分丰富的命题，引起业界对出版史研究的兴趣，把当代出版业放到历史的坐标系中去考察，收集更多珍贵史料，尽可能还原历史真相，最终达到抢救历史记忆、温故知新、知古鉴今的目的，为在新的历史时期继续推进我国出版业的改革发展，提供更好更多的借鉴。

石　峰

2015 年 7 月

# 受访人简介

石峰，1946年7月出生。浙江义乌人。1969年8月加入中国共产党。中央党校研究生学历。编审职称。第十一届全国政协委员、第十一届全国政协学习和文史委员会委员。

1972年5月从部队借调到国务院出版口从事出版管理工作，1976年12月转业在国家出版局。1982年5月起任文化部出版局办公室副主任、新闻出版署办公室副主任、主任，1995年12月任新闻出版署党组成员兼办公室主任。2000年5月起党组分工分管报刊、政策法规工作。2003年1月至2006年12月任新闻出版总署副署长、党组成员。2007年2月至2018年6月担任中国期刊协会会长。

著有《且行且思》《书人书事书话》等；与人合著《中国出版业的发展与经济政策研究》《新中国出版五十年纪事》《幼学成语故事百题》《1983—1984短篇争鸣小说集》《1983—1984中篇争鸣小说集》《1985争鸣小说集》等；为《中国大百科全书》撰写《中华人民共和国出版事业》等条目，参与编撰《当代中国出版事业》（《当代中国》丛书之一），在《光明日报》开设"书人茶苑"专栏，撰写专栏文章十余篇。

主编《中国期刊史》，并为该书撰写《绪论》。

# 出版是一幅画——献给我挚爱的出版事业

出版是一幅画
它卷帙浩繁
画中呈现的
是色彩缤纷的大千世界

出版是一幅画
它海纳百川
画中蜿蜒的河流
是五千年的文明流淌

出版是一幅画
它意韵悠长
画中起伏的山峦
是我中华文化的脊梁

出版是一幅画
它博大深沉
画中茂密的森林
是炎黄子孙的精神家园

出版是一幅画
它优美动人
画中枝头的鸟儿
传唱着新时代的梦想

啊!中国出版
一幅波澜壮阔的历史画卷
一代代出版人
将描绘出更美好的明天

# 目 录

## 第一部分 我的出版机缘 ······ 001

我的出版瞬间 ······ 003
我的出版机缘 ······ 009

## 第二部分 我经历出版的那些事 ······ 057

关于"开门办社"的调查 ······ 060
我与民族文字出版工作的情结 ······ 067
出版界解放思想第一炮
　　——1978年庐山少儿出版工作座谈会 ······ 080
长沙会议确立地方出版社工作方针的前后 ······ 093
感受第一届全国书市
　　——1980年全国书市盛况空前 ······ 111
难忘的两次出版成就展 ······ 118
经历出版由乱到治的转变 ······ 132
苏联解体前的出版改革见闻
　　——中国出版代表团访问苏联 ······ 147

"东风工程"的提出和实施 …………………………… 155
出版业发展阶段性战略转移的提出 …………………… 163
三次出版整顿的前因后果 ……………………………… 179
查处违规报刊后的思考 ………………………………… 221
一次不寻常的"越洋对话" …………………………… 234
率团访问考察日本出版业 ……………………………… 258
都市报曾经的辉煌 ……………………………………… 270
筹备第36届世界期刊大会 …………………………… 286
见证汶川地震恢复重建奇迹 …………………………… 310
举办刊博会了却了我的一个心愿 ……………………… 324
努力倡导期刊数字化转型 ……………………………… 350
组织编撰《中国期刊史》 ……………………………… 372

## 第三部分　管理工作中的创新探索 ……………………… 397

建设"中国期刊方阵" ………………………………… 400
推进报业集团化发展 …………………………………… 410
推出新办期刊"试办期"制度 ………………………… 426
建立"中国数字报业实验室" ………………………… 434
实施出版物发行数据核查 ……………………………… 446

## 后　记 ………………………………………………………… 461

# 第一部分

# 我的出版机缘

> 人的一生,总有一些事在记忆中回响。
> 我走进出版,是一次偶然的机会。我能在出版行业坚守一辈子,是我的缘分。一步步走来,一个个瞬间,平平淡淡,却也给我留下了一串串念想。

# 我的出版瞬间

1990年5月与国家新闻出版署署长杜导正一起在上海参观韬奋纪念馆

1984年10月参加以中国出版工作者协会副主席王子野（左二）为团长的中国出版代表团访问英国，这是作者（右四）第一次出访

1997年率团访问朝鲜时与朝鲜小朋友合影

2003年1月，在第二届国家期刊奖颁奖大会上

2004年7月13日，率团访问加拿大时，会见加拿大文化遗产部副部长

2002年在广西师大出版社调研

2004年在《黑龙江日报》调研，左一为黑龙江省新闻出版局局长王宝秀

在 2006 全国印刷经理人年会上

2007 年 5 月,与法国拉加代尔活力媒体集团国际战略总裁阿兰交谈

2007 年 5 月,在第 36 届世界期刊大会闭幕式晚宴上致词(人民大会堂)

2008年与石宗源署长在一起。左一为刘杲，右一为杨牧之

2012年在全国政协会议上与鲁迅之子周海婴委员合影

**李晓晔：**石署长您好！您提出的"口述出版史"项目，我们新闻出版研究院很重视，正在有计划地组织安排。您在新闻出版部门工作几十年，我们计划将您纳入"口述出版史"的受访人。先请您谈谈您是怎么进入新闻出版行业的。

**石　峰：**好的。我进入新闻出版行业是一次偶然的机会，未曾想在这个行业竟干了一辈子。现在回过头来看，我很感慨，人的命运真的是深不可测，既对它满怀憧憬和希望，又充满挑战和变数，很多时候都身不由己。

# 我的出版机缘

我是个农村孩子，读初中之前几乎没有接触过除课本以外的其他书，却让我与书打了一辈子交道。

我是浙江义乌佛堂人。义乌是个历史悠久、人文荟萃之地。2004年，我撰写《岁月流逝的故乡》(《散文》2004年第11期，《散文》海外版2005年第1期)时，曾查阅过相关资料。据史料记载，公元前222年，秦将王翦平定江南，始置乌伤县；新朝王莽始建国元年（公元9年）曾改名乌孝；光武帝（刘秀）建武元年（公元25年）恢复乌伤县名；唐武德七年（公元624年）改名义乌，至今未变。乌伤、乌孝、义乌命名的由来，都与一个关于孝道的民间传说有关。据万历年《义乌县志》载，"秦颜孝子氏，事亲孝，葬亲躬畚锸，群乌衔土助之，喙为之伤。后旌其邑曰乌伤，曰乌孝，曰义乌，皆以孝子故。"义乌出过不少名人，首推唐初诗人骆宾王，据说他聪颖过人，7岁时就以《咏鹅》诗才名远扬，后来与王勃、杨炯、卢照邻齐名，号称"初唐四杰"；宋代抗金名将宗泽战功卓著，1937年重修宗泽墓时，墓前石碑坊横匾镌刻"民族之光"，石柱上镌刻"大宋濒危撑一柱，英雄垂死尚三呼"，可见宗泽对后人的巨大影响；现代著名教育家、语言学家陈望道，1920年4月由上海社会主义研究社出版了他翻译的《共产党宣言》，这是最早的中译本，为马克思主义在中国的传播作出了重要贡献；著名历史学家吴晗，被学界称为"太史公"，他在史学方面作出的贡献和在中国革命史上留下的足迹，足以使后人仰慕不已。

佛堂是个千年古镇，相传达摩祖师云游至乌伤双林乡，恰逢江水横溢，百姓遭殃。达摩将随身携带的铜磬抛进水中，磬化为船，百姓得救了。为了纪念达摩，当地百姓募建渡磬寺，寺柱楹联有"佛堂市兴永千秋"之句，后人遂名此地为佛堂，渡磬寺也被称为古佛堂。由于这里临江，水陆交通便利，是乌伤境内的一个重要集镇，称为佛堂镇。传说当年达摩是农历十月初十离此地而他往的，后人为了纪念达摩，每年这一天都要在佛堂镇举行"十月十庙会"，一直沿袭至今。当然，如今庙会的纪念意义和仪式感已然淡漠，而庙会的热闹程度却不减当年。佛堂镇离我们村只有千余米远。

1946年7月，在全国解放战争开始的隆隆炮声中，我来到了这个世界。我小时候的故乡是个只有十几户人家的小村庄，名称很特别，叫大田缺。我从小就在问，我们的村子为什么叫大田缺（在我们那边田缺就是农田的排水口）？代表村名的田缺在哪儿呢？始终没有人知道。现在村子大了、房子多了，但我还是怀念我小时候的村子。那时候村子虽小，但很幽静、很美。村前有一条小溪，是东面山谷雨水的主要排水河道；村西边的竹林是我儿时玩耍的好去处，可谓"溪水有鱼虾，清风满竹林"。我最忆村前现在很少能看到的三棵大樟树和两棵一人合抱不了的大松树，都有至少几百年的树龄，那是那个年代我们村的标志，可惜现在都不见了。大樟树旁有个关帝庙，在破除迷信运动后变成了铁匠铺。还有一个有钱人家做善事盖的凉亭，夏天到佛堂赶集的人，都会在凉亭里歇歇脚。我前几年曾填《酒泉子》词抒发对童年故乡的思念：

常忆故乡，不是桃源似桃源。白墙掩映清翠间，村前水潺潺。东有塔山迎朝阳，西有竹林作屏障。别来变化几多有，梦里也乡愁。

我兄妹5个，我排行老三。我们兄妹5人，3人当过兵，我大哥当了一辈子兵，我和二哥在部队的时间都不长。我的父亲有点儿文化，打得一手好算盘，从我记事起他就在外地供销社工作。他最多一个月才能回家一次，我与父亲相处的时间很少，但他是我们全家的靠山。记得我读初中时，父亲因为工作忙有两个多月没回家了，家里又急需用钱，母亲就让我到父亲那里去一趟。父亲工作的苏溪镇离家有六十多里路，当时去那里要坐汽车再换火车。我虽然十四五岁了，但从没出过远门，父亲见到我时很激动，抱着我不停地说："大人了，大人了，能出远门了。"小时候总盼着父亲回家，他的旅行包里会有我们期盼的东西。偶尔还能带我们到佛堂镇看个戏，尽管很少，却记忆犹新。与父亲相处，留在记忆里的都是欢乐，他每次回家看到我们都会很高兴。我感到最亏欠父亲的是我没有让他到北京来玩玩。他很想来，他认为儿子在北京工作他很荣耀，但又舍不得那几十元钱的路费。我很后悔，我怎么能就缺这几十元钱呢？我们读回忆录、看电视节目，经常有这样的情节，人老了，当回忆起父母时都会老泪纵横，说"如果生命能从头再来，我会选择多陪陪父母"。我也有同感。可谁都知道生命不可能从头再来啊，世上没有后悔药！爱的表达，事不宜迟啊！我父亲是1977年走的，那年他才65岁。我现在还会偶尔在梦里见到他。

对我影响大的是我母亲。我母亲不识字，是个典型的农村妇女。她勤劳善良，孤言寡语，克俭持家，任劳任怨。在那个年代，一个妇女在农村带着一群孩子要支撑起一个家有多难，只有我母亲心里最明白，但她从来不说。我们长大以后，村里的老人常说起我们兄妹小时候的那些事，有些往事像一幅幅画时刻萦绕在我的脑海里，难以磨灭。每年快到农历新年，都是我母亲最忙碌的

1961年的全家福

时候。小时候有些大人的事我不知道,但母亲为我们做新鞋的情景历历在目。在我们农村,新年孩子没有新鞋穿是不体面的,所以母亲很早就要准备。那时候我们睡觉醒来,总看到母亲还在昏暗的油灯下纳鞋底,那一针针、一线线,都缝在了我儿时的记忆里。所以小时候我特别爱惜鞋,一年到头光脚丫的时候多。我还记得,我们家乡带沙质土,夏天太阳晒过,走在路上烫脚,大人们穿着草鞋,小孩们只好踩在路边的小草上走。1987年,我接母亲带着我的侄女来北京住了一段时间,她不太习惯城里的生活,我弟弟就把她接回去了。2002年4月,我爱人退休后第一时间就一个人回到了我老家去侍候我母亲。我母亲教她学我家乡的土话,母亲开心极了。我爱人还帮母亲在家洗了个澡,那天她精神特别好,我侄子为她拍了她生前的最后一张照片。2002年7月,在我母亲去世后,我曾写过一篇纪念文章《我和母亲吻别》(《十月》2003年第2期),至今每当读到伤心处,我还会泪流不止。

1960年,我考进佛堂中学(现恢复为大成中学),正是三年困难时期。我们都住在学校,每周六回家,周日返校时,自己要带一个星期的粮食和蔬菜。当时粮食很紧张,大米很少,主要是玉米、红薯等。我每次返校,粮食都由我自己拿,母亲担心我吃不饱,总会在我的米袋子里再加一把米。吃的菜主要是各种咸菜,因为要吃一个星期,新鲜蔬菜容易坏。生活是比较艰苦的,不过大家都差不多,又都年少,也没有感觉有多苦,倒还留下一些有趣的记忆。当时贯彻"教育与劳动生产相结合"的教育方针,每周都有劳动课,每个班都有生产基地,所以我们还要自己带劳动工具放在学校,主要是种蔬菜,每个班还开展劳动成果竞赛。

1963年初中毕业时,为了减轻家里负担,我报考了师范学校,因为读师范管吃管住不用花钱,毕业还包分配。于是我顺

1966年金华师范学校
毕业照

1966年10月在天安门留影

利地考进了浙江金华师范学校,但这也意味着放弃了读大学的机会。我这一辈子没有真正进过大学读书,是我终生的遗憾。工作以后,在很多场合都会有人问起你是哪个学校毕业的?我总会有些尴尬。

师范学校学的课程与普通高中不太一样,除了基础课,还有心理学、音乐课等。一进学校,就不断地灌输一个理念"为人师表",天天唱"我们是光荣的人民教师"。吃饭是免费的,每个月9元钱的伙食标准,一日三餐集体用餐,比起在初中的生活,感到很幸福了。现在回想起来,我感到在金华师范学校的四年,对我的成长影响很大,树立起荣誉感、责任心。1966年,我师范学校毕业了,因为"文化大革命",1967年下半学期才分配,我到了家乡的稽亭中心小学任教。有了工作,我也喜欢教书这一职业,家里也很高兴,多了一个挣钱的人。本来可以安定下来生活了,可是1968年春季征兵来了，我抱着试试看的心态去体检，结果合格了，于是我就去当了兵。这是我人生规划以外的第一个意外转折。从此我的原名石继辉改为石峰，我已记不得为什么改名，多半是年轻人心血来潮吧。

当时在部队，我的文化程度算高的，部队首长也有意培养我，加上我自己的努力，一年多就入了党，两年多就提干当了团里的新闻干事。回顾我从事新闻出版工

1968年2月，父亲和弟弟送我去当兵

1971年7月18日，军、师、团三级工作组在学军中学
（左一为张建洲，左二为作者）

第一部分　我的出版机缘　015

作的足迹,有一个人我不能忘,他就是20军报道组组长张建洲。1971年夏天,应《解放军报》约稿,要求20军报道组采访学军中学(即杭州大学附中)教学改革的经验。当时20军报道组成立了7人小组进驻学军中学,我是其中之一。这是我做新闻报道工作以来的一次最重要的采访报道活动,张建洲同志对我帮助很多,可以说是我新闻报道工作的第一位引路人。

我很快适应了部队生活。当时部队在安徽丹阳湖围湖造田,生活很艰苦。大冬天光脚丫踩着冰碴子挖泥圩田,照样干得热火朝天。团政委丛淇兹是个经过战争洗礼的老革命,喜欢带我下连队搞调研、做报道、参加劳动,我也经受了不少锻炼。我对部队的火热生活充满着热爱和期待。不料,一纸公文又改变了我的人生轨迹。

分别多年聚一堂 全家个个笑开颜(1972年春节全家福)

1972年来北京后在长城留影

1972年5月的一天,团政治处的组织干事张本和手里拿着一张纸通知我,叫我马上到军部报到,听说要借调到北京去,做什么事不知道。北京是大家向往的地方,战友们都为我高兴,我心里既激动却又忐忑不安。到了20军军部才知道,我被借调到国务院出版口了,工作时间不定。我第一次听到"出版"这个名词,从此我与出版牵上了手,就不曾放开。

这个"出版口"是怎么回事呢?后来我慢慢知道了。1970年5月9日,周恩来总理在接见文化部"毛泽东思想宣传队"领导小组成员时指示,调整文化部机构,保留电影、出版、文物三个口,逐步归文化组接管。5月下旬,文化部军宣队总指挥部却撤销了。

同时，5月23日宣布成立国务院出版口，由杜润生（解放军团级副政委）、郭恕（541厂车间小组长）、张指南（原文化部出版局办公室主任）组成三人领导小组，杜润生任组长。当时还有一个机构"毛主席著作出版办公室"，主要负责毛主席著作的印制、纸张分配以及发行工作，1973年9月以后，这些任务就转交给国家出版局了。

我刚来北京时，就住在朝阳门内大街166号人民出版社办公楼的5楼临时宿舍。给我的第一个惊讶是，出版社的食堂二楼有个小礼堂，里面堆满了一大屋的各类图书，门上了锁，从玻璃门可以看见，书上面已经积满了灰尘。我可从来没有见过这么多的书。出版社的同志告诉我，这是人民出版社和人民文学出版社自成立以来出版的图书，还有一些是资料书，说这些都是"封资修"的东西，不能要了。当时我不理解，怎么会都是"封资修"的东西呢？

我是执行命令、背着行装、挎着军包来到北京的。到了北京，我知道了我是到出版部门来"掺沙子"的。我到国务院出版口报到，第一个接待我的是张指南同志。从他的谈话中得知，我们来"掺沙子"的来头还不小，是经毛主席批示"同意"的"中发〔1971〕43号"文件决定的。这个文件实际上是中共中央转发的《国务院关于出版工作座谈会的报告》。这个报告提出："编辑队伍要'掺沙子'，吸收政治思想好和有一定文化水平的工农兵参加。"这在当时的出版部门引起了不小震动。

这个出版工作座谈会于1971年3月15日至7月29日召开，有人可能会问，怎么开这么长时间？我也曾经问过参加会议的人，说主要是等待毛主席接见，但最终还是没有等到。会议期间主要是学习毛主席的指示，反复讨论座谈会给中央的报告以及报告涉及的有关问题，统一思想认识。座谈会的报告中有这样一段话："会议期间，毛主席亲自批示同意出版口领导小组关于《整理出版二十四史及〈清史稿〉的请示报告》，给到会同志以极大的鼓舞和教育。毛主席这一重要批示，又一次为我们正确地对待民族文化遗产，有计划有目的地进行整理出版，进而用马克思主义观点进行分析批判和总结，为巩固无产阶级专政服务，指明了方向。"估计这就需要学习讨论很长时间。参加会议的有126人，由周恩来总理亲自主持（周总理指定国务院办公室主任吴庆彤具体主持，担任会议领导小组组长）。周总理分别于4月12日、6月24日两次接见领导小组成员，并于7月29日接见会议全体代表。周总理在接见会议领导小组时作了重要指示。周总理说："你们管出版的要印一些历史书，不出历史、地理书籍是个大缺点。有的地方把封存的图书都烧了，我看烧的结果就是后悔。应当选择一些旧的书籍给青少年批判地读，使他们知道历史是怎么发展来的。我们要用历史唯物主义观点来看问题。把《鲁迅全集》《红楼梦》《水浒》等古典名著封起来干什么？这不是滑稽得很吗？一面说青少年没有书读，一面又不给他们书读，这是不相信青年人能判断，完全是思想垄断，不是社会主义民主。我看现在要出一批书，要广开言路。读马列的书和毛主席的书是主要的，但也要读历史、地理、哲学等。我党的出版工作，必须坚持把出版马列著作、毛主席著作放在首位，同时应该做好学习马列著作和毛主席著作的参考读物，青少年读物，文学艺术读物，科学技术读物，经济、历史、地理、国际知识读物和工具书等各类图书，以及少数民族文字的图书出版工作。"[①]从周总理的谈话中可以知道，这次会

---

① 刘杲，石峰：《新中国出版五十年纪事》，第130页，北京，新华出版社，1999。

议需要统一思想的问题很多。

国务院出版口领导小组根据会议精神，于1971年7月2日请示周总理："目前，出版口和所属的几个单位，斗、批、改任务艰巨，组织又不健全，人力不足，尤其是领导骨干很少。为了使出版工作迅速赶上形势发展的需要，这个问题亟待解决。我们建议，从解放军中抽调一些具有一定领导水平、身体条件较好、适宜于做出版工作的同志，来加强领导力量。"经周总理批准，总政治部从全国五大军区抽调36名各级干部到国务院出版口直属出版单位从事出版工作。南京军区20军就我一个，我也不知道怎么就选上我了。

我们从部队来的这些人主要分配到出版社做编辑工作或部门负责人，我被留在出版口机关。我们都穿着军装在地方工作，身份有些特殊，个别人摆不正自己的位置，也有人对我们另眼看待。我可从来不敢把自己当"沙子"而趾高气扬。我很明白，在文化程度上，我在部队里是矬子里的大个儿，可在出版部门我是大个儿里的矬子。我没有上过大学，要和高级知识分子打交道，开始心里还是有些胆怯的。但是我很幸运，一路走来，遇上了好领导、好同事，他们热情地帮助我、鼓励我，使我慢慢地适应了这里的工作。

1973年9月，国务院出版口改为国家出版事业管理局，办公地点从人民出版社搬到了东四南大街85号。我在出版部二组，负责联系科技出版社以及少儿出版、少数民族文字出版工作。当时的出版部主任由许力以副局长兼任。他对工作要求很严格，我记得有一次出版部发出去的文件有一个错字，他得知以后，马上召开出版部全体会议，每个人都要谈认识、谈教训，一直开到晚上8点钟。这件事对我感触很深，使我懂得了在国家机关工作的严肃性和责任感,也开始更有意识地培养自己认真细致的工作作风。

"文化大革命"结束以后,1976年11月,根据中央的指示,部队来的同志要撤回部队。当时出版局负责人事工作的赵承丰同志找我谈话,他说:"大家反映你不错,工作也适应了,是不是可以考虑留下来啊?"说实在的,当时我还有点儿犹豫,主要是脱军装有点儿舍不得。赵承丰同志是一位老红军,他说得很诚恳。他说:"在部队总有一天要回到地方,你还很年轻,这个单位不错,也是个机会。"再说我也已经开始喜欢上出版工作了,于是我脱下穿了8年的军装,正式转业到国家出版局。同年12月,我爱人刘菊兰也从南京随调进京,先在《人民文学》杂志社做人事工作,后调入人民出版社《新华文摘》编辑室工作15个年头,担任编辑室副主任、主任;之后还担任过《中国出版年鉴》主编多年,1999年晋升编审职称,也是做了一辈子出版工作。后来国家出版局这个机构几经变化,我始终在这个单位,工作了三十多年,直到退休。我对这个单位怀有深深的感情,这里有帮助我成长的同事、领导,有我的事业、我的青春。2007年初,当我退出国家新闻出版总署的领导工作时,怀着不舍的心情在新闻出版总署的牌子前留影纪念。

1979年12月参观毛主席故居。右起于庆林、方厚枢、许力以、沈仁干、石峰

任何一个人都不能改变自己的过去，唯有努力改变自己的现在，塑造美好的未来，何况当年我的人生正值"小满"时节。我从借调开始，到正式成为国家出版局工作人员，首先考虑的是如何弥补没有上过大学的缺憾，尽快实现从军人到出版工作者的转变，不能总让人感觉你是个军人、是粒"沙子"。1977 年恢复高考后，我曾经提出想去高考。当时许力以同志劝我说："机关的年轻人少，你在机关的工作开始上路了，还是坚持边工作、边学习比较好，只要自己努力，没上过大学照样能做好工作。"我很敬重这位老领导，他这么一说，我就放弃了考大学的念头。后来社会上开始兴办各类函授大学，1985 年 5 月，我就报考了由中国社会科学院与北京大学共同举办的中国社会学函授大学社会学专业学习。函授大学主要靠自学，上课都安排在星期天。两年时间里，我几乎没有落下一课，1987 年 7 月，获得了由中国社会学函授大学校长袁方签发的毕业证书。1986 年建立出版专业技术人员职称制度，当时在管理部门工作也可以参加职称评审，1993 年我获得了编审职称。这说明新闻出版署专业职称评审委员会对我的认可，我很受鼓舞。1996 年我又报考了中央党校在职研究生班，攻读政治学专业，在李忠杰老师的指导下，1999 年如期毕业。三年学习期间我撰写了《坚持"以人为本"的可持续发展战略》《论社会主义初级阶段党的基本路线的政治学基础》《完善法制是我国当前政治体制改革的核心》等 7 篇论文，这既是我学习的成果，也反映了我在党性锻炼方面得到的提高。我的毕业论文《论出版传媒的社会政治功能》发表在 1999 年 11 月 18 日的《新闻出版报》上，阐述了我对出版工作在新时期坚持为人民服务、为社会主义服务基本方针的见解。我这几十年的确是边工作、边学习这样一步一步走过来的，有艰辛，更有收获。说到艰辛，我的儿子 1975

1985年春节于家中与母亲合影　　　　1987年春节全家在杭州

年11月出生，不到两岁我们夫妻就把他从老家接出来自己带了。我们两人都要上班，儿子太小送不了幼儿园，我们只能请街道托儿所的老太太帮助带。儿子刚来北京不会说北京话，在托儿所成天哭。第二年我爱人又要去石家庄"干校"，我一个人带他，但我上班没迟到过。那个年代大家都是这么走过来的。

我走进出版是从调查研究开始的。根据领导的安排，我进行过"文化大革命"中的"开门办社"调查，知道了它为什么难以坚持下来？我进行过少数民族文字出版工作的调查，了解到少数民族文字出版难主要难在哪里？我进行过少儿读物出版工作的调查，接触到很多著名的老一辈儿童文学作家，如冰心、严文井、金近、陈伯吹、陈模、王路遥等等，有的我还发表过对他们的访谈录，如《为孩子们不倦地耕耘——访严文井同志》（《小溪流》1982年第1期）、《"老园丁"谈儿童读物编辑工作——金近同志访问记》(《出版工作》1982年第6期)、《撷取儿童生活的浪花——读〈谁到海边去〉兼谈作家王路遥》(《小溪流》1983年第4期)等。我进行过"文化大革命"后社会转型期调整地方出版社工作方针的调查,感受到解放地方出版社出版生产力的必要性和紧迫性。我进行过学术著作出版难的调查,并于1989年5月6日在《人民日报》发表了《学术著作出版难面面观》(获首届全国出版科学研究论文优秀论文奖)的文章。调查研究是我熟悉出版工作的一把钥匙,并且也培养了我比较务实的工作作风。

1982年5月机构改革,国家出版局与文化部合并,成为文化部出版局,我被调整到出版局办公室担任副主任,同时兼任文化部出版局分党组的秘书工作。当时宋木文同志交代我,要我主要做好分党组秘书工作。从此我开始接触到出版工作的全局情况。我从这个时候做党组秘书工作开始,到1995年成为新闻出版署

2000年我们兄妹五人与母亲合影

党组成员，到2001年成为新闻出版总署党组成员，直到2006年12月退出新闻出版总署领导班子，我的工作就没有离开过党组。应该说这二十多年，我从党组的层面对新闻出版工作全局的了解有着得天独厚的条件，可惜我缺少积累，很多事情时间长了就记不太清楚了，今天能陈述的只是我亲历的几件事。

做党组秘书工作对我锻炼很大，受益匪浅。当时文化部出版局分党组书记是边春光同志，他同时又是文化部党组成员，分管出版工作。他是一位工作经验丰富、为人厚道、处事稳重的老领导。他出差经常带着我，他有心脏病，有时让我和他住一个房间，工作上的很多事都会和我说，我从他身上不但学到了如何做事，更学到了如何做人。我记得有一天他跟我说起他向胡耀邦同志汇报工作的情况，他说1982年有人向中共中央总书记胡耀邦同志反映出版工作存在散滥问题，中央决定听取出版工作汇报。他代表分党组作汇报，汇报中耀邦同志不时插话批评。他对我说："耀邦再批评，我也要把话说完，只要他停下来我就接着说。"他就是这样一个耿直的山东人，我很敬佩。这次会议的结果，产生了1983年中共中央、国务院《关于加强出版工作的决定》。

党组会上各位领导分析处理问题的睿智，对我也有很大帮助。我参与起草一些重要会议文件和报告，反复提交党组会议讨论，使我对重大问题的把握能力不断有所提高。

我做党组秘书工作要特别感谢刘杲同志对我的帮助。他曾长期给领导做秘书工作，很有经验。我起草的文件很多都经他审核，从中我学到了很多。他思想敏锐、政治性强，看问题深刻、处理问题果断，要求自己严格、对待同志诚恳，对全国出版工作全局成竹在胸，全国出版界都很敬重他。我长期在他身边工作，他言传身教，我耳濡目染，他是我终生的良师益友，长期对我关心爱护有加。直到现在，我们还有紧密的联系，每天早上都会通过微信相互问候。我记得2004年我写过一篇文章《论出版工作的文化取向》，发表在《出版科学》2004年第5期上。我对当时出版工作在文化取向上面临的挑战进行了分析探讨，提出了出版工作的文化取向问题。当时他已经退休在家，看到后给我发了一个邮件：

石峰同志：我读了你的文章《论出版工作的文化取向》很高兴。你写得很好。我赞成你的意见。我总在想，指导工作需要弄清指导思想，而要弄清指导思想就需要先弄清理论。现在常常讲指导思想不够，讲理论不够。你的文章，抓住了当前出版业改革和发展中的指导思想问题，进行了相当深入的系统的理论分析。所以很可贵。我祝贺你。

刘杲 2004年12月20日

他是在鼓励我，更说明他虽然退休了，始终在关注着出版业发展的方向。他今年90岁了，还经常写诗，抒发情怀。2021年1月15日，他写了一首《自嘲》诗发给我："奋进人生犹未忘，而今鲐背又何妨。从容应对老和病，也算男儿当自强。"他的这种乐观进取精神始终是我学习的榜样。

我在国家出版局工作，经历了多次机构变动。1986年10月，中央决定恢复国家出版局为国务院直属机构，这前后的人事变动还颇具戏剧性。1986年3月，中央任命宋木文同志为文化部副部长。同一时间，由出版界老领导、老专家组成的国家出版委员会主任王子野等15人联名上书中央，认为1982年国家出版局合并到文化部以后，出版管理工作不是加强了，而是削弱了。为了适应出版业快速发展的需要，建议恢复国家出版局为国务院直属机构。这个建议引起中央领导的重视。时任中共中央总书记胡耀邦同志批示："这么多同志的呼声，看来也值得重视。"同时，边春光同志也以他个人名义给有关领导写信，发出同样的呼吁。宋木文同志在文化部也为此与有关领导协调。终于，1986年10月6日，国务院发出《关于恢复国家出版局为国务院直属局建制的通知》，同年11月29日，中共中央任命宋木文同志为新组建的国家出版局党组书记、局长（国务院是同年12月26日任命宋木文同志为国家出版局局长的，有个时间差）。12月14日，木文同志匆匆赶赴广西南宁主持召开全国出版局长（社长）会议。会议还没有结束，记得他正在台上讲话，刘杲同志便接到北京的电话，告知中央决定撤销国家出版局，重新组建国家新闻出版局（在筹建过程中改为国家新闻出版署）。后来得知，中央书记处会议在讨论当时形势时，认为新闻工作管理很乱，提出要加强政府对新闻工作的管理和检查，为了不增加新的政府机构，因此决定把国家出版局扩建为国家新闻出版局。12月18日，木文同志根据中央书记处的要求，奉命进行新机构的筹建工作。1987年1月13日，国务院发出《关于成立中华人民共和国新闻出版署的通知》。《通知》规定了新闻出版署的职责：

新闻出版署负责全国新闻出版事业的管理工作。其主要职责是：起草并组织实施新闻、出版的法律、法令和规章制度，经审定颁发后组织实施；制定关于新闻、出版管理的方针、政策，进行新闻检查；制定并组织实施新闻、出版事业发展规划，对新建图书出版社、创办报纸和期刊进行审批；会同有关部门管理图书、报纸、期刊市场，取缔非法出版活动；管理图书报刊的印刷和物资供应，管理图书发行；归口管理新闻、出版方面的对外交流、贸易和合作。

1987年1月21日，这个《通知》由新华社对外公布后，对"进行新闻检查"一项引起国外和中国香港媒体的高度关注。其实，我们在为国务院代拟这个《通知》稿的过程中，刘杲同志曾带我一起到国务院办公厅进行过沟通，有关领导坚定地指出："不进行新闻检查，成立新闻出版署干什么？"我们理解了当时中央的考虑。后来通过北京和香港两地的记者会，对此作了说明，平息了这场舆论风波。

1987年3月9日，中共中央发出通知，任命杜导正为新闻出版署党组书记、署长，宋木文任党组副书记、副署长。中央主要考虑杜导正同志长期从事新闻工作，对新闻工作比较熟悉，当时中央又特别关注新闻工作。宋木文同志平静地服从了中央的决定。这一时期思想文化战线的情况比较复杂，反映在新闻出版工作中的问题也比较多，而且都比较敏感，新闻出版署党组要经常开会统一思想、处理问题。宋木文同志顾全大局，坚持原则，充分发挥他在行政管理方面的特长，主动配合杜导正同志工作，体现了宋木文同志很强的党性原则和高风亮节。他们之间有意见分歧，都能通过主动沟通得以妥善解决。当时我是党组秘书，从中我看到了这两位老共产党员的坚强党性和政治素养，让我深受教育。

宋木文同志是我的老领导，对我的关爱提携，我终生难忘。他也是1972年从湖北咸宁文化部"五七"干校回北京到国务院出版口工作的，我长期在他领导下做具体工作。他很信任我，很多重要工作交给我去做，使我有了更多的锻炼成长机会。他在完成他的口述史后，把全部书稿交给我看，征求我的意见。他在病危时把我叫到跟前，交代我尽快出版他的口述史，有什么问题让我协调。宋木文同志对我的影响是多方面的，我印象最深的有件事，就是在1984年反对精神污染中，人民出版社因出版了《现代外国政治学术著作选译》丛书和有关人道主义和异化问题的三本书(《人是马克思主义的出发点》《关于人的学说的哲学探讨》《人性、人道主义问题讨论集》)而受到中央领导的严厉批评。丛书是曾彦修同志任人民出版社社长、总编辑时倡议策划出版的,三本小册子是时任人民出版社副社长、副总编辑薛德震同志策划组稿出版的。当时出版社有关同志包括薛德震同志的思想压力很大,文化部出版局的压力也很大。这个时候边春光局长又生病了,文化部党组决定由宋木文同志代理局长,主持出版局工作,因此出版局的压力其实主要是宋木文同志的压力。他在处理这件事情上没有层层加码施压,而是上下沟通做工作,得以妥善处理,体现了他高超的领导才能和爱护干部的优秀品质。

宋木文同志的言传身教,使我在后来的报刊管理工作中始终坚持一个原则,就是平时管理工作一定要严,真正出了问题,处理时一定要坚持实事求是,以总结经验教训、分清是非为主,行政处理为辅。记得2005年,《读者》杂志因转载涉及敏感的少数民族风俗问题引发社会关注,有关部门对此很重视。我当即与时任甘肃省委宣传部部长的励小捷取得联系,希望他处理好这件事,既要分清是非、吸取教训,又要保护好《读者》这个品牌。甘肃省委、省政府很重视,妥善化解了这场风波,杂志社的发展没有受到什么影响。原读者集团副总裁彭长城曾在一个场合感慨地对我说:"你就像老母鸡护小鸡一样护着我们。"他这话说过了。

木文同志在《一个"出版官"的自述:出版是我一生的事业》中有这样一段记载:1991年3月4日,石峰请示刘杲,"出版法草案和关于出版法的起草说明,根据在友谊宾馆讨论的意见修改了一遍,现送上,请审阅。木文同志意见,出版法争取3月10日前报出去一稿。"我印象中这是木文同志主持新闻出版署工作后,重新向中宣部和中央宣传思想工作领导小组报送的《关于出版法（草案）的送审报告》，对立法中涉及的重大问题作了进一步说明。由于涉及问题复杂敏感，我参与出版法的起草工作收获不少。这部法律的起草情况，在木文同志的口述史中已有详尽记录，我在这里只说我通过参与出版法起草的过程，我对出版法制建设的认识。我国至今还没有一部出版法，只有一个《出版管理条例》，但对我国应该有一部出版法的认识，一直以来从上到下基本上是一致的。中共中央《关于加强宣传、思想工作的通知》（中发[1989]第7号）指出："要通过立法，把公民在言论、出版等方面的权利与义务，把宣传、思想、文化工作的社会主义方向，把党对意识形态工作的领导和马克思主义的指导地位进一步加以确定和具体化。"中央宣传部《1990年工作要点》也提出："要抓紧出版法的制定工作"。全国人大常委会和国务院1990年的立法计划都把出版法列入其中。制定出版法的依据和指导思想是我国的《宪法》第35条和第51条。《宪法》第35条规定"公民有言论、出版自由"，《宪法》第51条规定"公民在行使自由和权利时，不得损害国家的、社会的、集体的利益和其他公民的合法的自由和权利"。但如何在出版法的文字表述中完整、准确地体现出来，从上到下都存在严重的分歧。有人认为按我国现行的《出版管理条例》规定的原则上升为法律，在国际上"不好看"。尽管进行了多方面的讨论和努力，出版法草案讨论修改不下20稿，都未能有各方都能接受的圆满结果。1994年10月24日《中华人民共和国出版法（草案）》经全国人大常委会八届第十次会议审议后最终撤回。应该说这不无遗憾。为此，1995年12月28日我还在《法制日报》上发表了《关于坚持"出版自由"自主性原则的探讨》的文章。我谈了三个观点：一是出版自由是相对的。社会主义法律在确认和维护公民自由权的同时，也要对自由权的行使规定必要的范围和限度；二是出版自由是发展的。我国尚处在社会主义初级阶段，尽管我国实行的出版自由还不充分、不完善，但是我们可以相信，随着我国经济改革和政治体制改革的发展，我国人民将会享受到更广泛的出版自由；三是坚持出版自由的自主性原则。既然出版自由与一个国家的政治经济文化的发展水平密切相关，既然出版自由是一个国家统治阶级利益和意志的反映，那么，毫无疑问，任何一个主权国家对出版自由的界定都应该而且必定是自主的。我感谢《法制日报》在当时的情况下能发表我的文章。我们要坚持中国特色社会主义道路自信、理论自信、制度自信、文化自信。我相信，在习近平法治思想的指引下，有中国特色的《中华人民共和国出版法》终将诞生。

1996年是我最值得记忆的一年。1996年2月12日，新闻出版署接到中央办公厅的通知："中央决定石峰同志参加十四届六中全会文件起草工作。请于2月14日上午9时到中南海西楼开会。"十四届六中全会主要讨论思想道德和文化建设方面的问题，将审议通过《中共中央关于加强社会主义精神文明建设若干重要问题的决议》。起草组就是要完成《决议》的审议稿。这是我平生第一次参加如此重要会议文件的起草。起草组第一次会议就受到江泽民总书记的接见并聆听重要指示，对文件起草的指导思想和原则提出要求。会后，起草组入住玉泉山，直到起草工作结束，前后将近一年。文件起草工作由时任中央政治局委员、中宣部部长丁关根同志主持，起草组成员有三十多人，包括王维澄、郑必坚、邵华泽、龚育之、滕文生、金冲及等等，都是国家重要会议文件起草的老手、高手，思想文化战线的重量级人物，这无疑是我学习的极好机会。起草组分五个小组，先是学习文件，讨论《决议》的提纲，然后分组到全国各地调查研究，我们小组由时任教育部副部长张天保带队到福建调研。起草组要求4月底完成草稿，5月中旬拿出第一稿。整个起草过程，先后八易其稿，八次送总书记审阅，一次印发全国各省（区、市）征求意见，二次提交政治局、三次提交政治局常委会审议，直至提请六中全会审议。我负责起草《决议》第16节关于新闻出版工作部分，提出新闻宣传必须坚持党性原则，坚持实事求是，坚持团结鼓劲、正面宣传为主，牢牢把握正确的舆论导向。出版工作要建立健全管理机制，着力提高出版物质量，多出好作品、不出坏作品。加强对新闻出版业的宏观调控，采取有力措施解决目前总量过多、结构失衡、重复建设、忽视质量等散滥问题，努力实现从扩大规模数量为主向提高质量效益为主的转变。这一节连标点不到500个字，在反复讨论修改中得到领导专家们很多指点指教，是起草小组的共同成果，我的收获用"胜读十年书"来形容也不为过。特别对进一步加强我国社会主义精神文明建设的必要性、重要性有了更清晰的认识，后来我撰写的体会文章《新闻出版要以正确的舆论引导人》，收入了学习出版社出版的《中共十四届六中全会文件学习读本》，1996年11月9日《新闻出版报》转载，1997年6月12日《人民日报》摘要发表。1996年10月10日《决议》通过那天，第十四届中央政治局常委全体与起草组成员在人民大会堂合影留念，成为我最荣耀的记忆。

1996年在我的人生阅历中还有一件重要的事，即在我参加中共十四届六中全会《决议》起草工作尚未完全结束时，中央组织部通知我参加中央党校一年制中青年干部培训班（第13期）学习。这是我第二次到中央党校学习，1992年9月至1993年1月我曾参加过中央党校干部进修二（甲）班学习。中组部的通知指出：这个班将在一年的时间里，系统学习马克思主义基本理论，着重学习建设有中国特色社会主义理论，学习社会主义市场经济理论，学习党的路线、方针、政策。同时，学习现代科技、现代管理、世界经济、国际政治、法学与法律基本知识、领导科学等领导干部必备的业务知识，加强对当代中国现实问题的研究，加强党性锻炼，适当参加社会实践。这些对我来说实在太需要了。我被分在中青年干部培训班的第四支部第四组，共8个人，有外交部国际司司长王光亚，江苏无锡市委副书记、市长于广洲，电子部第十五研究所所长娄勤俭，青海海西州委副书记李津成，陕西省黄河上中游管理局副局长王侠，宝山钢铁（集团）公司副总经理、总会计师程光，湖北省外办副主任陈春林。培训班结束后，他们大多陆续走上了更重要的领导岗位，正部长级就有4位。这一年的学习提高了我的理论思维能力，增加了经济、科技、法律知识，得到了党性锻炼。我们小组的社会实践活动是到宝钢和无锡市参观学习，由我起草撰写的《以企业精神凝聚人心 以企业形象开拓市场——关于无锡市坚持十年抓企业文化建设的调查》，被新华社的《国内动态清样》刊用。

结合十四届六中全会精神的学习和党的十五大报告提出的我国"在现代化建设中必须实施可持续发展战略"，1998年8月21日，我在《光明日报》发表了《可持续发展与精神文明探微》一文（《新华文摘》1998年第11期转载，收入我的《且行且思》一书）。文章认为，实施可持续发展战略，是基于我国人口众多、资源相对不足、环境污染严重、生态平衡遭受破坏等情况提出的重大决策，也是我国为落实1992年世界环境和发展大会制定并通过的《21世纪议程》的庄严承诺。如何实施可持续发展战略，固然要着眼于解决人口、资源、环境、生态等问题，然而，可持续发展是一种以知识为内核、以人的全面发展为前提、以社会文明为基础的新型经济发展模式，需要精神文明的支撑。因此，在实施可持续发展战略中，要把精神文明建设提到更加突出的地位。文章讲了四个问题：

一、可持续发展的核心问题是人与自然的和谐发展。文章认为，可持续发展理论的形成，是人类在享受工业文明、现代文明的辉煌成果又付出沉重代价以后，重新审视经济发展与生态环境相互关系正反两方面的经验和教训的基础上进行反思的结果。文章回顾了自18世纪60年代英国工业革命开始到19世纪中下叶，西方主要资本主义国家相继实现了从农业社会向工业社会的过渡。随后进行的一系列技术革命，直至电子计算机技术、空间技术、生物技术等现代高新技术的出现和应用，使整个世界面貌发生了翻天覆地的变化。但这种变化又是在充满矛盾的过程中发生的，人类对自然资源的索取和掠夺性开发，造成了严重的生态问题，发展的负效应日益显现出来，于是人们开始怀疑传统的发展模式，提出人与自然和谐发展的问题。

二、生态文明呼唤人类文明。人类为了满足日益增长的需求，向自然界无节制地索取。与此同时，人们发现人类唯一赖以生存的地球是一个最大的生态系统，人类只是这个生态系统中的一个成员，而自然界为人类提供的资源并不是取之不尽、用之不竭的，盲目地索取将破坏整个生态系统的平衡，带来灾难性后果。文章用大量资料数据说明生态失衡和资源危机，已严重威胁着人类的生存和发展。同时，文章还提出，从自然资源的物质属性来看，自然资源的多与少、质与量、优与劣，都是相对于人类的认识和利用水平而言的，也就是说是相对于人类文明程度而言的。人类发展作为事物发展的一个过程来看，人类打破了自然生态的平衡，也必然会以自己的聪明才智恢复自然生态的平衡。

三、坚持以人为本的可持续发展战略。1994年在开罗召开的联合国国际人口与发展会议通过的《行动纲领》指出："可持续发展问题的中心是人。"因此，发展首先是指人的发展，人是发展的主体和动力，发展为了人，发展依靠人。一种以满足人的需求为中心的价值取向，以人的智力资源开发和利用为基础，以人与自然生态和谐发展为核心的新的发展观，正在悄然兴起。

四、把精神文明建设作为可持续发展战略的重要环节来抓。文章阐述了三个主要观点：（1）精神文明建设是可持续发展战略的重要组成部分；（2）大力增强可持续发展的文化内涵；（3）在可持续发展战略的指引下拓展精神文明建设的思路。

这是我第一次从可持续发展的角度，对生态文明建设与精神文明建设的关系进行探讨，对我提高生态文明意识帮助很大，使我成为后来提出的"绿色出版"的倡导者与参与者，积极推动出版物使用环保纸。我还为此写过一篇文章《出版奢靡之风不可长》（2000年1月27日《光明日报》），抨击图书装帧设计盲目追求豪华的不正之风。

我是1995年12月任新闻出版署党组成员的，主要工作还是办公室主任。2000年5月党组分工作了调整，我不再兼任办公室主任一职，由我分管报刊和政策法规工作。党组同时决定向中组部提交我担任新闻出版署副署长的建议。但是我的任职迟迟没有下文，在两年多的时间里，我是在没有行政职务的情形下做报刊行政管理工作的。2000年9月，中央任命石宗源同志为新闻出版署署长，他一上任就找我谈话。他说，你的情况我到中组部报到就知道了，你的任职没有下来，不是你本人的原因，安心工作，组织上正在协调。2001年4月，中组部在我任新闻出版总署党组成员的任职谈话时，一位姓张的局长跟我说，你的副署长任职一时没有下来，你也没有找过我们，连个电话都没有打过，也没有影响工作,你这样做是对的。我说这种事还能找组织说?怎么开得了口啊?他笑笑说,继续努力工作。我当时感觉组织上对我是信任的。

2003年1月16日,中央批准我任新闻出版总署副署长,1月29日,国务院总理朱镕基签署我的任命书,同日,国务院印发了我的任职通知。我仍然分管报刊、政策法规等工作。

那些年报刊管理工作的任务很重,好在报刊司的同志都很支持、很配合。由于当时创办报刊的热度很高,报刊变更事项的申请很多,而根据中央对报刊实行总量严格控制的要求,使审批工作成为报刊管理工作中的一个棘手问题,我意识到这是对我的一个考验。1999年我在中央党校在职研究生班学员党性锻炼小结中,对如何把新闻出版管理纳入依法行政的轨道,进行过总结,提出了在管理理念上要摆正三个关系,即管理者与被管理者的关系、直接管理与间接管理的关系、"管住"与"管好"的关系。我认为管理工作中要做到"主事"必须公道,"治事"必须符合人民利益,"办事"必须依法有据。由于事先有过这些思考,我就慢慢地和报刊司的同事们一起,在报刊的日常管理、报刊的审批、报刊业的发展、为报刊社服务等方面进行了一些创新性探索。为了使报刊审批科学、公正、合理,适应社会发展需要,我们建立了新办报刊可行性评估认证制度;为了对期刊实行分类分级管理,发挥优秀期刊的引领作用,我们开展了"中国期刊方阵"建设;为了规范报刊市场秩序,引导报刊开展良性竞争,我们成立了"国新出版物发行数据调查中心",借鉴外国经验和做法,对报刊发行数据进行公开、透明、科学的核查;为了推动报业创新发展,我们成立了"报业创新实验室",试图在报业改革创新上发挥"以点带面"的作用。我到中国期刊协会工作以后,为了促进期刊数字化转型，成立了"数字期刊分会"；为了给期刊从业者提供一个了解国外期刊业创新动态的窗口，引进了国际期刊联盟编撰的年度《国际期刊创新报告》；为了给期刊社提供改革发展交流平台，会同中国新闻出版研究院创办了"期刊创新年会"等等。这些探索，有的至今仍在发挥作用，有的尽管由于客观条件的变化没有坚持下来，但是它在报刊业的改革发展道路上都留下了痕迹。

我很幸运，在新闻出版总署分管报刊和在中国期刊协会工作的这十几年，正是我国报刊业发展变化最大的十几年，改革创新阔步前进的十几年。以期刊为例，不但数量上创历史新高，期刊结构进一步优化，期刊品牌效应进一步显现，期刊的国际影响力进一步增强，期刊数字化转型取得重大突破，而且期刊的社会效益和经济效益进一步提高，改革创新为期刊业增添了发展活力。在这十几年中，我对报刊业在我国政治、经济、社会发展中的地位作用的认识，对在社会大变革中报刊业发展趋势的判断，以及我的出版管理理念、管理思想等，都反映在2013年3月人民出版社出版的《且行且思》和2014年12月中国书籍出版社出版的《书人 书事 书话》中。

2003年初，我分管报刊将近三年，对当时我国报刊业的发展态势有了一个相对清晰的认识。我在一个期刊社总编社长培训班上，对我国期刊业发展的历史机遇和挑战谈了我的看法。我认为，随着我国社会主义市场经济体制的逐步完善，期刊实现社会责任的社会环境、经济条件和具体形式都发生了一系列深刻变化，面向市场、走产业发展之路已经成为期刊实现社会效益和经济效益的共同需要、必由之路。与此同时，在社会主义市场经济大背景下，在市场观念的冲击下，期刊出版把握舆论导向、实现社会效益的任务也变得更加艰巨和复杂。如何在把握发展机遇的同时承担起相应的社会责任，成为期刊管理和经营工作中一个严肃而现实的问题。因此我提出，把握舆论导向是期刊出版工作的首要社会责任。我认为，文化与政治经济是相互交融的，政治经济是文化的基础，文化对于政治经济又具有重要的影响力。期刊所包含的思想观念、价值取向、道德标准、社会信息都会影响到社会的政治稳定和经济发展。党的十六大报告明确指出："当今世界，文化与经济和政治相互交融，在综合国力竞争中的地位和作用越来越突出。文化的力量，深深熔铸在民族的生命力、创造力和凝聚力之中。"所以期刊出版要始终把正确舆论导向放在第一位、保持坚定的政治立场、坚持先进文化的前进方向，这是期刊出版工作的使命。为此，我们在管理工作中会同有关部门采取了一系列行之有效的监管措施。

我认为，深化改革是报刊业把握发展机遇、实现社会责任的必由之路。2003年前后是报刊业改革突破的关键时期，一方面是市场经济发展的推动，另一方面中央出台了一系列加快文化体制改革的措施，外部环境和政策条件都十分有利。我对报刊社的老总们说，这是一个历史性机遇，一旦错过了，就可能陷入越来越被动的局面。因此我希望他们进一步解放思想、与时俱进，抓紧改革、加快发展。针对当时一些期刊社对面向市场犹豫不决，我在一个期刊座谈会上和他们做了进一步交流：由读者通过购买行为选择阅读，是期刊市场化在微观层面的一个重要表征，这种机制对于期刊发挥舆论导向作用、承担社会责任具有十分深刻的影响。市场化程度不仅决定着一个期刊的经济效益，也会对其社会效益产生重要影响。只有那些读者主动购买阅读的刊物，其价值观念才能得到更多的认同，其社会效益才能得到更有效的彰显。这一思想成为我推动期刊业面向市场改革的主要动因。同时，我对如何把握期刊业改革的正确方向提出了明确要求，我归纳为：确立一个目标，牢记双重属性，坚持"三个有利于"，确保"四个不能变"。确立一个目标，就是探索建立党委领导、政府管理、行业自律、调控适度、市场主导、导向正确的新型管理体制和经营机制，实现期刊业跨越式发展。牢记双重属性，就是期刊业既有产业属性，又有意识形态属性；既是市场主体，又是党的思想文化阵地；占领市场和占领意识形态阵地是统一的，只有占领市场，才能更多地占领阵地。坚持"三个有利于"，就是改革的措施要有利于调动期刊工作者的积极性，有利于促进期刊业繁荣健康发展，有利于满足人民群众日益增长的精神文化需求。确保"四个不能变"，就是期刊是党和人民喉舌的功能不能变，党管媒体不能变，党管干部不能变，正确的舆论导向不能变。为此我提出，党组织要始终掌握对期刊社重大事项的决策权，对资产配置的控制权，对编辑业务的终审权，对主要领导干部的任免权。

  同时，我还对人才队伍建设提出了要求。我认为，媒体的竞争关键是人才的竞争，人才资源是期刊社的第一资源。期刊业是一个知识含量高、人才需求量大的知识密集型行业，没有高素质的人才，就难以创造出代表先进文化、贴近读者需求的期刊产品，也难以有效占领市场。要建立一支政治强、业务精、作风正、纪律严的期刊人才队伍，将成为期刊业持续健康快速发展的重要保障。为此，我提出了加强期刊人才队伍建设的几项措施：一是要着眼于期刊人才总量的增长和素质的提高，大力加强人才资源的能力建设，尽快改变期刊人才队伍数量不足、质量不高、结构不合理的状况。二是重点培养一批期刊界的领军人才，特别是采编经营都出众的复合型领军人物，通过他们来带动整个期刊从业人员业务素质的提高。根据当时的情况，期刊社采编人才相对充足，普遍缺乏期刊营销人才，我提出可以尝试实行期刊职业经理人制度。三是改革创新人才管理体制机制，探索人才管理的新思路、新办法，变人事管理为人力资源管理，不拘一格培养、选拔优秀人才，并建立与之相适应的各类人才培养、评价、使用、流动、调配和激励机制。

我的以上这些理念和做法，其实就是我在报刊管理工作实践中贯彻落实中央对新闻出版工作的方针、政策和要求的具体体现。

促进我国期刊"走出去"，加强与国外期刊的合作交流，也是我做报刊管理工作着力推动的。当时我要找一个突破口，想到了《世界时装之苑》。这个刊物是法国著名桦榭菲力柏契出版集团旗下的世界名刊《ELLE》与上海译文出版社版权合作出版的，开中国时尚期刊之先河，给中国期刊界带来清新的风气。我还了解到桦榭菲力柏契出版集团的总裁热拉尔·德罗克莫雷尔先生对中国很友好，在他倡导下，为中国期刊界培训办刊人员，还选派他们的办刊专家到中国授课。于是，我组织了一个由19家以文化生活类期刊为主的社长、总编辑组成的期刊代表团，于2002年5月到桦榭菲力柏契出版集团进行学习交流。这是一次成功的越洋对话。回国以后，我要求每个人都要写一篇学习交流心得的文章，并由上海文艺出版社结集出版了《越洋对话》一书。我在本书的序言中这样评价这次交流对话："台上台下形成了对话交流的平台，这个平台向世人传达了一种信息，中国的期刊界正向世界走来；这个平台展现了中国期刊界的一种形象，一个开放进取的中国期刊群体；这个平台发挥着一种特殊的作用，它把中法两国期刊界的心紧紧地连在了一起。"

2003年5月，第34届世界期刊大会将在法国巴黎召开。由于中法两国期刊界建立了友好关系，2002年4月法国桦榭菲力柏契出版集团总裁热拉尔·德罗克莫雷尔先生来华访问时，时任国家新闻出版总署署长的石宗源会见了他。当时德罗克莫雷尔先生就以第34届世界期刊大会东道主的身份，热情邀请石宗源署长出席大会，石宗源署长愉快地接受了邀请。不料，2003年初我国出现"非典"疫情，无法前往巴黎出席会议。在两国有关部门和期刊界的共同努力下，石宗源署长还是以视频方式在第34届世界期刊大会上发言。现在以视频方式参加国际会议是一件很平常的事，但在当时还是很不容易的。这是中国期刊界首次在国际最大的期刊舞台上亮相，极大地提升了中国期刊界在世界的影响力。

随着我国期刊界与法国桦榭菲力柏契出版集团关系的进一步提升，我提出与桦榭菲力柏契出版集团合作出版《中国》杂志的愿望，很快得到对方的积极回应。通过双方的共同努力和筹备，2006年法文版《中国》杂志在法国正式出版，我还专门赴法国出席了创刊发布会。合作方式是中方由中国新闻社提供内容，并为法方到中国采访和开发广告资源提供便利，由法方根据当地读者需求取舍中方提供的内容。这是中国期刊走向世界的一次创新尝试。

由于中国期刊出版在世界的影响力不断提升，中国与国际期刊联盟的关系也日益密切。在国际期刊联盟的安排下，我国期刊界多次组织办刊人员到各国学习交流。2007年5月，第36届世界期刊大会在北京成功举办，世界期刊精英云集北京，这也是前所未有的。当时我已经卸任国家新闻出版总署副署长一职，到中国期刊协会任会长。5月13日晚，中国期刊协会在风光秀丽的颐和园举行欢迎晚宴，我在致辞中说："五月的北京，阳光明媚，春意盎然，中国期刊人以春天般的热情和期待迎来了世界期刊界的朋友。第36届世界期刊大会首次在中国北京召开，这是中国人的一件盛事,更是中国期刊人的一个盛典……为着期刊业的未来,全世界期刊人走到了一起。美国国际数据集团创始人兼首席执行官派特·麦戈文来了,法国拉加代尔活力传媒公司首席执行官迪迪尔·奎罗特来了,英国康迪纳仕国际集团主席乔纳森·纽豪斯来了,日本小学馆首席执行官兼总裁相贺昌宏来了,今日印度集团主席兼总编辑阿隆·普瑞来了,还有许多世界期刊界极有影响的人士都来了。这对中国期刊人来说是一个千载难逢的学习机会,我们真诚地希望把世界期刊界精英们的真知灼见留下来,把中国期刊人的友谊带回去。我们携手并肩去迎接期刊业美好的明天。"由于中国出色地举办了第36届世界期刊大会,2010年10月、2014年11月国际期刊联盟又先后两次与中国期刊协会合作,分别在杭州和北京召开了第二届、第四届亚太数字期刊大会,有力地促进了我国期刊数字化转型。

中国期刊就这样以自己独特的方式,一步一步走向世界。但是,实事求是地讲,要有更多的中国期刊实体走出去,还有很长的路要走。

在我分管报刊期间,我对报业的关注相对于期刊要少一些。因为报纸的出版各级宣传部门都很重视,报社的日常工作更多的也是与宣传部门联系,我们主要是在行政管理上做一些服务性工作,如新办报纸以及报纸出版变更事项的审批、报纸发行工作与有关部门的协调、记者证的换发等。当然,对于报业的发展以及导向方面问题的处理,新闻出版行政管理部门与宣传部门的联络沟通也比较多。

2003年2月,为了配合记者证换发工作,在北京举办了国务院部委主办的报社采编人员资格培训班,我去作了《舆论导向是新闻工作之本》的动员,主要围绕新闻出版工作面临的形势、新闻工作的基本原则，以及做好新闻采编工作、做一个合格的新闻工作者的基本要求谈了我的看法。这个讲话基本反映了我对报纸出版工作管理的主要思路。我认为，新闻工作者是有较大社会影响、受到群众普遍尊重的一种崇高职业，新闻记者承担着党和人民喉舌的重大政治责任。特殊地位就要有特殊要求。根据中央对新闻工作的要求，我把新闻工作的基本原则归纳为六个方面：一是坚持马克思主义的指导地位。这是我们党带领全国人民始终沿着中国特色社会主义正确方向前进的重要保证。二是坚持政治家办报。要求办报人员在新闻工作实践中有坚定的马克思主义立场，在政治上、思想上、行动上与党中央保持高度一致。三是坚持正确的舆论导向。要以科学的理论武装人，以正确的舆论引导人，以高尚的精神塑造人，以优秀的作品鼓舞人。四是坚持为人民服务，为社会主义服务，为全党全国工作大局服务。这是中国特色社会主义新闻事业的本质体现。五是坚持新闻的真实性。真实性既是我国新闻工作的基本原则，又是我国新闻工作的优良传统。六是坚持党对新闻工作的领导。坚持党对新闻工作的领导，是新闻工作坚持正确舆论导向、发挥新闻工作党和人民喉舌作用的根本保证。

同时，我对新形势下中央关于新闻队伍建设提出的"政治强、业务精、纪律严、作风正"的要求，分别谈了我的认识。要求新闻工作者要进一步增强政治意识、大局意识和责任意识，增强贯彻执行党的路线方针政策的坚定性、自觉性，增强识别、抵制各种错误思想的能力，坚持宣传思想工作的正确方向。越是形势复杂，新闻工作者越要保持头脑清醒，做到大事面前不糊涂，关键时刻不动摇。在宣传报道中，提倡什么、允许什么、限制什么、反对什么，都要善于从政治上、全局上考虑问题，把党和人民的利益放在首位。

2004年8月,我曾陪同分管意识形态工作的中央政治局常委李长春同志赴山西考察,同行的有中宣部副部长、广电总局局长徐光春,中宣部副部长、中央文明办主任胡振明,国家文物局局长单霁翔等。李长春同志这次主要是为部署开展红色旅游工作进行考察,同时了解新闻出版改革情况。他在专机上把我叫过去,问我全国新闻出版改革遇到些什么问题,我作了简要汇报。他还问我新闻出版局长们有些什么反映,当时刚开过新闻出版局长座谈会,我就向他汇报了座谈会上的一些情况。其中谈到,社会上对新闻出版管理机构有些传言,有的局长担心会不会成为新闻出版局的"末代局长",他很肯定地说:"不会。"李长春同志对新闻出版工作很关心,2004年8月12日下午,专机抵达太原机场,随后乘车前往《英语周报》《语文报》编辑部。《英语周报》由山西师范大学于1983年创办,2004年期发行量达1600余万份,在全国大、中学生中很有影响,每两个高中生、每八个初中生、每十个大一、大二学生中,就有一人在使用《英语周报》。《语文报》创办于1978年,始终坚持以传播语文知识、弘扬祖国优秀文化、提高全民族文化素质为己任,坚持"高质量、高品位加可读性"为办报方针,期发行量500多万份,被山西省列为"文化兴省"战略的主力产品之一。在考察中,李长春同志问得很细,是怎么发行的?编辑部的用人机制、激励机制怎么样?收入达到什么水平?高质量、高品位怎么考核?等等。第二天赴忻州市五台县视察徐向前元帅故居等,第三天赴大同市灵丘县视察平型关战役纪念馆等,第四天赴长治市武乡县视察八路军太行纪念馆等,第五天赴晋中市平遥县视察日升昌票号等。对我来说,这实际上是一次传承红色基因、不忘初心使命的参观学习活动。

2006年12月27日，中央决定，中共宁夏回族自治区党委常委、宣传部部长李东东接替我的职务，我就到中国期刊协会工作了。我的工作面临三个转变，一是从行政管理工作转变为社团工作；二是由行政官员转变为社团法人；三是从管理者转变为被管理者。这个转变不可谓不大，而且是人生当中的一个逆向转变。我倒是很快从思想上完成了这个转变，也没有感觉有什么不适应，我只想摆正自己的位置，在协会干点儿力所能及的事。此前，比我年长的朋友退出领导工作岗位，我都会拿《道德经》里"功成身退，天之道也"的话去安慰。我自己当然说不上什么"功成身退"，但是按国家规定，到了年龄退出领导岗位，是再正常不过的事了。2005年我到湖南出差，时任湖南省委常委、宣传部部长的文选德送我一本由他注释的《道德经》。《道德经》的注释本很多，因为是熟人注释的，我格外珍惜，有空儿就会拿出来看看，后来我就把它放在我的床头，有时睡不着就默读两段，久而久之，看到它心就会平静下来。《道德经》总共81章，大概都看了，有二三十章比较熟记，但也都是一知半解。我没有想过要去研究这部经典，我没有文选德部长的水平。但读多了，有些经典句子就在潜移默化中受到影响，悟到了人生的一些道理，对有些事就看淡了、看轻了、看透了。《道德经》最后一章的最后一句："天之道，利而不害；圣人之道，为而不争。"我最欣赏。

我在接任中国期刊协会会长时，提出要把期刊协会办成期刊人之家。到我2018年6月卸任，这个期刊人之家还不尽如人意，但我是一直在朝着这个方向努力的。

我到期刊协会工作以后，就想有一个联系期刊人的抓手。我首先想到了党刊，因为党刊担负着特殊任务，了解他们所思、所做、所急，是协会应该做的事。于是我把自发成立多年的党刊研究会正式吸纳成为中国期刊协会党刊分会。这个分会在时任《当代贵州》杂志社社长赵宇飞的带领下，搞得风生水起，没想到这位赵宇飞不但有思想、有办法，而且有超强的亲和力。他组织全国党刊"重走长征路"，实地采访长征纪念地发生的巨大变化，在红军纪念碑前重温入党誓言；汶川大地震的恢复重建感动全国、震惊世界，他就组织全国党刊深入灾区采访，记录汶川奇迹，见证中国力量，感悟时代精神；党的十八届三中全会审议通过了《中共中央关于全面深化改革若干重大问题的决定》，作为全国综合改革试点城市的宁波有哪些改革新举措？他组织了"全国党刊'深化改革、创新发展'宁波行"活动，把宁波贯彻落实党的十八届三中全会精神的创新举措，通过党刊记者的采访传播到大江南北；在湖北武汉举办中国（武汉）期刊交易博览会，他马上想到在展会上开辟"中国党刊展"，成为博览会的一个亮点。他还组织党刊好文章评比，把优秀的文章推广到全国党刊。我在期刊协会工作期间，几乎参加了党刊的每一次大的活动，与全国党刊建立了紧密联系。

给我留下深刻印象的是全国党刊记者四川地震灾区纪行。我参与了整个采访活动，一路走下来，不停地感动、感慨，但更多的是感悟。这是我一生中少有的难忘经历，也是一次难得的心灵洗礼，得到的启示和教育终身受益。这次采访活动后，记者们为全国各地党刊撰写了55篇文章，四川人民出版社将其结集出版，我为之撰写了《序言》。这次随访使我再一次体会到我们党的强大号召力，社会主义制度的无比优越性，中国人民的伟大力量。

在协会工作也还有不少场合需要出面讲个话、站个台什么的，只是讲话的角度不同了，更多的是和刊界的一种交流、一种呼吁，或者是一些建议，但也说明我对期刊业发展趋势的关注、思考和见解。2013年8月24日,我在哈尔滨期刊培训班上有个发言《中国期刊业路在何方》,基本上反映了我在那个阶段对我国期刊业的所思所想。

2011年10月,党的十七届六中全会作出了《中共中央关于深化文化体制改革、推动社会主义文化大繁荣若干重大问题的决议》,当时我国期刊业正处在体制改革、产业转型的重要关头,又面临新媒体的强力冲击,很多办刊人普遍感到不适应、压力大。传统期刊业还有没有未来?未来在哪里?疑惑之风在业界蔓延。我跟大家说:"改革势在必行,困难是个严酷的现实,但是在困难面前我们该怎么办呢?甘愿等死?指望有个救世主?还是在困境中奋起?需要我们做出选择。""有人跟我说,我国当前的传统期刊业如同一片落叶,好像在飞翔,毕竟在坠落。但是我要说,虽然在坠落,毕竟还在飞翔,在飘落的过程中,在风力的作用下,还有可能向上飞扬。因此,只要这片落叶还没有着地,我们就有责任让它继续飞翔。"后来这个所谓"落叶论"还在业界传开。

我接着说:"这里确实有一个如何正确认识和把握期刊业的发展趋势问题,有一个我们从业者的精神状态问题。现在大家都在谈论'中国梦',梦想成就现实,有梦想就有未来。我们期刊从业者也要有梦想,要有振兴我国期刊业的强烈愿望和责任感,在看到困难一面的同时,还看到光明的一面,看到国家的需要、社会的期待。因为这不是纯粹个人的事,你从事这份职业,就要承担起这份责任。我们从事期刊出版工作,要善于与党和国家的大局联系起来,要自觉地把我们的工作汇集到社会改革发展的大潮中去,这样你才会感到你的工作不是孤立的,你工作的时候才能站得高些、看得远些,你才会感到有支撑、有信心、有力量。

如果你拘泥于为办刊而办刊，就会自觉不自觉地陷入一种盲目之中，成为一种纯粹的谋生手段。在拯救民族危亡的斗争中，中国共产党人的先辈们冒着查禁、拘捕甚至生命危险创办各类刊物，传播先进思想文化，他们也有经济压力、生活压力，但是他们义无反顾、前赴后继，传播革命真理、救国理想。他们为什么能这样？因为他们有理想，有信念，有抱负。如果我们今天能把实现中华民族伟大复兴的中国梦作为自己的理想抱负，办刊的责任感、使命感就会油然而生。这是一种无穷的力量。"然后，我就从"中国梦"赋予期刊业发展的强大动力、小康社会建设为期刊业提供了广阔的发展空间、数字化增强了期刊业的传播力、体制机制改革将为期刊业焕发生机和活力四个方面，谈了我对期刊业发展前景的展望来提振大家的信心。

在这个培训班上，我还以一个研究者的身份，对我国期刊业的改革创新问题与大家交换了意见。

第一点，从改进分类指导入手，营造新的"期刊生态圈"。我认为，我国期刊业的生态环境受计划经济的影响还是比较深的，与社会主义市场经济环境越来越不适应。比如，期刊社的主管主办单位有行政级别要求，使得有的期刊社与主管单位上不着天、下不着地。又比如，这个省有什么刊，那个省也要有什么刊，形成市场严重扭曲分割。还比如，很多期刊社企业、事业体制界限不清，期刊社难以成为真正的市场主体。当然这种情况是长期形成的，要一下子完全改变很难，但完全不改变又难以为继。所以要分类指导，逐步破解。我在一个资料上看到，在美国，科技期刊的创办者主要分为三类，一是商业出版集团办刊，二是专业学会、协会办刊，三是专业期刊社办刊。经费来源有：发行收入，版面费，基金资助（含在科研经费中），版权经营，广告，举办会议、专题培训和咨询服务。美国调控科技期刊的手段，一是税收减免和关税保护，二是政府直接或间接拨款资助补贴，三是基金支持，四是出版物邮资费率优惠，五是价格制度（非定价销售）。这就是美国科技期刊的生存环境。当然，我国与美国社会制度不同，体制机制不一样，不可能也不应该照搬他们的做法。但如果我国在推进科技期刊运行机制改革时，思路再开阔一些，科技期刊的生态环境就可能会有所改观。

第二点，从行政管理改革入手，推动期刊全行业改革。我认为，期刊业的改革关键在体制改革，而体制改革的关键又在行政管理制度的改革。期刊社现存的体制机制弊端是计划经济体制下形成的行政管理制度造成的，行政管理制度改革不先行，光要求期刊出版单位改革，似乎有点儿本末倒置。这就好比一匹马被拴在木桩上，绳子没解开，你要让马奔跑起来，这是不可能的。为此，我提出三点建议：一要转变行政管理观念，管理助推发展。我长期在出版行政管理部门工作，从我自己管理工作的体会看，在管理工作岗位上，考虑最多的是如何管住，不出问题。当然这是无可厚非的，职责所在。但作为管理者的另一面，如何促进行业发展，如何更好地为管理对象服务，考虑得还不够多，认为这主要是出版单位自己的事。我曾在《光明日报》上看到一篇文章《用政府权力"减法"换取市场活力"加法"》，道理讲得很好，就是政府部门要勇于简政放权，向市场放权，给企业松绑，为发展助力。二要改进调控手段，增加发展空间。对期刊业来说，总量控制一直是宏观调控的重要手段，已经延续二十多年了。这二十多年，社会环境、市场环境都发生了巨大变化，固守这种调控办法是否合时宜？同时要考虑，由于管理体制的原因，盘活现有资源、优胜劣汰实际上只是一种愿望。我在与业界同志的接触中感到，很多有需要、有实力、有能力办更多刊物的期刊出版机构，都苦于得不到刊号而错失发展良机。我认为，如果对刊号资源配置适当松绑，期刊总发行量会有明显上升，读者多样化需求可以得到进一步满足，同时也有利于期刊结构调整，有利于规范期刊出版行为。三要完善政策措施，扶植期刊业发展。我建议采取以下措施：一是建立学术期刊出版基金，打造学术期刊出版高地；二是制定期刊"走出去"规划，实施"期刊越洋工程"；三是完善社会组织、机构资助学术期刊出版的机制，改善学术期刊生态环境；四是规范期刊市场秩序，拓展期刊发行渠道；五是推进期刊发行量核查制度，促进行业公平竞争。

第三点，从调整产业结构入手，做强做大期刊业。我认为，调整结构是实现期刊业可持续发展的重要条件。从期刊业现实情况来看，当前最迫切需要调整学术期刊与消费类期刊的结构比例问题。我国学术期刊占全部期刊70%左右，消费类期刊不到30%；而美国学术期刊只占24.9%，而消费类期刊占70%。当然这里可能有划分上的差别和统计上的不同，但中美两国在这两类期刊结构上的区别是十分明显的。美国学术期刊突出做精，他们有很多世界顶尖级学术期刊。我国学术期刊过多过滥、质量不高。而作为期刊产业，主要是指消费类期刊的规模效益。我有种感觉，我们从上到下对消费类期刊有一种偏见，认为消费类刊物都是低俗的，是无关紧要的。其实，从社会需求来讲，这类期刊需求巨大，从关注民生的角度，消费类期刊更贴近民生。所以我们要理直气壮地发展消费类期刊，把消费类期刊作为发展期刊产业的着力点来做。从做强做大期刊业的角度，还有一个期刊业的拓展问题。就期刊业发展趋势看，一个是全媒体的趋势，一个是做平台的趋势。全媒体是为了适应新的传播手段、传播方式的崛起，适应媒体格局的变化，是大势所趋。做平台主要是为了增强实力和竞争力，就是除了做好杂志本身，还可以利用期刊社的条件和优势，与所在行业有机结合，向社会提供综合服务，把盘子做大，把实力做强。发展新媒体许多杂志社还很纠结，眼看是个趋势，不做不行；做吧，投资大，见效难。有人跟我说，新媒体烧钱，咱烧不起。这都是实际情况。但是，在新媒体上现在还无动于衷、无所作为，那无异于等死。在探索阶段，烧钱可能是个取得发展机会的代价。做平台是这几年一些杂志社摸索出来的经验。期刊做平台很有优势，每个期刊的背后都是一个产业。作为行业媒体，与所从事的行业合作、为行业服务，搞好了，既促进了行业发展，又拓展了期刊自身的业务，为社会提供更多的服务。时尚传媒集团这几年就得益于做平台，除了做好 18 种杂志，每年搞很多与时尚相关的活动，策划与时尚相关的图书，制作与时尚相关的影视，开展时尚咨询服务等等，不但壮大了实力，2004 年开始进入世界品牌实验室发布的"中国 500 最具价值品牌"榜单，连续 10 年榜上有名，品牌价值由 5 亿元跃升至 35.68 亿元，2013 年营业收入 13 亿元，而且在引领社会时尚方面发挥了越来越重要的作用。

  这些想法只是我的一孔之见。

  我在期刊协会还做了一件有意义的事——组织编撰《中国期刊史》。我在新闻出版总署任副署长时担任过《中国出版通史》的编委会主任，做的工作很有限，主要是中国出版科学研究所（现为中国新闻出版研究院）负责完成的。编撰《中国期刊史》，从组织编写人员、资金筹划，到编写大纲、组织审稿，都是以我为主完成的。这部《中国期刊史》共五卷，200 万字，历时 5 年，可以说投入了我这几年的全部精力。我写的《绪论》对编撰《中国期刊史》的缘起、体例、整体内容作了说明，对中国期刊的发展脉络、中国特色社会主义期刊事业的基本特征,以及未来展望阐述了我的观点。

以1815年《察世俗每月统记传》的创办为标志,到2015年,中文期刊已经走过了200年的历史。纵观这200年,中文期刊的产生、发展以及曾经的波折不是孤立的,都与这200年中国社会的变迁密切相关。期刊作为一种信息传播媒体,它的出现反映了当时社会生产力和思想文化发展的需要,曾经出版的任何一种期刊都承载着大量社会发展变化的信息。期刊媒体又是一种特殊的社会利器,既能客观地记录社会的发展变化,又能对社会变迁的种种因素做出一定程度的揭示,同时又会反作用于社会。在这个作用与反作用的过程中,期刊和社会同呼吸、共命运,在社会环境的滋养和磨砺下成长。因此,把200年来中文期刊的发展脉络梳理清楚,把期刊业的发展进步与社会发展进步之关联性揭示出来,把不同历史阶段的杰出办刊人的办刊理念和经营模式加以总结,对于我们深刻认识期刊在社会发展变革中的地位和作用,科学总结期刊业的发展经验和规律,正确把握新时期期刊出版的舆论导向和发展方向,都有着重要的意义。特别是自20世纪末以来,新兴媒体迅速崛起,对传统期刊业形成强势冲击,期刊业的发展出现历史性拐点,期刊形态正在发生着深刻变化。在这个新旧融合、交替的节点上来回顾过去、审视当下、展望未来,更具承上启下的意义。于是,中国期刊协会决定组织编撰《中国期刊史》。以200年历史时段编撰的这部《中国期刊史》,不仅意在客观、准确地记录中国期刊曾经的发展历程,更想在科学总结我国期刊发展的客观规律与历史经验中,将中国特色社会主义期刊事业的核心品质传递给新一代期刊人,以期在期刊的数字化变革中,步子走得更加坚定执着。编撰《中国期刊史》对我也是一个学习的过程，特别是对期刊在社会发展变革中的地位和作用有了更深刻的认识，使我更加热爱期刊事业了。

为了激励为中国期刊事业发展倾注毕生精力并对期刊事业发展做出有益贡献的期刊工作者，2015年中国期刊协会在中文期刊诞生200周年之际，决定向从事期刊出版工作30年的期刊工作者颁发荣誉证书，以提振行业信心，激发广大期刊工作者的使命感和责任感。荣誉证书封面和纪念章的LOGO是艺术化万里长城的图案，荣誉证书上的致敬词写道：

中文期刊二百年铸就了中国思想文化的万里长城。您的足迹在这里留下，您的贡献在这里凝结，您的精神在这里闪烁。这里是您永远的念想。

获得此荣誉的期刊工作者对我说：致敬词让我感到很荣耀、很温暖。

2008年3月经推荐审议，我取得了第十一届全国政协委员资格。在全国政协五年，我分在新闻出版界，参加文史和学习委员会的活动。这个委员会有来自各界的专家学者，是我学习的好机会。每年还组织到外地考察学习，接触到许多平时难以接触到的情况与知识，如古代土长城遗址保护考察、京杭大运河申遗考察等。我与神舟飞船总设计师、中国工程院院士戚发轫多次一起参加考察活动，有时晚饭后一起散步，听他谈我国航天事业的发展进步，受益良多。他功勋卓著，但很谦和，从来不提他作出了什么贡献，他更愿意和我们回忆我国航天起步阶段的艰难岁月。他说，正是在那个年代，他们形成了"自力更生、艰苦奋斗、大力协同、无私奉献、严谨务实、勇于攀登"的航天精神。他是一位值得尊敬的科学家。

2008年12月，我还在福建省新闻出版局副局长李玉光的陪同下，走访了四堡书坊建筑群。四堡是闽西连城县的一个乡，书坊是雕版印刷的基本场所，四堡书坊在我国印刷文献中占有相当重要的地位。明清时期，这里曾经是我国四大雕版印刷基地之一。据史料记载，"印坊栉比，书楼林立""家家无闲人，户户有书香"，可谓盛极一时。刻印的图书品种繁多，有据可查的就有九大类1000多种，包括启蒙读物、经史子集、医学书、小说、诗词等等，《三字经》《康熙字典》《绣像金瓶梅》《三国演义》《水浒》等都曾经在这里刻印。刻印的图书发行很广，号称"垄断江南，行销全国，远销海外"。目前尚存的书坊有林兰堂、翰宝楼、碧清堂、文海阁等八十余座，均为明清时期建筑，是我国现存最完整的古代雕版印刷遗存之一，具有重要的历史、科学和艺术价值。四堡书坊建筑群是国务院公布的第五批全国重点文物保护单位（2001年）。我有幸来到这个心仪已久的地方，作为一个老出版人，走进四堡宁静的街巷，推开古朴的书坊大门，儒雅之风扑面而来，我有一种拜祖朝圣的感觉。回北京后我写了篇散文《文脉幽幽，古风长存——访四堡雕版印刷遗存》，被收入全国政协文史和学习委员会编的《政协委员一日》第三辑。我还在政协十一届全国委员会第二次会议上提交了《关于加强四堡雕版印刷基地保护的提案》（第1145号），就如何加强保护和宣传"四堡书坊建筑群"提出了建议。

我喜欢书，也有很多书，但读过的不多。我曾写过一篇文章《对书的感觉》（2014年5月16日《中国新闻出版报》），那是我的真切感受。除此之外，我也没有其他爱好，不抽烟，不喝酒，不会唱歌跳舞，琴棋书画一样不通。完全退出工作岗位后，每天坚持走走路，但这不是爱好，我把走路当作退休后的"工作"了，每天必须的。

2021 年参加在天安门庆祝建党百年的活动

  我的人生底色来自农村。我这一路走来，怀揣一个从农村走出来的年轻人的纯朴梦想，来到北京 50 年。党的教育培养，领导的提携，同事的帮助，自己的努力，使我成为一名党的高级干部，一个立志坚守一生的出版工作者，我很知足。岁月远去，我不曾有轰轰烈烈，只是平平淡淡走过，却也问心无愧。

  2021 年是中国共产党百年华诞，我荣获了"光荣在党 50 年纪念章"。特别是 7 月 1 日在天安门观礼台上聆听了习近平总书记的重要讲话，倍感振奋，我为我是一个中国人而骄傲，更为我是一名中国共产党党员而自豪。在颁发"光荣在党 50 年纪念章"

大会上，每个人要对党表达一句心里话，我写下了"听党话，跟党走，是我一生的追求"。

在世界出现百年未遇之大变局之际，我国开启了第二个百年奋斗目标的新征程，道路注定不会平坦，但我对祖国的未来充满信心。我在2021年参观南湖"红船"时曾写下一首诗，以寄托我对党的无限信仰和热爱：

### 胜利的航程

烟雨楼前始启航，南北征战多磨难。

上下求索谋复兴，中华已披小康装。

百年华诞开新篇，千秋伟业聚力量。

暗礁险滩何所惧，乘风破浪达彼岸。

# 第二部分

## 我经历出版的那些事

——跨进出版大门,从零开始,以学为先。领导指引,同事帮助,做了一些事,谈不上什么贡献,只能说我努力过,我辛苦过。有的事或许留下了点点印迹,虽然微不足道,我却很珍惜。

**李晓晔：**您在新闻出版管理部门工作，很长时间兼任党组秘书，之后又是党组成员、副署长，新闻出版行业的许多政策措施决策过程，您都有所了解；而且在您工作的这几十年里，新闻出版工作经历了"拨乱反正""思想解放"等重要阶段，又是新闻出版事业取得巨大发展进步的重要时期，想请您谈谈您所经历的对新闻出版事业发展产生重大影响的一些事情。

**石　峰：**我的确经历了很多事，但由于时间长了，现在手头又没有什么资料，一些事成了过眼烟云，记不清了。在这里我想跟你们谈谈我经历出版的20件事，供你们今后研究参考。

## 关于"开门办社"的调查

在我的一大堆资料里,不知为什么还留存着两份1974年的汇报材料:《在大连"开门办社"情况的汇报》《目前"三结合"编创活动进展情况》。这在现在看来是件"过时"了的事,但在当时是把它当作新生事物看待的,所以我就有意无意地把它保留下来了。

"开门办社""三结合"是在"文化大革命"的特殊政治背景下出版社开展的一种编创活动,或者说是一种办社形式。从中共中央转发《关于出版工作座谈会的报告》(中发〔1971〕43号)文件可以看出,这是上海、辽宁等一些出版社创造的经验:"上海、辽宁等一些出版社,狠抓出版队伍的思想革命化,深入工农兵,依靠工农兵,实行领导、群众和专业人员'三结合'写书、审书,出版了一些比较好的图书,取得了新的经验。"这个文件还有这样一段论述:"无产阶级的出版事业是党领导的无产阶级革命事业的一部分,要靠全党来办,靠大家来办,靠工农兵、革命干部和革命知识分子来办,不能靠少数人关起门来办。要深入群众,向群众学习,选题、写书、审书都要走群众路线。……'文化大革命'以来,在广大工农兵、革命干部、革命知识分子中涌现出一批新作者。有些出版社,在党委领导下,深入工农兵,组织各种类型的'三结合'编创小组,写出了一些比较好的作品。我们应该沿着这个方向,继续实践,不断总结和提高,并注意发挥原有好的和比较好的，以及犯有严重错误但可以改造的作者的积极作用，建立一支无产阶级自己的作者队伍，彻底改变过去依靠少数资产阶级'专家'写书的状况。反对'专家路线'，并不是排斥专门家，要注意划清政策界限，正确执行党的知识分子政策，调动他们的积极因素，为社会主义服务。"

从大的方向上看，出版工作与社会实践相结合，面向工农兵大众，走群众路线，并没有错。实践中"开门办社"在当时发挥了积极作用，这一点也是应该肯定的。问题在于出版工作的功能是多方面的，在当时的政治意向推动下，把"开门办社"搞绝对化，走形式主义，不顾客观实际地推行，就可能适得其反。正如列宁所说的，真理哪怕是向前迈出一小步都会变成谬论。从保存史料的角度，我把当年对"开门办社"调查的情况作一简要介绍。

当时国家出版局的直属出版社有5个：人民出版社、人民文学出版社、中华书局·商务印书馆（1971年中华书局和商务印书馆合并，为一个机构两块牌子，1979年恢复原建制）、人民美术出版社、人民音乐出版社，主要在辽宁大连开展"三结合"（当地领导、工农兵、出版社编辑）写书、编书、审书的"开门办社"活动。1974年7月，时任国家出版局出版部主任许力以派我和龙文善同志到大连就"开门办社"进行调查研究，听取当地领导和工人群众的意见。我们走访了当地文化主管部门、文化艺术单位，召开了6个各种类型编辑小组的座谈会，听取了出版社编辑的工作感受和意见要求，还现场参加了工人业余美术编辑小组的审稿活动。我们还参观了"红旗造船厂工人理论队伍成长展览馆"，走访了老工人、市劳动模范刘显同志的家，参加了工厂一天的劳动。

人民美术出版社在这里组织的工人业余美术编辑组有一个

"章程",从中可以看到"三结合"编创活动的组织形式和基本流程。

"章程"第一条,名称:旅大工人业余美术编辑组。它是一个人民美术出版社设在旅大市,在市委宣传组、市文化局及有关基层党委领导下,以工人为主体,有专业人员参加的"三结合"编辑组,其日常工作在旅大市文学艺术馆协助下进行。第二条,编辑组的工作立足于本地和基层,面向全国(注:指的是到全国去组稿,实际上并未开展),并结合出版社的宣传任务,编辑出版美术作品、论著和摄影作品。编辑组制订的编辑选题计划,出版社将根据落实的情况列入出版社的出版计划。编辑组的计划须经市委领导审查,稿件编出后,须在组内讨论通过,再经艺术馆送市文化局、市委宣传组审查,经领导同意后,送出版社审定出版。第三条,编辑组现有9人组成,6名工人,3名专业人员,由出版社的同志任组长。另设3名副组长,分别由2名工人、1名艺术馆的专业人员担任。出版社的2名编辑根据任务等情况,可定期调整。第四条,编辑组采取定期碰头、分散活动的方式进行工作,始终坚持业余、不脱离生产、不脱离群众,一般情况下每两周集中一次,特殊情况下可随时召集。第五条,编辑组的费用由出版社支付(包括执行编辑任务赴京的差旅费、稿件的邮费等)。

我们从参加编辑组的名单中看到,6名工人来自5家工厂,其中有3名党员,1名女同志;年龄最大的37岁,最小的26岁;工龄最长的19年,最短的4年;有一名大学生,一名高中生,其他都是初中生。他们大都有一定的美术基础和爱好,有一位是从1958年就开始搞业余美术创作,他创作的套色版画《沸腾的群山》,曾参加全国美展。参加编辑组的那位女同志,对剪纸有较好的基础,她曾多次向外宾介绍搞业余美术创作的体会。应该说,人民美术出版社"开门办社"的做法,通过这个"章程",

是比较规范的。编辑组的构成是从当时的实际情况出发的，也出了一些成果。此外，参加"三结合"编辑组的编辑都还有参加劳动、理论学习的规定和要求。

我们在调查中还了解到，红旗造船厂（即大连造船厂）的14名女工在人民出版社编辑的指导下，组织起来选编《马恩列斯论妇女解放》一书的故事。这14名女工是该厂铸造车间的一个学习小组，年龄最大的43岁，最小的23岁，她们中有21年工龄的老工人，也有才参加工作不到2年的新工人。其中有6名共产党员，9名先进工作者，1名全厂标兵。文化程度只有1名高中生，其余基本上是初中生。当时正在开展"批林批孔"运动，她们在学习中批判了"男尊女卑"的传统思想，认为要使妇女得到彻底解放，就要彻底打破传统观念，积极投入社会政治生活中去，就要用马克思主义理论武装起来，于是产生了选编《马恩列斯论妇女解放》一书的想法。但是她们从来没有编过书，不知道从何下手。正在这时，人民出版社在该厂的编辑王仲法知道了，就因势利导帮助她们做计划、列提纲，然后分成4个小组分头到马恩列斯著作中去摘选。经过一段时间的努力，终于形成了初稿，就印发到全厂各车间边学习边提意见。同时，她们还到其他单位征求意见。稿件基本成熟以后，人民出版社就请她们中的3人到出版社共同修改定稿。

这个选编小组有两个明显特点：一是完全利用业余时间编书，从未耽误本职工作。她们每天下班后要保证5个小时用在编书上，于是她们克服各自家庭的困难，都集中住到车间里。她们说，参加编书是个难得的学习机会，也是自己的政治责任，是"批林批孔"的实际行动，我们心甘情愿。由此，当时她们的政治热情可见一斑。二是理论联系实际，用实际行动体现妇女解放。她们带头坚持晚婚晚育，移风易俗。如她们中有个女工结婚时，坚决不要彩礼，结婚当天也不请假，第二天照常上班，结果她的行动带动了全车间、全厂。同时，她们还在车间成立了"妇女突击队"，并向全厂提出倡议，全厂各车间很快都成立了"妇女突击队"。

这个例子是我们在调查报告中作为"开门办社"的典型案例向领导汇报的。今天我们如何评价这件事已经不重要，但这是我们出版走过的路。

"开门办社"也带动了基层文化骨干队伍的成长。大连造船厂的同志反映说："出版社到我们这里来组织'三结合'编书写书，等于到我们工人中间来办学校，帮助我们培养了一支理论队伍。"有位叫朱喜增的工人，31岁了，有12年工龄，只读过7年书，他参加了辽宁师范大学组织编写的《1917—1924俄国经济战线的斗争》一书。他自己说："参加编写组前，连黑板报的稿子都没有写过。"经过和编写组的老师一起学习，编辑同志手把手地教，后来他也能阅读《列宁选集》了，回到车间还当了辅导员，成为学习的骨干。类似的例子还有很多。

国家出版局直属出版社的"开门办社"不但在大连搞，也在其他地方开展，如人民出版社在天津港务局，中华·商务在北京汽车制造厂，人民美术出版社在顺义南采公社等等。我在1974年5月有个调查统计，当时5个直属出版社正在进行的"三结合"编辑组有167个，其中在工厂76个，在农村25个，在部队20个，在学校18个，在其他部门28个。还有出版社"请进来"的"三结合"编辑组。当时"三结合"编辑组编创的主要书稿有：人民出版社的《学习〈共产党宣言〉》（有中央党校老师和大庆工人参加）、《学习〈关于正确处理人民内部矛盾问题〉》（有中央党校老师和开滦煤矿工人参加），人民文学出版社的《钻天峰》

长篇小说（由总字520部队集体创作）、《红星新歌》长诗（由红星中朝友好公社集体创作），中华·商务的《西汉时期儒法斗争史》（有北京汽车制造厂工人参加），人民美术出版社的《金光大道》连环画（有顺义南采公社农民参加）等等。在当时"开门办社"可以说搞得热火朝天，出版社的热情很高，出版社的主要领导也都深入一线指导工作，如人民出版社的齐速、王益，人民文学出版社的王致远、韦君宜，人民美术出版社的邵宇，中华·商务的金沙等。当时，他们当中的大部分人都刚刚从"五七干校"回到出版工作岗位，那种政治热情现在很多人看来，可能都很难理解。

随着"开门办社"的深入开展，各种矛盾和问题也逐渐暴露出来。

首先是指导思想问题。本来是一件带有一定政治意义的办社形式的探讨，赋予了过多的政治含义，搞不搞"开门办社"成为一个政治态度甚至政治立场问题，在当时的政治氛围下，出版社不堪重压。当时有的同志认为，出版社实行"开门办社"，让工农兵来编书写书，是为了无产阶级占领出版阵地，用马列主义毛泽东思想改造出版阵地，是无产阶级专政在出版工作中真正得到落实的重要举措。在座谈中有人谈到，长期以来，文化知识只为少数人占为己有，在我们的文化领域里还有一些资产阶级"土围子"，有些方面实际上仍然被资产阶级知识分子把持着。我们搞"开门办社"，就是为了建立起一支宏大的工农兵理论队伍，来摧毁资产阶级的"土围子"，使出版工作成为无产阶级专政的坚强阵地。今天我们可以清楚地看到，这种错误认识与当时对出版工作形势的错误估计是有密切关系的，而且这些愿望、这些目标的实现，也绝不是搞"开门办社"就能够完成的。

其次是增加基层领导干部的负担。出版社规定"三结合"编辑组都要在当地党组织的领导下，工作要向他们汇报，书稿要经他们审查，遇到问题要他们帮助解决。他们都是有自己工作任务、工作职责的，"三结合"编辑组无形中增加了他们的负担。而且他们毕竟不是做出版工作的，不是什么书稿都能审核，最终必然流于形式。长期在一个地方搞"开门办社"，结果只能是从欢迎到应付，从应付到冷淡，最后出版社不得不无奈收场。

第三是书稿质量问题。应该说工农兵参与选编某些书是可以的，也确实有的人通过编辑的帮助成长为业余作者，甚至是专业作者，如有的搞了文学文艺创作。但很多书专业性、理论性很强，通过"三结合"来完成是困难的，即使完成了，质量也难以保证。人民出版社在大连组织选编《马恩列斯论历史科学》一书，开始时出版社的领导说，我完全相信工农兵编书，书编出来，你们说行，我就签字。结果书稿出来了，一看质量不行，弄得出版社很尴尬，还被工人批评说，这是对工农兵不相信，依靠谁的问题没有解决。

还有坚持业余问题、相关经费开支问题、出版社日常工作兼顾问题等等，在"开门办社"实践中都逐渐突显出来，也给坚持"开门办社"带来障碍。随着"文化大革命"结束，出版领域拨乱反正的开展；随着出版任务日益繁重、编辑力量不足等原因，热闹一时的"开门办社"就慢慢地偃旗息鼓了，今天只留下了一个记忆。

# 我与民族文字出版工作的情结

在我的记忆里，我加入出版管理工作行列后，少数民族文字出版工作是我接触到的最早、最重要的工作之一。我深感我们党和国家对少数民族文字出版工作的高度重视和亲切关怀。

据国家民族事务委员会杨正旺同志提供的资料，新中国成立以后，废除了民族压迫制度，少数民族获得了使用和发展自己语言文字的平等权利，党和政府帮助10个民族创制了拉丁字母形式的拼音文字，帮助5个民族对原有文字进行了改进或改革，我国少数民族文字出版事业从此才逐步发展起来。到1979年，我国以出版少数民族文字图书为主的出版机构有15家，新疆就有5家；另外，设有民族文字图书编辑室的出版社还有3家。从1949年到1963年，全国用蒙古、藏、维吾尔、哈萨克、朝鲜、壮、布依、苗、彝、黎、傣、柯尔克孜、锡伯、傈僳、景颇、拉祜、佤、哈尼、侗等19种民族文字出版各类图书13853种，发行15000万册；用民族文字出版的杂志34种，报纸37种。"文化大革命"前的1965年出版的民族文字图书就有1694种，印行2480万册。

"文化大革命"开始以后，少数民族文字出版工作受到严重冲击。1967年，全国出版少数民族文字图书（不含课本）只有148种，印行2129万册；杂志只留下7种，报纸5种。少数民族群众没有书看的情况十分突出。1971年7月，国务院写给毛主席《关于出版工作座谈会的报告》中就指出："目前，有些少数民族地区缺乏读物的情况更为严重。建议中央国家机关统战系统军管组和有关省、自治区党委加强对少数民族出版工作的领导，加强翻译、编辑队伍的建设。各有关出版社要加强协作，互相支援，大力翻译出版更多的革命图书，努力提高译文质量，尽快改变蒙、藏、维、朝、哈文图书缺乏的状况。"

1974年5月9日，新疆昌吉军分区政治部一位干部给中央写信，反映《红楼梦》等四部古典小说和《世界通史》《中国通史》《中国哲学史》等书籍都没有维吾尔文、哈萨克文版，对学习很不利，希望抽调人力翻译这些书籍。中央领导很重视，指示国家出版局和国家民委研究处理。国家出版局派我和国家民委的同志一起到新疆进行调查研究。我们到昌吉军分区召开了座谈会，在新疆地区了解群众对民族文字出版工作的意见和要求，到新疆人民出版社了解民族文字图书出版情况。这是我第一次比较深入地接触少数民族干部群众，了解到他们对民族文字图书的渴望和需求。

因"文化禁锢"引起的包括少数民族群众在内的广大干部群众没有书看的情况，周恩来总理高度关注。1974年2月，周恩来总理在接见国家出版局主要负责人徐光霄（原文化部副部长，1973年9月至1975年3月任国家出版局领导小组组长）谈到"出版工作要为'批林批孔'运动服务"时强调指出，出版工作"要有长远规划。到1980年，全国上山下乡知识青年将有2000万，出版工作要为这些下乡知识青年考虑"。还说："古籍整理需要出版一些，但不能太多。出版工作要考虑工农兵的需要，为工农兵着想。古籍整理好比贵重药品，少数人吃的，多数人吃不起，要有一定的比例。多了不好，要受批判。"他还强调指出："要尊重各民族的语言文字、风俗习惯和宗教信仰自由，如果不重视这些问题，就不符合我们建立社会主义民族大家庭、使各民族共同繁荣的政策。"

时任中央政治局候补委员、主政新疆工作的赛福鼎同志遵照周恩来总理的指示精神，与有关部门研究提出了用蒙、藏、维、哈、朝五种文字翻译出版马列著作和毛泽东著作的问题，并于1974年2月22日写了报告，建议成立少数民族语文翻译局，统一规划和担负马列著作，毛泽东著作，中央重要文件、文章的文字翻译和中央召开的大型会议的口头翻译工作。

2月28日，经周总理批示，赛福鼎同志的报告转交国家出版局办理。

3月27日，国家出版局向中央写了《关于建立马恩列斯著作、毛主席著作民族语文翻译机构问题的请示报告》，建议由中央统战部、国家民委临时领导小组、民族出版社和国家出版局各派一名领导人组成筹建小组（国家出版局当时派出版部的马济斌同志参加），建议由国家民委萨空了同志任组长。

经中央批准，马恩列斯著作、毛主席著作语文翻译局筹备小组成立并开始工作，从部分省、自治区调进的近80名翻译人员（编制定170人）陆续到位。

6月10日，国家出版局针对新疆昌吉军分区干部来信提出的问题，向中央写了《关于出版少数民族文版古典文学和历史书籍问题的报告》，并建议召开少数民族文字图书翻译出版工作座谈会。

10月17日，国家出版局向中央写了《关于召开少数民族文字图书翻译出版规划座谈会的请示报告》，经批准，有关单位和出版局共同组成筹备班子，并于8月初派出4个调查组分赴9个省（区）进行调查。

1974年11月4日至12月19日，国家出版局会同国务院科教组在北京召开了少数民族文字图书翻译出版规划座谈会，参加会议的有吉林、内蒙古等13个省、自治区宣传和出版、教育部门的负责人，以及翻译、编辑，少数民族工农（牧）兵代表和有关出版单位代表共90人。会议讨论、拟定了1975年至1977年用蒙、藏、维、哈、朝五种文字翻译出版各类图书的规划（草案），以及中央一级民族语文翻译机构和民族出版社的主要任务，并就不同省、自治区使用同一少数民族文字的图书翻译出版、教材编译和语言文字的使用，以及分工协作等有关问题交换意见，作出了决定。会议结束时，当时除毛主席、周总理外的中央主要领导，接见了全体会议代表。

1975年3月29日，国务院批转国家出版局《关于少数民族文字图书翻译出版规划座谈会的报告》，要求有关省、市、自治区和中央有关部门切实加强领导，采取有效措施，努力完成规划（草案）中提出的各项任务。

对于这次会议，因为是在"文化大革命"期间召开的，后来很少有人提及。其实，这次会议对少数民族文字出版工作具有很重要的意义，做了规划、布置了任务、提出了落实措施，少数民族文字出版工作开始得以逐步恢复和发展。1975年全国出版少数民族文字图书（不含课本）762种，比上一年增长58.75%；印行1868万册，比上一年增长97.88%。出版少数民族文字杂志18种，报纸10种。到1980年第二次少数民族文字图书出版工作座谈会时，出版的少数民族文字各类图书已达1047种；五年间，出版的杂志增加到42种，出版的报纸增加到18种。西藏人民出版社原来只翻译出版汉文政治类图书，藏族文学和医药著作都不出版，1979年出版各类藏文图书60种，印行211万册，其中有新整理的古典文学作品《格萨尔王传》《青年达美的故事》等。四川人民出版社出版的《彝文检字法》印行20万册,很快卖完,完全出乎出版社的意料。四川凉山当时100多万人口的彝族地区,一本《彝文检字法》就发行20万册,充分说明了发展少数民族文字出版事业,提高各兄弟民族群众科学文化水平的迫切性。

1977年11月,中央马列著作、毛泽东著作民族语文翻译局在北京正式成立。到1979年,用蒙、藏、维、哈、朝五种民族文字共翻译了38本,1692万字。经民族出版社出版的有:蒙文《列宁选集》第一卷、《自然辩证法》、《论反对派》,维文《马克思恩格斯选集》第一卷,哈文《社会民主党在民主革命中的两种策略》《工资、价格、利润》《马克思恩格斯书简》,朝文《联共党史》以及普列汉诺夫的《论个人在历史上的作用》《论艺术》等。除了经典著作,文学艺术作品在少数民族文字出版物中占有很大比重。到1979年,古典文学名著《红楼梦》《三国演义》《水浒》已经翻译成多种民族文字出版,鲁迅、郭沫若、茅盾等著名作家的一些重要作品也都出版了多种民族文字版本。著名的少数民族古典诗歌和民间诗歌,如《嘎达梅林》《英雄格斯尔可汗》《召树屯》《娥并与桑洛》《梅葛》《阿诗玛》等,都译成了汉文,受到读者欢迎。同时,成长起一大批少数民族的作家和诗人,他们用民族语言和汉文进行创作,写出了很多脍炙人口的小说、剧本和诗歌。如傣族作者康朗英的诗《流沙河之歌》、壮族作者韦其麟的叙事诗《百鸟衣》、蒙古族作者玛拉沁夫的长篇小说《在茫茫的草原上》、彝族作者李乔的长篇小说《欢笑的金沙江》、回族作者赵之洵执笔的舞剧文学剧本《丝路花雨》等。新中国成立以后,我国编写出版的少数民族语文的字典、词典、词汇等工具书当时有41种,其中字典、词典28种,字汇、词汇13种。这41种少数民族语文工具书中,有25种是"文化大革命"前出版的，有16种是1974年全国少数民族文字图书翻译出版规划座谈会以后到1979年出版的。1979年新疆人民出版社出版的《汉哈辞典》，收词65000条，为哈萨克族人民学习汉语提供了方便条件。青海民族出版社出版的《新编藏文字典》，收常用单字、单词6000多个，词语3000多条，是我国第一部专为藏族小学高年级和中学学生编写的藏文字典。

少数民族文字出版工作虽然有了明显的进步和发展，但总体上还很不适应民族地区经济、社会、文化发展的需要，于是国家出版局会同国家民委于1980年再次召开全国少数民族文字图书出版工作座谈会，并派出4个调查组到有关省（区）调查研究。我和民族出版社的付庭训同志被安排到云南的西双版纳和四川的大凉山，专门调查了解傣族、彝族群众对图书出版工作的意见和要求。我还清楚地记得，我们到西双版纳是坐公共汽车去的，路上走了三天，两个晚上就住在路边客栈。汽车基本上是在森林里行驶，路很险，弯道很多，很少看见村寨和行人。我们走访了这两个自治州的宣传、文化、教育部门，公社、生产队以至一家一户的群众，了解他们的经济、文化生活情况，听取他们对图书出版的意见要求，并和这两个省的民委、出版局、出版社交换了意见。至今我还保留着当年写的调查报告：《为他们提供一些什么样的书——关于傣族、彝族人民对图书出版要求的调查》。这个调查报告反映的情况，一直留在我心里。

当时，这两个自治州的经济还相当落后。我们来到凉山彝族自治州，所到之处，看到彝族群众衣衫褴褛，心里很不是滋味。昭觉县委宣传部长告诉我们：这个地方的经济状况是，一个劳动力平均一天只有2角钱，有的一天只能拿到5分钱。粮食不分粗细，平均每人每年300多斤。人畜同居，甚至人畜共食的现象还较为普遍。不少人家晚上点的仍然是松油灯，不管严寒酷暑、上山下地，多数群众没有鞋子穿。这样的生活状况，有多少人还顾得上买书看呢？当时我听了心里很沉重。我们到了凉山顶上的古曲大队6小队，有7户人家，大小21人。我们请两户社员把家里不论什么书，全拿出来看看。结果找了好大一阵子，只有一户找出了一本新发的扫盲课本。其他如年画、门联等也一无所见。当然主要是没钱买，即使买了，在那低矮昏暗的草棚里，又往哪里挂呢？据凉山州新华书店的索木同志反映，他们有一位同志带了图书去流动供应，走家串户45天，只卖了8元钱的书。

这里的文化教育也相当落后，文盲比比皆是。彝族、傣族都是具有悠久文化历史传统的民族，由于经济贫困，文化教育也落后了。我们来到紧挨西双版纳州所在地的景洪县景洪公社。据反映，这里的学龄前儿童（7—11岁）入学率只有40%左右，没有上过学或虽然上过学又复盲的12—40岁的文盲达70%左右。我们来到这个公社的中心小学，参观了他们的校舍，并召开了座谈会。这个中心小学有13个班级，其中7个班没有课桌，要学生自备。在一个破草房里，课桌是用两个木桩支起的一块20厘米宽的粗糙木板，东倒西歪，凳子更是简陋。师资水平也很低，大多是小学毕业教小学。在教师的资格考核中，按小学课本内容出题，全公社的几十名少数民族教师中，只有6人在60分以上。据反映，这里的很多初中毕业生看不了文艺小说，高中毕业生认不了1500个常用汉字。当年高考，按录取分数线降低30分，全自治州没有一个少数民族学生能录取。

凉山州昭觉县竹核区革五公社小学老师反映，该校现有学生60名，有一届学生，一、二年级时有20名，到三年级时剩下13名，四年级时剩下7名，到五年级第一学期就一个学生都没有了。

我们问："哪儿去了呢?"答："人大了，都挣工分去了。"据另一个学校反映，一般读完小学五年级的只有20%左右，而能考及格的人数只有5%左右。

文化教育落后，文盲增多，除经济落后的原因外，民族文字没有得到合理的使用也是一个重要原因。原来对彝文、傣文的教学使用，国家是比较重视的，中央和有关省民族出版社都出版过这两种文学的书。1958年后，文化上也搞直接"过渡"，实际上大大地削弱了这两种民族文字，"文化大革命"中就基本上停止了使用。这样一来，彝族、傣族兄弟在学习文化上就出现了一个突出的困难，他们平时使用本民族的语言，而在校学汉文，理解和接受能力都很难跟上汉族学生。即使学了一两个学期的本民族文字，毕业后又得不到使用，几年后就"复盲"了，群众反映，"读不读书一个样"。有的人说："这种情况，在民族文字的学习使用上，实际上还存在着不平等。"我们在调查中也听到反映，"文化大革命"以后，少数民族使用本民族文字的问题正在逐步得到解决。

彝族、傣族人民在自己的发展历史上，积累了灿烂的文化，他们酷爱这份珍贵的遗产。我们听喜德县文教局的同志介绍过这样一件事：土木构区马洪公社的一个三十多岁的社员，从家里到县城走了两天半时间，专程去买《阿莫尼惹》（即《母亲的女儿》）和《勒俄特衣》（彝文古典长诗，它以神话和实际事物相结合的艺术手法，说明天地的形成、万物的生长、山河的来源、人类社会的发生发展等，是四川彝族古典文学的代表作），但没有买到，文教局的同志知道以后，送给他一本《母亲的女儿》，他十分高兴。他还问"《勒俄特衣》有没有？如有的话，我用一头羊也换"。越西县有一个大队支部书记带了5个老年人到公社，专门来听读

《母亲的女儿》,他们一边听一边流泪,说:"今天我们终于又听到自己民族的故事了。"

傣族人民至今仍保持着在节日、结婚、造新房等喜庆日子,请"赞哈"唱歌的习俗,唱词内容大多是民间流传的故事、叙事长诗,听众直到天明不散。但是,由于多年来不重视民族文化的发掘整理,很多珍品至今还被埋没,不能与群众见面。据有关部门反映,云南德宏傣族地区民间流传的叙事长诗就有300多部,已经整理出来的还不到10部。而一些带有封建迷信色彩的东西却在民间流传,如《玛木特衣》即《训世诗》,它通过对一个男性主人公一生的简要叙述,宣扬奴隶主阶级的道德标准和行动规范,什么"百姓不好便想害土司""土司百姓间,土司维护百姓,百姓贡奉土司""跟要跟父母,随要随土司"等等,就在四川彝族地区流传很广。据说,云南傣族"赞哈"的唱词中,也有很多内容是不健康的。他们一般在前半夜因为有公社、大队干部参加,还唱点儿新的内容,到后半夜就完全唱旧歌了,而听众往往是后半夜比前半夜还多。

据反映,由于云南少数民族居住地区边境线很长,外来文化的渗透也相当严重。一些国家打着民族文化的招牌,大量输入各种书刊、画片、歌本等,甚至把宣扬《圣经》的书籍用卡车运到边境无偿赠送。据统计,仅德宏州先后就有46个国家和地区的书刊流入境内,内容大多是低级庸俗甚至反动的。有的民族同志拿着外面进来的刊物说:"除此以外,没有别的东西可看了,有什么办法呢?"我们在橄榄坝公社座谈,公社文书说:"我们这里根本看不到傣文书,仅有的几本汉文书,还都是过时了的。"

针对上述调查情况,我们着重就出版工作如何为他们服务,当前最迫切出什么样的书,广泛征求了当地的意见。

据了解，从1979年开始，四川、云南已经开始恢复出版彝文、傣文出版物，但力量都很薄弱。四川省仅有2名编辑编彝文图书，虽然已经有10种图书发稿，但还没有一种出版。云南民族出版社用两种不同傣文（西傣文、德傣文）出版图书，有9名编辑，1979年发稿39种（包括课本），已经出书36种；1980年已经发稿36种（包括西双版纳傣文、德宏傣文、景颇文、傈僳文、佤文），已经出书6种。由于多年中断了彝文、傣文这两种文字图书的出版工作，作者译者还难以形成队伍，文字的推广工作也有待改进。

根据需要和可能，我们在调查中了解到，当前他们最需要以下几方面的图书：一是配合普及民族文化教育和扫盲的通俗读物。如看图识字、连环画以及巩固中小学教学内容的课外辅导读物等。二是与日常生活密切相关的科学普及知识读物。当时，封建迷信在这些地区还很有市场，对一些自然现象还是用鬼神作解释。在农村生产中，有的还固守刀耕火种那一套，很需要向他们传授浅显的科学普及常识。三是整理出版内容健康、易于推广的民间文学，并积极出版为他们所喜闻乐见的民族文学形式的现代作品。喜德县举行了一次民间文学讨论会，来自32个公社的65名作者，带来了501部作品，内容包括童话、叙事诗、民歌、格言、说唱、谚语、故事等，评选出51部准备出书。可见在这方面还是有潜力的。四是彝文、傣文工具书十分缺乏，当年几乎还没有一部正式的词典、字典。要组织现有力量，尽快出版初级的语文工具书。

我们在调查中还了解到，在加强少数民族文字出版工作上也还存在着一些错误的认识。有的同志认为，少数民族和汉族长期共同相处，不少民族兄弟放弃了本民族的语言文字，识汉字、讲汉语，在这种情况下，再来强调发展少数民族文字出版工作，已经没有多大实际意义了；还有的同志认为，在推进社会主义现代化建设中，当务之急是加快发展少数民族地区的经济建设，改善少数民族的物质生活水平，至于少数民族文字出版工作发展快点儿慢点儿是无关紧要的。有这种错误认识的人虽然只是极少数，但对加强民族团结，发展民族地区的经济、社会、文化，危害极大，必须加以澄清。

这都是40年前的情况了，现在已经今非昔比。党的十八大以后，脱贫攻坚成为党的战略目标，习近平总书记向全国人民承诺，"小康路上一个民族也不能落下"。在庆祝中国共产党成立100周年大会上，习总书记向全世界庄严宣告："经过全党全国各族人民持续奋斗，我们实现了第一个百年奋斗目标，在中华大地上全面建成小康社会，历史性地解决了绝对贫困问题，正在意气风发向着全面建成社会主义现代化强国的第二个百年奋斗目标迈进。"前一段时间比较多地报道了凉山彝族自治州整体脱贫情况，从视频上看到今天彝族村寨的面貌、崭新的校舍，与当年我看到的情景相比，真是天壤之别，感慨万千。那为什么还要提起当年的情况呢？用今天一句流行的话说，"我们不能忘记走过的路"。

这次派出的4个关于民族文字出版工作情况的调查组，一个共同的结论是：少数民族文字出版工作亟待进一步加强。于是1980年11月27日至12月6日，国家出版局和国家民委在北京召开了全国少数民族文字图书出版工作座谈会，就如何进一步加强少数民族文字图书出版工作深入交换了意见，提出了许多改进措施。座谈会还讨论研究了1981—1983年少数民族文字工具书和民族文化遗产重点图书的选题规划，并就制定少数民族文字科技读物选题规划提出了意见。随后，国务院批转了国家民委、国家出版局《关于大力加强少数民族文字图书出版工作的报告》，提出了少数民族文字图书出版工作的方针政策、民族出版机构的设置和调整、加强编译队伍建设、大力扩充民族文字图书印刷生产能力、做好图书发行工作以及妥善解决民族文字图书出版经费等问题，有力地促进了少数民族文字图书出版事业的繁荣和发展。为配合这次会议的宣传，1980年12月8日，我以《人民日报》评论员的名义，在该报发表了题为《积极发展民族出版事业》的文章。

我国是一个统一的多民族的社会主义国家，民族工作是我们党长期的重要工作之一。少数民族文字图书出版工作又是整个民族工作的一个重要组成部分。做好这项工作，连着民心、关乎全局，对于全面贯彻落实党的民族政策，进一步密切各民族间的思想文化交流，维护民族团结，捍卫祖国统一，提高各少数民族人民的科学文化水平，共同迈进社会主义现代化强国目标，都有着重要的意义。

在我从事出版管理工作的三十多年中，一直格外关注少数民族文字出版工作。2004年我曾赴新疆维吾尔自治区调研，针对美国妄图分化中国的所谓"新疆工程"，提出了"东风工程"，得到中央财政的大力支持，极大地改善了新疆新闻出版工作的基础条件。同时，我还两次赴西藏自治区调研，西藏自治区新闻出版局旺堆次仁局长陪我深入农村牧区，一路上我们俩相处得像兄弟一般，无话不谈，了解到很多类似新疆的情况以及西藏新闻出版的特殊性。对西藏新闻出版工作的调研使我对民族文字出版工作的重要性有了进一步的认识。旺堆局长是我们党培养的民族干部，对做好西藏的新闻出版工作有着强烈的责任心，在他担任西藏自治区新闻出版局局长期间，西藏的新闻出版工作上了一个新的大台阶。他一路向我介绍西藏各方面的情况，看了西藏基层书店的困境，我的思想深受触动。后来国家新闻出版总署又提出并实施支持西藏新闻出版业发展的"雪域工程"。我能为少数民族新闻出版业的发展进步尽一点儿力，感到很欣慰。

# 出版界解放思想第一炮

## ——1978年庐山少儿出版工作座谈会

1978年10月11—19日,国家出版局在江西庐山召开了全国少年儿童出版工作座谈会,请注意时间节点,这是在党的十一届三中全会召开之前。时任国家出版局代局长陈翰伯主持,并作了题为《解放思想,勇闯禁区,迎接少儿读物繁花似锦的春天》的讲话。中宣部副部长廖井丹出席会议并讲话。会议初步澄清了许多被"四人帮"搞乱了的思想是非,讨论、制定了《1978—1980年部分重点少儿读物出版规划》。12月21日,国务院批转国家出版局、教育部、文化部、共青团中央、全国妇联、全国科协为贯彻这次会议精神所写的《关于加强少年儿童读物出版工作的报告》。这次会议不但对少年儿童读物出版工作起到巨大的推动作用,而且在整个出版界产生了广泛影响。后来这次会议被称为"出版界解放思想第一炮",有人甚至称之为"思想文化战线解放思想的先声"。

当时我在国家出版局出版部负责联系少儿出版工作,为筹备这次会议,我们作了深入的调查研究。我记得我随钱锋同志到冰心老先生家拜访,她听说要为少儿读物出版专门召开会议很高兴,说"这个主意好,好事,孩子们没有书看,怎么能健康成长?就像一颗小树苗,你不给它施肥浇水,它怎么能长得好?"我们在交谈中提起她的代表作《小桔灯》和《寄小读者》,她接过话说"现在的孩子可能都不知道了"。我们到中国少年儿童出版社座谈，他们谈到现在少儿读物奇缺，孩子们除了课本，找不到课外读物看，知识贫乏，思想空虚，没有远大理想和革命抱负。有的孩子饥不择食，黄色小说的手抄本到处流传，作为一个出版工作者心里很焦急，希望赶快划清一些出版物的是非界限、政策界限。时任社长刘德华还说："我们出版工作者没有提供足够的精神食粮给孩子们，有参与犯罪的负疚心情。"我们到上海调研，著名儿童文学作家陈伯吹谈起了一次看画展对他感触最深的一幅名画。他说，法国著名画家米勒（Millet 1814—1875）有一幅名作《喂食》（Feeding Her Birds），它描写长街上的一个家门口，门槛上坐着三个年龄很小的孩子，都张开着小嘴巴，眼巴巴地望着那弯着腰、手里拿着食饵的慈祥的母亲。这一嗷嗷待哺的情景，既逗人怜爱，又叫人感动。在上百幅画展中，一看到这幅画，谁都会烙印在心头，留下难忘的印象。他接着说，这幅名画强烈地感染了我，儿童是祖国的花朵、人类的希望、世界的未来，没有这些苗苗的茁壮成长，就没有了花朵，也就没有了春天。米勒的创作意图虽然不得而知，但从画面上的动人形象来看，难道他不喜欢这三个小孩儿给喂得饱饱的吗？要不，他怎么能画得这么生动可爱，令人遐思？此中自有深意在焉！儿童的健康成长，固然需要多种物质营养，但也还需要丰富的精神食粮，难道谁会愿意让我们的子孙都成为"毛孩子"吗？少年儿童读物的重要性和迫切性即在于此。陈伯吹老先生的一席话，恳切生动，令人至今难以忘怀。

这次庐山少儿出版工作会议是在全国开展揭批"四人帮"，解放思想、拨乱反正的大背景下召开的。因此，国家出版局在会前已经有了一些思想和行动的铺垫。

1977年4月4日，胡耀邦同志在中央宣传部的会议上，对加强政治理论读物的编辑出版工作提出，要特别重视通俗的政治理论读物。他建议要闯出一条写好通俗理论读物的路子，要搞点儿基本常识性的读物，每本20万到30万字，具有高中毕业文化程度的人都能看得懂。他说："我们的一切工作都要为大多数人着想，这是出版部门的基点。要着眼于广大青少年和壮年，不要光看到少数图书馆、高级干部，要面向群众，更好地为广大群众服务。"这对于"文化大革命"中要求的"出版部门要根据党的政治任务的需要来安排工作"的指导方针，是一种思想解放。

1977年8月8日，邓小平同志在中央召开的科学和教育工作座谈会的讲话中指出："学术刊物要办起来。要解决一下科研、教育方面的出版印刷问题，并把它列入国家计划。现在纸张很紧张，而浪费纸张的现象又很严重，有些不必印的东西印得过多，该印的东西却不给印，合理安排很重要。""有价值的学术论文、刊物一定要保证印刷出版。现在有的著作按目前的出版状况，要许多年才能印出来，这样就把自己捆死了。"这个讲话对于出版行政管理部门的管理工作既是批评，又是一种思想解放。

1977年12月3—17日，经中央批准，国家出版局在北京召开全国出版工作座谈会。会议针对"四人帮"全盘否定"文化大革命"前出版工作和出版队伍的"两个估计"，明确肯定了新中国成立以来毛主席的革命路线始终占主导地位，出版工作的成绩是主要的，出版队伍中绝大多数同志是好的和比较好的。这是一个重大的拨乱反正，对于出版界的思想解放，调动出版工作者的积极性，产生了深刻影响。

1978年1月4日，国家出版局在北京召开座谈会，邀请一些老同志谈生活书店、读书出版社、新知书店以及三家出版社合并组成的三联书店的历史。"文化大革命"时期，"四人帮"曾诬蔑这三家进步出版社为"30年代的反动'黑店'",并进行了追查,使很多同志受到迫害。这次会议是"文化大革命"后第一次把这三家出版社的老同志召集一起座谈。座谈会上,胡愈之、黄洛峰、华应申、许觉民等同志以大量事实,批驳了所谓"30年代黑店"的谬论。这次座谈会"以点带面",对出版部门解放思想具有示范性意义。

1978年1月18日,国家出版局、教育部联合向国务院上报《关于加快和改进词典编写出版工作的请示报告》,提出集中力量,在较短时间内新出和重印一批词典;抓紧编写出版中小型汉语和外语词典,大力抓好大型词典的建设工作;扩充词典印刷能力,保证纸张等物资供应;建立专门的辞书出版机构;努力培养辞书编纂人才,积极开展辞书编纂科学的研究等建议。2月17日,国务院批转了上述报告,认为"加快辞书出版工作是刻不容缓的一项任务"。这对我国辞书编写出版工作是具有里程碑意义的。通过此后几十年的努力,我国辞书出版工作已建立了较为完整的体系,各类词典、字典、辞书呈现出丰富多彩的景象。

1978年2月23日,北京市新华书店在全市各主要门市同时发行《家》《一千零一夜》《希腊神话和传说》和《哈姆雷特》四种书。这些被"四人帮"长期禁锢的中外文学作品重印出书,立即受到广大读者的热烈欢迎。当时,新华书店总店还将各地抢购中外文学作品、强烈要求增加印数的反映,迅速向国家出版局报告。国家出版局为尽快扭转"四人帮"造成的严重书荒现象,组织13个省、市出版局(社)和部分中央级出版社的力量,安排落实35种中外文学作品的重印计划。国家出版局拨出毛主席著作出版专用纸张7000吨左右,计划每种印45万册,由各省、市分工印刷,按计划统一发行。5月1日,国家出版局组织的这批中外文学作品共印了 1500 万册，集中投放到市场，成千上万的读者在新华书店蜂拥抢购。这充分反映了广大读者对丰富精神文化生活的强烈渴望，对当时的出版管理部门也是一个强烈的触动。这两个"强烈"又碰撞出了思想解放的火花。

1978 年 7 月 18 日，国务院同意并批转《国家出版局关于加强和改进出版工作的报告》，国务院在批语中说："出版战线在宣传马克思列宁主义、毛泽东思想，实现新时期总任务，极大地提高整个中华民族科学文化水平的斗争中，担负着重要的任务。由于林彪、'四人帮'的干扰破坏，当前出版工作还远远不能适应形势发展的要求。各省、市、自治区革命委员会，国务院各部委，都应重视出版工作，切实加强对出版工作的领导，以揭批'四人帮'为纲，进一步端正出版工作的路线、方针、政策，狠抓印刷技术的现代化和纸张的生产，尽快把出版工作搞上去。"国务院要求"尽快把出版工作搞上去"，对国家出版局来说，这是国务院的一道指令，必须坚决贯彻落实。如何搞上去？从哪个方面突破？国家出版局经过深入研究，广泛听取意见，认为要从国家的未来着想、要从老百姓最为关切的方面开局，于是决定首先召开全国少儿读物出版工作座谈会。

这个座谈会一开，在出版界吹响了解放思想的号角，在思想文化战线就像在"平静的湖面"投进了一块石头，引起了不小反响，其影响主要反映在陈翰伯同志的座谈会闭幕讲话中。这个讲话的标题是《解放思想，勇闯禁区，迎接少儿读物繁花似锦的春天》。这个标题就清楚地告诉出版界，要实现少儿读物繁花似锦的局面，就必须解放思想、勇闯禁区，少儿读物如此，其他读物也如此；要解放思想，不是空喊口号，就必须勇闯禁区。在当时，禁区很多，但真正敢闯的人还不多。不但出版界如此，思想文化领域也是如此。所以这个标题本身就是思想解放的一声炮响。

　　这里先介绍一下陈翰伯同志。他是天津人，1914年出生，在燕京大学读书时参加"一二·九"抗日救亡运动。1958年担任商务印书馆总经理兼总编辑，1978年7月任国家出版局代局长，一直代到1982年4月国家出版局与文化部合并。他是我的老领导，但他是大领导，我很少有机会和他直接打交道。1980年9月，中国青年出版社与中国少年儿童出版社联合办的《青少年之友》报，为迎接第一届全国书市，约陈翰伯同志为青少年读者写一篇文章，由我代笔。我写了《书籍是人类进步的阶梯——为全国书市致青少年读者》交给他审阅，他批了"可以了"。这是我与他之间仅有的一次直接交往。他担任国家出版局代局长这些年，正是各条战线解放思想、拨乱反正的重要时期，他对出版领域的思想解放作出了重要贡献。1979年由他主导创办的《读书》杂志创刊时，他提了十一条建议：1.废除空话、大话、假话、套话。2.不要穿靴、戴帽。（说明：戴帽指文章第一段必须说上"自从粉碎'四人帮'以来如何……"。穿靴指文章最末一段必须说上"为什么什么而奋斗""……而贡献力量"。当然，这不是说不要宣传党的中心任务，而是要把这个精神贯彻到全文中去。）3.不要用"伟大领袖和导师毛主席"；不要用"敬爱的周总理""敬爱的朱委员长"；不要用"英明的领袖华主席"。4.有时用"毛主席"，有时用"毛泽东同志"。注释一律用"毛泽东"。5.制作大小标题要下点儿功夫。不要用"友谊传千里""千里传友情"之类的看不出内容的标题。6.引文不要太多。只在必要时使用引文。有时可用作者自己的语言概括式地叙述。7.尽量不用"我们不知道""我们认为"之类的话头，有时可用少量第一人称。8.可以引用当代人的文章，并注明出处。此类注释可以和有关经典作家的注释依次排列。9.署名要像个署名，真名、笔名都可以。不要用"四人帮"横行时期令人讨厌的谐音式署名。不要用长而又长的机关署名，不要用"大批判组"。不要用"××××编写组"。10. 行文中说"一二人"可以，"十一二人""一二百人"也可以，但千万不要说"一二万人"这一类空话。11. 不要在目录上搞"梁山伯英雄排座次"。陈翰伯同志的这些意见内行、专业，又渗透着思想解放的锋芒。

那么陈翰伯同志在庐山这个座谈会上到底讲了什么呢？他一开始就讲，华主席指示我们："思想再解放一点，胆子再大一点，办法再多一点，步子再大一点。"在这次会议上，几乎天天都有同志强调这个问题，这也是我们这次大会的指导思想。现在我们的思想是解放了些，胆子是大了些，我想我们的步子能不能再大一点儿呢？大家都希望会议以后迎来少儿读物繁花似锦的春天，这更是两亿儿童以及他们的老师、家长的共同心愿，那么我们解放思想的步子就需要再快一点儿、再大一点儿。

陈翰伯同志说，解放思想、勇闯禁区，就要不怕鬼。接着他讲了《不怕鬼的故事》里《艾子》的故事：一个小庙前有条小沟，有人过不去，就从庙里搬出木雕神像搭脚过沟。另一个人来了，认为这是亵渎神灵，诚惶诚恐地又把神像搬回庙里放好。晚上，小鬼们纷纷议论，说应该狠狠地惩罚前面那个人。大鬼却说，只能惩罚后面那个人，因为前面那个人根本不相信我们，你怎么惩罚他？所以，不相信鬼，就不怕鬼；不怕鬼，就不怕禁区。他说，一百年前，马克思主义创立时，资本主义就是一大禁区，《共产党宣言》就是宣布要闯这个大禁区。50多年前，毛主席建立中国共产党，就是要闯禁区，最后把蒋介石统治的大禁区冲破了。我们在江西开会，江西的南昌起义就是闯禁区。现在继续革命，非有这个精神不可，就是要闯。陈翰伯同志的这番话，针对性很强，鼓动性也很强，在会议代表中引起强烈反响。

陈翰伯同志说，前几年折腾了许多次，总起来是一正一反、一真一假。什么是真理，什么是谬误，只能用实践加以证明。文艺方面少儿读物的出版也是如此。革命的实践反复证明，只能实事求是，一切从实际出发，理论联系实际。违反这个原则一定会受到惩罚。有人说，把实践作为检验真理的唯一标准是"砍旗"，这是"四人帮"流毒的一种反映。当时社会上正在进行关于真理标准问题的讨论，陈翰伯同志的这一表态，对出版界的解放思想、拨乱反正产生了十分重要的影响。

陈翰伯同志还讲到了要搞清楚儿童文学创作中被"四人帮"搞乱了的一些理论是非，讲到了"童心论"和少儿读物的儿童特点不容混淆，讲到了儿童的道德教育、美好情感教育问题。他说，儿童读物一定要随着儿童心理的变化，从认识事物客观规律的角度去处理题材、体裁，并根据新时期的新特点，对儿童进行教育。陈翰伯同志在这里理论联系实际讲得很专业，又很通俗，对少儿读物创作出版无疑具有很好的指导作用。

陈翰伯同志的这个讲话，就像在干旱荒芜的少儿读物园地上下了一场甘露，滋润着参加会议的代表，给他们以勇气、信心和力量。会上还制定了29套重点丛书规划。他呼吁大家齐心协力行动起来，争取1979年有1000种读物与少年儿童见面。

会后，我们对29套丛书进行了重点督促落实。1979年实际出版少儿读物1100种，比1978年的437种增加了一倍多，我当时还写了一篇文章《春风吹绿这一枝——少儿读物一年出书过千种》。

有计划地成套出书，是1979年少儿读物出版的一个显著特点。在庐山会议上制定的29套丛书，大都已经开始出书。中国少年儿童出版社出版的《少年百科》丛书是一套以初中三年级学生或同等学历的少年为对象的百科知识读物，内容包括马克思主义的基础知识和政治常识，历史、地理知识，文学艺术知识和自然科学知识，有300种选题，1979年出版了《中国历史故事》《中国古代科学家的故事》《外国科学家的故事》《天安门史话》《今日的科学》《生命进行曲》《金属世界》《月球旅行记》《唐宋诗选讲》《数学万花筒》等40多种。《小学生文库》是专门为小学三、四年级提供知识的宝库，选题也有300多种，包括自然科学、社会、历史、地理等方面的知识，以及文学艺术读物。这套文库用浅显的文字给孩子们讲故事，帮助他们认识世界，启迪智慧，增长知识。1979年出版的有《周总理的美德》《讲故事谈学习》《时间伯伯》《蜜蜂王国旅游记》《饮马河边》《鸡毛信》等13种。《革命先辈故事》丛书，则通过讲故事形式，介绍老一辈无产阶级革命家艰苦创业的丰功伟绩，激励少年儿童向革命先辈学习，继承他们的遗志，从小立志成为无产阶级革命事业接班人。1979年出版了《毛泽东求学的故事》《周副主席在长征途中》《朱军长在井冈山的故事》《贺龙的脚印》《鸡鸣镇风云——彭雪枫的故事》《伟大的播种者——李大钊的故事》等20种，都是对孩子们进行革命传统教育的好教材。《可爱的祖国》丛书，用生动的文字和插图照片，向少年儿童介绍了名山大川、丰富资源、秀丽景色、名胜古迹，加深少年儿童对祖国的热爱，激发他们为建设祖国、保卫祖国而贡献力量的情怀。1979年出版的有《漫游"芙蓉国"》《仙境桂林》《美丽的青海湖》《万里黄河》等，这些读物像游记文学一样，读起来饶有趣味，又给人以丰富的历史地理知识。

注重少年儿童全面发展，是1979年出版的少儿读物的又一个特点。庐山少儿读物出版座谈会上，很多代表谈道，少年儿童像一张白纸，要画上最新最美的图画，给他们多方面的知识和文化体验。前面介绍的《革命先辈的故事》注重德育教育，而《历史小故事》丛书则侧重增长少年儿童的历史知识。这套丛书取材于真实的历史资料，又具有引人入胜的故事情节，可以作为小学高年级和初中学生学习历史课的辅导读物，颇受小读者的欢迎。1979年出版了《"北京人"故事》《三元里抗英故事》《赵国故事》《商代历史故事》《三曹和建安七子的故事》《慈禧西逃》《航海家郑和的故事》《官渡之战》等20种。用自然科学知识哺育少年儿童，培养他们从小热爱科学和研究科学的兴趣，对于现代化人才的产生有重要作用。庐山座谈会以后，为孩子们提供的科学知识读物十分丰富，有科普知识、科学文艺、翻译小品、知识画册等。上海少年儿童出版社出版的《少年自然科学》丛书，取材广泛，知识丰富，内容包括数学类、物理类、化学类、生物类、天文气象类、地学类、生理卫生类、考古类、工程技术类、综合类等，是小学中高年级的"好朋友"。1979年出版了《科学家谈21世纪》《大象的故事》《海洋的秘密》《地球画像》《征服细菌的道路》《电波世界》《有趣的数学》等15种。吉林人民出版社出版的《儿童科学画库》，不但内容生动有趣，而且在书中增加了制作，启发少年儿童动脑思考、动手实践，有的还附有配乐唱片，作为图文的补充，引起孩子们浓厚的阅读兴趣。我国著名老科学家高士其称赞它"是孩子们长知识的良师益友"。

　　童话、寓言、民间故事是少年儿童喜爱的文学题材，它们以其特有的丰富的幻想和强烈的夸张吸引着孩子们的好奇心，启迪他们的想象力。1979年全国新出版和修订重印的童话、寓言、民间故事就有130多种。少年儿童出版社出版的《童话选》，选编了我国"五四"以来40多位作家创作的60余篇童话。这些作品包罗了各种不同的主题、题材、表现手法和艺术风格,不但给小读者提供了一本丰富有趣的课外读物,也为童话爱好者和创作者提供了有益的借鉴和参考。人民文学出版社出版的《童话寓言选》,是由金近、葛翠林主编的,选入了新中国成立30多年来我国短篇童话、寓言作品100篇。这些作品反映了新中国成立以来童话、寓言创作的新成就。不少地方出版社也出版了一些童话、寓言和民间故事,如北京出版社的《民间童话故事选》、四川人民出版社的《世界童话选》、湖北人民出版社的《希腊神话故事新编》、黑龙江人民出版社重新翻译了《黑母鸡》、吉林人民出版社翻译了朝鲜童话《蝴蝶和大公鸡》。尤其值得关注的是一些出版社还出版了少数民族文字的童话、寓言和民间故事,如内蒙古人民出版社的《民间故事集》(蒙古文)、延边人民出版社的《小猫和吠犬》(朝鲜文)等。童话、寓言在"文化大革命"中曾被视为禁区,思想解放了,一下子呈爆发式增长。

为少年儿童提供的中长篇小说也有明显增加。中国少年儿童出版社出版的《奇花》(陈模著),是一部描写抗日战争时期,著名的孩子剧团活跃在国民党统治区,坚持抗日宣传的长篇小说。作者以自己战斗的童年生活的切身感受,真实地描写了周总理和老一辈无产阶级革命家对革命后代无比的关怀、爱护和亲切的教诲,表现了这个剧团的孩子们不怕艰难困苦、不怕流血牺牲,和国民党反动派进行英勇而机智的斗争和他们的成长过程,出版后深受小读者喜爱。人民文学出版社出版的中篇小说《野蜂出没的山谷》(李迪著),得到报刊社的推荐。比较受欢迎的还有中国少年儿童出版社出版的科学探险题材长篇小说《云海探奇》(刘先平著)、反映东北抗联战士独特生活的长篇小说《千里从军行》

（于敏著）、少年儿童出版社出版的反映解放前孤儿悲惨生活的中篇小说《燃烧的圣火》（奚立华著）、反映少数民族儿童生活的《蛮帅部落的后代》（彭荆风著），以及《边山狩猎》（梁泊著）等。不少地方出版社也出版少年儿童中长篇小说，如天津的新蕾出版社出版了《小亮和他的伙伴们》（田宗友著）、甘肃人民出版社出版了《阿尔泰·哈里》（赵燕翼著）、福建人民出版社出版了《女儿》（杨争著）等。

第三个特点是注重少儿读物的儿童接受能力。"文化大革命"中，批判了"童心论""儿童中心论"，少儿读物的儿童特点也被抹杀了，这是很荒唐的。少年儿童是一个特殊的成长阶段，其生理、心理有显著的独特性，少儿读物必须符合他们的生理、心理特征。1979年出版的少儿读物中，这个问题得到出版社的高度关注，出版了许多深受小读者喜爱的图书。中国少年儿童出版社出版的《奇妙的九》，采用故事体裁，选择生动有趣的故事，介绍了"9"的许多奇妙的性质和用处，使学生在听故事、做游戏中，巩固了课堂教学，增长了数学知识。上海少年儿童出版社出版的科学文艺知识读物《动脑筋爷爷》，内容精彩，浅显有趣，教师用它作教材，家长用它作课外读物。还有《小灵通漫游记》《趣味数学100题》《狼王洛波》《大象的故事》《有趣的数学》等，都是根据不同年龄少年儿童接受能力而出版的优秀读物。

在庐山座谈会上还专门为学龄前儿童制订了三套丛书。《快乐的幼儿园》小丛书就是其中的一种，广东、浙江两地出版社根据学龄前儿童的特点，听取幼儿园教师的意见，力求图文并茂。它以图为主，配有少量儿歌一般流畅的文字，向儿童进行思想品德教育，介绍为他们所能接受的各种知识。1979年出版了《一分钱的故事》《我们都爱天安门》《小秧苗做操》《小黄毛学游泳》

《珍珍打针》《我上幼儿园》等20种，都受到幼儿园教师和小朋友的欢迎。其他如人民美术出版社的《小猫钓鱼》《谁是主人》，少年儿童出版社的《爱清洁讲卫生》《多嘴的八哥鸟》《逮"花花豹"》，湖南人民出版社的《一只奇怪的猫》等，都是既有益，又有趣的好作品。

第四个特点是全国大协作。庐山少儿读物出版座谈会上制订的29套丛书，绝大部分都是由多家出版社合作承担的。《小学生文库》是由辽宁、吉林、黑龙江三省合作承担的，《革命先辈的故事》丛书是由湖南、湖北、江西、陕西四省出版社合作承担的，《可爱的祖国》丛书是由陕西、广西和中国少年儿童出版社协作出版的，《历史小故事》丛书是由河北、河南、山东三省出版社协作出版的。全国出版大协作是我国社会主义制度优越性的体现，这样可以集中力量，发挥地域优势，在较短时间内见到出版成效。实践证明，这是一次成功的尝试。

庐山少儿读物出版座谈会，以解放思想推动少儿读物繁荣发展，很快出现了生气勃勃的景象。老作家康濯在湖南少年儿童出版工作座谈会上即席作了一首诗："正是嗷嗷待哺时，庐山润泽布昭苏。经传长岛流甘露，墨泼潇湘化雨丝。旭日风华须织锦，孤儿佳话应吟诗。童心胜迹千千万，彩笔勤挥莫稍迟。"这可以说是1978年庐山座谈会后，全国少年儿童读物出版愿景的生动写照。

# 长沙会议确立地方出版社工作方针的前后

"文化大革命"结束以后，可以说百废待举。"文化大革命"造成的严重书荒，成为当时的一个重大社会问题，如何尽快解决书荒问题，是对出版管理部门的一个严峻考验。

1978年5月，领导派我和蔡金鹏同志到地方搞调研，我们到了安徽、江西、福建三省的出版局、出版社（当时有的省的出版行政管理职能由出版社承担，所谓的"局、社合一"，是出版管理不健全的体现），召开多个座谈会，亲眼看到地方出版社打破文化禁锢以后爆发出来的高涨热情，亲耳听到基层群众结束社会动乱以后对知识、对文化、对书籍的强烈渴望，心灵受到极大震动，也引起我们深入思考。我还记得，我们当时是坐硬座从福州回北京的，坐了30多个小时，蔡金鹏爱人到车站接我们，见面就说："你们俩是穷疯了"。

我们回京后写了《立足本省，面向全国——新形势下地方出版社的必由之路》的调研报告。这份报告从社会对图书的迫切需要出发，大胆提出了地方出版社要打破"文化大革命"前规定的只能出版面向本省的出版物的限制。调研报告得到当时国家出版局领导的肯定，时任国家出版局副局长的王子野同志批示认为"很好，有观点有材料"。当年在长沙召开的地方出版工作座谈会上，与会者强烈呼吁调整地方出版社的"三化"（通俗化、群众化、地方化）限制，国家出版局顺势而为，提出"立足本省、面向全国"

可作为地方出版社的工作方针试行,成为当时解放思想的一个重要体现,极大地释放了地方出版社的出版生产力,一大批优秀出版物在地方出版社相继出版,为快速解决书荒问题发挥了重要作用。为了还原当时的情况,我把这个调查报告的内容复述如下:

**立足本省,面向全国——新形势下地方出版社的必由之路**

做好地方出版工作,是繁荣我国出版事业的一个重要组成部分。最近,我们带着"新形势下怎样办好地方出版社"的问题,走访了安徽、江西、福建三省出版局(社),同时还搜集了湖南、陕西、辽宁、山东等其他一些省份的情况。在调查了解中,给我们一个强烈的感觉是,各地方出版社都想挣脱"三化"的束缚,试与中央一级出版社和兄弟省出版社跃跃欲争、跃跃欲比。

在安徽,科技出版社编辑任弘毅同志说:"形势的发展已经不容许地方出版社株守'三化'方针了。"到江西,走进出版社负责人喻建章同志的办公室,桌子上排列着该社三个时期("文革"前、"文革"中、"文革"后)出版的部分图书,最惹眼的是一叠新近出版的翻译书,有大仲马的《黑郁金香》、普莱沃的《漫侬·雷斯戈》、普里波依的《海上的女人》以及《克雷洛夫寓言》等。据说小仲马的《茶花女》、史蒂文森的《诱拐》等也即将出版,还有一个十多种已经组织翻译的书单。我们想,地方出版社出版这么多外国文学作品,可是个新鲜事。喻建章同志向我们解释说:"地方出版社也想远走高飞啊。"同福建省出版局局长鲁岩同志交换意见时,他也说:"我们正在寻找新的出路,使福建的一部分图书,不但有全国的读者,还要争取国外的读者。"湖南省出版局局长胡真同志说:"地方出版社和中央出版社,既要有分工,又要有所竞争。"辽宁省出版局的同志表示:"我们每年要出版

8至10种在全国打得响的书。"山西出版社的同志说："我们也要走出雁门关。"四川、山东等省的出版社，不但也这么说，而且已经开始尝试了，初见成果。这些出版社今年出版的图书中，面向全国的中高级读物占三分之一到一半左右。这些情况表明，地方出版社工作打破省界，突破"三化"的框框，已是势在必行。

"三化"的方针突破以后，地方出版工作如何发展呢？绝大多数同志认为，立足本省，面向全国，是新形势下发展地方出版工作的必由之路。现将他们的部分意见整理于后，供参考。

### 地方出版社面临新的问题

从表面现象看，近年来，一些原本不属于地方出版社出版的书籍，不少地方出版社出版了，而且兄弟省之间相互交换的书籍也越来越多。为什么会出现这种情况？一些地方出版社同志说，形势发展了，情况变化了，地方出版社面临着许多新的问题。如果仍把我们禁锢在"三化"的圈子里，不但前进不了，而且会有饿死的危险。面临的新问题有：

1. 新中国成立以来，地方出版工作主要是跟着当时当地的运动转，出版物的特点是"字大行宽本子薄"。福建人民出版社1965年出书120种，定价在一角钱以下的占大多半，到现在还站得住、有再版价值的保留书目，已经寥寥无几。有的同志把它比作"肥皂泡儿"，风一吹就消失了。有的读者对地方出版社的评价是，"为不看书的人拼命出书，要看书的人又不给他们出书。"粉碎"四人帮"以后，全党工作的着重点转移到四个现代化建设上来了，因此，如果地方出版社还是老套路出书，形势不允许，读者不答应，编者也不满足。

2. 中央级出版社满足不了全国读者对出版物日益增长的需

要，要求地方出版社努力出版一些中高级读物，作为中央级出版社的补充。江西出版社的同志谈到，这两年由于批判了"四人帮"的文化禁锢政策，读者对阅读外国文学作品的呼声甚高，可是中央有关出版社出版的这类读物，分配到本省的数量很有限，想租型又遇到种种困难，不得已只好自己组织翻译出版了。

3. 作者队伍迅速扩大，为地方出版社扩大出版范围提供了条件。据反映，作者队伍迅速扩大的原因有：（1）知识分子政策进一步落实，一些多年不敢写书的人重新拿起笔写书；（2）对教师进行考核晋级，著书立说的空气浓厚了；（3）一些研究成果、专著等，中央级出版社接受不了，不得不向地方出版社投稿；（4）恢复稿酬制度，大大调动了写作的积极性。我们所到之处大家都说，稿源从来没有像现在这样丰富，而且大部头的著作稿件日益增多。在这种情况下，如果仅仅因为分工而把所有这些稿子拒之于门外，显然是不利于繁荣我国出版事业的。福建人民出版社今年上半年收到长篇小说来稿就有40部之多。该社出版一套中高级英语参考书，有17个省市的作者向该社投稿，至今年3月退稿97部。

4. 由于出版物的品种增多，读者选购余地大了，加上其他方面的原因，地方出版社大部分图书的印数日减，尤其是科技专著印数更少，出版社大多要赔钱。江西出版的《家畜生理生化学》，40多万字，印1500册，出版社亏本6700元。而这类书如果能向全国发行，既可以满足兄弟省同类专业人员的需要，又可以增加印数。这些新情况，使地方出版工作走出本省，面向全国，成为需要和可能。

## 立足本省的根基要扎牢

多数同志认为，地方出版社一般为综合性出版社，首要的任务是满足本省读者的需要，这是无可非议的。他们不同意有人提出的，地方出版社可以根据本省的特点，逐步形成专业化出版社的观点。安徽的同志谈到，我们国家大，每个省工农兵学商齐全，因此，作为地方出版社，柴米油盐酱醋茶都得有，这个局面在短期内还不可能改变。江西出版社的同志说，地方出版社如果不深深扎根于本省，像"游方和尚"那样四处念经，没有一个落脚的地方，日子是不好过的。而立足本省的根基扎牢了，出版的读物很有地方特色，那就必然会赢得全国读者，拿江西的一句俗话说："酒香不怕巷子深"。根据大家座谈的意见，什么叫"立足本省"，可以归纳为：

1. 地方出版社列选题、做计划的出发点要首先考虑满足本省读者的需要。华主席号召全党全国人民提高整个中华民族科学文化水平，而我们中华民族的绝大多数人民在广大农村，因此，省一级出版社为本省读者服务，为本地的工农业生产及其他工作服务，是责无旁贷的。安徽省出版局局长史继明同志说："我们安徽出版物的基本读者是安徽4500万人民，我们的立足点，就是为满足这4500万人民的需要。"

2. 着重出版有本省特色的读物。每一个省都会有本地特色的东西，包括政治、经济、科学、文化、教育、历史、地理、人物、事件以至于土特产等，择其有意义的组织编写出版，路子是很广的。安徽创办"黄山画店"就是发挥其地方特色的一例。安徽还可以抓"三曹"及建安文学的整理研究等。再如山东的孔子思想资料整理研究、陕西的文物考古研究等等，各省把本地有特色的东西挖掘出来出版，对繁荣我国出版事业是很有意义的。福建准备出版一套《福建大全》，鲁岩同志说，如果各省都搞一套"大全"，合起来不就成了中华人民共和国的"大全"了吗？这样，地方出版社不就活了吗？

3. 主要依靠本省的作者队伍。大家从近年来出版工作的实践中体会到，要做好本省出版工作必须主要依靠本地作者力量。靠外地作者靠不住，到处跑找作者不是个办法。同时，地方出版社还担负着为中央级出版社输送作者的任务。因此地方出版社要立足于培养依靠本地作者队伍。

4. 要从本省现有出版力量出发。目前各地的出版力量相当悬殊，如编辑力量，有的省有一百几十人，有的只有一二十人。因此，地方出版工作的安排要从现有的出版力量出发，而且现有的出版力量又要首先服从出版为本省读者需要的图书。

## 面向全国的路子要趟开

从事地方出版工作多年的老同志都谈到，地方出版社既要注重本地特点，从本地读者的需要出发，又不能受它的限制，束缚了自己的手脚。这个问题不是今天才提出来的，50年代后期就引起过一场讨论，当时的文化部出版局还就此发过文件，但是问题未能解决就开始"文化大革命"了。近年来，由于情况的发展变化，深感再不改变那种"封建割据"的局面，地方出版工作的繁荣发展将成为一句空话。喻建章同志说："我就搞不懂了，罗马尼亚的一个绘画展览可以到我们南昌来展出，而我们出版的书就不能在国内交流，到底是为什么呢？"

座谈中大家认为，地方出版社在立足本省的基础上面向全国，利多弊少，主要是：（1）有利于充分调动地方出版社的积极性。有的编辑同志说："如果地方出版社还只是围绕'三化'出书，那就越来越没有搞头了，英雄无用武之地。"新中国成立以来，各地出版社在工作实践中已经积累了一些经验，并且具备了出版所谓中高级读物的必要条件，把为全国读者做出贡献的任务赋予地方出版社，他们就走上了新的征途，可以各显其能，英雄大有用武之地了。（2）有利于作者队伍的培养和编辑水平的提高。地方出版社工作面扩大以后，将有更多作者的作品得到出版，这样作者队伍就逐步扩大了。同时，地方出版社的一部分读物要面向全国，对编辑提出了更高的要求，也促进这支队伍水平的提高。（3）有利于充分发挥地方出版物的作用，繁荣出版业。他们认为，一本书能不能在全国发行，不能以牌子的大小而论，而要看书的质量。事实上已经有一些地方出版物的质量，超过了中央级出版社同类书而在全国流行。

如何理解面向全国：（1）地方出版社可以有一部分选题考虑全国读者的需要；（2）允许一部分地方出版物发行全国；（3）地方出版社也可以根据需要到外地组稿。只要作者本人愿意，可以向任何一个出版社投稿，哪家出版社都可以根据需要而决定接受与否。大家认为，地方出版社立足本省，面向全国，是一个问题的两个方面，立足本省是前提，而面向全国是第二位的，两者间的关系要从实际出发，处理得当，位置不能颠倒。在目前这还是个新问题，怎样向这个方面发展，有待研究与实践。大多数同志的意见认为，地方出版社要在发挥地方出版物的特点上下功夫，从内容到形式都要结合自己的特点，形成自己的风格。福建人民出版社文教编辑室负责人舒亭同志说："真正受全国读者欢迎的地方出版物，往往是最有地方特色、最有质量的书。如我们福建，由于多年来形成了一支较有经验的中学教师队伍，教学质量在全国领先，连续几年高考成绩保持第一，因此我们出版的中学生复习参考书，有特点、有质量，各地都来租型要书。"但是对地方特点又不能作片面的狭隘理解，这在安徽是有过教训的。一度对地方特点非常强调，不带"地方"二字不能出版；而对地方特点又仅仅理解为本省的地理条件、自然资源等。由于这方面的选题总是有限的，几年以后就觉得没有什么可以出版的了。这时有个编辑同志提出出版一本《黄山的斑狗》。后来"黄山的斑狗"就成了片面理解地方特点的笑话，至今记忆犹新。

对地方出版社如何面向全国，也有的同志主张不妨来一番竞争。他们认为，有竞争才有发展，争一争可以打破各自为政的"割据"局面，活跃出版工作，既有利于鼓励地方出版社争上游，又可以促一促中央一级出版社，不至于在那里"稳坐钓鱼台"。竞争以后可能会出现一些矛盾，但是应该相信矛盾总是可以解决的，解决了不就前进了吗？他们还对大家最担心的可能出现的抢作者出书的问题提出看法。他们说，作者靠抢是抢不到的，而要靠出版了有影响的书，吸引了作者。如果作者愿意向地方的某一家出版社投稿，出版社也愿意接受，两相情愿的东西何必去干涉呢？如果中央级出版社怕地方出版社抢走了作者，说明他们的工作应该改进改进了。至于重复，他们认为：（1）重复不等于浪费。有的书看起来重复，由于需要量很大，哪家出版社都负担不起满足供应，有几个出版社出版同一种书，虽然内容重复，但对读者来说并不重复。再有的书即使书名重复，但不同的作者有不同的风格，或观点不尽一致，像炒菜，同一种菜可以炒出各式各样的风味。读者可以根据自己的爱好而有选择的余地。（2）有些重复是可以通过做工作克服的。如政治理论读物、高考复习参考书等，就可以组织协作来解决。（3）可以通过读者来调节。读者是鉴别书籍质量的一杆秤。同一种书有几种版本，通过读者的鉴别，质量低的被淘汰，而质量高的却会"水落石出"。如果仅仅因为重复而不允许有不同版本，就有可能质量低的书充斥市场，质量高的书却受到压制而得不到出版。

### 需要研究解决的问题

地方出版社要立足本省面向全国，还有很多不适应：

（1）体制不适应，尤其是财经体制压抑了地方出版社的积极性，卡住了地方出版事业发展的脖子。安徽省出版局副局长黎洪同志说："出版属于文化事业，它要发展、要扶植，国家对出版应采取利润留成的办法，而不能像现在这样生一个鸡蛋取走一个，搞得地方出版社寸步难行。如果能留下一些鸡蛋，让它孵出小鸡来，往后的蛋不就更多了吗？"

（2）编辑队伍不适应。由于"四人帮"的干扰，荒废了一代人，这支队伍青黄不接、水平较低，是一个普遍的问题，各地呼声很高。目前大多数出版社1964年以前参加工作做编辑的人员不到三分之一。据辽宁美术出版社对现有编辑队伍状况的分析，大约有42%的编辑不适应工作的要求。由于编辑水平不高，一些好稿子抓不住，放跑了。大家要求国家出版局采取切实有效的措施，培养新生编辑力量，提高现有编辑队伍水平。例如，创办出版院校，或在有关大学内设出版系，举办编辑训练班，实行编辑进修制等等。

（3）发行工作不适应。地方出版物由各省向全国发行，工作量大、费用高，各地发行部门对此有畏难情绪。譬如有的书征订数很少，发货要邮寄，有的费用超过了书价几倍。如果有关规定不作相应调整，实际上把出版社的亏损转嫁给发行部门了。

（4）希望国家出版局担负起调节全国选题的工作，并能组织一些协作，以避免不必要的重复。

这个调查报告，基本上反映了当时地方出版社的发展趋势，为领导决策提供了参考。

1979年12月在湖南长沙召开的全国出版工作座谈会上，把地方出版社的出书方针确定为"立足本省，面向全国"，被公认为新时期出版界的一次具有转折意义的大事。会上，与会代表在深入探讨出版改革和发展问题时，围绕地方出版社"三化"方针展开了热烈的讨论。当然也有反对意见，我记得小组会上，反对最激烈的是人民文学出版社总编辑韦君宜同志，她说，地方出版社也可以面向全国，要中央级出版社干什么？以后中央级出版社出什么？这不要"天下大乱吗"？她的意见代表了当时一部分中央级出版社的担忧。国家出版局代局长陈翰伯作会议总结时一锤定音，他说："地方出版社要求立足本省，面向全国或兼顾全国，可以试行。地方出版社出书不受'三化'限制。"这次会议为改革开放后地方出版工作的大发展，起了至关重要的促进作用，是快速解决当时书荒的一个重大决策。

长沙出版工作座谈会除了讨论地方出版社的工作方针问题外，还在提交会议讨论的《出版社工作条例（草案）》中，对出版社的经营管理提出了"要按照经济规律办事"的要求，这在四十多年前也是"一石激起千层浪"，成为一个大热点。因此这次会议在全国引起极大反响。会后不到半年，1980年4月，领导派我对各地贯彻会议精神的情况进行一次调查。我经过调查了解，以书面形式向领导汇报了三个方面的情况：

一、关于出版社实行企业管理问题。出版社"要按照经济规律办事"，大家就理解为出版社要实行企业化管理。当时全国多数地方出版社已经实行企业管理，具体办法措施五花八门，大都在摸索过程中。对出版工作要不要按照经济规律办事问题，尚有不同看法。有的说出版社就应该按经济规律办事，实行企业管理；有的说出版工作有特殊性，不同于一般企事业，不能完全按经济规律办事。在这个问题上尽管有不同看法，但是对出书也要讲究经济效益这一点，已经为多数人接受。座谈中大家认为，出版社实行企业管理，是肃清"四人帮"极"左"路线流毒，做好新形势下出版工作的一项重要措施。辽宁人民出版社总编辑杨耶同志说："多年来，我们这些人只记住自己是搞政治、搞宣传的，只信奉'政治头脑'，出书只算'政治账'，有很多教训。自长沙会议以后，我们摸索着按经济规律办事，用科学的方法管理出版工作，尽管还没有一套完整的办法，但已经感到对出版工作的推动作用是十分明显的。"

辽宁人民出版社总结了实行企业管理以后带来的四个方面的变化：

（1）寿命长的书多了。前些年，由于受"四人帮"极"左"路线的影响，出书"随风转"，加上政治运动频繁，许多书刚问世就报废了，有的还在出版过程中，就已经"跟不上"了。尤其是政治理论读物，被认为是"短命货"。实行企业管理以后，强调出书要讲经济效益，就促使编辑要从书的实效性、长效性来考虑选题，出版物的保留价值逐步提高。辽宁人民出版社1979年出版11种政治读物，约有三分之一的书具有长期保存的价值，其他读物中，有再版价值的"保留书目"更是明显增多。

（2）出书对路，畅销书多了。他们认为，图书既然是通过商品流通环节来实现其使用价值的，也就是说，出版的书必须有人买，才能实现出书的目的。因此，出书必须从读者的需要、社会的需要出发，即所谓"适销对路"，这就是按经济规律办事。为了使出书对路，他们断然采取了措施，压缩了当前不急需或落后于形势、或质量不高的 170 多个选题，增补了紧密配合"四化"建设的选题 40 多个，并下决心退掉了已在编辑出版过程中，但质量没有保证的稿件 57 部。该社 1979 年出书 132 种，平均每种印数 73800 册，许多品种发行后迅速脱销，有的当年就组织了再版，不少书得到了省内外读者好评。《记宁碑》《〈马克思恩格斯选集〉简介》《工业机械手册》《不定方程趣谈》等 12 种书还进入了国际市场。

（3）本版书扭亏为盈。多年来，地方出版社的本版书大多数亏本，主要靠课本和租型书赚钱。辽宁人民出版社 1978 年本版书亏损 30 万元，1979 年实行企业管理后，注重了成本核算，盈余了 54000 元。

（4）克服了吃大锅饭的思想，人人关心经营管理。过去大家认为经营管理是财务部门的事，似乎与编辑人员无关，形成了编辑工作与经营管理脱节。1979 年他们实行了按每本书计算销售收入、成本、盈亏，并定期公布。他们提出，编辑人员要对自己所编的每一本书的经济效益负责，挣钱要挣得有理，赔钱要说得出原因。这样，大大增强了编辑人员关心经济效益的责任心，从内容到形式都做到精打细算，收到了立竿见影的效果。比如，过去编辑总希望稿费定得越高越好，送给作者的样书越多越好，装帧设计越豪华越好，还有一些人情稿很难处理。现在编辑人员就比较注意从实际出发，与经营管理部门一起进行经济核算，人情稿少了，出版社的经济效益提高了。

由此可见，地方出版社实行企业管理，对促进出版事业的繁荣发展是有益处的。

当然，摸索一条新的路子，总难免会走一些弯路。比如有的出版社为了追求利润，不顾社会效果，过分迎合读者口味，出版了低俗读物,翻译外国侦探小说也风行起来等。但这毕竟还是个别现象,不论是哪家出版社或是整个出版工作,从去年全年的出书品种和安排今年的选题来看,应该说发展总体上是健康的。同时,这些问题的产生,并不是出版社实行企业管理本身带来的必然后果,而是对新生事物认识上的片面性造成的,只要加强引导和管理,是不难克服的。事实上,绝大多数出版社实行企业管理后,促进了出版方针的正确贯彻执行。有的同志针对最近出现的问题说:"我们已经嗅到了一点儿味道,引起了我们的警惕。"可见大家是有是非标准的。从大家反映的情况看,主要是一些概念、关系没有搞清楚,比如什么叫按经济规律办事?出版工作与按经济规律办事是什么关系?经济规律应如何运用于出版工作?等等。当然,这些问题的正确答案还是要从实践中来。总之,既然是摸索探路,就要允许出点儿偏差,我们的责任在于及时正确地加以引导。在探索的道路上要锲而不舍,不能因噎废食。辽宁人民出版社总编辑杨耶同志说:"只要我们从出版工作的实际出发,把出书为'四化'服务、为读者服务与按经济规律办事有机地结合起来,把'政治头脑'与'经济头脑'统一在科学的辩证唯物主义世界观上,我们的出版工作就一定会得到更快更健康的发展。"

二、关于立足本省,面向全国。记得在长沙会议上刚提出这个时,有人担心会"天下大乱",从初步实践的结果来看,并没有"天下大乱",而是极大地调动了地方出版社的积极性,把出版工作搞活了,出版事业发展了。河南省出版局局长林子玉同志说:"这回好办了,把我们的手脚放开了,出书的路子宽了,范围广了,干起来顺了。"这话表达了多数地方出版社同志的心情。

长沙会议以后,各地方出版社都对选题计划进行了调整,把为全国读者服务的选题列为重点。从各地报送的选题计划看，一般都有三分之一的选题面向全国。湖南人民出版社的同志说："既然是面向全国的书，就要拿出国家水平来。"因此，各地对面向全国的选题都狠下功夫去抓，这就促进了出版物质量的提高。

由于地方出版社可以根据需要到外地组稿，选题中的学术类著作显著增加，特别是一些有地方特色的文史类著作，有的原来因本省作者力量所限，一直没有去碰它，现在可以有计划地列入选题了。如陕西人民出版社计划出版的《历史人物和历史故事》丛书，有不少都要依靠外地作者完成的。同时，明确了地方出版社可以面向全国出书，提高了地方出版社的地位，增强了作者对地方出版社的信任。现在知名作家的著作在地方出版社出版的越来越多，这样既有利于调动全国的写作力量，也有利于抓出一批重点书。

各地的好书在全国发行，既活跃了图书市场，又无形中形成了一种相互竞争的局面。陕西人民出版社的同志说："这样一来，中央、地方出版社，各省出版社之间实际上就开展了竞赛，看谁出的书多，看谁出的书好，看谁出的书快。"辽宁省委宣传部还向出版社提出要求："在全国地方出版社中，辽老一、老二是不可能的，老三、老四怎么样？辽老五可就不行了！"

在具体处理"立足本省"和"面向全国"的关系时，绝大多数出版社都能从实际出发。如四川就认为，要多为全国读者作贡献，根据自己各方面的力量，今年的选题有近一半是面向全国的；而青海、西藏等地出版社则觉得"自顾不暇"；广东的同志认为本省的作者力量基本能满足本省出书的需要；而河南等省就感到本省力量弱，需要多依靠外地的作者；陕西的同志表示，地方出版社还是要着重依靠本省作者力量，出版满足本省读者需要的图书。各省出版社之间要相互学习、互相支持，发生矛盾要协商解决，"以邻为壑"不是我们社会主义出版社应有的作风。到外地组稿要有计划、有目的、有重点，依赖于外地作者是很难做好出版工作的。

对省版图书的发行问题反映比较多，多数地方对省版图书还缺乏信任，也有地方保护主义的因素，一般不愿意征订外省的图书；也有的由于外省征订的量少，从经营上考虑，不愿往外地发货，一些好书得不到交流。当然也有一些实际困难，如发行力量不足、仓储能力有限等等。

此外，个别地方出版社出现了用不正当手段拉作者的问题，如以各种名义请作者游山玩水、请客送礼等，如不及时加以制止，就会相互影响，蔓延开来。

由于地方出版社"立足本省，面向全国"还处于试行阶段，时间还不长，矛盾和问题暴露得还不充分，需要继续观察和研究，但就目前的基本面来看是令人鼓舞的。

三、关于提高图书质量。面向全国出书，对地方出版社的出书质量提出了更高的要求。吉林省出版局的金远清局长说："在新的形势下，出书没有质量，出版社就没有出路。"因此，各地采取了或正在采取各种措施，努力提高出版物的质量。辽宁人民出版社提出，要逐步改变根据需要列选题、带着选题找作者的传统组稿方式，编辑要到作者和专门家中去，了解他们的研究和创作成果，然后有选择地吸收到选题中来，这样质量就比较有保证。同时，他们还在总编办公室设立调研组，了解国内外的出版动态、同类图书的最高水平、社会各方面及其读者的需要，协助总编辑把握出版工作的发展方向。他们提出三种书坚决不出：质量不高、不对路，可出可不出的书坚决不出；重复兄弟出版社的选题，如果书稿没有独到之处，不能超过已有出版物水平的书坚决不出；违背党的方针政策，背离"四项基本原则"的书坚决不出。他们要求各个编辑室要有长远设想，不要东捅一本、西捅一本，要着重抓好成套书、丛书。总编辑对重点书亲自抓，一本一本检查落实。辽宁人民出版社去年出版的有7万辞条、400余万字的《新日汉辞典》，不仅在省内外引起强烈反响，日本《出版新闻》还发表评论，"是最近各种辞典规划和出版开始出现繁荣的中国出版界的一个重要新闻"。

北京出版社加强了书刊出版后的检查评比活动，每出一本书，各编辑室都要指定专人进行认真的质量检查，并写出书面报告，通报各编辑室。全社及时总结交流书刊质量方面的经验教训，并在广泛听取读者意见的基础上，全面评选出优秀书刊。1980年初，在社内对上一年全社出版的书刊展出评议，反映很好。

不少出版社还开展了"一人一年抓一本好书"的活动，也收到了良好效果。

大家认为，面向全国出书，提高出版物质量，编辑队伍的水平至关重要，而这支队伍的培养提高，并非朝夕之功所能见效的，对此大家都很焦急。目前各地出版社从实际出发，采取了一系列措施，如北京出版社对从事编辑工作不足5年的编辑人员，从1979年4月开始，采取分批脱产轮训的办法，学习编辑业务知识。1980年，他们还要在编辑干部中开展练笔活动，鼓励编辑搞创作。辽宁、陕西等省组织编辑人员到有关高等院校听课进修，参加专业轮训班学习专业知识，举办各种讲座、培训等，都收到了一定效果。大家意识到，在培养编辑队伍上要舍得下功夫、花本钱。同时，他们都迫切希望国家出版局统筹考虑编辑队伍的来源和提高问题。

这个书面汇报，还原了长沙会议以后全国地方出版社"立足本省，面向全国"出现的生动局面。我作为一个见证者，今天回顾这段历史，也感慨良多。改革开放以来，我国出版事业的发展走过了不平凡的历程，但留给历史记忆的时间节点就那么几个，1979年的长沙会议是其中之一。

1983年6月6日，中共中央、国务院《关于加强出版工作的决定》，肯定了地方出版社"立足本地，面向全国"的方针（将"立足本省"改为"立足本地"）。1984年9月25日，经中宣部批准并印发的文化部党组《关于地方出版工作会议的报告》指出，实践证明，地方出版社"立足本地，面向全国"有利于在统一领导之下，发挥中央和地方出版部门的积极性，促进了全国出版事业的兴旺发达。根据新闻出版署出版统计资料，看一组长沙会议10年后的数据对比：1979年全国出版社129家，其中地方出版社66家；到1989年全国出版社462家，增长258.14%，其中地方出版社286家，增长333.33%。1979年全国出版图书17212种，总印数40.72亿册（张），其中地方出版社出版10366种，总印数34.42亿册（张）；到1989年全国出版图书74973种，增长335.59%，总印数58.64亿册（张），增长44.01%，其中地方出版社出版49682种，增长379.28%，总印数52.79亿册（张），增长53.37%。

1990年6月，我曾写过一篇文章《走向成熟与繁荣——80年代中国出版业的回顾》，认为"80年代的中国出版业，沐浴着党的十一届三中全会的春风，在改革开放的大潮中，呈现出生机勃勃的景象，是新中国出版史上最具特色、卓有成效的十年。在这十年中，尽管出版事业也出现过失误甚至偏差，但毕竟走向成熟、走向繁荣，在我国社会主义事业建设中发挥着前所未有的重要作用"。其中在"出版事业规模迅速扩大，出版能力显著增强"部分，特别提到："地方出版力量的增强尤为引人注目。1979年提出地方出版社'立足本省，面向全国'的方针后，有条件的地方逐步由一家综合性出版社分解成若干家专业出版社。地方出版社出书的数量和质量有了很大提高，许多有重要学术价值的著作和有相当规模的大型丛书，都在地方出版社出版了。1990年全国的出版物中，地方出版社出书品种占三分之二，印数占全国的五分之四。"

1979年的长沙会议，一个出版人抹不去的记忆。

# 感受第一届全国书市

——1980年全国书市盛况空前

1980年新春佳节来临之际，2月9日，中国出版工作者协会在北京饭店举行迎春茶话会。茶话会高朋满座、喜气洋洋，党和国家领导人胡耀邦、王震、方毅、许德珩，以及出版界的老前辈胡愈之、叶圣陶等出席并讲话，还有著名的科学家、作家、画家、文艺工作者，首都出版界的知名人士900余人参加。胡耀邦同志在会上引用辛弃疾的《汉宫春·立春日》这首词中的句子"东风从此，染柳薰梅"（原词"却笑东风从此，便薰梅染柳"）来形容"东风从此把我们祖国山河，好好打扮起来了"。耀邦同志还殷切希望出版工作"二十万大军（指全国出版战线20万职工）同心干，书刊滚滚来天半"。他的讲话激情四溢，鼓舞、激励着在座的每一个人。这"东风"就是党的十一届三中全会以来制定的一系列方针政策，这"东风"以不可阻挡之势，荡涤着极左思想的"余寒"，我国出版工作正迎来花红柳绿的春天。新任中国出版工作者协会名誉主席的胡愈之老先生在新出版的《中国出版年鉴》"发刊词"中寄语："让我们的社会主义出版事业，从八十年代开始，飞起来吧，快快飞起来吧！"洋溢着老一辈出版家的理想和信念，这激昂的心声撞击着每一个出版工作者的心。

为了回应社会对出版工作的热切期待，满足读者对书籍的强烈渴望；为了展现出版工作者让我国出版事业"快快飞起来吧"

的急切愿望，1980年10月6—21日，新华书店总店和北京市新华书店，在北京劳动人民文化宫举办了"全国书市"。书市现场盛况空前！这次全国书市不仅是新中国成立以来，也可以说有史以来第一次全国规模的书市，它展示了粉碎"四人帮"以来出版工作的丰硕成果，展现了中华文化的强大生命力、影响力。这空前盛况，反映了读者对文化、对知识的空前渴望，体现了出版人积极性、创造性的空前释放。

全国书市是读书人的节日、文化人的盛典，可谓"群贤毕至，少长咸集"。10月6日下午，全国书市开幕式在北京市中心的劳动人民文化宫举行。中央宣传部、北京市人民政府、国家民委、国家出版局等有关部门的负责人出席了开幕式。我国著名的文学家、社会科学家、儿童教育家、画家、作曲家和部分文坛新秀也应邀出席了开幕式，或参加了书市活动，与读者亲切会见，有的还亲自站柜台售书，为读者签名留念。他们有：叶圣陶、丁玲、臧克家、严文井、姚雪垠、玛拉沁夫、金近、薛暮桥、许涤新、任继愈、孙敬修、李苦禅、李可染、刘继卣、王酩、张洁、凌力等。

那天下午，我来到劳动人民文化宫。一进书市大门，迎面矗立着"1980年全国书市"的大型宣传牌，牌前是由各种鲜花组成的花坛，两旁彩旗飘扬，四盏大红宫灯鲜艳夺目。各具特色的17个展销处分设在园林柏树林中，周围布置了琳琅满目的宣传广告牌。鲜花簇拥着读者，人流在书海中穿行，好一派热闹景象。

第二天，书市正式接待广大读者。早上八点半，还不到正式开放的时间，我骑着自行车来到天安门前，东树林的存车处已存满了车。那边，一群群人正往文化宫涌进。这时，有一个读者再也按捺不住急迫心情，说了声"管它呢"，把自行车往存车处外的人行道上一放，就朝书市跑去。不料，这竟然就带了头，紧接着一辆接一辆，不一会儿工夫就整整齐齐地排了一大长排。观礼台前也罕见地放了一片自行车。民警同志感慨地说："这么多人，出乎我们的意料。"

我站在通向大门的金水桥边，人群像潮水般从眼前流过。有的身着带油污的工作服，是下夜班赶来的；有的背着沉重的旅行包，是从火车站直奔这里来的；有步履蹒跚的老年人，也有那"红领巾"机灵地在人群里穿梭般的窜到了前头。读者这些神情反映了对出版工作者的感激和期望。此情此景，对我们出版工作者来说，既是鼓舞，又是鞭策。

进到园门内，购买畅销书的队伍犹如一条条长龙蜿蜒在人潮书海中。每一个展销处前，人群层叠，一个个踮着脚尖，伸长脖子，手里举着几张钞票，营业员应接不暇。年纪大的同志只能望书兴叹。这人潮，这书海，今天又一次给"文化宫"赋予了真正的含义，也显示出具有悠久文化传统的中华民族文化的勃勃生机。

据书市宣传办公室的同志介绍，书市占地 12000 多平方米，书棚面积 3000 多平方米。集中展销了全国 108 家出版社近几年出版的 13300 多种图书，其中包括蒙古、藏、维吾尔、哈萨克、朝鲜、彝、壮、傣、傈僳、景颇等 10 个少数民族文字图书 400 多种；有些出版社还专门为书市加印、重印了部分畅销品种。曾在"文化大革命"中被扫荡殆尽的中外古典名著，代表我国科学技术发展水平的学术著作，在我国文学史上占有一定地位的近代、现代文艺作品，当代青年作家的新著，台港澳和旅居海外作家的作品，反映世界各国文艺和学术流派风格及特点的文艺作品和学术著作摆满了 700 多个书架，展示了我国出版工作的最新面貌。15 天书市共接待全国观众 76 万多人次，平均每天接待 5 万多人次，最多一天接待 8 万多人次；销售图书 426.7 万多册，码洋 377 万余元。如此盛况,堪称空前。

书市也是"出版为民"宗旨的体现。置身在书市,读者多,使人感到热烈;营业员的热情服务,使人感到温暖。这里辑录几个小镜头,以飨读者。

一位双目失明的读者,拿着手杖,磕磕碰碰试探着走来。这时一位服务员同志急忙迎上去热情地把他扶到盲文书展销处,并耐心地向他介绍陈列的盲文版图书,这位盲人读者高兴地选购了《推拿法》等书。临走时又有一位服务员同志将他送到汽车站,扶着他上了车。这位盲人读者激动得说不出话来。车开了,他虽然看不见一路迎送他的人,还是在不停地招手致谢。

在拥挤的柜台前,一位60多岁的老人坐着一辆手摇车,在人群外转来转去,看上去十分焦急。柜台内的一位女服务员看出了他的心思,就走出柜台,亲热地询问他需要什么书。原来这位老人半身不遂,说话都很困难,好半响才说出想看看字帖。服务员同志就根据他的要求,一次又一次地拿来各种字帖,还一页页地翻给他看,请他挑选。老人选好了其中的3本,非常感激。他为了记住服务员同志的热情帮助,要求在书上盖上"全国书市纪念章"。

在毛毛细雨中,小哥儿俩赶到书市,选购了《少年作文选》《小学语文2000例》等书。刚出书棚,几个小雨点落到了新书上,这可怎么办呢?11岁的哥哥灵机一动,脱下衣服就把书包了起来。服务台的一位同志把这一举一动都看在眼里,心想,他们这种爱惜书的行为真叫人感动,可是他们要是着凉了怎么办呢?就连忙叫住他们,拿来牛皮纸把书包得好好的。两位小朋友穿上衣服,说了声"谢谢叔叔",便高高兴兴地跑进了熙熙攘攘的人群。

一位年轻的服务员推着一辆小推车,车上装着六七包捆得结结实实的书，一溜儿小跑地往邮电局书市服务处方向去，后面跟着一位乐呵呵的中年读者，操着湖北口音："好了，好了，我自己来吧，你们真是太热情了。"书市办公室里门庭若市，有位服务员提着嗓门儿给家住中关村的一位读者打电话："……你想买的电大教材《化学原理》，我们帮你找到了，不用谢。"

在和平里北街旅店内，一位来自昆明某部的一等残疾军人，紧握着另一个人的手不放，看上去他们之间像是久别重逢的知己一样难分难舍。原来这位军人是在对越自卫反击战中光荣负伤的，这次来北京换假肢。他得知全国书市的消息，就给书市组委会写了封信，表达他想买书的迫切心情。组委会的同志接到信后，及时派人给他送去一大捆书，由他任意挑选。

每一个展销处旁边都设有服务台，这里也是热闹非常。一位干部模样的读者，手里拿着《别林斯基选集》（第一卷）和《西方文论选》（下），正和一位服务员谈得投机："分卷出的书，要配套最伤脑筋了。有了这书市就好了，好长时间没有配齐的书终于配上了……"我抬头一看，在一块牌子上写着："新书预约，代查代找，缺书登记，缺卷配套，代邮代寄。"

卖塑料书皮的棚子前也很拥挤。一位读者拿着一本刚买的《新英汉词典》，配了一个浅蓝色的塑料皮，满意地说："你们为读者想得真周到。"我们来到书市办公室，老李同志拿出一位读者的来信给我看，这里足足有一二百封读者来信；桌子上还放着读者赠送的锦旗、镜框、相册、日记本等纪念品。我翻阅着一封封热情洋溢的信，脑子里闪出陈翰伯同志向全国书市提出的要求："要让广大读者交口赞誉。"看来他们是努力做到了。

书市里还有许多"特别读者"，他们是令读者尊敬的出版社编辑。

在每一个展销处前,都有那么几个"特别读者":他们不买书,却总在那儿来回转,一连几个小时不离去,有时还拉住刚买了新书的读者坐下来谈谈,有时又找营业员同志聊聊。更有意思的是,有的还尾随在几个读者后面听他们的议论。他们把看到的、听到的又认认真真地记在笔记本上,有的记得非常具体,对一种书的购买者,是男是女、年岁大还是年轻、是干部模样还是学生或工人模样,都记录很详细。原来他们都是带着特别任务从各地来京参加书市的,他们要趁书市的机会,搜集读者意见。

全国各地出版社对这次书市都十分重视,把它看作一次地方出版物接受全国读者检阅的难得机会。书市开幕前,不少地方出版社就派人专程赶到北京与新华书店总店、北京市店联系。开幕的前一天,书市办公室原计划接待130人,结果实际到了300多人,书市办公室都做了热情周到的安排。由于他们在北京的时间有限,有的同志虽然第一次来京,但放弃了领略西山红叶的机会,整天"泡"在书市;驰名中外的故宫就在书市旁边,有的同志也顾不得前往参观。他们更关心的是自己所在出版社出版的书,读者喜欢不喜欢?听取他们的意见和要求。书市办公室还专门为他们组织读者座谈。他们也成为书市的一道靓丽风景。湖北人民出版社从书市上了解到,他们出版的书有十几种销售较快,就立即打电话回去,请来京的同志随车带来,保证了书市的供应。人民教育出版社的同志从服务台了解到,他们即将出版的《教育学》(上海师大编写)在几天内就预约出2000多本,为了及时满足读者的迫切需要,出版社派专人去河北印刷厂联系,赶印出5000册,及时送到书市。

作为一个读者,我称赞这个书市办得好;作为一个出版工作者,我感到欣慰又感到责任重大。我走着,走着,那拥挤的人群,那长龙般的队伍，那一个个伸长脖子渴望买到书的读者，那一双双拿着钱举过头顶的手，那坐着手摇车的残疾人，那白发苍苍的老知识分子和活泼可爱的"红领巾"……像过电影一样不时地在脑海里掠过。

我想着，粉碎"四人帮"以来，出版工作有了新的起色，但还只是像大病后的康复，与读者的要求、"四化"建设的需要还相差很远。书市上展出了13300多种书，似乎已经可观，其实算得了什么呢？出版业的发展与否，是一个国家文化发达程度的寒暑表。1966年初，新华书店北京王府井门市部的书架上，经常与读者见面的书有2.5万多种，比书市上的品种多一倍。而仅有1亿多人口的日本，一年出书三四万种；才两百多年历史的美国，一年出书4万多种。而我们这样一个拥有10亿人口的文明古国，包括课本、图片，1980年出书才可望达到2万种。日本东京八重洲书店，一年出售图书28万种，而我们北京的王府井门市部才1万种左右，可见出版工作者任重而道远。

不过，我的脑子里又浮现出书市上的"特别读者"，对他们的信任驱走了我的疑虑。我想，全国有这样一批文化战线上的勇士在为繁荣我国出版事业奋斗，只要我们坚定地沿着十一届三中全会给我们指明的道路前进，我们的远景一定是美好的。

当我们今天回顾第一届全国书市的空前盛况时，我的耳边仿佛又响起了胡愈之老先生"快快飞起来吧"的呼唤。今天我们可以自豪地告慰胡老先生在天之灵，中国的出版事业已经腾飞在中国特色社会主义的康庄大道上！

## 难忘的两次出版成就展

我做了半辈子出版管理工作，每当我脑子里浮现出书展书市上读者争相求购图书的目光，一种从业的自豪感就会油然而生。尽管我经历了多次各种形式的书展书市，且均称"规模空前"，但给我留下难以忘怀印象的是两次出版成就展。

1986年4月20日至5月4日，国家出版局在北京中国革命博物馆举办了新中国成立以来规模最大的"全国图书展览"，35000种图书（1980年的全国书市还只有13000种）展示了新中国成立以来，特别是党的十一届三中全会以来出版事业取得的巨大成就。天安门广场人山人海围着一辆公交车争购入场券的场面，实在是难得一见，太震撼了！"书籍是人类进步的阶梯""学而时习之，不亦说乎"等标语在书展上飘扬，格外醒目。陈云同志为书展题词："多出好书，全心全意为人民服务"，揭示了这次书展的宗旨。周谷城老先生的题词很生动："书本形式，月异日新。装订技术，各不相同。观摩比较，精益求精。引起读者，热爱书本。读者兴趣，与日俱浓"，和他一样平实。

要真正了解这次书展，先要了解为什么要举办这次书展。"文化大革命"以后，为了尽快解决"书荒"问题，有关部门采取了一系列有效措施，在解放思想、改革开放的推动下，出书品种迅速增加。1976年全国出版图书12842种，总印数29.14亿册，到1985年全国出版图书45603种，总印数达66.73亿册，分别增长了 255.1%、128.99%，"书荒"问题得到明显缓解。但同时，低级庸俗的图书报刊日渐多起来，凶杀、武侠小说大量出版，色情淫秽的非法出版物在社会上流传，违规出版现象时有发生，社会批评声日增。正如胡耀邦同志当着文化部出版局领导的面批评的那样，"好书繁荣，坏书也'繁荣'了！"

于是，1985年文化部决定，对全国出版工作进行了一次全面整顿。1985年4月3日，文化部在北京召开了全国出版局（社）长会议，提出"出版改革必须坚持党的出版方针"，要正确认识和处理四个关系：即出版方针和解放思想的关系、经济效益和社会效益的关系、创作自由和编辑责任的关系、允许和提倡的关系。正确处理这四个关系的指向很明确，强调要坚持党的出版方针，强调要把社会效益放在首位，强调编辑的把关责任，强调要提倡积极的、向上的、进取精神的各类出版物。7月15日，中宣部转发了文化部党组《关于全国出版局（社）长会议的报告》，对会议精神加以肯定。1985年11月26日，国家出版局（1985年7月，文化部出版事业管理局改称国家出版局）又在太原召开全国出版社总编辑会议。会议以端正指导思想、坚持出版方针、提高图书质量为主题，认真学习讨论中央书记处对出版工作的重要指示，讨论了出版工作在社会主义精神文明建设中的重要任务，对新武侠小说泛滥以及在执行党的出版方针上的其他问题进行了检查和总结，并就如何加强总编辑工作进行了交流。同时，还出台了一系列规范出版工作的文件，如：中共中央办公厅、国务院办公厅转发中央宣传部《〈关于整顿内容不健康报刊的请示〉的通知》、文化部《关于利用经济制裁手段加强出版管理的请示》经国务院同意，由文化部、财政部、国家工商管理局联合印发文化部《关于重申从严控制新武侠小说的通知》（1985年6月18日）、国家出版局《关于控制出版和发行裸体作品挂历的通知》（1985年8月13日）、国家出版局《关于从严控制印售港台和外国影星、歌星挂历的通知》（1985年9月12日）、国家出版局《关于严格控制描写犯罪内容的文学作品出版的通知》（1985年10月12日）等，并且从控制新建出版社、规范协作出版、自费出版等方面，整顿出版秩序，图书市场面貌很快得到改观。

但是，社会上很快出现一种舆论，有人说，一段时间来，出版界几乎是"全面受挫"，整治小报小刊、整治买卖书号、整治印刷企业，还有"扫黄打非"、治散治滥，并且不断加大力度，会不会影响出版业的发展？

于是，国家出版局决定举办"全国图书展览"，用出版事业繁荣发展的成就回应社会关切。

这的确是一次规模空前的全国图书展览，正像书展的"前言"写的那样，这次书展的目的是：

检阅成绩——检阅科学研究和文艺创作的果实，出版界贯彻党的出版方针的成就；

传播信息——使你知道各门学科、各个行业、不同层次、不同方面，出版了哪些好书；

提供服务——不仅了解书讯，还可能买到你所需要的图书；

沟通情况——出版界可以从展出的图书中看到别人的长处、自己的不足；

接受检查——千万读者的评判，会帮助出版界发扬成绩，纠正缺点，克服困难，开创新的出版局面。

书展展出的35000种图书，是从新中国成立以来出版的60多万种图书中精选出来的，80%是党的十一届三中全会以来出版的新书。全国29个省（市）自治区的340多家出版社和300多家杂志社参展。

展出的大型系列书、丛书，如新版《列宁全集》《中国大百科全书》《中国美术全集》《当代中国》丛书等，显示了我国出版业正朝着新的高度前进；一些社会科学著作和自然科学著作，反映了我国某些学科的最新成就；琳琅满目的文学艺术作品，展示了我国这些年来文艺创作上的丰收；展出的新版古籍，表现了古籍整理工作的成绩。我国当代著名学者的全集、文集，如《三松堂全集》（冯友兰著）、《王力文集》、《朱光潜美学文集》等在河南、山东、上海等地出版，标志着我国地方出版业的兴起。

展品中还有少数民族文字图书、外文图书、盲文图书和音像读物，有内地在港出版机构的图书，以及与香港地区和外国合作出版的图书。当时，每天有100余种新出版的图书与读者见面，且品种丰富、门类多样。其中尤以文学创作最为繁荣，如小说，"文化大革命"前人们记忆犹新的仅是屈指可数的几部长篇，而现在则是有"百千万"之说，即平均每年大约发表长篇一百部、中篇一千部、短篇一万篇。大量优秀作品唤起了人们对美、对生活、对变革的向往和追求，在读者中掀起了"读书热"。

具有转折意义的1979年全国出版工作座谈会，给地方出版社确定了新的方针："立足本省，面向全国"，发掘了精神生产力的巨大潜能。在此后的五六年时间里，地方出版社从1979年的66家猛增到1985年的228家，文艺专业出版社也从三四家增加到20多家。多家地方出版社扬优势、创特色，竞相推出新书、好书，出版业出现了百花盛开、争妍斗艳的景观。地方出版社在面向全国的竞争中迅速发展，普及小册子已为大部头、多卷本、丛书取代；出书种数已占全国的60%，成为出版事业的一支生力军。在这次展览会上，地方出版社展出了80余套丛书，如湖南的《中国当代文学评论》丛书、《诗苑译林》；四川的《中国现代作家选集》丛书、《四川国画家作品选》等都是独家产品，且有相当规模，显示了地方出版社的雄厚实力。其他出版社的丛书也具有地域、时期、体裁、题材等方面的特色，为文艺百花园增添了丰富的品种。

一些老出版社发扬传统优势，提高出书质量，扩大出书门类。中华书局、人民文学出版社、上海古籍出版社正致力于中国古典文学出版的总体建设，编辑出版卷帙浩繁的作品总集。三联书店所出版的文艺书籍注重文化性、知识性、趣味性，其中"大作家的小作品"、一批名家杂文随笔集颇令读者青睐。中国社会科学出版社重视推荐学术研究成果。人民文学、解放军文艺、中国青年等出版社，长期不懈地扶植当代文学作品，成绩斐然。外国文学、上海译文出版社已向读者介绍了成百上千种的外国文艺读物。

文艺出版社出现了既博采众长，又重视传统的兼容并蓄的新局面。在这次书展中，人们可以看到一些艺术珍品。《中国古代木刻画选集》是郑振铎生前精心搜集而成的，原稿在"文化大革命"中散失，直到1982年才找回，经人民美术出版社补充印行，得以同读者见面。重印明版水印《十竹斋书画谱》是朵云轩几位专家费时两年，遍访全国各大图书馆以及私人收藏家，终于凑成的一本最佳的足本，并集中几十位专门人才刻印成的。这两本画集为研究古代出版、美术史提供了珍贵的资料。

在中国现代文学方面，沈从文、徐志摩都已有选集出版；胡适、周作人的作品也已结集问世。人民文学出版社的《中国现代文学流派创作选》丛书10余种，"新感觉派""象征派"等都占有一席之地。外国文学读物的引进，门类、范围之广更属空前，外国经典名著增加到500种。就品种而论，古代、近代的经典作品比"文化大革命"前大有增加,仅外国文学、上海译文两社合出的《外国文学名著》丛书就有选题200种;当代作品进入了读者的视野,《二十世纪外国文学》丛书现已出版100余种;作品的地域也发生很大变化,从苏联、欧美转向了亚洲、非洲、拉丁美洲。出版事业的发展推动了古老文明和现代文明的交融,东方文化和西方文化的交汇。今天,许多文学艺术家已将西方现代艺术表现手法移入自己的作品中,使我国的文艺创作出现了前所未有的多彩多姿的景象。

在全国图书展览中,中国古代书籍展览颇为引人注目。从这个展厅走过,恍如一部中国文明史在眼前展开。从结绳记事、甲骨文到以后各个发展时期,直到本世纪的现代图书,北京图书馆筹集和复制的这二百多件展品及图片文字说明,让我们知道,文字、书籍同它们的创造者一样,也经历了幼年、童年,才步入成年,已伴随着人类走过了几千年漫长的道路。展览分八个单元,在《前言》之后,介绍了中国语言文字的产生和演变过程。这里挂着画家范曾根据传说所绘的《仓颉造字图》,上题"仓颉造字,薪火有传"。结绳记事、刻木记日都有实物展品,两幅图表《六书沿革表》和《文字演变示意表》,十分清晰地勾画出文字从诞生至今的历史沿革。

4月20日上午,全国图书展览在北京革命博物馆刚一开幕,清晨就等候在天安门广场东侧的成千上万名观众立即涌进展览大厅,于是整个展场呈现出书海人流交汇的壮观场面。一位大半辈子从事出版业的老同志对记者说:"这是我国出版界盛大的节日!"

《瞭望》杂志在题为《奉献人民以精神佳品》的评论中这样写道:

"规模空前的'全国图书展览'在北京开幕。书展场地上,真称得上是万头攒动、观众如潮。展览馆每天接待观众多达两三万人,各售书亭台更是处处长龙,热闹非凡。来观看书展的,不仅有北京城郊各界人士,还有不远千里而来的一些省市区的人,还有外国友人。据报道,开展头三日售书金额就高达四十多万元!

书展不仅轰动北京,而且轰动全国。弄到一张书展门票,成为人们奔走相告的一件幸事!

这说明什么?说明正在从事经济体制改革、'四化'建设的人们饥渴地需要精神食粮,好读书、读好书已成社会风气;说明中国的出版界空前繁荣,它为社会主义物质文明建设、精神文明建设做出了贡献。各出版社选展的图书有多少?图书35000种,期刊300种!这都是经一道道把关筛选出来的佳品。书展还说明,一度充斥书市,散布色情、迷信、低级趣味、荒诞不经、武斗凶杀等等内容的劣等书,正日益受到人民的摒弃。人民追求的是正确理论的指导,健康的艺术享受,高尚精神的滋补,科学、文化知识和实用技术、进步思想营养和有益于社会主义建设的高质量书籍。

这样的书展实在好。它献给人民以精神佳品,它向社会注入精神营养,它满足读者的文化需求。这样的书展,全国可以办,地方也可以办,而且也应该办。这几年,各种各样的产品展销会几乎天天都有,可书展相对来讲少了,似乎应当像重视物质产品那样,重视精神产品;像把经济搞活那样,把书市搞活,更多地开通图书与读者见面的渠道。"

《瞭望》杂志的呼声,说出了广大读者的心声。

时隔十年,1996年7月13日至17日,"中国出版成就展"在北京展览馆隆重举行。我当时是新闻出版署党组成员、办公室主任,是这次展览的主要筹划者之一,所以留下的记忆特别深刻。这次成就展的主题是"繁荣出版,服务大局",主要展示"八五"

期间，特别是党的十四大以来我国出版业取得的巨大成就，为党的十四届六中全会召开创造了一个良好的文化氛围。十四届六中全会将要作出《中共中央关于加强社会主义精神文明建设若干重要问题的决议》，这是这次展览的特殊意义所在。展览规格之高、规模之巨、场面之壮观、气氛之热烈为中国出版史上所仅见。各出版社纷纷亮出"八五"期间的看家之作，上万种优秀图书、期刊、音像出版物和电子出版物在北京展览馆里亮相。

党和国家领导人江泽民、乔石、刘华清、丁关根、李铁映等先后来到展出现场，向辛勤耕耘在社会主义精神文明建设第一线的出版工作者表示祝贺，对中国出版界取得的成就表示赞许，并对出版工作提出了殷切的期望。参观结束后，江泽民总书记召集出版部门领导座谈。他说，看了这次出版成就展，很高兴。这次展览充分体现了改革开放以来我国出版事业的发展和繁荣。为了满足广大干部群众特别是青少年一代的求知欲望，我们要千方百计多出好书，为他们创造好的学习条件，提供丰富的精神食粮。青少年一代接受新知识很快，新闻出版工作者在把优秀的作品推荐给他们的同时，也要过滤掉不健康的东西，使广大青少年茁壮成长。这是全社会都应该关心的大事。全国有30余位省（市）领导同志参观了这次展览。

这次成就展是新中国成立以来出版系统规模最大、规格最高的一次展示，全面系统地反映了出版工作在邓小平同志建设有中国特色社会主义理论指引下取得的丰硕成果。全国有540余家出版社参展，展出图书38281种，近6万册；期刊社2394家，展出期刊4290种，近1万册；音像社143家，参展制品3099种；还展出电子出版物180种。这些出版物大多是"八五"期间出版的重点图书或获得国家图书奖和"五个一工程"奖、优秀期刊奖等奖励的精品书刊，如《中国大百科全书》《汉语大词典》《中国美术全集》等。这些出版物代表了我国当时出版的最高水平，对于促进社会全面进步有着重大和深远的影响，对繁荣出版将起到导向作用。

中国出版成就展共45个分展团，除30个省（市区）分展团外，还有中央各部门出版社展团、中央各部门期刊展团、中央各部门音像展团、解放军系统展团、印刷技术成果展团、中国书籍史展团、国家教委教材展团、书籍装帧展团等15个分展团。这次展览评选出最佳组织奖22名、最佳设计制作奖13名、优秀组织奖13名、优秀设计制作奖18名；特别表扬奖10个。我在这里要特别提到，这么大一个展览，整个组织工作是由当时新闻出版署办公室的七八个人完成的，没有出现任何纰漏，真的不容易。王岩镔同志后来还感慨地对我说："参与组织中国出版成就展，是我一生最有成就感的一次体验。"

这次出版成就展展出的图书体现了几个鲜明特点：

第一，出精品，出版业展示丰硕成果。

"八五"期间是我国出版业最辉煌的阶段。我国出版不仅在数量上由年出书1.7万种逐步发展到10万余种，在数量上居于世界大国之列，而且在品种和质量上有了新的飞跃，其空前的繁荣和显著的成就令世人瞩目。其中有政治精品书《马克思恩格斯全集》《列宁全集》和新版《马克思恩格斯选集》《列宁选集》，以及《毛泽东选集》《邓小平文选》等；有着力于积累和建设中华民族文化精髓的文化精品书，如收入有重要价值的中外古今文学作品244种323册的《世界文库》、74卷本的《中国大百科全书》、60卷本的《中国美术全集》，以及目前收入汉字最多的《汉语大字典》（湖北人民、四川辞书版）、《鲁迅全集》（人民文学版）等，有"兴国之本"的科技精品图书，如《中国古建筑大系》（建工版）、《实用手术图解全书》（江苏科技版）、《中国蝶类志》（河南科技版），以及在各学科发展上处于国际国内领先水平和在生产、科研中有重要价值的图书；其他的类别如《中国国家经济地图集》（地图版）、《老房子》（江苏美术版）、《中国婴幼儿百科全书》（海燕版）等；还有受到中央领导同志关注的"中国动画图书工程""书架工程"等。"八五"期间我国的经济发展日新月异，社会主义市场经济体制的建立和改革开放的深化，人民群众对高品位文化的需求，以及出版业内部的激烈竞争，特别是在出版领域实施的"阶段性转移"，都为图书出版界提供了良好的施展才能的天地。中国出版人在"八五"期间创造的卓越与辉煌，不仅展示了出版工作对我国社会主义"两个文明"建设所作出的贡献，也具体生动地展示出我国出版业已形成的人才实力、学术实力、经济实力、技术实力，以及未来事业更加兴旺发达的勃勃生机。

第二，重策划，出版人主体意识增强。

随着市场经济体制的不断完善，出版改革的不断深化，中国出版人在创造了出版繁荣的同时，也锻炼了自己，使自己逐渐成熟起来，在面向市场经济的过程中，不仅出版观念发生了巨大变化，主体意识也越来越强。他们不再满足于来什么稿就编什么稿，编出的书能卖多少就多少，或搭班子出题目、忙炒作的做法，而是从市场调查入手，在科学的市场分析和市场预测的基础上，根据自己的实力、风格、特点，按自己的意图规划出版，并制订营销策略，在主动适应市场的同时，培育和引导市场。"八五"期间1169种国家重点选题，都是在进行了大量深入的市场调查之后，经过层层反复论证才落实的。可以说出版成就的卓越与辉煌，充分体现了出版人的主体意识以及在主体意识支配下的整体规划性。现在的出版策划也已经不拘泥于调查市场和制订选题这个层面，而是在此基础上对图书的装帧设计、制版印刷、使用材料，特别是图书宣传等各个环节进行全方位的通盘构思，以营造浓烈的书文化氛围，树立自己的品牌，最终赢得读者，在竞争中取胜。比如，金盾出版社整个出版计划的实施过程，都经过周密策划，从选题定位到销售策略都有自己独特的思路。其生活用书和面对农村的图书长销不衰，都得力于此。广东教育出版社出版的《新三字经》其两千余万册的印数，在1995年的中国文化界和出版界产生了巨大轰动，一时在国内形成一股"三字经热"。除了行政的支持之外，其选题切入的角度、准确的读者定位、出版时机的选择和广泛的宣传都是非常成功的。其他如东方出版社的"东方书林之旅"、江苏美术出版社的《老房子》书系、春风文艺出版社的《布老虎》丛书等，在图书整体策划上都有一些成功的经验。

第三，精装帧，书的艺术性日新月异。

好商品要有好包装，这是有见识的商家的共识。图书要售卖，就是商品，也需要有好的包装，即好的封面、好的装帧设计。它们要能体现书的品质、价值感，要有个性，要符合现代人的审美需要，还要有标识功能。"八五"期间，中国出版界已充分认识到封面、装帧对于图书的重要性，在这方面用力颇多，书籍装帧艺术的发展可以说日新月异，装帧水平有了很大提高。装帧设计者充分考虑了书籍的商品性和观赏性，加强了创意，追求精品和完美，突出了个性化和地域风格。"八五"期间给书刊装帧艺术带来巨大变化的是彩色桌面电脑制版系统，它以全新的设计手段，给传统的设计创意、传统的装帧设计手工制作以巨大的冲击，同时也给装帧艺术带来新的气象。各个展厅中琳琅满目、五彩斑斓，呈现浓烈的个性风采，有民族风格、地域特色的精美出版物大多是由电脑创意设计出来的。从各展厅精美的装帧艺术成果中可以看出，近几年不仅涌现出一批精于书刊装帧设计的出版人，也涌现出了不少长于此道的出版社。他们的图书装帧设计总体上有统一的基调，单体上有独特的风格，既是上佳的艺术品，也有较强的标识功能，更主要的是其在促销上发挥的作用已是有目共睹。用今天的书刊装帧设计水平与1986年以前相比，前进了绝不止一个时代。

第四，高质量，体现出版繁荣的新趋势。

出版成就展呈现的卓越与辉煌，无疑是令人振奋的，更让人欣喜地看到了中国出版繁荣的新趋势。我们先来看一组1995年图书出版的有关数字：全国出版总品种101381种，比1994年下降2.4%，其中新书59190种，比1994年下降15.2%；重版书42191种，占总品种的41.6%，比1994年增长8.8%；总印数达66.22亿册，比1994年增长5.2%。重版率之高，是近十几年来的第一次，总品种的负增长、总印数的提高，都说明"八五"最后一年给"九五"出版繁荣展示了一个高质量的美好前景。"八五"期间辉煌的出版成就，特别是成功的出版经验，以及比照成功找出来的不足，为"九五"提供了借鉴。"八五"期间出版繁荣和迅猛发展所形成的我国出版界的人才实力、学术实力、经济实力和技术实力，为"九五"的发展奠定了坚实的基础。"八五"期间电子出版业的迅速崛起，初具规模，并以高起点、多精品出现在人们面前，而且势头正猛，也必将为"九五"出版繁荣带来勃勃生机。丰厚的出版经验、坚实的工作基础和良好的出版环境，都预示着"九五"期间中国出版将更加繁荣、昌盛。

中国出版成就展闭幕后，我写过一篇文章《面向未来再创辉煌——写在中国出版成就展闭幕之际》，表达了我对这次展览的一些感受和体会。

规模空前的中国出版成就展胜利落下帷幕，取得了圆满成功。这是出版界接受全国人民的一次大检阅，充分地向人们展示了改革开放以来，主要是第八个五年计划期间，在邓小平建设有中国特色社会主义理论和党的基本路线指引下，我国出版事业取得的巨大成就。成就展反映了社会主义物质文明和精神文明建设的丰硕成果，显示了一种力量，就是中华民族深厚的文化力量，当代中国人民聪明和才智的力量，建设有中国特色社会主义的力量，社会主义精神文明建设的力量。中国出版成就展的成功举办，扩大了出版工作的社会影响，提高了人们对出版工作在社会主义现代化建设中重要地位的认识，为出版界赢得了荣誉。

中国出版成就展给人以鼓励，给人以信心，也给人以思考。许多读者看到这么多好书，都在发问：很多书为什么在书店里买不到？一些专家学者，沉浸在书海中既欣慰又遗憾：我的那部专著今天也可以在这里亮相就好了。作为一个出版同行，看看自己，比比别人，听听反映，难道不该自问：我们的差距在哪儿？一个有责任感的出版工作者，面对这些问题，留下的思考并不轻松。

出版工作有了很大进步、很大发展，不容否认。出版工作还存在很多不足、很大差距，毋庸讳言。我们出的书确实不少，好书也很多，但覆盖率、满足率还很低，这也是事实，流通渠道不畅就是一个不小的问题。还有学术科技专著出版难的问题，尽管有种种客观原因，但这个问题不解决，出版繁荣就会大打折扣。因此，我们决不能在成就面前沾沾自喜，在繁荣面前故步自封。在社会主义市场经济条件下，出版事业的发展面临许多新情况、新问题，既是挑战，又是机遇。建立起适应社会主义市场经济体制需要，符合社会主义精神文明建设要求，反映出版工作客观规律的管理体制和运行机制，既很困难，又很紧迫，任务十分艰巨。

今后15年，是建设有中国特色社会主义事业承前启后、继往开来的重要时期，党中央制定了这一时期我国国民经济和社会发展的宏伟纲领，鼓舞人心，催人奋进。思想建设、文化建设和经济建设、政治建设都与出版工作密切相关，出版物的质量和数量如何，直接反映着并影响着我国的经济、政治、文化和教育的发展水平。世纪之交，建设有中国特色社会主义伟大事业赋予出版工作者的任务更重了、要求更高了、责任更大了，也为出版事业的发展繁荣提供了广阔的舞台，广大出版工作者要在以江泽民同志为核心的党中央领导下，坚定地贯彻执行邓小平建设有中国特色社会主义理论和党的基本路线，胸怀大局、戒骄戒躁、抓住机遇、迎接挑战，为社会主义现代化建设作出更大的贡献。

让中国出版成就展成为出版事业再创辉煌的庄严宣告。

# 经历出版由乱到治的转变

我 1972 年来北京的时候，出版的行政管理机构叫"国务院出版口"，显然这是个临时性机构；各个出版社的人员都很少，大部分还在"五七"干校，出版工作处于半停顿状态，大多数出版社主要围绕领袖著作和"样板戏"出书；"文化大革命"前出版的书和资料都被当作"封、资、修"的东西给封了；书刊出版周期长、出书难让人难以接受，买书难不可想象，有的书到了需要"开后门"的地步；关键还是思想混乱，哪些书能出、哪些书不能出，争论不休。人们没有书看，当时有人形容青少年缺少精神食粮，"嗷嗷待哺"。

出版工作重获新生是在"文化大革命"结束以后，但是，出版工作的转机，我认为是从 1971 年 3 月的全国出版工作座谈会开始的。1971 年 2 月 27 日，由周恩来总理亲自签发，国务院发出特急电报给各省（市区）革命委员会：国务院决定委托出版口领导小组于 3 月 15 日在北京召开全国出版工作座谈会。通知要求各省（市区）出版部门来一位负责人和一名熟悉出版业务的同志，带来对出版工作的意见和 1971 年的出版计划；同时，推荐一些较好的新书和认为可以重版或修订后重版的书目。一个国务院的特急电报通知，对一个专业会议提出如此具体要求，反映了当时国家对恢复正常出版工作的迫切愿望。请特别关注几个关键词："熟悉出版业务""出版计划""重版的书目"。

这次会议持续了四个半月，也是十分罕见的，尽管原因是多方面的，也从一个侧面反映了在当时的政治氛围下，统一思想、恢复出版工作之艰难。会议期间，周总理两次接见会议领导小组成员，听取汇报，并于会议结束时，接见了会议全体代表。当时极"左"思潮泛滥，形而上学猖獗，在思想文化战线的斗争极其尖锐复杂，周总理以大无畏的革命精神，运用唯物主义辩证法，批判形而上学、极"左"思想，为在迷茫中徘徊的出版工作者澄清了是非、指明了方向。

"四人帮"在"文化大革命"中鼓吹历史唯心主义，对人类历史文化遗产采取虚无主义的态度，一概予以否定，并煽动无政府主义任意禁书、烧书。当周总理听汇报时得知《鲁迅全集》也因为注释和书中提到瞿秋白的问题封起来后，严肃地批评了这种错误做法，指出："《鲁迅全集》封起来干什么，这不滑稽得很吗？……把有点问题的书都封起来，只有少数人能看，只相信自己不会受影响，其他人都会受影响？群众总是比我们个人知道的多，他们是能够作出判断的。一面说青年没书读，一面又不给他们书读，就是不相信青年人能判断。"[①]

由于极"左"思潮泛滥，当时除了马、恩、列和毛主席的著作以外，几乎什么书都不能出版了，这也是封建主义的、那也是资产阶级的，一本书因作者、编者或译者有所谓的什么问题，就不能用了。周总理很严肃地批评了这种观点，并强调指出："我看现在要出一批书，要广开言路。读马克思、列宁的书和毛主席的书是主要的，但也要读历史、地理，读哲学。有些青年连世界地理位置、历史事件都搞不清楚，知识面越来越窄，这不行，这

---

① 《周恩来选集》下卷，北京，人民出版社，第470、471页，1984。

样是不可能真正高举毛泽东思想伟大旗帜的。"①周总理在百忙中审阅了当年的出书计划，指出："太简单，不行，计划中这些书要出，但不能只出这几种。青少年没有书看，新书要出，旧书也可以选一点好的出版嘛！"周恩来总理还指示，历史书也要出一点儿。《资治通鉴》《天演论》这些书还用审查吗？"四书五经"还要修改吗？旧小说不能统统都作"四旧"嘛。《红楼梦》《水浒》这些书也不能作"四旧"嘛！②

针对"四人帮"推行文化禁锢政策，1971年毛主席批准恢复"二十四史"和《清史稿》的整理校点工作，并同意出版《柳文指要》。"二十四史"是1958年根据毛主席的指示组织点校的，"文化大革命"开始后，不但点校工作停止了，还把已经出版的"前四史"（《史记》《三国志》《汉书》《后汉书》）点校本打成"封、资、修"毒草。在毛主席和周总理的亲切关怀下，经过全国数十位专家学者的努力，1978年终于完成"二十四史"的点校，并由中华书局出版。《柳文指要》是一部对《柳宗元文集》的专门研究著作。作者章士钊曾任中华民国北洋政府时期段祺瑞政府司法总长兼教育部长。有人认为，章士钊曾经镇压学生运动，倡言复古，他的著作即使没有问题也不能出版。因此，当作者第一次要求出版时，出版社把书稿退了回去。后来章士钊写信给毛主席，毛主席不但读完了近百万字的原稿，并给作者写了回信，同意此书出版。但是，这部著作并不是没有问题，毛主席在给作者回信中指出，这部书的"大问题是唯物史观问题，即主要是阶级斗争问题"。既然有这样大的问题，是不是非要作者修改呢？毛主席又指出，

---

① 《周恩来选集》下卷，北京，人民出版社，第470、471页，1984。
② 刘杲，石峰：《新中国出版五十年纪事》，北京，新华出版社，第129页，1999。

这样的问题"不能求之于世界观已经固定的老先生,故不必改动"。同时,毛主席又提醒作者,"嗣后历史学者可能批评你这一点,请你要有精神准备,不怕人家批评"。[①]毛主席处理《柳文指要》的过程,体现了我们党的一贯政策,包含着丰富的辩证思想,为出版工作如何正确对待历史、正确对待老知识分子,做出了示范,是对"四人帮"文化禁锢政策的有力回击。

如何正确评价出版队伍在当时是个重大敏感问题,关乎很多人的政治生命,关系到出版工作能否恢复发展,也是拨乱反正的重要议题,会议期间争论不断。有人认为,原来的出版队伍统统不能用了,周总理针锋相对地指出:"那是否定一切,不对！老的一个不用,就接不上茬了,那怎么行？"当他得知中华书局、商务印书馆的一些老专家被排挤时,气愤地说:"老弱残也是人,圈点书也可以,也能工作嘛。"他听取汇报时,有人提到出版队伍的"九类分子",周总理马上严肃地指出:"地、富、反、坏、右,前面得加上'没有改造好的',要区别对待,也有改造好的嘛,否则主席的思想就不发生作用了嘛。确实有改造好了的。所谓改造好了也是相比较而言,比如《为人民服务》中,李鼎铭做了一件好事,我们接受了他的意见,他的思想就全改造好了？我看还得改造他。顾颉刚先生能搞校点,这点上就算是改造了,他的思想能全改造？也不可能,78岁了,当然困难了。"为了打破当时对这个人也不放心、那个人也不能用的不正常局面,周总理亲笔批示：《二十四史》的校点"由顾颉刚先生总其成"。[②]

当时,中小学生没有字典用,社会反映十分强烈,周总理指

---

① 刘杲,石峰：《新中国出版五十年纪事》,第134页,北京,新华出版社,1999。
② 刘杲,石峰：《新中国出版五十年纪事》,第131页,北京,新华出版社,1999。

示出版部门立即组织班子,开始进行《新华字典》的修订工作。他语重心长地指出:"《新华字典》也是从《康熙字典》来的嘛!编字典可以有创造,但创造也要有基础的。要'古为今用''推陈出新'。新的出不来,旧的又不能用,怎么办?对旧字典要辩证地历史地看,有问题可以改一改嘛。不能形而上学。"① 在《新华字典》的修订过程中,周总理关怀备至,不但亲自审阅了送审稿,在"出版说明"上用铅笔逐句作了圈点,还在一些地方作了校正。《附录》中的《节气表》,送审稿上未标明月、日是公历还是农历,周总理发现后,就在《节气表》下加了个括号,写明"按公元月日计算"。在"役"字的注释最后,加上了"(3)服兵役",使义项更加完备。② 在极"左"思潮影响下,有人把字典中"陛下""太监""僧侣"等许多词和字都删掉了,认为这些是旧词,不必在字典中保留。现在看起来都感到好笑,可在当时却成为一个争论不休的问题。周总理一针见血地指出:"这都是极'左'思潮,要么就是闭关自守。"

周总理关心中外语文词典出版工作是非常感人的。1975年5月,国家出版局根据教学科研工作的需要,在广州召开了中外语文词典编写出版规划座谈会,提出了10年编写出版160部中外语文词典的规划。报告送请总理审阅的时候,总理已经重病在身。总理于8月21日在医院审阅了这个报告,并在批件上写了一句令出版人动容的话:"因病在我处压了一下。"谁能想到,这是敬爱的周总理对出版工作的最后一次亲笔批示。周总理为恢复发

---

① 《周恩来选集》下卷,第467、468页,北京,人民出版社,1984。
② 袁亮:《周恩来刘少奇朱德陈云与新闻出版》,第105页,北京,中国书籍出版社,2003。

展出版事业操碎了心,留下的却是一句表示歉意的话。周总理对出版工作的关怀,像一座丰碑,永远矗立在出版工作者心中。

国务院委托出版口召开的全国出版工作座谈会,最终于1971年7月22日形成了国务院给党中央的《关于全国出版工作座谈会的报告》。经毛主席"同意",8月13日,中共中央批转了这个报告(即中发〔1971〕43号)。这个报告的主要内容和我对这个报告的看法,在第一部分已经作了叙述。我们不妨把它看作非常时期的一个过渡性文件,对扭转出版工作的混乱局面、恢复出版工作的正常秩序起到了一定的历史作用。

"文化大革命"结束,特别是党的十一届三中全会以后,经过拨乱反正,出版工作真正重获新生。1978年2月召开的第五届全国人民代表大会第一次会议的《政府工作报告》提出:"加强出版工作,尽快改变目前书刊品种少,出版周期长,印刷技术落后的状况。"为此,在同一年内,国务院先后批转了《关于加强和改进出版工作的报告》《关于加强科技图书出版工作的报告》《关于加强和改进词典编写出版工作的请示报告》《关于建议出版〈中国大百科全书〉的报告》《关于建立北京印刷学院的请示报告》《关于加强少年儿童读物出版工作的报告》等10个有关加强出版工作方面的文件,为消除"文化大革命"造成的恶果,为在新形势下做好出版工作创造了条件,指明了方向。国家出版局随即制定了《八年(1978—1985)出书规划》,并提出"三年实现初步繁荣,八年达到全面繁荣"的目标。同时,国家出版局为尽快扭转严重的"书荒"现象,召集13个省、市出版局(社)和部分中央级出版社,安排落实35种中外文学作品的重印计划,并专门拨出7000吨纸张,每种印40万—50万册,于1978年5月1日,在全国大中城市同时发行。各中央级出版社还确定了重印"文化大革命"前出版的300种图书，并陆续安排出版。图书市场初现生机。

1979年乘党的十一届三中全会之东风，国家出版局进一步采取措施，着力解决出版周期长、出版用纸短缺的问题，并就出版业发展的一些基础性问题进行建章立制。1979年新年伊始，1月15日国家出版局代局长陈翰伯就给中宣部部长胡耀邦写信，就印刷力量不足和出版用纸紧张问题要求当面听取汇报。胡耀邦同志随即召集国家计委、轻工部、商业部和国家出版局等有关部门的负责人开会，专门商讨解决出版用纸紧张问题。耀邦同志听取各单位汇报后明确指示：教科书用纸必须保证，报纸不可一日缺纸，重要的书刊也要适当安排出版，此事请国家计委牵头，会同有关生产部门务必设法解决。会后，有关部门采取了措施，并在1979年的全国计划会议上，调整了新闻出版用纸的生产计划，还特地调拨约1亿美元外汇用于进口纸张和纸浆。同年4月，国家出版局经请示耀邦同志同意，调拨4万吨《毛泽东选集》储备纸用于其他图书出版。9月28日，国家出版局会同中央有关部委共27个单位向国务院余秋里、谷牧副总理呈送《关于申请在北京集资筹建新闻出版用纸仓库的联合报告》，提出统一建造4.5万平方米纸张仓库和配套的5000平方米切纸车间，所需投资由各单位共同分担，在国家拨给各部委的基建投资总额中划出，拨交国家出版局统一使用，不需国家另拨费用。国务院批准了上述报告。

1979年6月，国家出版局发出通知，在书刊印刷业中掀起增产节约运动高潮，以增加生产、提高质量、缩短周期、降低消耗为中心内容，通过挖潜、革新实现增产节约。8月27日，国家出版局在太原召开全国书刊印刷工作会议，交流书刊印刷业拨乱反正，整顿企业，增产节约和挖潜、革新、改造的经验，同时，对有关改进和加强书刊印刷工作的一些最紧迫问题进行研究。会后，国家出版局提出《关于书刊印刷工作贯彻执行调整、改革、整顿、提高方针的意见》，报经中宣部批准，印发全国有关部门执行。这些措施对印刷能力不足问题起到了缓解作用。书刊印刷问题的真正解决是1983年6月中共中央、国务院作出《关于加强出版工作的决定》后，实施了书刊印刷技术改造计划，印刷业为之一新。

随着出版业的恢复发展，著作权问题提上日程。1979年4月21日，国家出版局向国务院呈送报告，建议"建立版权机构，制定版权法"。国务院转中宣部提出意见。4月26日，胡耀邦同志批示："同意报告，请你们尽快着手，组织班子，草拟版权法。"版权立法工作从此起步。

"文化大革命"以后，稿酬停发持续了11年。1977年10月，国家出版局曾发布《新闻出版稿酬及补贴试行办法》，在当时也是一个重大突破。1979年9月6日，国家出版局和全国文联一起在北京召开座谈会，就文艺作品的稿酬问题听取意见。参加座谈会的代表认为，为了更好地促进新闻出版业的健康发展，上述稿酬及补贴办法已经不能适应新的形势，应当进行补充和修订。大家对不同类型作品的稿酬标准、印数稿酬办法，以及制定稿酬标准的指导思想等提出了许多意见和建议。1980年4月，国家出版局对1977年恢复的稿酬办法进行了修订和调整，制定了新的书籍稿酬办法，经中共中央书记处批准，自1980年7月1日起实行。调整的主要内容有两条：（1）适当提高基本稿酬，著作稿提高到每千字3至10元，翻译稿提高到每千字2至7元。对有较高价值的著作，每千字最高可到20元。（2）恢复了印数稿酬。

1979年12月召开的全国出版工作座谈会上，还讨论通过了《出版社工作条例（草案）》，并就编辑职称问题交换了意见。

出版工作的各项法规、规章陆续出台。

为了改善全国新华书店基础设施建设和调动图书发行人员的积极性，1979年9月7日，国家出版局、财政部联合发出通知，决定各地新华书店在财务体制集中到省级新华书店的基础上，从1979年7月起，试行利润留成50%，用于建立生产发展基金、集体福利基金和职工奖励基金，并印发了《新华书店系统留成试行办法》。1983年实行利改税政策，上述办法停止执行。

1979年3月30日，邓小平同志在党的理论工作务虚会上的讲话中说："由于林彪、'四人帮'的十年捣乱，思想战线上长期间充满了胡言乱语，以致人们对于从事政治教育工作的许多干部和教师失掉了信任。"他希望"思想战线的同志们一定要赶快组织力量，定好计划，在尽可能短的时间里陆续写出并印出一批有新内容、新思想、新语言的有分量的论文、书籍、读本、教科书来，填补这个空白"。并且提议"对于确实写得好的著作，经过评审，应该由党和国家发给奖金，以便给这项看来似乎平凡实则艰苦的工作以应有的荣誉"①。经过各方面的共同努力，很快就出版了一批优秀的通俗政治理论读物。

为了调动地方出版社的积极性，1979年4月5—9日，国家出版局在北京召开地方出版社座谈会。许多同志提出意见，认为地方出版社的"三化"（地方化、通俗化、群众化）出版方针应当改变。国家出版局随即派出调查组进行调查，听取各方面的意见。同年12月，国家出版局在湖南长沙召开全国出版工作座谈会，会议明确"地方出版社要求立足本省，面向全国或兼顾全国，可以试行。地方出版社出书不受'三化'限制"。这一决定，极大

---

① 刘杲，石峰：《新中国出版五十年纪事》，第181页，北京，新华出版社，1999。

地解放了地方出版社的出版生产力。

　　书籍的装帧设计是出版的"门面"，那时出版的很多书"立不起来"，封面设计简单粗糙。为此，1979年3月，国家出版局与中国美术家协会联合在北京中国美术馆举办了"全国书籍装帧艺术展"，并进行评选，有61种展品分获整体设计奖、封面设计奖、插图奖、荣誉奖和印刷装订奖。

　　这一年，开启了对外出版交流。1979年4月，英国牛津大学出版社词典部总编辑伯奇菲尔德博士，应商务印书馆邀请来我国访问，并在北京、上海两地作学术演讲，双方对合作编辑出版词典原则上达成协议。1979年6月，应英国出版家协会邀请，以陈翰伯同志为团长的中国出版代表团一行10人访问英国，这是新中国成立以来我国出版界访问英国的第一个代表团。代表团回国后，在北京举办大型汇报会，听者爆棚，我对英国出版的发展羡慕不已。1979年9月，由日中文化交流协会组织的日本印刷代表团一行10人，应邀来我国参观访问，并进行技术交流活动。日本印刷专家就照相感光材料、电子照相排版、电子化学、印刷最新技术，以及工厂管理等作了报告。我国印刷业后来的发展进步，得到了日本印刷界的支持和帮助。

　　这一年，国家出版局发出了《关于认真做好古旧书收购和发行工作的通知》，澄清了对古旧书的错误看法。

　　这一年，经中宣部同意，成立了中国出版工作者协会，胡愈之同志为名誉主席，陈翰伯同志为主席。

　　当80年代的第一个春天来临之际，在京出版工作者满怀喜悦心情在北京饭店举行迎春茶话会，党和国家领导人亲临祝贺。中央政治局委员、书记处书记、中宣部部长胡耀邦同志发表了热情洋溢的讲话，希望出版界"二十万大军同心干，书刊滚滚来半天"。中央政治局委员、国务院副总理王震同志劲足墨饱地写下了"祝出版工作繁荣昌盛"的祝愿。中央政治局委员、国务院副总理、中国科学院院长方毅同志挥笔题写了"百花齐放,百家争鸣"八个大字,寄托他对新时期出版工作的厚望。全国人大常委会副委员长许德珩同志兴致勃勃地即席作词一首《好春光》:"印刷术,发明早,传世界,文明你我最古老。出版巧,八零年业益精,进步如春美好。献身四化见功劳,勤手脑。"许多刚回到出版工作岗位的老知识分子簇拥在党和国家领导人身边,暖意融融,一个共同的感受是"春已归来,东风从此,染柳薰梅"。

在党的十一届三中全会精神指引下,出版工作逐步走上正轨,得到了恢复和发展。1981年全年出版各类图书25601种,比1976年的12842种翻了一番;总印数达到55.78亿册,比1976年的29.14亿册增长了91.4%,基本达到了"三年实现初步繁荣"的目标。1982年2月,在耀邦同志提议下,中央书记处听取了三中全会以来出版工作的汇报。根据当时参加会议者的笔记记录,书记处在讨论中提出了以下意见:

1. 中华人民共和国成立以来,出版、发行工作取得了很大成绩,特别是十一届三中全会以后,经过拨乱反正,又有了明显的进步。但是,在出版、发行工作的领导上存在的一个重大问题,就是没有强有力地掌握住出版工作的方针和方向,对情况不大了解,措施不够有力。因此,不正确的东西就滋生蔓延,这是几十年来的一个重要教训。在这个问题上,中央宣传部、中央书记处都有一定的责任。

2. 要强有力地掌握住出版、发行工作的方针和方向,必须坚持以下两条:(1)出版工作必须为巩固和发展社会主义制度服务,向广大人民群众灌输科学社会主义思想。马克思主义认为,科学社会主义思想不可能从工人中自发产生，必须从外面灌输到工人队伍中去，使科学社会主义和工人运动相结合。所以，我们要坚定不移地向人民群众灌输社会主义和共产主义思想，要持续不断地进行这种教育工作。同时，要坚决防止腐蚀人民群众思想的读物的出版。对于政治读物，任何时候都不能忽视，不能单纯从经济收入上考虑问题。出版政治读物可以少赚甚至不赚钱。

（2）出版工作要为发展科学教育文化事业服务，努力提高人民群众的科学文化水平。任何时候都要把科教书籍、工具书的出版、发行工作，放在重要地位。这也不能单纯地从经济收入上考虑问题，有些很有价值的科教学术书籍，印量少、不赚钱，也要予以安排。在目前纸张供应紧张的情况下，更要分清主次，区别轻重缓急，通盘规划。

3. 中央宣传部要成为出版、发行工作的强有力的指挥机关，要把出版、印刷、发行部门建设成为社会主义的文化堡垒。进一步提高出版、印刷、发行工作的质量，建立健全规章制度，制定相应的法律、条例，提高工作人员的业务水平，更好地为社会主义现代化建设服务。出版部门的工作人员，不能适应工作需要、达不到标准的，要经过训练再继续工作。发行部门的工作人员，特别是新华书店的售书人员，大量是新手，文化水平较低，知识面很窄，很不适应工作需要，要全部经过轮训再继续工作。同时，也要切实解决出版、印刷、发行工作中存在的其他实际问题。

书记处决定：

1. 对于出版局汇报提纲中提出的增建大中小学课本书籍仓库、利润留成、纸价补贴等经济问题，请杜星垣同志会同计委、财政部商量处理。

2. 请中央宣传部牵头，召集出版、印刷、发行、轻工、财政、计委等有关部门商量，代中共中央、国务院起草一个关于加强出版、印刷、发行工作的决定。这个决定要讲出道理，写清楚出版、印刷、发行工作的性质，同社会主义现代化建设的关系，现状，存在的问题和解决的办法。决定起草出来，经胡乔木同志审阅，提交书记处会议讨论。

1983年6月6日，中共中央、国务院《关于加强出版工作的决定》（中发〔1983〕24号）发布。这是中华人民共和国成立以来，唯一的由党中央、国务院联合作出的关于出版工作的重要决定，是指导新时期出版工作的纲领性文件。

《决定》开宗明义地指出："社会主义现代化建设的新形势，把出版工作推到我党我国历史上前所未有的重要地位。为了适应建设两个文明的需要，党中央和国务院认为，必须加强和改进出版工作，使出版事业有一个更大的发展。"《决定》在阐述出版战线的形势和任务时指出：党的十一届三中全会以来，出版战线同全国各条战线一样，取得了显著成绩。出版部门认真贯彻党的解放思想、实事求是的方针，冲破长期以来"左"的思想束缚，有成效地进行拨乱反正工作，落实知识分子政策，恢复和发展了出版事业，出版了一大批国家和人民急需的图书，解决了"十年内乱"造成的严重"书荒"。但是，出书难、买书难的问题还十分尖锐；大、中、小学教材和课本还不能做到全部课前到书；有些书刊质量不高，甚至粗制滥造；有的图书、刊物上的文章、作品偏离社会主义轨道；单纯追求利润，使精神产品商品化的倾向有所滋长。《决定》进一步指出："出版事业的发展，既是社会主义精神文明建设的重要方面，又是物质文明建设的组成部分和重要条件。思想建设、文化建设和经济建设、政治建设，都同出版工作密切相关。"《决定》提出，党和国家都要重视出版工作，切实解决出版工作中存在的困难和问题，努力开创出版工作的新局面。

《决定》在阐述出版工作的性质和指导方针时指出："我国的出版事业，与资本主义国家的出版事业根本不同，是党领导的社会主义事业的一个组成部分，必须坚持为人民服务、为社会主义服务的根本方针，宣传马克思列宁主义、毛泽东思想，传播一切有益于经济和社会发展的科学技术和文化知识，丰富人民的精神文化生活。"为了很好地贯彻我们的出版方针，在指导方针上必须明确："（1）社会主义的出版工作，首先是宣传教育工作，具有鲜明的思想性和革命性。（2）社会主义的出版工作，又是一项科学文化工作，具有很强的知识性和科学性。（3）社会主义的出版工作，是为广大的人民群众服务的，具有广泛的群众性和计划性。（4）社会主义的出版工作，是出版工作者和著译者共同的工作，他们之间的关系是同志式的互助合作关系。（5）社会主义的出版工作，首先要注意出版物影响精神世界和指导实践的社会效果，同时要注意出版物作为商品出售而产生的经济效果。"

《决定》对加强出版队伍建设提出了明确要求。这里讲的出版队伍包括编辑队伍和印刷、发行队伍，提出要加强出版队伍特别是编辑队伍的思想建设、组织建设和业务建设，培养一支革命化、年轻化、知识化、专业化的队伍，其中特别强调，充实调整和培训提高编辑队伍是当务之急。要教育编辑人员甘当无名英雄，树立职业道德，坚决抵制编辑工作中的不正之风。《决定》还强调，出版队伍特别是编辑队伍问题，首先是知识分子问题，要进一步落实知识分子政策。

《决定》对改变印刷、发行落后的现状很重视，提出："为了解决出书难、买书难的问题，急需对书刊印刷和图书发行工作进行体制改革和技术改造。"并指出："我国印刷事业落后的严重状况，有关部委应该充分重视。举世公认，印刷事业的落后，不但表明一个国家文化教育的落后，而且表明经济发展的落后。现在我国的印刷事业，比一些发展中国家落后很多，比我国整个经济发展也落后很多。"明确要求"北京地区的书刊印刷能力在三、五年内有较大增长。中央、国务院有关部委和北京市，要对所属的书刊印刷厂进行技术改造。上海等地也要采取相应措施，解决书刊印刷能力不足问题"。并提出"今后，书刊印刷的技术装备和器材，要纳入国家计划供应的渠道，进一步加强和改进生产供应的管理工作"。国家要适当增加出版事业的投资，在税收政策上实行优惠。随后，国家经委成立了"印刷技术装备协调小组"，把印刷及装备工业的发展，纳入国家"七五"计划。书刊印刷经过"七五""八五"两个五年计划的发展，落后面貌得到显著改善。

《决定》提出："为了更好地发挥出版工作在社会主义现代化建设中的作用，迫切需要加强并改善党和政府对出版工作的领导。各省（市）区党委和人民政府，中央和国家机关的有关部委，要把出版工作列入议事日程，每年至少讨论一次。中央和地方党委的宣传部门要强有力地掌握出版工作的方向和方针。政府的文化出版部门要进一步发挥主管作用。对出版工作的领导只能加强，不能削弱。"并对如何加强领导提出了具体要求。

中共中央、国务院《关于加强出版工作的决定》的发布，标志着我国出版工作由乱到治的转变。

# 苏联解体前的出版改革见闻

## ——中国出版代表团访问苏联

根据中苏文化交流协定，中国出版代表团于1988年10月6日至20日访问了苏联。此时正是苏联经济改革采取"休克疗法"后，戈尔巴乔夫又把改革的重点从经济领域转向政治领域，推行政治多元化和多党制的时候，离1991年9月6日波罗的海三国（爱沙尼亚、拉脱维亚、立陶宛）宣布独立还有不到三年的时间了。代表团由时任国家新闻出版署署长杜导正率领，成员有人民出版社社长兼总编辑薛德震、新闻出版署报纸管理司司长梁衡、翻译白以素，还有我。这个时候踏上这个曾为世界一霸的苏联的土地，已经是另一番景象。商店外到处有人排队，商店的很多货架上、柜台里摆的全是空盒子，只在销售有限的计划供应商品。商品的缺乏令人难以置信，我们代表团将要回国时想买一点儿苏联糖果，经内部申请才得以满足。那时候苏联的电子工业已经比较发达，但我们住的宾馆里还是体积庞大的电子管电视机。然而我们也看到了另一面，队伍不管排多长，都很有秩序，人们在静静地看书看报，或低声交谈。莫斯科的广场上有大人小孩儿在快活地投喂一群鸽子，这时杜导正团长记者出身的习惯显露无遗，不知老之将至，立即趴在地上按下了相机的快门，引来了一阵笑声。

根据双方交流协定，这次访问虽然是出版代表团，但由于我们是国家新闻出版署派出的代表团，因此，考察内容也包括苏联

1988年10月，随新闻出版署署长杜导正（右五）率领的中国出版代表团访问苏联

报业改革的情况。但是苏联国家出版委员会只安排我们参观了《真理报》《消息报》和乌克兰《农村消息报》，没有了解到报业改革的什么情况。代表团在莫斯科、列宁格勒、基辅三个城市，走访了政治书籍、行星、小朋友等9家出版社和两家印刷厂，分别与苏共中央宣传鼓动部副部长、苏联出版委员会主席和三位副主席，以及出版社的总编辑进行了广泛的交流座谈。

　　苏联是新闻出版业比较发达的国家，当时有264家出版社，一年出版8万多种图书，发行25亿册，人均有10册左右。我国当年出版图书6.5万多种，发行62亿册，人均不到6册。苏联原来的新闻出版体制与我国有点儿相似，他们的改革是1987年开始全面推开的。根据苏共中央宣传鼓动部和国家出版委员会负责人介绍，为了适应经济体制和政治体制改革的需要，苏联新闻出版体制改革的总体构思是围绕新闻出版管理机构职能转变进行的。

一、简政放权，转变职能。当时苏联国家出版委员会是全国图书、印刷、发行和对外交流合作的政府职能部门，不包括对报纸、期刊的管理。为了简政放权，1988年对其内设机构进行了调整，机关司、局机构由原来的22个减少到13个，我们去访问的时候正在调整中。其中变化比较大的是撤销了社会政治读物、文艺作品、科技书籍三个总编辑部，新成立了出版活动协调总局、图书宣传与社会需求总局。过去，苏联出版社的所有出书选题都要经过国家出版委员会审批，这三个总编辑部撤销，就意味着把出书选题的决定权全部放给了出版社。他们说，这样调整体现了政府部门由直接干预转向监督协调，加强了宏观指导，把调查研究社会对图书的需求作为政府出版管理部门的重要任务。他们强调说，国家出版委员会并没有放弃宏观调控手段，国家和各加盟共和国的出版委员会控制着出版用纸，凡社会必需的重要选题，经出版委员会批准，采取国家订货的办法，按计划供应平价纸，防止出版社只出畅销书。儿童读物、学术著作的出版亏损由出版委员会从出版社上缴的利润中给予补贴，或由出版这类读物的政府、团体部门承担。

据介绍，为了对出版社实行民主化管理，他们即将成立出版社社长委员会，作为国家出版委员会的参谋、咨询和监督机构。这个社长委员会的核心由全国最大的22家出版社的社长组成。委员会拟每季度举行一次全体会议，每月召开一次核心成员会议。他们强调说，这个社长委员会不是国家出版委员会的附属品，两者在工作上是合作关系。

他们还介绍了国家出版委员会设立的图书社会舆论研究所的情况。他们说，这个研究所既不是研究机构，也不是管理机构，而是苏联国家出版委员会与广大读者直接联系的一个特殊组织，是出版人与社会人士广泛接触的纽带，为改进出版工作献计献策。图书社会舆论研究所每月有固定的活动日，届时许多社会人士自觉自愿地到一个固定地点，就图书出版的一些问题进行讨论，提出自己的意见、要求和建议。这个机构有一项很有意思的活动，就是为改进图书出版发行工作而举办的读者构想竞赛，构想范围主要围绕图书如何充分满足读者的需求问题。读者用书面形式谈构想，直接寄送国家出版委员会宣传和图书需求分析总局。每季度评比一次，选择好的构想公开发表，获胜者给予新版图书奖励。

二、出版社内部管理的民主化改革。首先，出版社领导人由任命制改为选举制，并实行任期制（一般任期5年）。社长候选人一般有3—4人，可以由党组织提名，也可以群众推荐或自荐，但都要由群众公开进行资格审查。参选人要发表个人"施政演说"，然后由全社职工投票。选举产生的社长、总编辑要经国家出版委员会批准，副社长、副总编辑由社长、总编辑提名产生。社长、总编辑任期内要定期进行群众评议。

其次，社会参与是出版社实行民主化管理的一项重要措施。为此，出版社都要根据自己的专业特点，在社会上成立编辑委员会，对出版活动实施监督。据他们介绍，这个编辑委员会都是由社会上有威望的科学家、作家、新闻工作者及其他各界的专家组成的。编辑委员会的主要职责是：参与制订图书出版长远规划和年度计划；参与重要出版项目的讨论，必要时直接审阅比较重要的书稿，对作者与出版社之间有争议的书稿进行裁决；参与组织和进行优秀出版物的评选活动，并有资格对作者、编辑、审稿人员的工作质量进行评议。出版社的社长、总编辑要定期（每年不少于两次）向编辑委员会汇报选题计划执行情况。另外，还规定出版社要在一些工厂、机关、文化宫等举办出版社活动日,由全国重要的出版社向读者介绍工作情况和出书计划。

再次,在出版社内进行较为自由的优化劳动组合。据苏联国家出版委员会主席介绍,当时苏联出版社内部普遍存在机构臃肿问题,有的已经官僚化了,人浮于事,工作人员的积极性受到了极大限制。他们正在通过实行承包制等办法,打乱原来的工作机构,实行优化劳动组合,精减人员。具体做法是:选题确定以后,在出版社内实行招标,由中标人去组织人员完成一个选题或一组选题的编辑、出版任务。没有被组合的人员调动做别的工作,或调离出版社。如一个编辑室原有10个人,可以通过优化组合为7个人或更少。如果现有的人能完成原来10个人的工作量,那么减少的那几个人的工资的70%可以由现有的人分配。这样,大家都希望人员精干,素质差的人未能被组合,有的只好调离出版社。

三、利用群众性团体指导读者阅读。苏联国家出版委员会把指导读者阅读作为出版管理部门的一项重要职责。为此,在国家出版委员会指导下,组织了一个全国性的"图书爱好者协会",据说当时有1900万会员。这个协会以培养人们对书的兴趣、引导人们读好书为宗旨,通过书评、开会讨论、举办书展、为读者荐书、购书、组织私人藏书交流、介绍国外书情、组织读者与编者之间的对话等活动,来推动人们读书,对引导图书市场健康发展,发挥了很好作用。同时,这个协会还经常进行图书市场预测、读者心理调查,建立了"读书会",并与世界上35个国家建立了联系,开展相关的学术研究活动,为出版管理部门提供咨询服务。

据介绍,"图书爱好者协会"有自己完备的组织,由知识界最知名的人士任各级协会组织的主席团成员。全国从中央到地方都有专职工作委员会，共有3500名专职人员。他们还办有《书的世界》和《书评报》等刊物，指导读书，反映读者的呼声。

四、推动作者自费出书。苏共中央宣传鼓动部副部长在介绍改革情况时认为，一本书出版以后，卖得出去、卖不出去与作者无关的情况一定要改变。他提倡推行作者自费出版。他说，你认为你的作品好，那出版社与你订合同，你自己自筹出版资金，盈亏由你自己负责。学术著作和国家倡导的读物，另当别论，这样可以减轻出版社的经营压力。为此，1988年初，苏联国家出版委员会通过了"关于作者自筹资金出书的决议"，并制订了实施办法草案。我们到访时，全国已有52种图书采取自费出版，其中80%是文艺作品，也有社会政治和科技书籍。

为了推进自费出书，苏联国家出版委员会在广泛听取出版社和作者意见的基础上，对原有的实施办法草案进行了修改补充，重新制定了《作者自筹资金出版作品条例》。这个《条例》共有16条，对作者自筹资金出版作品的目的、承办单位、作品的种类和内容、出版周期和印数、作者与出版社之间的合同，以及资金来源、作品版权、酬金、定价等，都作了明确规定。新的《条例》比原有实施办法草案更为完善，突出的变化是：

1. 自费出版的承办单位增加。不仅专业出版社可以承办出版，刊物编辑部和其他出版单位也可以承办出版。

2. 自费出版的品种门类扩大。除了出版书籍以外，还可以出版画册、乐谱、小册子、宣传画、明信片等。自费出版的对象包括作家、作曲家、画家、摄影师等。后来通过相关渠道了解到，1989年苏联自费出版物增至500多种。

3. 作者自筹资金的来源增多。根据新《条例》规定，作者自费出版可以自己出资，也可以由国家企业，包括出版社、社会团体、创作组织、合作社提供经费。例如，苏联文学基金会就抽出一部分资金，专门用于出版苏联作家协会推荐的10名青年作者的书籍。

4.自费出版图书的销售渠道增多。自费出版的图书可以由作者自行出售，也可以通过国有图书发行网发行或其他渠道销售。有的书店还为自费出版图书设专柜销售。

五、与国外设立出版合资企业。随着苏联对外开放不断扩大，国际交流合作深入开展，出版方面与国外建立合资企业的探索也在进行。据介绍，我们到访时苏联已同英国、联邦德国、波兰、法国、加拿大、美国等有关公司或出版机构建立了230多个合资企业。出版合资企业的活动范围比较广泛，包括出版、发行俄文和外文的书籍，提供出版印刷和文学翻译劳务，生产用于公文、表格和各类卡片的纸张及静电复印材料，制造和推广用于教学培训的成套设备，研究文字材料自动化加工的技术，应用电子计算机技术为出版合资企业在苏联和国外的活动提供服务、广告宣传等。计划今后将向国外投资、定期贷款的方向发展。很明显，当时苏联同外国建立出版合资企业的主要目的，是为了利用国外的资金和技术，进一步加强苏联出版印刷业的物质技术基础。

这次代表团出访了解到的苏联当年出版改革的情况是很有限的，可以说只是浮光掠影，而且好像当时他们的改革也才刚刚起步，后来的改革进展我们没有跟进了解，还反映不了苏联解体前出版改革的真实情况。我们了解到的这些情况，有的与后来我国的出版改革举措"似曾相识"，但是改革的主旨和效果是不一样的。总体上讲，苏联的出版改革是在推行政治多元化的背景下进行的，也可以说是在苏联解体的过程中推进的。现在回过头来看，我国在出版改革中始终强调"四个坚持"是完全必要、完全正确的，即坚持党的领导，坚持解放思想、实事求是、与时俱进，坚持正确的舆论导向，坚持有利于出版业的健康发展。尽管我国的出版改革也出现过一些问题，但都及时纠正了。

苏联的出版改革为我们提供了一面镜子。我想，如果我们能把苏联解体过程中的出版改革情况了解透彻，把出版改革在苏联解体过程中扮演的角色研究明白，对我国出版业始终沿着正确方向前进，应该是一件有借鉴意义的事，也是我们出版研究的一个重要课题。

# "东风工程"的提出和实施

我国是一个多民族的社会主义国家,维护和巩固各民族的团结统一、促进各民族共同发展繁荣,是我们党坚定不移的战略方针。为了维护新疆的稳定和发展,中央对新疆的新闻出版工作极为重视和关心。针对美国的所谓"新疆工程"以及西方敌对势力对新疆的文化渗透,2004年中央要求新闻出版总署提出相应对策。为此,新闻出版总署承担"新疆稳定与发展战略研究宣传文化课

2004年调研新疆的出版业,提出"东风工程"
右一为新疆维吾尔自治区新闻出版局局长米吉提·卡德尔

题新闻出版部分"的调研工作。总署党组派我带领一个小组赴新疆调查研究，并要提出支持新疆新闻出版业发展的政策措施。

我们在深入调查研究的基础上，提出了促进新疆新闻出版业发展的"东风工程"。后来这个"东风工程"纳入了中央关于维护新疆稳定的文件，在中央有关部门的支持和新疆各方面的努力下，"东风工程"得以实施，累计向新疆新闻出版行业投入近10亿元资金，加强新疆新闻出版业基础设施建设等，这是前所未有的，大大改善了新疆新闻出版业发展滞后的状况。同时，"东风工程"的实施，还推动了其他民族地区的新闻出版工作。

新疆调研的中心议题是规划新疆新闻出版业反对分裂、维护稳定、深化发展的总体战略构想，为中央制定有关大政方针提供决策依据。调研组围绕这个中心开展了"分裂出版物"传播态势、管理机构建设、图书出版、音像出版、党报建设、出版物发行、人才工程七项专题调研，实地考察了新疆主要图书出版社、音像出版社，有代表性的各级党报，有代表性的各级主渠道发行单位，有关印刷企业，生产建设兵团部分新闻出版单位。从新闻出版产业链的具体环节切入，对新疆新闻出版领域在维护稳定方面的问题困境、改进思路、发展对策进行了总体上的调查与剖析。

调研组有针对性地选取了不同层次的行业外围切入点，从更深广的角度探究新闻出版领域反分裂对策的可行性、有效性。调研组分别听取了自治区主管公安、宣传、新闻出版的领导同志对新闻出版如何为维护稳定服务的深层次思考；召开了公安、宣传、文化、工商部门一线工作者座谈会，搜集来自基层的意见与建议；并且深入到喀什地区维吾尔族农民家中，了解出版物在广大农牧区供给与需求的真实状况。

我们了解了新疆经济社会发展的一些基本情况。根据自治区

2004年国民经济和社会发展统计公报，生产总值2200.15亿元，人均生产总值11199元。当年娱乐教育文化用品及服务消费价格下降了1.4%。地方财政一般预算收入148亿元，支出410亿元。小学学龄儿童入学率98.8%，到初中入学率就只有86.3%了，普通初中辍学率3.2%，初中毕业升入普通高中升学率41.1%。全区城镇居民人均可支配收入7503元，农村居民人均可支配收入2245元。从公告的数据可以看出，新疆的经济社会发展虽然取得了很大进步，但总体上还是欠发达的。

新疆的特殊性表现在，它是一个多民族聚居、多种语言文字并用、实行民族语言教育的自治区。2004年新疆总人口1963.11万人，少数民族人口1187.68万人，占全区总人口的60.5%；维吾尔族是少数民族中的主体，人口达897.67万人，占总人口的45.73%。除汉语外，新疆47个民族中还有维吾尔、哈萨克、蒙古、柯尔克孜、锡伯5个少数民族拥有本民族语言文字。

全区80%的少数民族人口分布在新疆地域辽阔的农牧区。根据当时的政策，农牧区少数民族人口普遍的教育背景是普及本民族语言的初级教育，实现扫盲，但基本不具备阅读汉语出版物的语言文字能力。新疆的特殊性还在于它是以伊斯兰教为主、多种宗教信仰并存的自治区，全疆有1000多万少数民族人口信仰伊斯兰教。因此，民族文字和宗教对农牧区少数民族精神文化生活有着深远的影响。

这种特殊性反映在新闻出版领域，就是按照党的民族政策，实行多语种出版，新疆是中国唯一使用6种语言出版的自治区。在新疆，只要有文字的民族都拥有本民族语言的报纸、图书、音像等出版物。可以说，民族文字出版是新疆新闻出版事业不可或缺的重要组成部分。以少数民族文字出版为主是新疆出版事业的宗旨，担负着为农牧区稳定发展提供精神动力和思想保证的重要任务。需要警惕的是，分裂势力也一直在充分利用新疆民族文化和宗教信仰的特殊性，以各种民族文字的非法政治出版物和非法宗教出版物为载体，在意识形态领域鼓吹分裂主义、与我争夺舆论阵地。

分裂势力不惜代价地对意识形态领域进行有组织、有计划、长期性渗透的战略意图日趋显著。在辽阔农牧区覆盖式免费兜赠民族文字非法出版物成为当时分裂活动的突出特点。

20世纪90年代中后期，分裂势力利用出版物进行分裂主义宣传逐步进入活跃时期，尤其是美国"9·11事件"之后，迫于国内外反恐大势，分裂活动的重点由制造恐怖事件转向进行意识形态领域渗透。以下对当时新疆意识形态领域分裂活动总体动向的陈述分析足以说明，新闻出版领域反分裂斗争长期化、尖锐化是必然趋势。

1. 不计代价争夺南北疆农牧区舆论阵地。长期打击分裂势力的斗争经验表明，幅员辽阔的南北疆农牧区尤其是南疆地区，一直以来是分裂势力大肆传播非法出版物的重灾区。分裂势力不计代价，以全部免费、长期传播、大量兜赠的策略，形成覆盖式分裂宣传攻势，占领农牧区舆论阵地。传播手段无孔不入：将反动音像制品、手册放入在清真寺做礼拜的农牧民脱下的鞋子里；挨家挨户塞进村民家的门缝里、扔进院子里等等。

2. 依托非法宗教途径重点争夺农牧区青少年。不法分子利用青少年阅历浅、分辨是非能力弱的特点，借助非法出版物大肆宣扬分裂主义，蛊惑青少年步入歧途。

3. 分裂宣传指导纲领统一化、系统化。美国"新疆工程"利用民族、宗教西化分化中国的图谋与"东突"分裂主义思想渐趋合流，境内外民族分裂组织加紧聚合，民族分裂思想形成较为完整的体系。从全区近年来收缴的非法政治出版物分析，各种反动宣传材料口径趋同，目的统一：煽动宗教极端狂热、鼓吹新疆独立、分裂祖国。归纳起来主要有以下几个反动观点：殖民统治论、资源掠夺论、种族灭绝论、人权迫害论、宗教圣战论。

4. 多层次、全方位的反动宣传体系初步形成。以大量的反动书籍、录音带、录像带、影碟、报纸、互联网、标语、传单、广播等工具为载体进行全方位、立体式渗透。

5. 非法印制反动宣传品渠道广泛复杂。境外组织出版走私是其源头之一；而大量的非法出版物是利用我方管理的各项薄弱环节在境内非法印制的：个体、地下的译制录音棚、刻录点、印刷复制装订点、书刊批发点，进行地下印刷、传抄、复印、录制；利用内地省区不认识民族文字进行非法印制贩运活动；利用新疆清真寺及其他宗教活动场所不便检查的空子作为掩护来印制传播。其印制运输途径陆空交通相结合、公开与秘密相结合，呈团伙化、网络化趋势。致使非法出版物连年查禁、连年出现，查而不绝，禁而不止。

6. 宣传策略定位宗教化、隐蔽化。美国"9·11事件"发生后，非法出版物中赤裸裸的恐怖主义论调有所收敛。转而打出"宗教自由""少数民族利益"的旗号混淆视听、欺骗国内外舆论。在书籍和音像制品中，有针对性地采用少数民族群众喜闻乐见的传统音乐诗歌文学作品等形式，在宣扬宗教、宣扬民族传统文化、宣扬科技致富的内容中巧妙夹杂分裂主义思想，抓住广大农牧民接受的兴奋点，在潜移默化中进行分裂主义渗透，采用更为隐蔽有效的方式继续与我争夺群众。

我们在调查期间，参观了一个反分裂斗争的内部展，令人触目惊心。一些分裂顽固分子，活动十分猖獗，利用各种机会、场合进行破坏活动，煽动群体性事件，甚至杀人、抢劫，无恶不作，手段十分狠毒。对新疆的社会稳定、经济社会发展造成极大的破坏。

新闻出版产业处于社会产业链的下游，产业发展依赖于社会经济整体发达程度和人民总体文化教育水平。新疆是经济欠发达的西部少数民族地区，人民受教育程度普遍低于全国水平。尤其是80%的少数民族人口聚居在南北疆农牧区，平均受教育程度较低，大量的少数民族人口属于文化消费弱势群体。实行多种语言出版的特殊性，单一民族文字出版物受制于本民族人口总量局限，难以拓展发展空间，也是阻碍民族文字出版业做大做强的客观因素。

我们在调研中发现，随着初级教育的普及，农牧民群众尤其是青少年，对于科普教育类、民族文化类以及少儿类出版物需求强烈。现实的问题在于，农牧民群众想买，但是买不起，也买不到我们自己的出版物；出版单位想免费送，可是送不起。

我们在喀什地区疏附县占敏乡曲格曼村调查到这样的情况：该村最富裕的一家农户一年只能购买二十多元的科技种植、养殖类书籍，还要跑到县城书店。在该村一户收入中等水平的人家，女主人告诉我们，家里收入低，几年都没钱买书，她正在上学的孩子没有任何课外读物。2002年，新疆人民出版社进行基层调研，发现南疆一些乡镇文化站陈列的图书基本是70年代出版的，80年代的极少，90年代的基本没有。

乡镇基层单位和广大农牧民买不起书、订不起报，更负担不起购买音像制品，少数民族青少年除所学教材，无其他辅助性读物，这就是当时主渠道出版物在新疆农牧区的现实状况。

通过调研，我们认为，民族文字出版事业作为少数民族文化事业的组成部分，国家必须在相当长的时期内，明确其作为国家公益性事业发展的战略地位。国家以长期稳定的政策财政投入给予全面扶持，繁荣发展服务于国家安全稳定的民族文字出版事业，是新疆意识形态领域反分裂斗争的迫切需要，是新闻出版反击渗透、坚守阵地的现实选择。而免费赠送是民族文字出版物进入农牧区、在农牧民精神文化生活中发挥积极作用的关键性前提。因此，国家对民族文字出版的战略投入，应该以实现相当规模的民族文字出版物免费发行农牧区，以较高的覆盖率形成对农牧区舆论阵地的有效控制为终极目标。

在此基础上，我们提出了实施"东风工程"的设想。其目的是有效缓解新疆农牧区缺书少刊的问题，解决新疆农牧民"看书难""读报难"的矛盾，满足新时期广大农牧民学知识、学文化的需要，着眼于巩固和加强农牧区思想文化阵地，加强新闻出版公共服务体系建设。其项目内容涉及新疆新闻出版业的各个环节，重点面向农牧区，惠及全疆广大农牧民。

具体做法是，由中央财政和新疆财政专项拨款，每年按计划出版一定数量规模的少数民族文字出版物，包括图书、党报、党刊、音像制品和电子出版物，通过新华书店和当地邮局，全部免费发行到新疆865个乡镇和9584个行政村的公益性惠民工程，即"东风工程"。通过这个工程，让新疆广大农牧区的少数民族群众能够读到看到政府免费提供的优秀出版物，宣传党的路线方针政策，推动新农村文化建设，提升各族农牧民思想道德素质和科学文化素质，构筑新疆和谐社会。

"东风工程"主要由"少数民族文字党报党刊图书音像制品、电子出版物免费赠阅项目""发行网点建设项目""党报印刷设备建设项目"等六个项目组成。

"东风工程"自2007年7月1日正式实施以来,在中央和国家相关部委的关心支持下,经过各地、各部门、各单位的科学组织,密切配合,截至2011年,圆满完成了国家下达的"东风工程"一期建设任务,取得了丰硕成果。"东风工程"一期项目包括出版物免费赠阅、出版市场监管及"扫黄打非"工作、发行网点建设、党报党刊及音像电子出版物印刷制作设备配置、新疆新闻出版技工学校教学综合楼及出版市场监管用房建设、出版物市场监管网络建设六大主要项目,投资总额为37910万元,受到了广大群众的高度评价和社会各界的广泛赞誉。

在此基础上,"东风工程"二期启动,项目主要包括出版物免费赠阅、阅报栏建设、民族文字出版译制、"扫黄打非·天山工程"监管能力建设、"睦邻固边"工程、人才队伍培养、民族文字出版能力建设、党报党刊宣传能力建设、基层发行能力建设、民族文字互联网出版监管能力建设等十大项目,总投资额达10.9521亿元。

同时,从2011年开始,发端于新疆的"东风工程"这一民生工程又扩大实施范围至4个民族自治区和四川、云南、甘肃、青海,把党对少数民族新闻出版事业的关心送到了更多少数民族聚集区域。2011年,新闻出版总署会同国家发改委制定了《"十二五"少数民族新闻出版东风工程建设规划》,同时,与财政部确定了"十二五"时期新疆"东风工程"二期财政经费预算。"东风工程"实施范围进一步扩展,包括民族文字出版能力建设、党报党刊传播能力建设、基层宣传发行能力建设等方面的78个项目,总资金规模16.5亿元,落实中央资金14.3亿元。

"东风工程"既是民心工程,又是民族团结工程、固边工程,不仅在新疆新闻出版发展史上留下浓墨重彩的一笔,而且在新疆经济社会发展史上也留下了深深的印记。

# 出版业发展阶段性战略转移的提出

"文化大革命"以后,我国的出版业经过近20年的发展,取得了巨大进步,1993年出版图书达到96761种,其中初版书66313种,总印数59.34亿册(张),出现了初步繁荣的局面,在一定程度上满足了读者的基本需要。但同时,图书质量不高问题、品种结构不适应社会需求问题、出版人才缺乏问题、与社会主义市场经济体制格格不入的运行机制问题等等,也逐渐暴露出来。就在这个时候,1993年5月,宋木文同志因年龄原因,退出了新闻出版署署长的岗位,于友先同志出任新闻出版署署长。新老交替,一般都要考虑如何开新局问题。

为筹备下一年度的全国新闻出版局长会议,1993年12月,时任副署长的谢宏同志带我们几个入住华都饭店,准备起草局长会议的主旨报告。谢宏同志长期做文字工作,并在《新闻出版报》任总编辑多年,我在新闻出版署办公室工作多年,我们对整个新闻出版业的发展状态应该说是比较熟悉的。当时,党的十四届三中全会刚结束,全会审议并通过了《中共中央关于建立社会主义市场经济体制若干问题的决议》,是对党的十四大提出的经济体制改革目标和基本原则的具体化,勾画了社会主义市场经济体制的基本框架,明确了国有企业改革的基本方向。如何在十四届三中全会精神的指引下,开创出版工作新局面?我们几个人进行了深入的讨论。谢宏同志思想敏锐,善于出点子,他说,出版业发展到目前这个阶段，针对我国出版业的现实情况，应该在经济体制改革的背景下，确定新的目标，发展阶段应该提升了。参与起草的同志一致认为，这一思路符合十四届三中全会精神，切合出版业的实际。经过署党组会议讨论研究，最后提出了"出版业要以规模数量增长为主要特征的阶段，向以优质高效为主要特征的阶段转移"的工作思路。于是，局长会议报告的主题就这样产生了。

局长会议上以及局长会议后，对这个发展阶段转移的提法是有不同意见的，有的同志担心否定了此前抓质量、抓效益取得的成果。有人说，难道我们这么多年就没有抓质量效益吗？随着阶段性转移工作的推进，大家逐步统一了思想，一致认为，优质高效是我国出版业未来发展的必由之路。

1995年1月12日上午，江泽民总书记主持中央政治局常委会议，听取了新闻出版署党组关于进一步加强和改进出版工作的汇报。从传达的会议精神中，我们可以看到，党中央对出版工作极为重视。中央领导同志在听取汇报时指出，出版工作是一项非常重要的事业，是一项对社会风气、民族素质，对下一代健康成长关系极大的事情。全党都要重视出版工作，要加强对出版工作的领导，各级领导都要关心出版。会议认为，出版难管，但必须尽力加强管理。除了党委和党委宣传部门加强领导外，出版行政部门也要加强管理。出版繁荣是好事，但质量得有人去把关，关要把得严一点儿。会议认为，新闻出版署党组《关于进一步加强和改进出版工作的报告》是好的；新闻出版署这几年的工作，面临新的形势，是做出了成绩的；现在出版管理难度很大，管到这个程度，不容易。

如何进一步加强和改进出版工作？会议认为，首先要正视新情况、新问题，新闻出版署的任务很艰巨。出版物是特殊商品，不能因为搞社会主义市场经济，就把这个特殊商品完全交给市场去控制。现在出版管理工作遇到非常复杂的问题，市场经济体制给出版工作带来了活力和机遇，但在市场经济条件下，出版领域里经济利益的驱动表现得很明显。一些人搞非法出版活动，贩、制黄色的东西，也主要是为了钱。在经济利益驱动下，编的、印的、卖的都有积极性。对外开放以后，人进来的多了，出去的也多了，流动量很大。对外开放的主流是好的，但也带来了问题，一些坏东西也跟着进来了。对境外进来的反动、黄色的出版物，海关要从严管理。经过海关的可以通过严加监管来控制，问题是现在通过各种渠道进来的数量极大，通过火车、飞机、轮船走私进来，有的是集装箱运输，直接运到工厂，给管理、查处工作带来难度。

中央领导在讨论中还谈道，这几年，一些人追求享受的思想多了，相对来说追求理想少了。五六十年代，大家都追求远大目标。现在有些不同了，社会风气变化了，容易形成黄色东西泛滥的土壤。黄色的东西助长坏的社会风气，坏的社会风气反过来又提供了对黄色东西的客观需求，出版管理工作的难度就大了。还有，印刷和复制水平的提高，技术手段的变化，再加上经济体制的变化，企业放开搞活，什么赚钱就干什么，情况更加复杂，管理的难度更大。这种状况，估计还要延续相当长一段时间。现在有些乱七八糟的东西，偷偷摸摸印，能赚大钱。真正好的东西，得你自己给钱才能印。一些大作家、教授出书，得先去找赞助，付20万、30万才给出书，否则，因为印量不够，出版社赚不了钱，就不给出。这已经不是个别现象。现在有些出版社出书太不严肃，出的书质量太差，错字、倒字、缺页等情况很多。工具书没完没了地出，其中许多书东抄西抄，其实没有多少创造。这样搞风气不好，学术上也没有多大价值。出书也不是规模越大越好，不能都编成百科全书。有些丛书编得又大又慢，还要领导人题词，题了词好像就有了合法性。其实，题词时并不知道书的内容是什么，很为难。

会议认为，这些问题都要认真地加以解决，一定得加强管理。现在还有人卖书号，这是绝不能允许的。会议指出，要用优秀的出版物占领市场，争取和引导读者。出版工作首先是要有正面引导。要给青少年和人民群众提供好的精神食粮，把中国过去和现在的优秀作品，还有外国的优秀作品提供给他们。通过提供这些作品来加强引导。我们应该也可以出版大量的好书。对好书要加强宣传，积极推销，使家长们都知道有对孩子们有益的好东西。儿童读物以前有张乐平的《三毛流浪记》，有冰心的《寄小读者》等等，给人多方面的知识和启迪。现在的孩子，整天看日本的《奥特曼》这些片子，迷得连饭都不吃。为什么日本人有这个本事？我们的出版界要有本事积极争取青少年读者，要把以前的好书、现在的好书，都推出去占领市场。用好的东西占领了市场，有好的东西作比较，多数人就不会去看那些东西了。这样讲，不是说可以让那些东西自由地进来，不必管了，而是说，首先要用好的东西占领阵地。

会议指出，要抵制黄色的东西。现在有些东西，完全是黄色的，比如汇报中提到的《波霸》那样的东西，对青少年毒害很大。这样的东西一经发现就要坚决查处，要依据法律进行严厉的制裁。要警惕海外敌对势力在文化、出版领域对我们搞渗透，还要注意防止有人利用宗教挑拨离间。对这些问题，国家怎么管？得研究大的管理办法，出版得明确几个大的规矩。

会议认为，总的说来，出版是繁荣的，好书还是多数，坏书只占极小的比例。但是，书出得太多了，就会有乌七八糟的东西混在里面，就容易滥。美国、德国每年出多少种书？我们比他们还多。多是好事还是坏事？一年10万种书，肯定有质量不高的，所以一定要加强管理。书出得太多，实际上我们没有那么大的精力去管。现在不仅书的品种太多，出版社也太多。许多人爱读唐诗宋词，但现在每个省都出，其实内容都一样，有的质量还不行，没有必要这么出。经济工作讲宏观调控，出版工作的宏观调控更加重要。有的书是为了创收，内容搞得非常泛，范围非常大，有一些书就是用公款出的，这不是市场经济。要控制总量、提高质量，只有控制了总量，出版物的总体质量才能提高。

中央领导同志在讲话中，虽然没有直接回应"出版业发展阶段性转移"问题，但肯定了"新闻出版署党组《关于进一步加强和改进出版工作的报告》是好的"（《报告》中提出了"出版业要以规模数量增长为主要特征的阶段，向以优质高效为主要特征的阶段转移"），强调了"要控制总量，提高质量"。所以，"控制总量，提高质量"，在很长一个时期成为新闻出版管理工作的重要指导方针。

经过近两年的实践和思考，1995年11月，我在《新闻出版报》发表了《出版战略转移中的十大关系》（获第二届全国出版科学研究优秀论文奖、全国报纸理论宣传优秀文章一等奖）的文章。我还清楚地记得，写这篇文章是我练习五笔字型输入法的开始。每天中午休息时，我怕有人打扰，就把办公室门关上，关了灯，一边思考文章，一边练习打字，文章写完了，五笔输入打字也基本掌握了。从此，我写文章再也不用手写了。

我认为"近两年来，在全国出版界，对'阶段性转移'的必要性，已经逐步形成共识；对如何实施'阶段性转移'已经摸索了一些经验；对阶段性转移中遇到的新情况、新问题，正在制定新的对策。就总体而言，'阶段性转移'已经取得明显成效，出版工作呈现出上升的态势"。我在这篇文章中还谈道:"这次'阶段性转移'的最主要的时代背景是,我国正处在由计划经济向社会主义市场经济的过渡时期。而建立社会主义市场经济体制,是一场深刻的社会革命,触及社会的方方面面,对出版业的发展不可避免地产生了极其深刻的影响。出版工作中出现的新情况,从来没有像今天这样复杂,由此带来的各种矛盾也从来没有像今天这样尖锐。而机遇与矛盾同在,市场经济对出版业的发展也可以说是天赐良机,关键在于如何正确处理好面临的各种矛盾。"

现在回过头来看,20多年过去了,我国出版业的规模实力早已今非昔比,但我在这篇文章中提出的十个问题,是出版业发展中的一些基本问题,对今天的出版业来说,仍然值得研究和思考。为此,我将其节录于下,以资参考。

一、社会效益与经济效益的关系。这是一个普遍的矛盾,但在出版工作中这对矛盾的表现有其特殊性。出版单位实行企业化管理以后,出版物的生产和流通要受市场经济一般规律的驱动和制约,这种驱动和制约集中表现在社会效益和经济效益的关系上。过去的出版单位对经济效益并不怎么关心,"文人不理财",有主办单位"包"着。但是,实行企业化管理以后,大家似乎明白了一个过去不多关注的事实,即经济效益联系着一个单位,更联系着每一个人的切身利益。而出版工作的性质决定了要以社会效益为最高准则,经济效益必须服从社会效益。因此,当两个效益发生矛盾的时候,就面临着要割舍切身利益的考验。这种既要遵循经济规律,又不能完全受经济规律支配的矛盾,就是出版工作的特殊性。要驾驭好这对矛盾并不容易,一些出版单位就曾因片面追求经济效益,忽视社会效益,迷失政治方向,造成严重后果,教训很深刻。

处理好社会效益和经济效益的关系问题，是"转移"成败的关键。现在处理这个关系已经不是一个理论问题，而是一个实践问题。在实践中出现这个问题的情况可能千差万别，但是，不管在什么情况下，处理好两个效益的关系都要掌握好几条基本原则：（1）处理这个问题首先要有政治责任心、社会责任感。社会主义出版工作具有宣传教育的功能，政治性很强。中共中央、国务院《关于加强出版工作的决定》明确指出："社会主义的出版工作，首先要注意出版物影响精神世界和指导社会实践活动的社会效果。"这个原则是不能动摇的，在社会主义市场经济条件下，更不能忘记这个原则。这就要求出版工作者必须要有强烈的政治意识、责任意识，只有有了这种意识，才能自觉地把社会效益放在第一位，妥善处理好两个效益的关系。（2）两个效益统一是我们追求的目标。我们强调必须把社会效益放在首位并不是不要经济效益，而实际上两个效益是相辅相成的。社会效益要有经济效益作保障，经济效益要由社会效益来驾驭。只有实现两个效益的统一，才能实现出版事业健康繁荣发展。"阶段性转移"的提出，为实现两个效益的统一创造了极为有利的条件。优质高效的要求实际上就是要实现两个效益的统一，或者说，只有实现优质高效，才能实现两个效益的统一。因此，两个效益统一的目标也是"阶段性转移"的目标。目前，一些出版单位正在实施"精品战略"，这是实现两个效益统一的最佳途径。（3）要为坚持社会效益第一的原则创造必要的条件。必须承认，两个效益在很多情况下是难以统一的，特别是一些重要的学术专著、民族文字图书的出版等，都是没有什么收益的。而出版社是一个经营单位，既要坚持社会效益第一，又要生存、要发展，就必须具备必要的条件，包括优惠的税赋政策、必要的经济补贴等；出版社的主管、主办单位不能把出版社视为一般的创收单位，规定必须上缴的经济指标，而应"放水养鱼"，让出版社有一个比较宽松的发展环境，集中精力出好书。

二、质量和数量的关系。这几年出版物品种迅速增长，而质量严重滑坡，这是一个不可否认的事实。"阶段性转移"正是基于这样一个事实提出的。因此，控制数量、提高质量，是今后一个时期出版管理的一项基本政策。我们并不反对品种增长。目前，我国出版物品种的绝对数虽然跃居世界前列，但是人均占有量还很少。而且，随着社会主义现代化建设的发展，对出版物的需求迅速增长，这也是一个不容否认的事实。因此，我国出版物品种还是要不断有所增长。问题在于出版物增长的前提和条件，没有质量的数量，不但没有意义，而且有害，有损出版社声誉，造成浪费。党的十一届三中全会以来，出版单位成倍增长，一大批从来没有做过出版工作的同志进入出版单位，而且一进来就做编辑工作、编审工作，与出版工作的要求很不适应，这是出版物质量滑坡的一个重要原因。

控制数量是就总体而言的，具体到一个单位，又要区别对待。对于能坚持正确导向、编辑力量很强、出书质量很高的出版单位，不限制出书品种；对于新建出版单位以及编辑力量有待提高的出版单位，要控制出书品种；对于把握不住正确导向、编辑力量十分薄弱的出版单位，要强制压缩出书品种；对于不能坚持正确导向、根本不具备出版工作必要条件、经常出现问题的出版单位，要停止其出书。

在数量与质量的关系中，质量始终是主要矛盾。质量是一个不断追求的目标，是无止境的。现阶段编校质量问题比较突出，成为社会普遍关注的问题。但是，编校质量还只是一个浅层次的质量，是对出版物最基本的要求，绝不是质量的全部，更不是我们追求的唯一目标。就出版物整体而言，我们要追求的是主旋律突出，思想性、艺术性强，结构合理，适应社会发展各方面需要的出版质量；就一本书而言，要根据不同类型的出版物，追求思想性、艺术性、学术性、实用性，追求文化品位、群众喜闻乐见。

三、生产与流通的关系。这里所说的生产与流通的关系就是出版与发行的关系。一般来说，流通决定生产，这是真理。出版物尽管是特殊商品，但首先它是商品，出版作为商品生产，总体上也应遵循这一规律。当然，也不能绝对化。由于出版工作的特殊性，在一定条件下，就不能完全由流通来决定生产，不能简单地说读者需要什么书就可以出什么书。就出版业的发展而言，出版是基础，发行是关键，流通对生产的决定性作用是显而易见的，也是已经为实践证明了的。因此，建立适应社会主义市场经济体制的发行体制，对出版业的发展有着决定性的意义。

在计划经济条件下，出版与发行完全是按计划分工、按计划分配、相互之间没有太大的关系。不是流通决定生产，而是生产决定流通，出版什么发行什么。社会主义市场经济体制的建立，对原来的出版发行体制带来了很大冲击。十多年来出版发行体制虽然进行了一些改革，也取得了一些进展，但是，"药方"很多，却没有找到根治的"良方"。从总体上讲，出版发行体制与社会主义市场经济体制还很不适应，与出版事业的发展需要还很不适应。究其原因，主要是国家的经济体制变了，出版部门的思想观念没有跟着变，运行机制没有跟着变。

当前，发行环节是制约出版业繁荣发展的瓶颈，也是实现"阶段性转移"的一个重要障碍。但是，发行环节问题，绝不仅仅是发行单位的问题，更不仅仅是新华书店的问题。解决出版物流通的问题,是整个出版领域改革的一个系统工程。如何推进发行体制改革:(1)总体设计,分步实施。首先要有一个总体设计,对发行体制改革的指导思想、阶段目标、实施步骤、配套措施等,有一个总体方案,然后分步实施,而不能零敲碎打,改一点是一点,改一步看一步。整个发行体制改革,要围绕培育和建立充满生机活力的、竞争有序的、健康繁荣的出版物市场来设计。(2)抓住重点,整体推进。目前改革的重点是批发环节,而批发环节涉及方方面面,互相牵扯,需要统筹考虑、综合治理。推行代理制是改革批发环节的一项重要措施,通过代理制把出版和发行结成利益共同体,能较好地解决长期存在的"好销的书出版社自办发行,不好销的书发货店也回避"的矛盾。推行代理制绝不是为了哪部门、哪个企业的问题,也不仅仅为了谁的利益,而是从调整出版与发行的关系出发的,是从整个出版业的整体利益出发的。(3)转换机制,促进销售。销售环节是图书流通的最终环节,也是实现经济效益的最终体现,转换书店的经营机制十分重要。新华书店是图书销售的主渠道,要彻底克服垄断思想,不再留恋计划经济体制下的特权地位,要增强竞争意识,牢固树立为出版、为读者服务的观念。图书发行不同于一般商品销售,图书发行部门工作人员的思想水平、文化水平,对图书促销关系极大,因此还要十分重视发行队伍的思想建设。同时,要借鉴其他商业企业改革的经验,实行多种形式的联销计酬责任制,形成内部的竞争和激励机制。

四、改革与发展的关系。出版业只能在改革中发展,"阶段性转移"只能在改革中写成,这是不容置疑的。深化出版改革,是繁荣社会主义出版事业的根本途径,出版部门要抓住机遇,加快和深化出版体制改革,促进出版事业繁荣健康发展。由于出版工作的特殊性，推进出版改革要既积极又稳妥。出版改革的目标是，建立适应社会主义市场经济体制的、符合社会主义精神文明建设要求的、反映出版工作自身规律的出版管理体制和运行机制，多出优秀的出版物，更好地为改革开放和社会主义现代化建设服务。为了积极而稳妥地推进出版改革，必须掌握几个原则：（1）要有利于加强党对出版工作的领导，这是出版改革的政治要求。不管怎么改，出版工作的性质和指导方针不能动摇，加强党对出版工作的领导不能动摇。（2）要有利于社会主义物质文明和精神文明建设，这是检验出版改革成败的重要标志。（3）要有利于调动广大出版工作者的积极性，这是出版改革的出发点。任何改革背离了广大群众的意愿，挫伤了群众的积极性，都是不能成功的。（4）要有利于出版事业的繁荣健康发展，这是出版改革的最终目标。

要按照建立现代企业制度的要求，积极推进书刊印刷企业的改革，这也是发展出版业的一个重要环节。要推动印刷企业走向市场，参与竞争，搞好主业，搞活经营；实行内联外引，加快技术开发、技术引进、技术改造。

要总结改革的经验，巩固改革的成果，完善改革的措施，加大改革的力度。

五、管理与繁荣的关系。出版繁荣要有管理来配合和保障，管理不到位，就不可能有真正的繁荣。因此，"一手抓繁荣、一手抓管理"是我们总的工作方针。现在有一种反映，认为出版工作管得太严太多。严不严、多不多，不是区别是非的标准，而要由实践来检验——管的结果是促进了繁荣还是妨碍了繁荣。对此，这几年挂历的出版有深刻的教训。前几年挂历的出版竞争很激烈，"买卖书号"的问题严重，秩序比较混乱，真正有出版实力的出版社，在无序竞争面前一筹莫展，被迫放弃这块市场，在某种程度上，一个时期的挂历出版，基本上被个体书商操纵了。从去年开始，重新整顿挂历出版秩序，加强了管理，今年的挂历出版从内容到市场都有明显好转，这块阵地又回到了出版社手中。

但是，在社会主义市场经济条件下，出版管理工作要改进。管理就是服务，管理工作要为出版单位服务，要为繁荣服务。是否有利于繁荣、促进了繁荣，是检验管理工作成效的标志。管理的强度，取决于出版界的自律程度，取决于出版法制的健全程度，取决于出版机制的成熟程度。

"扫黄打非"是当前出版物市场管理工作中一项十分重要而艰巨的任务。"扫黄打非"不彻底，就不可能出现真正的出版繁荣。因此，"扫黄打非"要坚持不懈、综合治理、保持力度，维护出版物市场的正常秩序。

在管理与繁荣的这对关系中，繁荣是矛盾的主要方面。加强管理的目的，是为了促进出版繁荣健康发展，任何时候都不能忘记抓繁荣是出版工作的永恒主题。

六、宏观与微观的关系。就出版管理工作而言，宏观管理主要是指对事业的总体规划布局，抓导向、抓总量、抓结构、抓效益；微观管理主要是指日常性、经常性的管理，是对出版行为的规范和引导。由于出版工作的特殊性和目前的实际状况，出版管理工作不能简单地套用经济部门提出的"宏观管住、管好，微观放开、搞活"的口号。管不管、怎么管、管到什么程度，都要从实际出发。目前的实际情况是，宏观管理方面，由于出版事业的迅速发展，规划和协调的任务都很重，需要切实加强。这两年，在出版管理实践中，逐步建立了若干种机制，初步形成了宏观管理体系，要认真实行，并不断充实和完善。建立健全宏观管理体系，必须加强法制建设,做到依法管理。但是,目前的问题是,出版管理工作需要的法规、规章已有不少,有法不依、执法不严的问题相当严重。管理不到位,在很多情况下是执法不到位。

七、政府职能与市场机制的关系。在社会主义市场经济条件下,出版管理还要不要发挥政府职能的作用?应该说认识基本上是一致的,认为政府职能不但不能削弱,而且应该加强。如何发挥市场机制的作用?认识就不尽一致。既然出版物作为商品进入市场,市场机制就不可避免地会产生作用,市场机制是一匹野马,不好驾驭。市场对出版资源配置的基础性作用,有其他手段不可替代的积极作用,但也有盲目消极的一面,要兴利除弊,唯有加强政府的干预和引导。总的讲,我们对市场机制的运用还缺乏认识、缺乏实践、缺乏经验,是今后实现"阶段性转移"过程中需要探讨和研究的一个重要课题。随着出版管理的成熟,市场机制对出版资源配置的基础性作用将会越来越明显。

八、当前和长远的关系。出版事业的发展,"阶段性转移"的实现,都要着眼当前、立足长远。搞事业,既要从当前实际出发,扎扎实实,一步一个脚印地发展;又要站得高、看得远,有长远的眼光、长远的战略、长远的目标。现在的问题是,很多出版单位,以至于整个出版业,都不太重视长远的发展目标,缺乏长远的发展战略。"七五""八五"期间都曾制定过出版事业发展规划,但是并没有认真组织实施,规划没有发挥宏观的指导作用,在一定程度上可能影响了出版事业的协调发展。

立足长远,首先要制定长远的发展规划。党的十四届五中全会为世纪之交我国经济和社会发展制定了振奋人心的宏伟纲领。出版工作要服从、服务于经济建设这个中心,就要制定与之相适应的《出版事业发展"九五"计划和2010年发展规划》。制定长远规划，要把需要和可能结合起来。需要就是经济和社会发展对出版工作提出的要求，可能就是出版事业发展的条件，要对可行性进行反复论证；制定长远规划，又要有战略眼光、超前意识，要充分估计到高新技术的迅猛发展对出版工作带来的巨大影响；制定长远规划，还要注意综合平衡、协调发展，对出版事业的各个环节要进行全面规划，不要顾此失彼。

九、事业发展与队伍建设的关系。出版事业发展的基础，首先是出版队伍的建设。目前出版队伍的状况，已经严重影响出版事业的健康繁荣发展。要把出版队伍建设问题放在实现"阶段性转移"的高度来认识，来安排。

出版队伍是一个整体概念，包括出版、印刷、发行、科研等各个方面，都需要提高素质，加强培养。首先是编辑队伍。编辑队伍的素质对贯彻党的出版方针，坚持出版工作的正确导向，提高出版物的质量，起着十分重要的作用。做编辑工作要做到：熟悉党的方针、政策，有很强的政治意识、责任意识，精通业务知识，善于联系群众，热心为读者服务。其次是经营管理人才。目前，出版队伍中经营管理人才最缺乏，与出版作为产业发展的要求很不适应，很多出版单位的经营活动，基本上还处在"秀才理财"的窘境。要培养和吸收一批政治思想强，有开拓进取精神，懂经济、会管理、善经营的人才。最重要的是出版单位领导班子建设，作为出版单位的领导干部要求是很高的，要讲政治、讲原则、守纪律，要有事业心、责任感、作风好，要懂政策、懂业务、懂管理。这都是一些最基本、最起码的要求。

为加强出版队伍建设，已经采取了很多措施，有了一些很好的办法。但是，这些措施和办法，总体上讲还是应急性的、补救性的。要真正培养出一批出版家、名编辑，必须要有正规的人才培养渠道、科学的人才管理办法、有序的人才竞争机制。

十、追求优质高效与提高综合出版能力的关系。优质高效是实现"阶段性转移"的目标,但是,"阶段性转移"要实现的绝不仅仅是出版物的优质高效,提高综合出版能力也是"阶段性转移"要实现的目标。我国的出版事业虽然有了很大发展,出版能力显著利市,但是作为产业,经济基础还是很脆弱的,实力并不强。全国出版业一年实现的利润合计,还比不上国外一个大型出版公司,实力可想而知。

提高综合出版能力,要讲究出版业的协调发展,各个环节共同进步。这就要发挥政府宏观调控职能,要有规划的强有力指导,要注重出版科技进步。随着计算机技术和现代通信技术的发展与广泛使用,出版技术正在发生革命性的变化。出版物已由单一的以纸为载体,发展为纸、磁、光、电等多种载体。这对出版业的发展提供了重要机遇,要在出版领域大力推广,应用新技术,提高出版生产力。对应用新技术要实行优惠的经济政策。出版业是一项文化事业,不应指望出版业为国家积累资金,出版业自身的积累,应主要用于自我发展,而且国家在投资、信贷、财政、税收等方面应给出版部门以优惠政策。要开展多种经营,以增强出版实力。根据国外出版业发展的经验,大的出版公司都办有许多与出版相关相近甚至无关的实业,完全依靠出版积累资金是很难增强出版实力的。大庆新华书店的蓬勃发展,也给我们以启迪:要走集团化道路,有条件的地方和部门,组建不同类型的集团,实行集团化经营,有利于发展壮大出版综合能力。在这方面,一些省市已进行有益的尝试。

这是26年前的文章,现在很多情况都已经发生了很大变化,有的观点也不一定很准确。但文章所述问题,是出版业发展的基本问题，需要不断深入探讨。

"阶段性转移"提出以后，出版业发生了可喜变化。根据1996年《中国出版年鉴》提供的资料，1995年全国出版图书101381种，比1994年下降2.4%，其中新书59190种，比1994年下降15.2%；重版书42191种，占总品种的41.6%，比1994年提高了8.8个百分点；总印数达66.22亿册，比1994年增长5.2%。总品种的负增长，说明品种增长过快的势头得到遏制；总印数的提高，说明适合读者需求的图书增加了，出版效益提高了；重版率提高，说明图书质量提高了。这都是近年来未曾有过的，取得的进展，来之不易。

1996年10月，党的十四届六中全会审议通过的《中共中央关于加强社会主义精神文明建设若干重要问题的决议》强调指出："加强对新闻出版业的宏观调控，采取有力措施解决目前总量过多、结构失衡、重复建设、忽视质量等散滥问题，努力实现从扩大规模数量为主向提高质量效益为主的转变。"在《决议》精神的指引下，新闻出版业沿着优质高效的发展方向，不断取得新的成绩。

# 三次出版整顿的前因后果

我在国家出版管理部门工作几十年,经历了三次重要的出版整顿。第一次是1985年针对新武侠小说泛滥进行的出版秩序整顿;第二次是1989年为肃清资产阶级自由化影响而进行的端正出版工作指导思想的整顿;第三次是2003年前后对党政部门报刊散滥、利用职权摊派发行、加重基层和农民负担的治理整顿。三次整顿,出版工作上了三个台阶。然而,三次整顿也给出版人留下了深刻的思考。

**整顿新武侠小说泛滥**
**端正出版方向,提高出书质量**

党的十一届三中全会以后,出版工作得到了很大的恢复和发展,出书品种从1976年的12842种到1985年已达45603种,总印数也从29.14亿册增加到66.73亿册,"文化大革命"造成的"书荒"很快得到缓解,应该肯定主流是好的。但是,在发展的背后也出现了一些新的问题,突出的表现是一些出版社的业务指导思想出现偏差,不加选择地大量出版新武侠小说。据中宣部出版局局长许力以同志在总结1985年全国出版工作时指出的:"一个时期,新武侠小说出得比较多,据统计达四千万部,约占全部图书的百分之三。这些新武侠小说,许多是没有什么文学艺术价值的，特别是印数如此之大，将引起不良影响。"此外，一些宣扬凶杀、封建糟粕、性知识的图书也在社会上广为推销，受到有识之士的尖锐批评。针对上述问题，时任文化部党组成员、出版局局长的边春光同志发表文章认为，这些问题的出现，反映了出版工作中存在的值得重视的问题：

（一）反映了一些出版社业务指导思想上出现了偏差。出版工作的性质和指导方针，中共中央、国务院《关于加强出版工作的决定》作了明确的规定，但是有些同志主要是某些领导干部都忘记了出版工作的社会责任，在资产阶级自由化思想的影响下，贯彻党的出版方针不那么坚定了，"一切向钱看""拜金主义"思想侵蚀了我们队伍中的一些人。胡耀邦同志指出，在我们的书刊中，宣传淫秽的东西毕竟是少数，但确有相当数量的书刊在宣传无用的东西，我们社会主义出版工作决不能用无边无际"九分无用一分歪曲"的"精神垃圾"来充塞青年的头脑。出版工作在社会主义精神文明建设中，担负着光荣而艰巨的任务，每一个出版工作者对出版每一本书都要有强烈的政治责任感。如果不加选择地大量印行武侠小说，究竟有利于还是有损于精神文明建设？究竟是宣传社会主义还是宣扬资本主义、封建主义？究竟是用科学知识去武装青年，还是用无用的"垃圾"去充塞青年的头脑？究竟是帮助广大青年提高精神境界、培养共产主义的道德情操，还是使青年在资产阶级腐朽的生活方式的诱惑下消沉堕落？我们应当认真地想一想，这是一个非常严肃的问题。

（二）新武侠小说泛滥，反映了一些同志思想认识模糊，政策界限不清。我党实行对外开放政策，对香港实行"一国两制"方针，这是完全正确的。但这并不是说我们可以在意识形态上放松要求，降低标准。坚持社会主义制度是我党制定一切政策的前提,是坚定不移的。我们要发展与香港、台湾地区的正常文化交往,但是要清醒地认识到,在意识形态领域,我们与港台之间有着本质的不同。"一国两制",我们是社会主义,香港是资本主义,这是原则界限,是不能模糊的。列宁在1920年《论无产阶级文化》一文中指出,苏维埃共和国文化教育事业,必须贯彻无产阶级斗争精神,同时吸收和改造人类思想和文化发展中一切有价值的东西。我们在文化上并不笼统地排斥我国香港、台湾和外国的东西,但是要有选择。有选择,就是取其精华,选择对社会主义精神文明建设有益的,对不健康的东西坚决抵制。对港台文化界知名人士,我们应该主动做统战工作,但是,要正确处理统战政策与文化政策的关系。在文化上,在内地,我们要十分注意保持社会主义思想文化的纯洁性。

思想认识模糊、政策界限不清的另一个问题是,有些同志把新武侠小说的泛滥说成是通俗文学的兴起。所谓通俗读物,是指适合广大群众的阅读水平和需要,容易为群众所接受的读物;读者面广,是对广大群众进行思想文化教育的重要手段,是要大力发展的。但是,不能以低级趣味代替"通俗",不能把庸俗当作通俗,无论什么通俗读物,都应该是健康的、向上的。通俗文学也应该宣传社会主义、爱国主义思想,能够激励人们上进,使人们获得精神力量。

(三)新武侠小说的泛滥,也反映了不少同志对经济体制改革认识模糊,把实行经济体制改革、增强企业活力、贯彻按劳分配的原则,片面地理解为就是多赚钱、多发奖金,因而单纯追求经济效益、忽视社会效益,忘记了生产精神产品的单位应当以社会效益为最高准则。

(四)从出版管理上来讲,这类书在短时间内造成泛滥,我们是负有领导责任的。在出版工作的指导上，我们对武侠小说泛滥的严重程度估计不足，制止这种不良倾向的措施还不够有力。

边春光同志的这些认识，击中了新武侠小说等低俗读物泛滥的要害，也给了当时还陶醉在发展喜悦中的出版界一个警醒。

针对出版工作中存在的问题，文化部立即采取了一系列措施，纠正出版指导思想上出现的偏差。如1985年4月3日至12日在北京召开全国出版局（社）长会议，着重讨论出版改革必须坚持党的出版方针，统一思想认识。会议强调指出，在新的形势下坚持党的出版方针需要正确认识和处理四个关系：（1）出版方针和解放思想。强调要进行出版改革，必须进一步解放思想。但是解放思想、厉行改革，都是为了更好地坚持党的出版方针，多出书、出好书。（2）经济效益和社会效益。会议认为，社会主义出版工作要把社会效益放在第一位，不能片面追求利润。社会效益和经济效益发生矛盾时，要首先考虑社会效益。有的书赔钱也要出，社会效益不好的书，即使能赚大钱也不能出。（3）创作自由和编辑责任。会议强调，创作自由是发展社会主义文艺的正确方针，出版社有责任扶植、支持各类好作品问世，特别要支持作家创新；同时，还负有选择和把关的责任。会议重申，出书计划的审批权、书稿的终审权不能下放，总编辑要负责终审。（4）允许和提倡。会议认为，在我们的出版物中，有一点供人们在紧张的工作之余娱乐和休息，又能增长知识的作品，这是允许的。但这类消闲书的品种在安排上不宜过于集中。会议重申，旧小说、新武侠小说以及根据以上两类改编的连环画，须报经文化部出版局批准后方可安排出版。在出书中我们要提倡的是适应现代生产力发展和社会进步要求的、文明的、健康的、科学的生活方式需要的，能在全社会振奋起积极的、向上的、进取精神的各类读物。

1985年6月18日，文化部发出《关于重申从严控制新武侠小说的通知》，规定新武侠小说"未经批准的在制品，一律停排、停印、停装；已成书发往书店但尚未发行者一律封存"。同时，文化部还对出版机构的建立、协作出版、自费出版等进行严格控制，并提出了明确要求。

中共中央宣传部对出版工作中出现的问题高度重视，1985年5月10日，中宣部向中央书记处提出《关于整顿内容不健康报刊的请示》。6月6日，中央办公厅、国务院办公厅发出转发这个《请示》的《通知》，指出："最近，在全国不少地方出现了一些内容不健康、宣扬西方腐朽生活方式、封建思想和色情淫秽、追求低级趣味的出版物。在某些地方，此类出版物不但充斥城市书摊，还通过种种非法途径四处（包括向农村）流传，严重腐蚀人们的思想，尤其是对青少年毒害更大。它干扰学校正常教学秩序，影响教学质量，妨碍学生的身心健康和立志上进，甚至诱使少数意志薄弱者走上犯罪道路，与社会主义精神文明建设的要求背道而驰。党中央、国务院指出，各级党委和政府对这种情况必须引起高度重视，坚决克服官僚主义作风和主办单位的唯利是图思想，采取切实有力的措施，对主办、出版、编辑、写作人员和发行渠道、公开和半公开发行人员、定价和售价各个环节进行一次认真的检查、整顿。"

1985年7月11日，文化部发出《关于贯彻中办发〔1985〕35号文件精神，加强出版管理的意见》。《意见》指出："对内容不健康的报刊进行检查、整顿，是当前为促进社会主义精神文明建设所采取的一项具有重要意义的措施，其基本精神和原则，对图书出版工作也具有同样的指导意义。全国各出版单位都要引起高度重视，提高认识，切实抓住这一有利时机，采取得力措施，以进一步端正我们的编辑思想和经营思想,增强对人民、对社会的责任心,克服当前出版工作中的不正之风,促进出版工作的健康发展。"

1985年7月15日,中央宣传部根据"两办"文件精神发文指出:"请宣传、出版部门,对已经出版或计划出版的上述各类小说和连环画,进行一次清理,根据我部和文化部已有的规定,对内容认真审查,严格把关,报文化部出版局审批后,方可出版发行。未经审批的,应停止出版发行。至于非出版单位擅自编印发行的上述各类小说和其他图书,均是非法的,应予坚决制止和取缔。"

根据中宣部的要求,文化部、国家出版局进一步采取措施。1985年8月13日,国家出版局发出《关于控制出版和发行裸体作品挂历的通知》,9月12日又发出《关于从严控制印售港台和外国影星、歌星挂历的通知》,9月18日发出《关于改进连环画出版工作的通知》,从专业分工上对连环画出版加以规范。1985年11月15日,文化部联合财政部、国家工商行政管理局印发了经国务院同意的《关于利用经济制裁手段加强出版管理的请示》。为了贯彻党的出版方针,除了加强出版行政管理措施之外,辅之以经济制裁手段,这是前所未有的。这也说明当时问题的严重性和中央对此的重视程度,从此出版管理又多了一种经济手段。

紧接着,1985年11月26日至12月2日,国家出版局又在山西太原召开全国出版社总编辑会议,对新武侠小说泛滥以及在贯彻党的出版方针上出现的其他问题进行检查和总结,为提高图书的整体质量,进一步明确了总编辑的职责要求:(1)认真学习党的出版方针及各项出版管理规定,联系出版工作的实际情况,总结经验教训,制订落实措施。同时,领导编辑部的同志学习和提高对出版方针的认识,统一思想,增强执行党的出版方针的自觉性。（2）在广泛调查研究的基础上，科学地制定长远出书规划和年度出书计划，特别是重点图书的规划。在制定规划后，要及时检查规划的落实情况，抓好重点图书选题的落实。同时，根据本地区、本部门物质文明和精神文明建设的发展情况，对规划进行必要的调整和补充。（3）坚持对书稿的终审权。这是总编辑的一项重要职责，是保证图书质量的重要一环，要把主要精力用在对选题和书稿的审查、把关上。总编辑要统观全局，对全社的选题、书稿，对各编辑室之间的横向联系，进行认真研究，及时协调。对部分重点书稿，要从选题、初审抓起，把保证质量的工作做在前面。（4）加强编辑队伍建设，是当前总编辑的迫切任务之一。在编辑队伍的思想建设和组织建设中，要着重抓好以下三个方面的内容：学习马列主义、毛泽东思想，学习中央文件和关于出版工作的各项规定，进行专业思想和职业道德教育，使他们成为忠诚于党的出版事业的又红又专的工作者；要引导编辑加强自然科学和社会科学基础知识的学习，同时，努力为他们学习新知识创造条件，使出版工作更加适应飞速发展的新形势的要求；加强语法、修辞、逻辑等编辑基本功的训练，提高文字水平，并组织有经验的老编辑做好传、帮、带的工作。总编辑的榜样对编辑部的建设有着重要的作用，要言传身教，关心编辑的思想、学习和生活，做他们的贴心人。

在这个总编辑会议上，还明确规定："中国古旧小说作为文学遗产可以出版，但必须经国家出版局批准，有计划地出版。新武侠小说，根据新武侠小说改编的连环画，近两三年内不再批准出版。外国侦探推理小说要严格选择，按规定报经出版社的上级主管部门批准后方可出版。专事描写各种凶杀、偷盗、强奸、淫乱等犯罪活动详细过程的'奇案''案例'，以及根据这些内容描绘的连环画，不得安排出版。"

这次治理整顿，国家出版局的指导思想很明确：低俗有害的出版物一定要遏制住，进一步端正出版方向；好书重点书要坚决抓好，进一步促进出版繁荣。一手抓繁荣，一手抓整顿，端正出版方向，取得了新进展。

## 肃清自由化影响
## 巩固马克思主义指导地位

《中国共产党简史》在总结1989年主要发生在北京的政治风波时指出："这场政治风波的发生不是偶然的，是国际国内多种因素交互作用的结果。正如邓小平指出的'这场风波迟早要来。这是国际的大气候和中国自己的小气候所决定了的，是一定要来的，是不以人们的意志为转移的'。"这里所说的"中国自己的小气候"是指："在一段时间里主持中央工作的领导人在推进改革开放、发展经济的同时，未能使反对资产阶级自由化方针得到认真的贯彻执行，资产阶级自由化思潮不但没有受到遏制，反而愈益发展以致泛滥。"

资产阶级自由化泛滥，作为重要思想文化阵地的书报刊和音像出版不可能不受到冲击和影响。1987年3月20日，中央宣传部向党中央报送了《关于反对资产阶级自由化宣传报道问题的讨论纪要》，同年4月7日，中共中央转发了这个《纪要》，并指出："《纪要》提出的意见是正确的、可行的，是贯彻落实《中共中央关于当前反对资产阶级自由化若干问题的通知》所必须的。"《纪要》指出："几年来，通过各种渠道，包括从我们的报刊和出版物中，传播了不少西方资产阶级的错误思想理论观点，从世界观、历史观、政治观、艺术观到腐朽的人生观、价值观、道德观,对广大群众特别是青年学生造成了不良影响。"并指出:"去年年底的学潮,诱因固然是多方面的,但某些舆论阵地资产阶级自由化思潮泛滥,确实使不少学生直接受害。"正如江泽民同志在党的十三届四中全会上的讲话指出:"坚持资产阶级自由化立场的人,由来已久,一些舆论阵地已经不在党和人民手里。有关部门一定要采取坚决措施进行整顿。"于是,1989年9月16日,中共中央办公厅、国务院办公厅发出《关于整顿、清理书报刊和音像市场严厉打击犯罪活动的通知》。

《通知》指出:"党的十一届三中全会以来,出版工作取得了显著成绩。但同时也应看到,近几年书报刊和音像市场问题严重,宣扬资产阶级自由化和有严重政治错误的书报刊和音像制品越来越多,淫秽色情、凶杀暴力、封建迷信的书报刊和音像制品严重泛滥,非法出版的书报刊和音像制品屡禁不绝,这些'精神毒品'、'文化垃圾'严重毁坏社会风气,毒害人们灵魂,腐蚀青少年,干扰社会主义精神文明和物质文明建设,已成为诱发犯罪、破坏社会安定的一大公害。广大群众对此十分愤慨。虽然曾几次进行整顿并取得一些效果,但问题仍然很严重。改变这种状况已成为当务之急。各地区、各部门必须抓住当前的有利时机,采取坚决果断措施,对书报刊和音像市场进行一次彻底的整顿、清理,严厉打击犯罪活动。"《通知》分八个部分:(1)取缔范围及查处工作。规定"凡属于下列范围的书报刊和音像制品一律取缔:宣扬资产阶级自由化或其他内容反动的;有严重政治错误的;淫秽色情的;夹杂淫秽色情、低级庸俗、有害青少年身心健康的;宣扬封建迷信、凶杀暴力的;封面、插图、广告及其他宣传品存在上述问题的;非法出版的书报刊和音像制品"。明确要求"各出版单位的上级主管部门（包括中央和国家机关直属出版单位的上级主管部门）应负责做好查处工作。对拖延抗拒的，要追究领导人的责任。新闻出版署、文化部、广播电影电视部要加强督促检查，必要时应直接进行查处"。（2）严厉打击违法犯罪活动。规定"在整顿、清理书报刊和音像市场中，要把制作、复制、贩卖、传播反动、淫秽书报刊和音像制品的犯罪分子、犯罪团伙挖出来，依法从严惩处。要继续严厉打击非法出版活动。凡属非法出版的书报刊和音像制品，一律收缴，就地销毁，并依法追究编辑、印制、批发、销售、出租者的责任。对内容违禁的书报刊和音像制品，还应依法合并惩处。要严厉打击反动、淫秽书报刊和音像制品和走私、贩私活动。要严厉打击社会上的不法分子同出版、印制、发行单位相互勾结非法牟取暴利的活动。特别要严厉打击那些买卖书号、刊号，违反协作出版、代印代发规定，从事出版投机活动的单位和个人"。（3）整顿、清理出版、印制和发行单位。规定书报刊出版单位违反出版管理规定的，或其上级主管部门把关不严、监督不力的，"都要追究领导人的责任。今后，对出版本通知规定应予取缔的书报刊的出版单位，要追究有关人员和主管人员的责任，直至撤销社长、总编辑的职务，或吊销其营业执照。对音像出版单位也依照上述原则严格执行……凡印制反动、淫秽书刊的，对承印的书刊擅自加印的，与不法分子勾结进行出版投机活动的，均应从重从严惩处。未经批准承印出版物的印制单位，一律不得承印出版物……凡违反上述规定的，要给予行政的、经济的处罚，直至吊销许可证和营业执照。对发行单位也应严格管理，凡已通知停售的书报刊和音像制品，一律收缴，不得再销售。所有违反规定的出版、印制、发行单位及其领导人，由新闻出版署或当地新闻出版及其他主管部门给予行政处罚和经济处罚，党员要由党组织按有关规定给予党纪处分，违犯纪律的应由司法机关依法追究法纪责任。"（4）要对销售书报刊的个体和集体单位进行认真整顿、清理。个体书店（摊）一律不得经营书报刊批发业务，集体书店必须具备一定条件并经过批准，方可经营二级批发业务。个体和集体单位一律不得经营录像制品销售业务。对那些无经营批发权的集体、个体书店（摊）发行属于取缔范围的书报刊和音像制品的，要按规定从重从严惩处。（5）整顿、清理录像放映点。对录像放映点放映的录像制品，特别是进口的录像制品，要从严审查。凡属取缔范围的录像制品一律查封不得再放映……坚决取缔私自开设的经营性放映点和违反规定承包给个人的录像放映点。（6）整顿、清理中的经济赔偿及罚没款处理。被收缴出版物的经济损失，凡系正式出版单位出版、经正式渠道进货的，由出版单位负担；非正式渠道进货的，由批发者、销售者负担……对有关出版、印刷、发行单位和集体、个体的罚没款，必须责成其如数上缴。拖延抗拒的，可提请当地人民法院强制执行。（7）严格掌握政策。整顿、清理书报刊和音像市场，严厉打击犯罪活动，既要态度坚决，又要从一开始就注意政策。要特别强调搞准，绝不能把不属于反动的东西当作反动的取缔，把不属于淫秽的东西当作淫秽的清除，甚至不适当地干预个人正当的生活爱好和文化兴趣。一定要严肃地、审慎地掌握政策界限，严格依法办事，稳妥、周密、细致地开展工作，并及时总结经验，进一步制定、补充、完善执行有关政策的具体规定，通过适当案例加以指导。（8）整顿、清理工作的组织领导。全国整顿、清理书报刊和音像市场，严厉打击犯罪活动，由中央宣传思想工作领导小组下设的整顿、清理书报刊和音像市场工作小组负责指导和协调。各省、自治区、直辖市党委和人民政府，中央和国家机关有关部委也要组织专门班子抓这项工作。党委宣传部门和政府的新闻出版、文化、广播电影电视、工商、公安、海关、邮电、铁路、交通等部门要有一名领导同志亲自抓，并抽调足够人力，组织专门队伍，具体负责这次整顿、清理和打击行动。

这个《通知》对整顿清理书报刊和音像市场，规定很具体，要求很严格，力度很大，表明中央对解决这个问题的决心很大，态度很坚决。

其实，党的十三届四中全会以后，整顿、清理书报刊和音像市场的工作就已经陆续展开了。1989年7月11日，新闻出版署发出《关于检查、整顿书刊市场的紧急通知》，指出："目前，一些违背四项基本原则、宣扬资产阶级自由化思想的书刊在社会上广为流传，淫秽色情出版物、宣扬封建迷信、凶杀暴力的出版物充斥图书市场，非法出版活动依然猖獗，严重危害社会主义精神文明建设，妨碍社会安定。迅速扭转这种局面，是当前新闻出版管理部门头等重要的工作。"并对检查、整顿的范围，以及对涉及出版物的处理权限作出明确规定。1989年8月24日，中共中央、国务院在北京召开全国整顿清理书报刊和音像市场电话会议，要求各级党委和政府进一步行动起来，加强领导，严格执行政策，精心组织，集中力量在国庆节前对书报刊和音像市场进行一次全面的整顿、清理。中共中央政治局常委、书记处书记李瑞环，中共中央政治局委员、国务委员李铁映出席会议并讲话，中共中央政治局候补委员、书记处书记丁关根主持会议。李铁映同志就充分认识整顿、清理书报刊和音像市场的必要性，整顿清理的重点和工作部署，以及加强组织领导、各方协同配合等问题提出了要求。他强调指出，整顿清理书报刊和音像制品市场，关系到社会安定，关系到社会主义精神文明建设，关系到青少年一代的健康成长，关系到国家的长治久安。我们必须从这样的高度来认识，抓住当前的有利时机，把这项工作一抓到底，抓出成效。李瑞环同志就如何加强领导做了重要讲话。他说，各级党委要高度重视，"扫黄"是广大群众普遍关心、坚决要求办好的一件大事。这次整顿、清理书报刊和音像市场，必须查禁宣扬资产阶级自由化的反动政治书籍，但目前的重点是"扫黄"，即清理和取缔各种宣扬淫秽、色情、暴力和封建迷信的出版物和音像制品。淫秽书报刊和音像制品的泛滥，既是资产阶级自由化思潮泛滥的结果，又为资产阶级自由化的泛滥起了推波助澜的作用。"扫黄"是反对资产阶级自由化斗争的一个组成部分。他强调指出，要认真掌握政策界限。当前，要注意两个方面：还没有发动起来的地方，领导必须深入动员，克服各种阻力尽快形成"扫黄"局面；已经发动起来的地方，要认真掌握政策界限，防止和避免乱扫一气。此前，1989年7月，他在全国宣传部长会议上，传达了中央政治局常委的指示，对"扫黄"问题"要下决心，下力量抓出成效，绝不手软"。为了加强对整顿清理书报刊和音像市场的领导，中央决定成立"全国整顿清理书报刊和音像市场工作小组"，具体负责这项工作的组织协调。工作小组由国务院副秘书长刘忠德任组长，成员由中宣部、新闻出版署、公安部、文化部、广播电影电视部等有关负责同志组成。

中央发出上述《通知》后，1989年9月15日至20日，中央宣传部、新闻出版署在北京召开全国整顿压缩报刊和出版社工作会议。新闻出版署署长宋木文在讲话时指出："党的十三届四中全会以后，中央对书报刊和音像出版工作有一个完整的、总体的决策和部署。第一，首先重点整顿清理书报刊和音像市场，扫除精神毒品和文化垃圾，争取尽快扭转混乱局面，改变市场面貌；

第二，在整顿清理出版物市场过程中顺藤摸瓜，釜底抽薪，压缩整顿报刊和出版社，断绝污染源；第三，对报刊和出版社进行思想整顿和组织整顿，加强建设，完善管理，端正方向，坚持方针，保证新闻出版事业健康发展和进一步繁荣。只有这样，才能正确地、完整地贯彻执行中央的指示和决策，才能把新闻出版单位的问题解决好。"他说："这次要压缩的出版单位主要是两类：第一类是政治方向有严重错误和思想格调庸俗低下的报刊和热衷于出版这类图书的出版社。这是这次压缩整顿的重点。第二类是内容重复、结构布局不合理的报刊和出版社，解决出版单位过多过滥问题。为了确保压缩报刊和出版社的任务顺利完成，这次采取地方包干到省、中央包干到部的做法，结合各地区、各部门的实际情况，确定各地区、各部门的压缩方案。"

在党中央的坚强领导下，经过全国上下各方面的共同努力，整顿清理书报刊和音像市场取得了胜利，出版单位的思想整顿、组织整顿取得初步成果，受资产阶级自由化影响的出版方向得到扭转，出版秩序得到整治，出版物市场明显改观。全国共压缩报纸190种，社会科学类期刊停办或合并503种。其中，对有严重政治错误的期刊，如《世界经济导报》《经济学周报》《新观察》《国情研究》《华人世界》（海外版）等给予撤销登记或停办；对刊登色情淫秽或格调内容低劣和严重违反报刊管理规定的报刊，有102种地方通俗文学期刊停办、29种文艺类报纸停办或改办为期刊；对布局不合理、内容重复的部分报刊进行了合并和调整；对少数不符合办报办刊条件的报刊也作了停办处理。经过压缩整顿，全国正式登记的报纸仍保留1400种，社会科学类期刊2870种，整个报刊市场面貌有了明显改观。

清理整顿以后，1990年初图书出版社进行了重新登记，有

492家出版社符合重新登记条件。根据《中国出版年鉴》提供的资料，有11家出版社被撤销：中国民间文艺出版社、台声出版社、中国盲文出版社、中外文化出版公司、北京日报出版社、黄河文艺出版社、广州文化出版社、海南人民出版社、贵州美术出版社、四川省社会科学院出版社、科学普及出版社广州分社（这些出版社中，后来经过进一步整顿，根据工作需要，有的得到了恢复，如中国盲文出版社，海南人民出版社改为海南出版社）；有12家出版社停办：文字改革出版社、中国舞蹈出版社、中国曲艺出版社、中国新闻出版社、博文书社、能源出版社、海军出版社、北京周报出版社、渤海湾出版公司、湖南大学出版社、云南文艺出版社、科技文献出版社重庆分社；有8家出版社停止使用副牌出版社：文学古籍刊行社、中国集邮出版社、海豚出版社、文化教育出版社、职工教育出版社、北京古籍出版社、群益堂、荆楚书社；有4家出版社合并：中国农业机械出版社并入机械工业出版社、中国食品出版社并入中国轻工业出版社、华岳文艺出版社并入陕西人民出版社、学术书刊出版社和科学普及出版社合并。

这次整顿，对于坚定马克思主义在出版工作中的指导地位，应该说上了一个台阶。

**治理党政部门报刊**
**压总量禁摊派，坚持出版为民**

这次治理整顿聚焦党政部门报刊，以解决党政机关通过经营报刊，摊派发行，获取利益，增加基层农民负担的问题。治理党政部门报刊始于1996年，前后8年，进行了三轮，可以说是一波接一波，要求越来越高，力度越来越大。

1996年10月10日，党的十四届六中全会审议通过的《中共中央关于加强社会主义精神文明建设若干重要问题的决议》指出："加强对新闻出版业的宏观调控，采取有力措施解决目前总量过多、结构失衡、重复建设、忽视质量等散滥问题，努力实现从扩大规模数量为主向提高质量效益为主的转变。认真整顿违反规定屡出问题和不具备基本条件的新闻出版单位，达不到要求的必须停办。"这是新闻出版业开展治理整顿的一个总号令。1996年12月，中办、国办发出《关于加强新闻出版广播电影电视业管理的通知》，对报刊业进行治理整顿提出了具体要求。1997年3月，新闻出版署先后发出《关于报业治理工作的通知》《关于期刊业治理工作的通知》（当时科技期刊归国家科委管理，新闻出版署又和国家科委联合发出《关于科技期刊治理工作的通知》），分别对报纸、期刊出版的治理目标、工作重点、具体做法、实施步骤等作了全面部署。

《关于报业治理工作的通知》规定：内部报纸（指未编入国内统一刊号的报纸）原则上转为"内部资料"，不得在社会上发行，不得刊登广告；已经编入国内统一刊号的报纸，压缩15%；各省（自治区、直辖市）公安厅（局）、检察院、法院、司法厅（局）系统所办的法制公安类报纸或合并成一张，或保留其中一张；学习辅导类报纸不得刊登广告或进行其他经营活动。有各种"年级版"的，一律取消；各省厅、局、部、委、办系统，凡办有两种以上专业行业报的，只保留一种，其余的合并或停办；背离办报宗旨、有偿新闻严重、内容格调低下和出卖版面、买卖刊号及其他严重违反管理规定的报纸，应坚决停办；"挂靠"办报，个人承包办报，或主管、主办单位不履行职责，或主要负责人不是主管主办单位编制内正式工作人员的报纸，应坚决停办。

《关于期刊业治理工作的通知》规定：内部期刊一部分停止出版，一部分改为"内部资料"，改为"内部资料"的不得超过60%。"内部资料"不得收取工本费，不得刊登广告，不得在社会上发行；省、自治区、直辖市党委、政府所属委、办、厅、局办的行业期刊，只保留一种（已保留行业报的不再保留行业期刊），今后不再批准创办此类刊物。中央、国家机关各部委办的行业期刊，每个行业只保留一种，其余的停办或合并；经民政部门批准的全国性协会、学会和省一级协会、学会，所办期刊内容相近的、发行量少的要大力压缩或合并，其他协会、学会所办期刊一律停办；非公、检、法、司系统的法制类期刊必须停办，省以下公、检、法、司系统的法制类期刊必须停办；非教学、科研、教育行政单位和非教育出版社主办的教学辅导类期刊必须停办；严重违反期刊管理规定（列出15种情况）的期刊，应予停办。针对科技期刊治散治滥也做出了相应的规定。《通知》要求，经过两年时间的治理，期刊压缩比例应达到10%左右。

到1997年底，全国大部分省（区、市）已经完成或基本完成转化内部报纸、压缩行业报纸的任务，共计压缩公开发行的报纸227种，占全国报纸总量的4%，转化内部报纸4356种，占原有内部报纸总量的67.5%。期刊治散治滥也取得初步成果，据统计，到1997年底已有18个省（区、市）的323种正式期刊停办（社科类期刊178种，科技类期刊145种），6165种内部期刊停办或转为"内部资料"。报刊的治理整顿工作继续进行。

第二轮党政部门报刊治理从1999年开始。1999年8月29日，中央办公厅、国务院办公厅《关于调整中央国家机关和省、自治区、直辖市厅局报刊结构的通知》（中办发〔1999〕30号）指出：《中共中央办公厅、国务院办公厅关于加强新闻出版广播电视业管理的通知》(厅字〔1996〕37号)下发后,各地区、各部门根据《通知》中关于压缩行业报刊、逐步取消省市行业报刊的精神,进行两年的集中治理整顿,使中央国家机关和各省、自治区、直辖市厅、局、部、委、办所办报刊(简称厅局报刊)有了一定程度的减少,但问题至今仍未彻底解决。目前,中央国家机关仍有行业报150种、行业刊200种,各省、自治区、直辖市有厅局报纸535种、厅局刊物868种,公款订报刊和行政摊派现象仍很严重。厅局办报刊与市场脱节,结构重复,消费公款,引起摊派而加重群众负担,损害政府形象。为适应建立社会主义市场经济体制和政府职能转变的要求,进一步做好中央国家机关和省、自治区、直辖市厅局报刊的结构调整工作,经党中央、国务院同意,现就有关问题通知如下:

一、中央国家机关各部门原则上不办机关报。对现有的报纸,要本着精简、划转的原则,将一些内容重复或发行量少的,予以合并或撤销;在双方自愿的基础上,将一些报纸划归《人民日报》《光明日报》《经济日报》等党报或报业集团;各司、局所办报纸一律撤销或划转。

二、中央国家机关各部门可保留一种指导工作的期刊,各司局不办刊。其余期刊可由出版部门接办。根据《出版管理条例》(国务院令第210号)有关规定,中央国家机关各部门在地方辖区内所办的期刊,一律实行属地管理,谁主办谁主管,清理整顿,重新登记。

三、各省、自治区、直辖市厅局及地(市)以下的局、部、委、办不办报。原有的报纸可划归当地党报主管、主办。党报吸纳不了的要撤销。

四、各省、自治区、直辖市厅局保留一份指导工作的期刊,其余的划归当地出版社或党报来办。党报、出版社吸纳不了的要撤销。

五、各省、自治区、直辖市党委部门保留一份指导工作的期刊，其余的划归当地出版社或党报来办。党报、出版社吸纳不了的要撤销。

六、各省工会、共青团、妇联可保留现有报刊，未办报纸的不再批办。省以下工、青、妇机构所办报刊，一律停办，或由当地党报接办。

七、在机构改革中撤销的单位，其所主管的报刊也随之撤销或划转。

八、所有停办或改变主办单位的报刊，需经各省、自治区、直辖市新闻出版局审核同意后报新闻出版署批准。原主办单位要做好停办报刊的善后工作。

九、各地区、各部门要按规定继续做好内部报刊的转化工作，加强内部报刊转为内部资料后的管理。内部资料不得收费征订，不得刊登广告。

根据这个《通知》，1999年11月11日，新闻出版署下发《关于落实中央"两办"30号文件调整报刊结构的意见》，在1996年压缩的基础上，对全国党政部门报刊进行进一步的调整。这次调整的核心是"适应建立社会主义市场经济体制和政府职能转变的要求"，使行政行为与出版行为分离，解决公款订报刊和行政摊派等问题，减轻群众负担，提高报刊质量。

一、关于中央国家机关报刊结构的调整意见

1. 中央和国家机关各部门原则上不办机关报。现有报纸可在自愿、协商的基础上划归《人民日报》《光明日报》《经济日报》等党报或报业集团。

2. 中央和国家机关各部门所办的报纸，内容重复的予以合并，发行量在3万份以下的予以撤销。

3. 经贸委所属国家局不再办报。其所办报纸可划归党报，未划转的报纸，一律停办，其善后工作于2000年6月底前处理完毕。

4. 报刊结构调整后，中央和国家机关各部门继续办的报纸，自2000年1月1日起，一律自负盈亏。不再标出"机关报"字样，不再由中央和国家机关各部门发文征订。

5. 中央和国家机关各部门直接主管主办的期刊，只保留一种，用于指导工作，其余一律停办或划转。其下属企事业单位所主办的报刊，亦要本着精简压缩的原则，重新审定办报办刊条件和办报办刊宗旨，不符合规定的予以停办。

6. 中央和国家机关各司、局不办报刊，其主管主办的报刊一律停办或划转；参与主管、主办的一律退出。

7. 中央和国家机关各部门在京外地方辖区内所办报刊实行属地管理，未按此规定办理相关事宜的，应于1999年度报刊年检核验结束时处理完毕。

8. 中央和国家机关各部门调整报刊结构的实施方案于12月20日前报新闻出版署审批。

9. 科技期刊的调整，由科技部提出实施方案后报新闻出版署核准。

10. 解放军系统的报刊结构调整，由解放军总政治部提出实施方案后报新闻出版署核准。

二、关于省、自治区、直辖市厅局报刊结构的调整意见

1. 凡中央"两办"30号文件规定范围内要求调整的报刊必须压缩、划转、停办，不得再保留。

2. 各省、自治区、直辖市的政法、法制、公安、消防、交通

安全等报纸一律合并为一种报纸，由政法委主管、主办。

3. 各地（市）级（含省会城市）局、办、部、委不办报刊，现有的报刊一律划转或停办，少数民族文字的非指导工作性的报刊可适当保留。

4. 各省、自治区、直辖市及地市广播电视报，可划归当地党报主管主办，也可改由当地电视台或电台主管主办，亦可由电视台或电台联合主管主办，刊期一律为周一刊。

5. 各地的老年报刊可划归当地党报或出版社，也可由当地老龄协会（老龄委）主管、主办，但要符合办报办刊的规定，未办的不再批办。

6. 个别服务群众文化生活的厅局报刊，属读者自愿、自费订阅，发行量很大，而党报、出版社又吸纳不了的，可由省、自治区、直辖市新闻出版管理部门统筹规划，划拨给非党政部门、符合办报办刊条件并确有管理能力的单位主管主办。

7. 各省、自治区、直辖市教委所办的指导工作类报纸一律停办或划转，可保留一份指导工作的期刊。所属学习辅导类报刊要大力压缩。调整后保留的报刊可由出版社或教委所属的报刊社主管主办。

8. 各省、自治区、直辖市厅局除保留一份指导工作的期刊外，不得再与党报、出版社等单位联合主办报刊。

9. 各省、自治区、直辖市党委各部门原先办有期刊的，只保留一种，其余的停办或经批准后划转给其他没有期刊的、急需的党委部门。

10. 凡挂靠办报办刊、出卖或变相出卖刊号及有其他严重违规行为的报刊，一律停办，不得划转。

11. 各新闻出版局要按照中央"两办"30号文件要求制订本省、

自治区、直辖市的实施方案，确定具体停转名单，于12月31日前报新闻出版署审批。

三、切实做好报刊调整的善后工作

1. 属调整范围的报社、期刊社，其主管部门要从讲政治的高度，认真做好全社人员的思想政治工作。在调整过程中，既要坚决、大胆，又要稳妥、细致，保证团结、安定的局面。

2. 属调整范围的报社、期刊社的人员，其主管部门和接管单位要妥善安置。对国家正式编制内工作人员，要根据有关规定通盘考虑；对社会招聘人员，亦要按有关规定妥善处理。

3. 属调整范围的报社、期刊社，在结束业务之前，其主管单位要认真处理债权债务，全面清产核资，防止国有资产流失。

4. 全国报刊调整工作于2000年6月底前结束。届时属于调整范围的报刊，如仍未调整，一律撤销。

为了积极稳妥做好这项工作，新闻出版署于1999年9月至11月，分别召开了中央国家机关报刊主管部门负责人，各省、自治区、直辖市新闻出版局长和报刊处长会议，对报刊结构调整工作中可能出现的问题进行了充分的分析和研究，明确了有关政策界限，确定了具体工作方案。新闻出版署还先后组成6个工作小组，分赴15个省、自治区、直辖市进行调研，督促检查工作进度，指导当地确定调整方案。对部分问题较多、调整难度较大的地区和部门，深入细致地做了大量协调工作，一个一个督促，一个一个落实。2000年6月上旬，新闻出版署又召开全国报刊处长会议，交流贯彻落实"两办"30号文件的经验，督促检查工作进度，进一步推动报刊结构调整工作。

有关部门对这次报刊结构调整工作高度重视。国家经贸委所属10个国家局共有29种报纸、719种期刊，调整工作遇到大量实际问题。经贸委对此十分重视,并与新闻出版署进行了多次协商,充分听取各方面的意见,调整方案既坚决又稳妥。中央国家机关各部门的机关报,不再作为机关报来办,不允许发文征订,给这类报纸带来了生存问题。由于这次报刊调整涉及方方面面,一些省区(市)的调整方案几经反复、难以确定,有关省区(市)党委的领导亲自做协调工作。各级新闻出版管理部门紧紧依靠省区(市)党委的领导和支持,本着"态度要坚决,工作要细致"的原则,对属于调整范围的报刊社的机构、人员、债权、债务等进行认真的调查摸底,掌握情况,争取主动。有关报刊出版单位和接收单位顾全大局,克服困难,积极配合调整工作。在各方面的共同努力下,各地先后形成了既符合中央精神,又切合本地实际的调整方案,经各省、自治区、直辖市党委批准同意后,新闻出版署党组又对各地的方案逐个进行讨论,做出批复。这次被调整、划转的500余家报刊,工作进展顺利,态势平稳,基本如期实现了中央确定的工作目标。

一、初步解决了行政机关办报刊存在的问题。根据中央"两办"文件规定,这次报刊结构调整,中央国家机关各部门和地方厅、局、部、委、办停止办机关报,大幅度减少机关办刊。据此,共压缩报纸42种、期刊14种,划转厅局报纸550种、厅局期刊299种,基本上实现了预期目标。由于政府部门退出报刊出版业务,在很大程度上解决了公款办报刊和行政摊派问题,减轻了国家负担、减轻了群众负担,也有利于政府部门的职能转变。

二、报刊结构进一步得到优化。各省、自治区、直辖市厅局及地(市)以下局、部、委、办的报纸和大部分期刊已被撤销或划转,划转的报刊绝大部分重新进行更名和定位,办报办刊宗旨也相应发生变化,很多报纸从过去大量刊发领导讲话、机关简报、会议文件，转变为刊载信息、普及知识、服务大众的传播媒体；划转的期刊也由以工作指导为主转向时事政治类和综合文化类，群众喜闻乐见的内容明显增加。这种结构上的变化，活跃了我国报刊市场，增加了群众自费选择订阅的报刊，进一步满足了广大群众精神文化需求。由于这些报刊脱离了政府机关，失去了过去依靠行政摊派进行征订的条件和能力，改变了过去公费办报办刊、公费订报订刊的不合理现象，有效地解决了报刊与市场脱节的问题，报刊社实行自负盈亏、承担风险，也使办报办刊人员思想观念发生很大变化，有利于增强他们的市场意识、责任意识和竞争意识，树立敬业精神，形成了自我约束、自我发展机制。报刊结构的进一步优化以及由此带来的一系列变化，对我国报刊业的长远发展将产生积极影响。

三、党报主阵地进一步得到加强。作为我国报纸主阵地的各级党报，特别是目前已经建立的15家报业集团，都具有较强的经济实力和人才优势，有办好报刊的成功经验。他们都有多办一些报刊的能力和愿望，以谋求新的发展。同时，一些报刊划归党报后，有利于把握舆论导向，提高报刊质量。这次调整报刊结构，基本上满足了党报的需求，在政策上鼓励他们更多地吸纳报刊，共有182种报纸、11种期刊纳入党报和报业集团。一些出版社和一批在全国有影响的名刊大刊，这次也吸纳了部分期刊。目前，有关党报和出版单位正在对吸纳的报刊进行重新定位，加强领导，规范管理，充实力量，为实行集约化规模经营创造了条件。

由于这次报刊结构调整是报刊管理体制的一次重大改革，任务重、涉及面广、情况复杂，工作中也还存在一些问题：一是考虑到撤销报刊的人员安置问题，调整的力度还不够大，少数应撤销的报刊暂时还没有撤销，留待以后逐步加以解决；二是有的报刊划转后重新定位时，对面向市场和自负盈亏的问题考虑较多，致使文化生活类报刊明显增加，有可能在报刊结构布局中出现新的问题，需要密切加以关注和把握；三是一批报刊与党政部门脱离了主管主办关系，给今后报刊出版管理工作带来了新的课题，需要根据新的情况提出加强报刊管理的对策。

这次调整报刊结构工作取得的成果是初步的、有限的，为了进一步贯彻落实中央的有关指示精神，巩固报刊结构调整工作成果，使报刊出版工作更好地为社会主义现代化建设服务，国家新闻出版署根据报刊出版工作存在的问题和这次调整工作的有关情况，进一步采取了以下措施：

第一，继续实行报刊总量控制。1996年以来，新闻出版署根据中央的指示，对报纸期刊进行了集中治理整顿，压缩了一批报刊，对报刊总量一直严格进行控制。今后一段时期内，在优化报刊结构的同时，要继续实行总量控制，以便集中精力把现有报刊办好。对确有必要创办的少量报刊，主要通过调整结构解决。

第二，对新办期刊实行试办制度。此后新办期刊，包括变更名称和宗旨的期刊，一律先试办两年。即在试办期内不得变更刊期、宗旨，两年内达不到国家规定的质量标准，或出现严重违规情况，就要停办，以实现优胜劣汰。

第三，进一步加大对报刊的管理力度和处罚力度。充分运用警告制度，对违反党的宣传纪律和有关出版法规的报刊进行严肃处理，情节严重的要从重处罚；继续坚持新闻出版通气会制度，及时传达中央领导同志的重要指示精神，通报加强管理的有关政策和规定，通报批评违纪违规问题，不断增强报刊出版单位的政治意识、大局意识和责任意识；加强对小报小刊的审读，及时发现问题，果断进行处理；继续做好报刊社总编辑（主编）的岗位培训工作，加快培训速度，提高培训质量，确保培训效果。

第四，开展深入的调查研究工作。重点调研的题目有：1. 部分报刊与党政部门脱离主管主办关系后管理上出现的新情况、新问题，并提出对策。2. 报刊结构调整后出现的文化生活类报刊增多的新情况、新问题。如何加强对文化生活类报刊的监控，提高这类报刊的质量和品位。3. 总结报业集团的集约化经营的经验，积极稳妥地推进建立报业集团和期刊出版集团的工作。4. 总结在社会上已有较大影响的大刊名刊的出版管理经验，提出扶持大刊名刊发展的政策措施。5. 新形势下国外资金、社会资金"暗箱操作"介入报刊出版的情况和问题，逐步制定有关政策，对这种现象和问题加以规范和约束。6. 小报小刊存在的问题，以及治理小报小刊的措施。

第五，进一步清除非法出版的小报小刊。新闻出版署重点加强了对小报小刊的审读和管理，结合报刊结构调整，停办了一批问题严重的小报小刊。但是，报刊市场上非法出版的小报小刊问题仍然十分突出，不仅严重扰乱了报刊出版秩序，而且严重危害社会。结合下一阶段的"扫黄打非"集中行动，在全国对非法出版的小报小刊进行一次重点清理，打击从事非法出版活动的犯罪分子，同时，提出了加强报刊管理的有效措施。

第三轮党政部门报刊治理始于 2003 年。

2003 年 1 月，中央宣传思想工作领导同志视察国家新闻出版总署时指出，部门办报刊，体制上怎么解决，需要研究，但起码不能用行政手段、靠权力来发行，应该由社会自由订阅。我到乡镇调查过，那些靠权力发行的报刊，到乡镇去了往往连捆都不拆，就直接送废品收购站。这就是虚假繁荣，而且也不利于形成优胜劣汰的机制，因为有权力作后盾。我们要求文化产品，既要符合社会主义精神文明建设的要求，又要符合社会主义市场经济的规律，如果用权力发行就不可能符合社会主义市场经济的规律。用权力发行带来的繁荣，就是虚假的繁荣。这个问题怎么解决好？在今年的调查研究中，要作为一个课题做进一步研究，拿出办法来。

虽然发了文件，但要注意抓落实。党报，是中央的喉舌，在征订上作政治动员是必要的，就是将来也是必要的，要不然党的声音怎么传到下面去？虽然我们在思想教育中不以灌输为主，但必要的灌输还是需要的。问题是党报从中央到基层有好几级，都是党报，这怎么平衡？还有部门办报，有的时候比中宣部的政治动员还要有约束力，因为这些报刊的发行往往直接跟指标挂钩，有的跟"一票否决"挂钩，订多少份如果达不到指标，就一票否决你。现在尽管减少了评比表彰，但还是有一些，所以下面跟评比表彰挂钩，你没有订多少份，就不能评先进。这些措施一采取，再加上有些部门，下一级部门负责人在任命上是上一级部门协管，有的是下面协管、上面主管，有的是下面主管、上面协管，有一个决定他升迁命运的问题。种种因素造成那些部门办的报刊在发行上比我们的党报还硬，不用发文，一使眼色，你就不敢不订。最后虽然核定了村级报刊订阅限额多少钱，但造成的结果是党报订不出去。这是个顽症，不是一天两天形成的，要调查研究，拿出具体的解决办法报中央。前些天，锦涛同志在常委会上又讲这件事情，说这些年，群众一直反映、一直在讲，就是解决不了，得研究点办法。

2003年7月15日，中央办公厅、国务院办公厅发出《关于进一步治理党政部门报刊散滥和利用职权发行，减轻基层和农民负担的通知》（中办发〔2003〕19号），对新一轮治理党政部门报刊下达了指令。2003年7月18日,中纪委、中宣部、农业部、新闻出版总署立即召开"中央治理党政部门报刊散滥和利用职权发行、减轻基层的农民负担"的会议。2003年7月23日,新闻出版总署印发了贯彻落实"两办"《通知》的《实施细则》。这个《实施细则》在印发前,征求了中纪委、中央宣传部、中直机关工委、中央国家机关工委、中编办、监察部、财政部、农业部、审计署、税务总局、工商总局、国家邮政局的意见,并报经中央治理党政部门报刊散滥和利用职权发行工作协调领导小组同意。这里透露了两个重要信息:一是这次治理工作涉及这么多重要部门,可见问题之复杂严重;二是中央专门成立了领导小组,组长是中央政治局委员、中宣部部长刘云山同志,副组长是中央书记处书记、中纪委副书记何勇同志,可见中央对此之重视程度。

《实施细则》规定,这次治理工作的范围是:"各级党的机关和政府组成部门、直属机构、办事机构等主管、主办的报刊;省级和省级以下行业组织主管、主办的报刊;利用职权摊派发行报刊的各种行为。"

《实施细则》对治理工作提出了具体要求:中央党政部门的报刊,除公报、政报、文告外,要与部门实行管办分离(包括人员分离、财务分离、发行分离),管办分离后,主管部门仍要履行主管职责;同一部门内容相近、交叉重复的报刊,合并为1种后实行管办分离;对国务院机构改革中撤销部门所办报刊,予以停办;省(市、区)党委统一主管主办1种党报和1种党刊,政府主管主办1份免费赠送的公报或政报;用民族文字出版的报刊予以保留。省(市、区)党政部门所办报刊,原则上划转到省级党报集团、广电集团、出版集团,被划转的报刊经调整后,面向市场,由读者自费订阅;本地区由部门所办报刊中内容相近、交叉重复的进行合并，保留 1 种并实行划转；主要在本系统内自办发行、读者自费订阅量不足发行总量 50% 的部门报刊，应予停办；经营困难、资不抵债的，应予停办；民族自治区用民族文字出版的报刊予以保留；省级和省级以下政法、公安、财政、税务、工商、计生、交通、检验检疫、环保、消防等部门所属行业性协会、学会、研究会等不办报刊，已办的一律停办；副省级城市党委主管主办 1 种党报，除此之外其他报刊划转到党报集团；市（地、州、盟）党委主管主办 1 种党报，党政各部门所办报刊，一律停办；县（市、旗）和城市区不办报刊，已办的要停办。《实施细则》还对加大报刊摊派行为的治理力度、改进党报党刊发行工作、加强内部资料性出版物管理、做好报刊调整的相关工作，以及治理工作的组织领导和时间进度等都提出了明确要求。

这次报刊治理整顿，主要解决因报刊利用权力摊派征订发行而增加基层和农民负担的问题。这件事情政治性很强，中央把解决报刊摊派问题作为当年与解决教育乱收费、群众看病难并列的三件实事之一；政策性很强，涉及一批报刊的生死存亡和一大批报刊社工作人员的安置；难度很大，涉及党政部门的近 1500 种报刊。宗源同志跟我们说，这是中央最高层从解决关系群众切身利益、群众反映强烈的不正之风问题的高度做出的重大决策，我们必须不折不扣地做好。他对这次治理整顿高度重视，从调查研究开始，到制订方案，再到组织实施，都抓得很细很具体，遇到问题及时与大家一起商量，重大问题及时向中央请示。比如，按中央的要求和设计的方案，县一级党报全部要停办，在实施中一些经济文化比较发达的县市反应很强烈。他了解情况以后，要求我们首先要做工作，同时进行认真研究，县市报能不能有所保留？什么条件下可以保留？条件要公开透明，数量要严格控制，保留的县市报原则上划归省级党报管理。我们根据他的意见提出方案，经请示中央同意，妥善地解决了这个问题。

为了贯彻落实好中央关于治理报刊摊派、减轻基层和农民负担的要求，根据标本兼治、综合治理的原则，中宣部和新闻出版总署会同中纪委、国务院纠风办、财政部、农业部、国家工商总局、国家税务总局等有关部门组成了联合调查组，对10个省进行了为期一个多月的实地调查。深入了解目前部门、行业报刊摊派发行的基本情况，分析利用行政权力摊派报刊问题产生的主要原因，研究解决问题的有效措施，确定治理工作的阶段性目标。

调查研究主要包括两个方面的内容：一是总结已有治理报刊摊派和调整报刊结构的新鲜经验和成功做法。通过对湖北、河南、江西、江苏、浙江等省现有材料的梳理，以及实地考察，了解上述省委、省政府出台的相关政策；了解被压缩整顿报刊与主管主办单位经济上脱钩、债权债务处置、人员安排等方面的具体措施；了解基层干部群众对有关措施的反映。认真总结这几个省带有共性的经验，特别是湖北省立足从根本上解决问题的经验，确定向全国推广的有关做法。二是选择5—6个有代表性的省（区、市），调查了解对解决部门、行业报刊摊派问题的看法和建议。分别召开党委宣传部、新闻出版局等部门座谈会，了解当地报刊发行情况；每省确定4—6个重点部门、行业，通过召开座谈会、个别走访等形式，交流情况，听取意见；每省走访若干家报刊单位，实地考察，重点剖析；深入企业、学校、村镇，听取基层干部和群众意见，掌握第一手材料。

通过调研，发现报刊摊派发行问题十分严重：

1. 报刊摊派发行范围广、数量大、费用高。从东部地区到西部地区，从农村、学校到企业、机关，报刊摊派现象普遍存在，尤其是经济欠发达的地区更为突出。许多行政村都大大突破了所在省制订的村级订阅报刊最高限额。如江苏省规定最高限额为2000元，但2002年村级平均订阅报刊费用高达4170.78元，最多的一个村订阅报刊30种99份，金额达16636元。辽宁省规定最高限额为1500元，辽中县城郊乡大帮牛村订阅各种行业报刊30种，费用18000元。报刊摊派给基层增加经济负担，一些群众苦不堪言。海南省琼海市嘉积镇，为完成各级部门下达的报刊订阅指标，订阅费高达62.58万元，相当于该镇机关干部3个月工资的总额。广西桂北一个行政村，村干部每月只有95元的津贴，每人被要求订阅《新时代风纪》《支部生活》各1份，村妇女主任每月津贴只有20元，也必须订《广西妇女》1份，订刊费从津贴中硬扣。汉中市一个镇2003年订阅报刊46种，总费用达2万元，其中部门、行业报刊占1.1万元，镇党委书记每天收到11种报纸，其中5种属于部门、行业报纸，每月案头放15种杂志，其中13种是部门、行业刊物。基层工作很忙，平时只能阅读浏览四五种报刊，其余只好作废纸处理掉。陕西省委宣传部对所属县（区）257个机关、学校、企业、行政村的调查结果显示，摊派发行的报刊总量占全部报刊发行的50.92%，越往基层比例越大，部分行政村摊派报刊的比例高达90%。

2. 参与摊派的部门行业多、报刊种类多。基层同志反映，摊派报刊发行的部门涉及中央、省、市三级，多达数十个部门，凡是下面有对口系统的大都在利用权力摊派报刊。每个系统从中央到地方，少则有四五种同类报刊，多的有十几种。群众反映，上面千条线、下面一根针，每到征订季节，各个部门的报刊铺天盖地进村。2002年河南省进村、进企业发行的报刊有106种，陕西省112种，这些报刊90%以上是中央部门和省直机关所办。此外，还有一些是没有正式刊号的内部资料，平均每个乡镇、街道办被摊派报刊达三十四种。基层难以承受，又不敢不订。

3.报刊摊派手段硬，办法多。一是硬性摊派。有的部门、行业公开发文件下指标，强行摊派本部门、行业报刊，并把订阅报刊与评优、达标相挂钩。有的行政执法和行业垂直管理部门利用年检、办理证照、收缴费用等工作之便强行征订，甚至先订报刊后办事。二是以利相诱。采取高额回扣返利的办法推销报刊，把负担压到最基层。特别是工商、公安、税务等权力部门，向系统内下级单位层层分解征订指标，基层单位采取种种手法强行向管理和服务对象摊派，可以获得10%—40%不等的发行回扣。有些报刊以召开发行会名义组织公费旅游、公款吃喝、赠钱赠物，组织推销报刊数量多的部门负责人到国外考察，并"赠送"若干版面用于宣传某部门、某地区。三是软硬兼施。有的部门表面上不发文件，采取电话通知、利用系统工作会议提要求、到发行季节下发"建议"表等"软"办法，下面单位心知肚明，不敢怠慢，照单全收。群众说，订阅党报党刊，任务是硬的，手段是软的；行业部门要求订阅报刊，任务是软的，手段是硬的。四是超前征订。报刊征订季节一般从9月份开始，不少部门和行业报刊六七月就提前征订，抢在党报党刊之前完成任务。等到征订党报党刊时，订阅费已用完。调研组到辽宁，发现税务系统3月份已经开始征订2004年报刊。五是以曝光相威胁。基层干部说，"不是不订报，就怕批评报道上了报，破财免灾多订报"。这种现象并非个别。

这些情况让人触目惊心，与"出版为民"的理念完全背道而驰。

自1996年以来，按照中央要求，已开展了两次报刊集中治理整顿，中办、国办为此发过若干次文件。虽然取得一定效果，但始终没有从根本上解决问题，许多地方的报刊摊派甚至愈演愈烈。究其原因主要有以下几方面：

1. 利益驱动是部门行业报刊摊派发行的基本动因。部门、行业办报办刊的初衷是为了指导工作、研讨业务、交流信息，主要在系统内发行。但是，在经济利益的驱动下，很多报刊已经演变为主管主办单位获取小团体福利的工具。一方面，创办报刊的资金来源是财政投入和事业拨款；另一方面，报刊发行和广告收入中相当一部分进入主管部门的小金库。一个部门办的报刊发行量越大，单位就越富裕。因此，许多部门、行业对申办报刊乐此不疲，并千方百计利用行政权力和行业垄断扩大发行量。据了解，有的报刊一年向主管主办部门上交资金竟达几十万、几百万元。由于报刊与主管主办部门有着极为密切的经济利益关系，因此压缩报刊数量、整顿发行秩序、制止报刊摊派，实际上就是切断部门利益、堵塞行业财路，当然难以搞彻底。这是历次报刊整治和制止摊派工作走过场的重要原因。

2. 行政权力介入报刊经营是摊派屡禁不止的直接原因。凡是能够摊派发行报刊的部门，一般都是各级党委、政府的要害部门和具有行政管理职能的行业组织。这些部门、行业既是报刊的主管者，也是报刊的直接或间接经营者，属于典型的管办不分。越是权力大的部门，摊派报刊的手段越硬、办法越多。基层单位和干部群众不敢得罪这些报刊背后的权力部门，只能被动接受摊派的事实。基层宣传、新闻出版管理部门对这些部门、行业也是不敢管、管不了，甚至自身也不得不接受这些部门的摊派。

3. 部门报刊定位与市场脱节是摊派发行的根本原因。从内容看，大部分部门、行业报刊主要刊登领导讲话、行业活动、部门文件、有关政策法规，实际上只是行业系统的一个"工作简报"，对群众来说，既无可读性，又没有信息量，为扩大发行只能靠摊派。从办报办刊方式看，部门、行业报刊属于行政机关的下属机构，享受一定行政级别待遇，有的本身就是机关的一个处、科、室，主编往往由部门主要领导兼任，办刊人员不懂出版，不了解市场需求，摊派发行无疑最省时省力。

4. 管理体制滞后和报刊结构不合理是摊派现象长期存在的深层次原因。现有报刊结构是在计划经济体制下形成的。11000多种报刊分属条条块块各个部门、行业所有，其中指导工作的报刊数量过多，面向市场的报刊数量过少，结构失调，低水平重复，报刊资源严重浪费。一些真正有影响、有实力的报刊又无法通过市场竞争进行联合兼并、资源重组，做大做强；那些没有市场需求、质量低下的报刊，则凭借部门、行业的垄断保护强行摊派。总结历次报刊整治的经验教训，必须从改革管理体制入手，彻底割断报刊经营活动同部门权力的联系，充分发挥市场机制在配置出版资源中的作用。否则，只能是扬汤止沸，不能釜底抽薪。

针对上述问题，这次整顿报刊采取综合治理的办法：一是通过压缩党政部门报刊总量，调整结构，有效治理报刊散滥现象；二是报刊经营活动与部门权力分离，有效制止利用职权摊派发行；三是因地制宜制定乡镇、村级组织、农村中小学校等基层单位公费订阅报刊最高限额标准和订阅重点党报党刊范围，有效减轻基层和农民负担。

同时，结合治理整顿，要求各级新闻出版行政部门建立健全监督机制，加强对报刊发行活动的监管。制定和完善报刊发行管理办法，依法整顿和规范报刊发行秩序；建立违规发行举报制度，公布举报电话，鼓励群众举报；修订完善《内部资料性出版物管理办法》，严禁内部资料性出版物变相公开发行和刊登广告，严禁各种名义收费；加大对违规违纪行为的查处力度，充分发挥纪检、监察（纠风）、财政、工商、税务、审计等部门的职能作用，依法查处违规违纪行为。对有令不行、有禁不止、继续搞摊派发行的，予以停刊整顿直至撤销刊号，同时要追究主要负责人和有关当事人的责任。对提取报刊经营收入作为"小金库"的部门，以及在报刊征订发行活动中提取或变相提取发行费的部门和个人，要追究责任，严肃查处。

从 2003 年 7 月开始，在党中央的坚强领导下，在广大人民群众的坚决支持和有力监督下，经过中央各有关部门和地方党委政府的共同努力，对党政部门报刊散滥和利用职权摊派发行问题的专项治理工作取得了重要的阶段性成果，切实减轻了基层和农民的负担，社会各界反映良好。

1. 基本实现了中央确定的"停办一批、分离一批、整合一批"的工作目标，从体制上切断了部门权力与报刊经营之间的利益纽带。纳入这次治理范围的中央和地方党政部门报刊共 1452 种，现已停办 709 种，划转（即从党政部门划转到非党政部门主办）325 种，实行管办分离的 310 种，改为免费赠阅的 62 种，保留了 46 种涉及老年、农林类的报刊。通过停办和划转，省及省以下的党政部门不再办报刊。有关部门已按规定，办理了全部停办、划转以及实行管办分离报刊的相关手续，收回了所有停办报刊的刊号。

2. 基层和农民订阅报刊的负担明显减轻，密切了党同人民群众的关系。党政部门报刊散滥和利用职权摊派发行，是多年来群众反映强烈的问题，基层干部群众意见很大，既助长了部门和行业不正之风，又损害了党同人民群众的关系。通过这次治理，2004 年度全国减少向基层和农村发行报刊 15.2 亿份，减少订阅费用 18 亿元左右。各地普遍反映，基层订阅报刊的压力小了，负担轻了。广东省中山市小榄镇2003年度订阅报刊费用高达480万元，2004年度减少了300万元。湖北省咸宁市一位村党支部书记过去到乡里开会用扁担挑回摊派的报刊，2004年该村订阅报刊费用从3700元降到1200元。西安市委宣传部的同志说，这次治理报刊，不仅减轻了基层和农民的经济负担，而且也减轻了基层宣传干部的工作负担。常州市消防大队的同志打来电话，"代表全体官兵向党中央表示感谢"。从各地了解的情况和群众来信来电看，各级干部和基层群众对中央治理党政部门报刊散滥和利用职权摊派发行的决策措施发自内心地拥护，一致认为中央抓这项工作得人心、顺民意，充分体现了我们党贯彻"三个代表"重要思想，立党为公、执政为民的决心和信念。

3. 宣传思想文化主阵地建设得到进一步加强，重要党报党刊影响力在不断扩大。长期以来，党政部门报刊散滥和利用职权摊派发行，严重挤占了重要党报党刊的发行空间。在这次治理中，明确由省（区、市）党委统一办好一份党报和一份党刊，市（地、州、盟）保留一种党报，其他报刊一律停办，县级不办报，这样为保证重点党报党刊在基层和农村保持相对稳定的发行数量创造了必要的条件。从《人民日报》《求是》杂志2004年的征订情况看，发行量稳步上升。同时，这次治理中有近300种党政部门报刊被划转或兼并到省级党报集团、广电集团、出版集团，为宣传思想文化主阵地实行集约化规模经营补充了资源，拓展了空间，增强了实力。

4. 报刊结构得到调整和优化，有利于我国报刊业的进一步繁荣健康发展。在计划经济体制下，我国报刊资源按地区、部门配置，结构不合理、市场分割的问题十分突出，再加上党政部门报刊发行主要通过工作渠道，市场竞争很不充分，严重制约了我国报刊业的健康发展。有关部门虽然做了不少工作，但调整结构、优化报刊资源配置一直收效不大。这次专项治理停办了一批没有市场、缺乏活力和竞争力的党政部门报刊，不仅减轻了基层和农民的负担，也使我国的报刊结构进一步优化。一方面党报党刊等重要舆论阵地得到巩固，另一方面那些坚持"三贴近"、充满活力和竞争力、受到群众欢迎的报刊获得更大的发展空间，这将对我国报刊业的繁荣健康发展产生深远的影响。

这次治理工作，涉及利益调整、人员安置、资产划转等问题，政策性强，社会关注，难度很大。之所以能够取得明显成效，根本原因在于党中央的正确决策和坚强领导。整个治理工作，自始至终都是在党中央的直接领导下进行的。中央政治局专题讨论了报刊治理工作，明确了治理工作的指导思想、治理范围、基本任务和主要目标。在治理过程中，中央领导同志又针对存在的突出问题和重点难点及时作出重要指示，提出明确要求。这对于我们进一步统一思想、坚定信心，确保治理工作不打折扣、不走过场，起到十分重要的作用。治理工作的主要做法和体会是：

一是健全工作机制，注重狠抓落实。中央治理工作协调领导小组及时传达学习中央有关指示精神，研究解决治理过程中出现的问题，检查督促指导治理工作的深入开展。按照中央确定的要求，治理工作协调领导小组严格把关，始终坚持一个标准，不开口子、不搞例外，对各地各部门上报的治理方案认真审核、集中审批，并对一些不符合中央文件规定的做法，坚决予以纠正。各地各部门都建立了相应机构，加强了对治理工作的组织、领导和协调。

二是各省（区、市）党委和政府高度重视，措施有力。这次治理工作的重点在地方。各地党委和政府始终坚定地与中央保持高度一致,按照中央的统一部署和要求,结合各自实际,制订了周密方案,并认真抓好落实。省(区、市)的主要领导同志都亲自过问治理工作,有的明确要求"不折不扣地贯彻中央精神,切实治理好报刊摊派这个顽症",有的提出治理工作"不要左顾右盼,不看左邻右舍,解决好自己的问题",有的强调必须"顾全大局,统一认识,态度坚决,严格把关",有的亲自出面解决治理中存在的具体问题。各地还研究制定了相关的配套政策,认真做好停办、划转、管办分离的报刊出版单位人员安置、资产处置和债权债务清理等善后工作,确保了专项治理平稳顺利进行,有力地维护了社会稳定。如上海市对停办报刊逐一制订了工作方案,规定了国有资产管理责任和多渠道安置人员的办法;甘肃省提出"不让一个人失业",通过包干、协商、推荐、补偿等方式,妥善解决了人员安置的问题。

三是各有关部门密切配合,齐抓共管。中央和地方各有关部门按照中央的统一部署和要求,在抓好本部门、本系统治理工作的同时,还从各自的职责出发,积极主动地做了大量工作。如中央纪委、监察部发出通知,要求各级纪检和监察机关从组织纪律上确保治理工作顺利进行;中央编办发出通知,对治理工作中机构编制调整问题做出明确规定;国务院机关事务管理局和中央直属机关事务管理局联合发出通知,要求加强中央党政部门报刊治理工作中的资产管理;中央和地方财政、审计、税务、工商等部门在报刊治理工作中及时提出相应对策,防止国有资产流失。

四是加大舆论宣传和监督力度,紧紧依靠社会各界和人民群众开展工作。中央及各地主要媒体广泛宣传这次专项治理的目的意义和主要做法,介绍和推广工作中的好经验,形成良好的舆论氛围。中央和各地治理工作协调领导小组办公室向社会公布举报电话,在《人民日报》《光明日报》和省市党报等媒体上公布停办、划转、实行管办分离和改为免费赠阅报刊的名单,并就有关政策问题发表了答记者问,主动接受社会监督。治理工作得到了人民群众和社会各界的拥护支持,仅中央治理工作协调领导小组办公室就收到群众的来信来电5000余件(次)。本着取信于民的原则,协调领导小组办公室对群众反映的问题,特别是少数报刊假停办、假分离、假划转的问题,以及一些党政部门报刊变换手法摊派发行等现象,逐一核查,并做出严肃处理。对顶风违纪的典型案例,通过中央电视台等新闻媒体予以曝光。广大基层干部群众反映,"这次专项治理力度大,进展快,抓得实,效果好,得民心,体现了党和政府工作作风的转变。"

五是建立长效机制,强化日常管理。为了巩固治理工作取得的成果,全国除西藏外的30个省(区、市)普遍建立了乡镇、村级组织、农村中小学校公费订阅报刊限额制度,并通过媒体公布,还制定了相应的法规规章。山西省纪律检查委员会、省监察委员会根据《中国共产党纪律处分条例》和《中华人民共和国行政监察法》,2004年9月制定印发了《关于对党政部门报刊散滥和利用职权摊派行为党纪政纪处分的暂行规定》,对禁止报刊摊派或变相摊派具有重要意义。辽宁省为严肃查处摊派报刊等违纪违规行为,实行了领导干部"问责制"。

针对群众反映强烈的内部资料性出版物利用职权摊派,少数报刊记者站管理混乱和违规经营,少数管办分离和划转报刊明分暗不分、明转暗不转等问题,中央有关部门连续下发4个文件,提出了相应的政策和措施,严厉查处弄虚作假问题,明确规定非国有企事业单位、县级和县级以下单位不许办内部资料性出版物,对现有内部资料进一步压缩整顿,坚决制止违规建记者站以及擅自扩大记者站工作范围，坚决制止记者站从事强行或变相摊派发行报刊、拉广告、拉赞助或与新闻采访业务无关的经营活动等违规违纪行为。经过专项治理整顿，共停办内部资料性出版物1886种，责令整改的471种，暂缓登记的310种。在治理中，各地把重点放在党政部门办的内部资料上，北京对严重违反规定进行征订的《中国国情动态》《法人文摘》等32种内部资料注销登记，责令《中国检察论坛》《中国法律援助》等120种未标注"内部资料，免费交流"字样的内部资料做出书面检查整改。新疆对存在向基层摊派问题的《新疆人口》《新疆人口与家庭》予以停办，收回准印证。上海对通过内部征订的《上海信息》《企业与法》等6种内部资料责令其纠正，清退征订款；对刊登产品广告或变相刊登广告的《汽车与汽配界》《上海交通运输》等9种内部资料，责令其整改；对刊登大量理事、协办单位或以"入网"形式变相收费的《上海后勤》《商业企业》等11种内部资料要求其限期整改。内蒙古对有摊派行为的《内蒙古税务局税收法规公告》予以停办，对定价征订的《小作家》等2种内部资料予以严重警告。广西对《南宁人大》收取工本费、《广西共青团》发文征订的问题提出整改意见，要求停止征订，全额退款。云南坚决停办了搞经营活动或强行征订、刊登广告的《云南卫生科技教育》《昆明税务宣传》《昆明税务》，对顶风违纪继续摊派征订的《镇雄报》《盐津报》进行了查处，予以停办并要求其如数退款。通过专项治理，进一步规范了内部资料的出版形式和使用范围，内部资料从总量上得到进一步压缩，遏制了利用职权摊派或变相摊派发行和刊登广告等违规行为。

停办和注销登记的记者站589家，暂缓登记145家。2005年1月，新闻出版总署重新修订发布了《报社记者站管理办法》《新闻记者证管理办法》，并会同中宣部、国家广电总局印发了《关于新闻采编人员从业管理的规定（试行）》，以法规规章的形式规定报社记者站和新闻采编人员不得从事出版物发行、广告等经营性活动，并对记者站进行了重新登记注册。内蒙古对40多家未办理重新登记的记者站予以撤销。山西对未通过重新登记注册的11家中央级记者站予以注销。辽宁注销了74家记者站。重庆对18家记者站暂缓登记，对问题突出的7家记者站予以撤销。山西对《中国煤炭报》驻太原、潞安矿务局、西山煤电集团、阳煤集团、大同煤矿集团的5个记者站进行合并。吉林对不符合条件的《中国环境报》《经济日报》驻长春记者站、《中华锦绣画报》和《珠宝首饰报》驻吉林记者站等4家记者站撤销了登记。安徽对《中国高新技术产业导报》《华夏时报》等10家驻皖记者站暂缓登记，对《安徽日报》驻铜陵有色金属公司记者站因无专人开展工作，予以撤销。宁夏回族自治区新闻出版局联合质量技术监督局等有关部门对《中国质量万里行》杂志驻宁夏记者站擅自扩大记者站工作范围，从事广告、拉赞助以及与新闻采访业务无关的经营活动进行核查，做出通报批评的处理，并责令其写出书面检查并整改。西藏自治区对《大众科技报》《中国工商报》和《中国邮政报》3家记者站，因相关审批手续不全予以注销。各地在清理整顿中严格审核驻站记者的新闻采编资格，控制记者站的人员数量。江西对《法制日报》江西记者站招聘人员达到30多人的情况提出整改要求。在清理整顿中，各地还重点清理了党政机关工作人员兼任记者站工作的问题。甘肃对《中国质量报》《中国文化报》驻站负责人为国家公务员的问题，要求报社立即更换负责人。坚决取缔了一批未经批准登记，擅自建立的记者站及其他以办事处、联络站、编辑部、记者站分站等名义开展活动的机构。

据21个省（区、市）统计，共查处撤销60家非法设立的记者站、办事处等，进一步规范了报刊社记者站的正常工作秩序，加强了记者站的管理。上海出台了《关于加强驻沪记者站审批和管理的若干意见》，对报刊社设立驻沪记者站加强了审批和管理，使记者站的管理工作日趋完善。河南在清理整顿中严格控制驻站记者人员数量，明确《人民日报》《光明日报》等8家主要报纸驻豫记者站人员数量原则上不得超过5人，其他报刊社驻豫记者站人员数量不得超过3人。通过对记者站人员和挂靠单位的清理整顿，有效地制止了报刊社记者站利用党政部门权力从事强行或变相摊派发行报刊、拉广告、拉赞助或与新闻采访业务无关的经营活动。

新闻出版总署还重新修订发布了《报纸出版管理规定》和《期刊出版管理规定》，其中补充了禁止报刊摊派的内容，为制止报刊利用行政权力发行提供了法规依据。

2004年3月，新闻出版总署向党中央、国务院提交了《关于治理党政部门报刊散滥和利用职权发行，减轻基层和农民负担工作情况的报告》，标志着治理整顿工作告一段落。

我直接参与了这次治理整顿，感慨良多。有人可能会觉得，不就是报刊摊派嘛，何须如此兴师动众？我的体会是非如此兴师动众不可！这次治理整顿的效果，不仅仅压缩了一大批报刊，减轻了基层和农民的负担，这也是一次出版行业回归出版初心的再教育，坚持出版方针的再学习，对于我国报刊出版业的管理体制、经营机制、结构优化、长远发展都将产生深远影响。近20年过去了，不再听到报刊摊派了，出版业的发展也已经是今非昔比，我国的报刊业在导向机制、市场机制的轨道上正向着未来奔跑。

# 查处违规报刊后的思考

作为一个新闻出版工作的管理者，把控舆论导向始终是第一位的职责。任何一个报刊谋发展，都有内生动力，只要加以引导，做好服务，一般不会有什么问题；而有的报刊，为了博得读者眼球，扩大发行量，不惜打"擦边球"，也有内生动力，不做好把控，就可能出现导向问题。从国家全局层面讲，一个报刊发展快慢，对大局无关紧要，但要是在导向上出了问题，就会对大局产生负面影响。所以，做管理工作，把握导向必须严，查处违规报刊决不能手软。这是我在新闻出版管理岗位上多年工作的切身体会。在我做管理工作的过程中，处理过一些报刊，有两个案件印象较深。

2003年6月6日的《北京新报》（《工人日报》所办子报）第23版刊登了题为《中国的七个恶心》的文章。该文对我国的政治制度，对我们党的领导干部、人民群众、人民军队以及媒体等进行恶毒攻击，成为敌对势力的传声筒，性质十分严重，影响十分恶劣。

据全国总工会报告，《北京新报》23版的责任编辑在家以电子邮件方式向报社编辑部发稿时，将一位在外企工作的朋友发给他的在境外网上流传的帖子（即《中国的七个恶心》）发给组版编辑。而该报主编助理在审稿时，因该版是文摘版，以为此文曾在其他媒体发表过，遂同意发稿付印。另据追查，这篇帖文最早见于境外反动网站,当时境内个别网站也有发现。

该期《北京新报》出版发行后,立即有读者向有关部门反映,有的给中央领导同志写信,对该文提出强烈批评。中央领导同志高度重视,作出重要批示,要求查清问题、严肃处理。全国总工会和工人日报社采取了一系列措施,尽全力收缴报纸,缩小影响范围;决定《北京新报》停办,并对有关责任人作出处理:给予该版责任编辑开除社籍、留社察看一年处分,调离编辑岗位;给予负责审稿的主编助理行政记大过和撤职处分,调离编辑岗位;给予《北京新报》临时负责人行政警告处分,免去其职务。同时,工人日报社在全社范围内开展了"人人守土有责"的大讨论,以统一思想,吸取教训,增强政治意识和把关意识。鉴于《北京新报》错误的严重性,国家新闻出版总署决定,注销该报刊号,取缔这张报纸。

《北京新报》刊登这篇文章,是一起性质恶劣的政治事故,严重违规违纪,违反了不得提前出版的报刊管理规定和不准公开登载从互联网上下载的信息的新闻宣传纪律。其主要责任在于报社领导放松把关,工人日报社对子报的管理存在严重疏漏。这个案子还暴露出该报相关采编人员的马克思主义新闻观淡漠、政治意识淡薄,特别是直接责任人缺乏应有的政治敏锐性和政治鉴别力,缺乏起码的新闻把关意识和能力。

从深层次看,一些报刊的主管主办单位和部门,在当时出现了放松管理的苗头和倾向。个别报刊无视党的新闻宣传纪律,有令不行、有禁不止,刊发观点错误的报道和文章,对明令禁止的报道进行炒作,却得不到主管部门及时、有力的查处。我曾经在多个场合讲过,现阶段我国报刊出版实行审批制,是一种政治制度安排,国家主管部门批准一个单位办报刊,就同时赋予这个单位一种政治责任。任何单位和部门，既然要办报刊，就要担负起主管主办的职责，做到守土有责、守土尽责，做好日常管理工作，任何时候、任何情况下都要把坚持正确舆论导向放在首位。

通过对《北京新报》的处理，新闻出版总署对报刊出版单位及其主管主办部门提出了如下要求：

一是要切实加强报刊出版单位的政治学习，增加政治意识。要组织报刊出版工作者认真学习党的新闻出版工作方针政策，学习中央关于新闻舆论工作的论述和指示，充分认识加强新闻媒体管理、坚持正确舆论导向的极端重要性，切实增强政治意识、大局意识、责任意识和阵地意识，自觉坚持新闻工作的党性原则，牢牢把握正确的舆论导向，绝不给错误思想言论提供传播渠道。

二是要在学习贯彻"三个代表"重要思想的过程中，继续深入开展马克思主义新闻观的学习教育活动。要旗帜鲜明地反对西方资产阶级所谓的新闻自由，下功夫解决一些编辑记者特别是年轻同志在新闻观方面存在的问题，增强他们识别和抵制错误思想侵蚀的能力，打牢从事党的新闻工作的思想基础。

三是要坚持和完善党管新闻舆论工作的体制。凡是领导体制不健全、不完善、不到位的，必须采取措施加以解决，切实加强报刊出版单位党的工作，从组织上保证党对报刊出版工作的领导。要切实发挥中央和省两级新闻出版宏观管理体系的作用，坚持谁主管谁负责的原则，严格实行责任追究制度。各报刊出版单位必须加强内部管理，进行一次认真的检查，从选题策划、组织采编、发稿审稿等各个环节建立健全规章制度，做到每个岗位、每个版面、每个栏目都有人把关，责任到人，确保落实。报社总编辑要切实负起"总把关人"的责任。

四是要建立新闻事故报告制度。出了问题要及时逐级上报，认真查处，不得隐瞒，不得袒护。

另一个案件是，山西《现代消费导报》向私人企业出卖出版权问题。

买卖报刊号现象的存在是舆论导向的一大隐患。一些报刊主办单位因缺乏资金，无办报办刊实力又不愿交出刊号，于是就想方设法向社会进行所谓筹集资金，出现了向私人企业和个人出卖报刊出版权的现象。以山西省社科院主管主办的《现代消费导报》为例。该报的前身是由山西省煤炭厅主管主办的《山西煤炭报》，属差额拨款单位，运行状况正常。2000年国家新闻出版署曾下文不允许企业办报，该报于2001年1月划转到省社科院，更名为《现代消费导报》。山西省社科院因没有办报的专门经费，于2001年5月，以融资为目的，向社会公开招聘社长。2001年6月，一家广告公司的老板被聘为社长，聘期为5年。据了解，该报招聘社长之举只是虚晃一枪，实质是把《现代消费导报》的出版权以10万元的所谓"管理费"出卖了，法人代表由社科院院长变更为广告公司老板，省社科院虽然仍是该报的主管主办单位，却完全放弃了对报纸舆论导向和经营管理的监督，报社的财务也由广告公司独立运行。这是一起典型的买卖报刊号案件。

该广告公司掌握这份报纸后，就打着"全省唯一一家拥有全国发行媒体的广告公司"的招牌，招揽客户，并与广告公司捆绑运作，大搞有偿新闻，使报纸沦为其敛财的工具。

据了解，该报聘任的社长任期不到2年，就擅自提出"辞职"，一走了之，给省社科院留下一大堆问题，可以说"鸡飞蛋打"。结果，被山西省新闻出版局责令其限期整改。

针对买卖报刊号的问题，国家新闻出版总署提出了加强和改进报刊管理的措施：

一是进一步明确报刊主管主办单位的条件和职责。制定有关细则，严格考察报刊主管主办部门是否具备自主办报刊的能力。对主管主办单位不符合要求的报刊，收回报刊号重新调配。

二是进一步整合报刊资源，引导更多报刊纳入报业集团管理。报业集团依托一家在当地有影响力的报纸，从报业管理、经营监管，到市场化运作，都有一套相对成熟的管理机制，能够有效保证报刊的经营方向和舆论导向。

三是严禁买卖报刊号，严禁私人办报办刊，加大对买卖报刊号行为的处罚力度。

从我管理报刊的实践来看，期刊在导向和违规方面出现的问题要比报纸多。我分管报刊后，依照有关期刊出版管理规定，2001年共查处违纪违规期刊42种，其中停办16种，停业整顿10种，对16种期刊给予警告处分；2002年查处期刊48种。2003年根据中央的统一部署，对报刊进行全面清理整顿以后，违纪违规现象明显减少，报刊出版行为进一步规范，有力确保了舆论导向。

我分管报刊期间，在中宣部的领导下，采取了一系列确保舆论导向的措施，如中宣部与新闻出版总署的"联席会议"制度，定期沟通情况、分析舆情、研究对策；"通气会"制度，及时将中央的指示精神和报刊出版工作中出现的问题，通报给报刊主管主办单位以及重要报刊出版单位；"谈话"制度，对出现舆论导向或严重违纪违规问题苗头的报刊出版单位以及主管主办单位，及时进行约谈告诫，或发"警告通知书"；报刊"审读"制度，2001年5月，新闻出版总署在宁波召开了全国报刊审读工作会议，会后发出了《关于进一步加强和改进报刊审读工作的通知》，建立健全了全国报刊审读网络系统，及时通报和处理审读中发现的问题。

2000年前后，少数报刊和出版社缺乏政治敏锐性和工作责任心，有章不循、把关不严，发表和出版了一些违反四项基本原则、违反改革开放政策、违反党的方针政策的错误观点的文章、图书。有的主张指导思想多元化，否定马克思主义的指导地位；有的鼓吹西方的民主和自由，否定党的领导和社会主义制度；有的鼓吹历史虚无主义，歪曲党和人民的奋斗历史；有的对改革开放持怀疑和否定的态度，等等。中央要求，对这些错误思想政治观点，绝不能听之任之，必须采取有效措施切实加强管理。在这期间，针对舆论导向问题，我也写了一些文章，如《指导新世纪出版工作的光辉旗帜——学习江泽民同志关于"三个代表"重要思想的体会》（原载2001年3月6日《中国新闻出版报》，《新华文摘》2001年第5期转载），阐述了"出版工作必须体现先进文化的前进方向"的观点。我认为，出版工作作为文化建设的重要组成部分，在新的历史时期如何体现先进文化的前进方向，是一个必须做出正确回答的严肃问题。先进文化中的"文化"是一个宏观文化的概念，包括社会的观念形态、生活方式、思想道德、科技教育以及各式各类的精神产品等，即物质文明建设以外的所有精神文明建设方面的内容。文化的价值取向，在一定程度上影响和决定着社会发展的方向。先进文化的建设与社会生产力的发展构成了社会进步的根本动力和根本标志，两者相辅相成、相得益彰。在当代中国，先进文化就是与建设有中国特色社会主义相适应的有中国特色的社会主义文化，它体现了时代前进的要求和中国社会发展的趋势。代表先进文化前进方向的文化，不仅有中国特色，而且具有世界性。因此，新的历史时期的出版工作必须以有中国特色社会主义文化为指针，始终不渝地体现先进文化的前进方向。为此，我提出"五个必须"：必须用马克思主义占领出版阵地，必须努力继承和发扬中华民族的一切优秀文化传统，必须努力学习和吸收一切外国的优秀文化成果，必须始终坚持"重在建设"的方针，必须深入持久地开展"扫黄打非"斗争。

《出版科学》2001年第3期发表了我的文章《发扬党的出版工作的优良传统》，该文是为纪念中国共产党成立80周年撰写的。文章认为：在中国现代史上，中国共产党领导全国人民经过艰苦卓绝的革命斗争，不但彻底改变了半殖民地半封建的旧中国的落后面貌，确立了有中国特色的社会主义制度，而且取得了社会主义现代化建设的巨大成就，中国已经从"一穷二白"迈向小康社会。我国的出版事业伴随着革命征程，焕发出新的生机，为建设社会主义提供了强有力的精神动力和智力支持，并且积累了适应社会主义现代化建设的丰富经验。党的出版工作的优良传统在新的历史时期得到了发扬和发展，概括起来主要是"五个坚持"：

一是坚持党对出版工作的绝对领导。我们是社会主义国家，出版工作是一个重要思想文化阵地。1983年6月，中共中央、国务院作出的《关于加强出版工作的决定》明确指出，我国的出版事业，与资本主义国家的出版事业根本不同，是党领导的社会主义事业的一个组成部分。并且指出，如果对社会主义出版事业的性质认识模糊，就不能很好地贯彻我们的出版方针，不能保证坚持出版工作的社会主义方向。因此，《决定》强调："中央和地方党委的宣传部门要强有力地掌握出版工作的方向和方针"，出版阵地的领导权必须牢牢地掌握在忠于马克思主义的人的手中，党对出版工作的领导只能加强，不能削弱。

二是必须坚持正确的舆论导向。出版工作中的舆论导向，最重要的是要体现党和人民的意志和愿望。舆论引导是党领导出版工作的一个十分重要的方面。党中央明确提出，一切宣传思想文化阵地，一切精神文化产品，都要宣传科学理论、传播先进文化、倡导科学精神、塑造美好心灵、弘扬社会正气，这就是出版工作坚持正确舆论导向的最基本的要求。为此，出版工作者要增强政治意识、阵地意识，严格把关、守土有责，绝不给有政治性错误的思想和言论提供传播渠道。

三是坚持以经济建设为中心。我们党始终代表着中国先进社会生产力的发展要求，出版工作必须坚定不移地把为发展社会生产力服务放在重要位置。为此，出版工作必须更好地为改革开放提供智力支持和舆论保证，必须更好地为科技进步服务，必须更好地为提高国民素质服务。

四是坚持先进文化的前进方向。马克思主义是当代先进文化的核心和灵魂，决定着先进文化的性质和前进方向，因此，首先要用马克思主义占领出版阵地；要努力继承和发扬中华民族的一切优秀文化传统。先进文化具有很强的延续性，任何一个国家的先进文化都不可能割断历史。有中国特色的社会主义文化渊源于中华民族五千年文明史，又根植于建设有中国特色社会主义的实践，不仅反映与体现了我国社会主义经济和政治的本质要求，而且反映与体现了中华民族的最根本利益。因此，出版工作要为继承和发扬中华民族的一切优秀传统文化作出新的贡献；要努力学习和借鉴一切外国的优秀文化成果。先进文化是全人类文明进步的结晶，是在不同文化相互激荡中发展的，具有鲜明的开放性特征。有中国特色的社会主义文化是面向世界的文化，是在继承和借鉴人类创造的一切优秀文化遗产基础上建立和发展起来的。因此，出版工作要始终不渝地坚持"洋为中用"的方针。

五是坚持全心全意为人民服务。党的出版工作从一开始就是以全心全意为人民服务为宗旨的。1921年9月1日，人民出版社在上海成立时，曾在《新青年》第九卷第五号上发表通告称："本社出版品的性质，在指示新潮底趋向，测定潮势底迟速，一面为信仰不坚定者祛除根本上的疑惑，一面和海内外同志图谋精神上的团结。"可见宗旨十分明确，就是把出版物作为团结人民、教育人民、打击敌人的有力武器。在社会主义市场经济条件下，出版工作坚持为人民服务的宗旨面临新考验。为此要正确处理好三个关系：一是要正确处理经济效益与社会效益的关系。社会效益第一，是我国出版工作的性质决定的，但是，社会效益不排斥经济效益。两个效益发生矛盾时，经济效益必须服从社会效益。出版工作要追求两个效益的高度统一。二是正确处理普及与提高的关系。我国目前普遍受教育程度还不高，提高全民族的科学文化素质迫在眉睫，这就决定了出版工作要把着眼点放在普及上，从选题到内容，从装帧设计到发行工作，都要把广大人民群众的最基本需要放在突出位置。科研成果、学术著作、文化积累、古籍整理等，虽然可能是为少数读者服务的，但也是出版工作的重要内容。三是正确处理抓管理与抓繁荣的关系。实践经验告诉我们，离开繁荣抓管理，管理工作就没有正确的方向；而放弃管理抓繁荣，也不可能实现真正的繁荣。要坚持"一手抓繁荣，一手抓管理"，而且"两手抓，两手都要硬"。

2000年初，应《光明日报》之约，我为该报的"书评周刊·书人茶苑"专栏撰文，其中多与舆论导向相关，如《关注出版风气》《出版奢靡之风不可长》《说"书评"》《出书人应多读一点书》《书品与人品》《战士与阵地》等。

2003年2月17日，我在第一期国务院部委主办的报社采编人员资格培训班的动员会上，作了《舆论导向是新闻工作之本》的讲话。其中讲到，我国至今尚未颁布新闻法，新闻工作的原则主要是通过党的文件以及行政规章来规范和约束的。涉及新闻工作的原则很多，我就新闻工作的基本原则归纳成六个方面：

一、坚持马克思主义的指导地位

我国的新闻工作是党和人民的喉舌，是重要的宣传思想文化阵地，加强和改进新闻工作，最根本的是坚持和巩固马克思主义在新闻工作中的指导地位，这是我们党带领全国人民始终沿着中国特色社会主义正确方向前进的重要保证。新闻工作只有坚持以马克思主义为指导，才能正确宣传贯彻党的路线方针政策，才能坚持正确的舆论导向，才能在新闻工作中践行"三个代表"重要思想。如果动摇甚至放弃马克思主义的指导地位，在指导思想上搞多元化，势必导致人心大乱、天下大乱，给党和国家带来灾难性后果。

坚持马克思主义的指导地位，最重要的就是在新闻工作中用马列主义、毛泽东思想、邓小平理论和"三个代表"重要思想武装全党，教育人民。江泽民同志提出，当前要特别注意从两个方面加强工作：一是及时总结党和人民在实践中创造的新经验和获得的新认识，有力地回答现实生活提出的、干部群众关心的重大思想理论问题；二是善于运用马克思主义观点同各种错误观点进行积极的斗争，帮助广大干部群众树立和坚定正确的思想理论认识。

坚持马克思主义的指导地位，必须坚持唱响主旋律，打好主动仗。我们讲的唱响主旋律，最主要的就是要高举马列主义、毛泽东思想、邓小平理论和"三个代表"重要思想的伟大旗帜，坚持用党的基本理论、基本路线、基本纲领宣传教育干部和群众，用爱国主义、集体主义、社会主义和艰苦创业精神宣传教育干部和群众，用一切有益于人们身心健康的精神产品占领思想文化阵地，大力弘扬社会正气和时代精神，以激励、调动和发挥人民群众建设中国特色社会主义的积极性，不断推进改革开放和现代化建设的各项事业。我们讲打好主动仗，就是要总结和运用好我们党领导意识形态工作的历史经验和新鲜经验，正确分析和认识社会主义初级阶段宣传思想领域的特点，遵循思想道德和文化建设的客观规律，坚持从实际出发，坚持重在建设，以积极进取、科学务实的态度，研究新情况，解决新问题。

二、坚持政治家办报

政治家办报的原则，充分体现了新闻工作的党性原则。政治家办报，就要求办报人员在新闻工作实践中有坚定的马克思主义立场，坚持马克思主义的指导地位。要坚定自觉地团结在党中央的周围，在政治上、行动上与党中央保持高度一致。要努力宣传贯彻党的路线方针政策，自觉践行"三个代表"重要思想的要求。要理直气壮地与各种错误的思想观点开展斗争，在大是大非问题上立场坚定、旗帜鲜明。当记者必须始终保持政治上的清醒和坚定。前些年，社会上一些与马克思主义、社会主义相违背的思想言论时有出现。有的公开鼓吹全盘西化，在政治上主张西方式的多党制和议会民主，在经济上主张私有化，在思想文化上主张取消马克思主义的指导地位，在价值观上主张极端个人主义；有的歪曲党和人民的奋斗历史，诋毁马克思主义，煽动对党和政府的不满；有的不负责任，出版格调低下、宣扬色情暴力、迷信颓废的影视作品和书刊；有的对改革开放持怀疑和否定的态度；等等。这些错误的思想言论尽管不能左右我们的舆论导向，我们新闻工作者仍然必须保持高度的政治警觉，增强政治敏锐性，提高政治鉴别力，加强政治纪律观念，绝不给违反四项基本原则、违反改革开放政策、违反党的方针政策的错误观点，以及危害人民群众特别是青少年身心健康的东西提供传播渠道。

三、坚持正确的舆论导向

舆论导向是新闻工作之本，我们要牢记江泽民总书记关于"舆论导向正确，是党和人民之福；舆论导向错误，是党和人民之祸"的重要指示，始终按照"三个代表"重要思想的要求，正确引导舆论。坚持正确的舆论导向，就必须坚持党性原则，坚持实事求是，坚持团结稳定鼓劲、正面宣传为主的方针，努力为改革开放和现代化建设营造良好的舆论环境。在搞好党的重大方针政策宣传的同时，一定要针对干部群众关心的热点难点问题，做好解疑释惑、提高认识的工作，引导群众正确认识形势，看到光明前景，积极参与和支持改革，自觉维护社会稳定。要以科学的理论武装人，以正确的舆论引导人，以高尚的精神塑造人，以优秀的作品鼓舞人。对社会热点难点问题不炒作、多引导，对敏感问题报道要谨慎、守纪律，对重大突发事件报道要讲事实、不抢发。

四、坚持为人民服务，为社会主义服务，为全党全国工作大局服务

这是中国特色社会主义新闻事业的本质体现。新闻工作的这一方针原则是一贯的。党的十六大报告指出：贯彻"三个代表"重要思想，本质在坚持执政为民，并告诫全党同志要牢牢把握这个根本要求。最近，中央政治局常委李长春同志在考察新闻出版总署工作时强调指出：新闻出版工作贯彻落实"三个代表"重要思想的要求，必须坚持以民为本。这是在社会主义市场经济条件下对新闻出版工作提出的重要指导方针，具有很强的针对性。"三个代表"重要思想、以民为本、"三服务"方针，是完全一致的，"三服务"方针体现了"三个代表"重要思想，以民为本集中体现了"三服务"方针，"三服务"方针的落脚点就是以民为本。当前，

新闻工作贯彻"三服务"方针，就是要把十六大精神宣传贯彻好，把"三个代表"重要思想宣传贯彻好，把全国人民的思想统一到十六大精神上来，把全国人民的力量凝聚到努力实现十六大提出的奋斗目标上来。

五、坚持新闻的真实性

新闻的真实性既是我国新闻工作的基本要求，又是我国新闻工作的优良传统。我国的新闻之所以有较高的公信度，是因为坚持了新闻的真实性。但是一个时期以来，新闻的真实性遭到了挑战，一是有偿新闻的侵蚀，二是有的记者作风漂浮，三是社会上出现了一批专门制造假新闻的人，四是互联网信息的影响。新闻的真实性是新闻的生命，对这个问题绝不可掉以轻心。

六、坚持党对新闻工作的领导

坚持党对新闻工作的领导是坚持新闻工作正确舆论导向，发挥新闻工作党和人民喉舌作用的根本保证。我们党有领导新闻工作的优良传统和丰富的经验，并且在实践中形成了一整套行之有效的工作思路、工作机制、工作方法以及规章制度。在新的形势下，要深入研究新闻工作的特点和规律，坚持解放思想、实事求是、与时俱进，积极探索做好新闻工作的新途径、新办法，提高新闻工作的公信度和感召力。我们坚信，在党的领导下，以"三个代表"重要思想为指针，必将开创中国特色社会主义新闻工作的新局面。

# 一次不寻常的"越洋对话"

2000年5月,梁衡同志调任人民日报社副总编辑,署党组对分工作了调整,由我分管报刊,接替梁衡同志工作。

我分管报刊后,了解了一下当时在华中外合作办刊的情况。从1978年开始,我国与外国已经有15种期刊在华合作出版,如《科学》(1978年经国家科委批准,由科技部与美国《科学美国人》杂志社合作,美方提供英文稿件和彩色胶片,中方翻译出版)、《商业周刊》(1986年经国家出版局批准,由中国对外贸易出版社与美国麦格劳希尔出版公司合作,外方提供稿件,中方负责选稿、翻译、编辑、印刷、发行,外方从广告收入中每期给予中方一定数量的资金)、《世界时装之苑——ELLE》(1988年经新闻出版署批准,由上海译文出版社与法国桦榭菲力柏契出版集团合作,外方负责购买版权、联系广告客户等,中方负责选材、编辑、印刷和出版)、《时尚》(1993年经新闻出版署批准,由中国旅游报社与美国赫斯特集团合作,中方独家买断美国《大都会》杂志中的图文版权,每期可任选其发表的图文,但不超过本刊内容的50%)、《米老鼠》(1993年经新闻出版署批准,由人民邮电出版社、北京报刊零售公司与丹麦艾阁萌国际集团公司合作,中外双方共同投资成立童趣出版有限公司,总投资50万美元,中方占51%,外方占49%,中方为法人代表)、《今日电子》(1993年经国家科委和新闻出版署批准,由电子工业出版社与美国IDG

2005年6月，在法国与桦榭菲力柏契出版集团总裁
热拉尔·德罗克莫雷尔先生合影

公司合作，合资成立"今日电子杂志社"，双方投资16万美元，中方占51%，外方占49%）、《搏》（1994年经新闻出版署批准，由中方新体育杂志社与法国桦榭菲力柏契出版集团合作，双方进行海外图文资料的版权和广告合作）、《英国医学杂志》（中文版，1998年经国家科委和新闻出版署批准，由中华医学会与英国医学杂志合作，外方提供原版杂志，中方编译出版发行）等。这些合作开阔了我国读者和办刊人的眼界，引进了科学技术，经营上也开辟了新途径。但这些合作基本上都是引进来的。当时我国除外文出版社从外宣角度有若干期刊发行到国外，或与国外有发行上的合作，其他期刊社还没有迈出这一步。

其实这个时候，我国已经有不少期刊办得不错了，特别是文化生活类的期刊，如《读者》《知音》《家庭》《女友》《青年文摘》《故事会》等，也引起国外同行的关注。我想，让我们的期刊主动走出去，与世界期刊界交流，这是迟早要走的一步。后来我了解到法国桦榭菲力柏契出版集团与上海译文出版社合作出版的《世界时装之苑——ELLE》比较成功，合作方对中国相当友好，并愿意进一步深化合作。于是，经桦榭菲力柏契出版集团中国区战略关系总监蔡荣生先生的牵线，我们与桦榭菲力柏契出版集团达成了开展培训交流的协议。2002年5月20日，我首次带领中国期刊代表团来到塞纳河畔，参加在法国桦榭菲力柏契出版集团的培训。这不是一般的培训，其实是一次中法期刊界的交流，一次很有意义的越洋对话。

2005年6月与法国桦榭菲力柏契出版集团国际秘书长
阿兰·沙斯塔尔先生在一起交流

菲力柏契出版公司由达尼埃尔·菲力柏契先生创立于20世纪60年代。公司从创建起就专门从事大众杂志的出版，尤其是针对青年和男性的杂志。20世纪90年代，阿歇特报刊子公司（又译为桦榭报刊子公司）与菲力柏契出版公司合并，组成了桦榭菲力柏契出版集团。提起桦榭菲力柏契出版集团，人们总会想起法国19世纪著名的出版商路易·阿歇特及其家族。1826年，阿歇特由于家庭经济拮据被迫中断法律学业，依靠借来的一笔资金创办了一家以其姓命名的出版社，一直从事出版和销售教育类书籍和普通文学类书籍的业务。1852年，阿歇特在法国首创了"车站售书亭"，买断了车站售书的专营权。随后车站售书亭遍布全法国，最多时有900个左右。1864年路易·阿歇特去世时，阿歇特出版社已成为欧洲最大的出版社之一。

　　桦榭菲力柏契出版集团已经发展成为一个国际化的集团。该集团在34个国家设立办事处，集团共有成员8400人左右，其中3600人在法国之外工作。集团在全世界出版220种杂志，其中妇女杂志70种，男性杂志10种，青少年杂志11种，大众杂志8种，旅游杂志5种，装饰和艺术杂志38种，时事和经济杂志7种，还有10种日报。全球每年的营业额高达24亿欧元，其中52%的营业额来自海外。在法国约有2100人从事杂志的出版工作，出版50种杂志，营业额8亿欧元左右。桦榭菲力柏契出版集团在法国已经成为首屈一指的杂志出版商。该集团在法国的发行方式主要靠零售，即在书报亭出售，但也可以预订。桦榭菲力柏契出版集团每年销售杂志3.4亿份左右，相当于每天销售100万份，约占法国期刊市场20%的份额。这是当时我们了解的情况，近十年来情况出现了变化，受数字化的冲击，纸质杂志出版发行在萎缩，他们在变革转型中。

桦榭菲力柏契出版集团出版的主要驰名品牌是享誉世界的女性杂志《她》（ELLE），以及由此衍生的刊物《她——装饰》和《她——餐桌》。另外，还出版了两种关于女孩的杂志《年轻与漂亮》和《伊莎》（lsa），出版了反映家庭生活的杂志《父母必读》和《时尚家庭》，反映生活方式的杂志有《家居杂志》和《花园与住宅》等。《巴黎竞赛》画报是由桦榭菲力柏契出版集团出版的一份周刊，主要刊登一些重大新闻和图片。2001年，桦榭菲力柏契出版集团开始出版由此衍生的刊物《中国竞赛》（Match en Chine），出版了有关平民百姓的杂志《法国星期日》和《巴黎揽胜》，出版的具有代表性的青年刊物有《世界11人》（Onze Mondial），这是一份足球杂志。此外，该集团还出版了一系列以美国迪斯尼制片公司影片人物命名的杂志，如《邦比》（Bambi）、

2002年与《故事会》杂志主编何承伟（右二）和《瑞丽》杂志常务副社长李春娅（右四）在法国培训班结业式上

《米老鼠杂志》（Journal de Mickey）和由它衍生的《温妮》（Winnie）、《明妮》（Minnie）、《皮克苏》（Picsou）等。出版的具有代表性的男性刊物《会晤》是一种摄影刊物，以及《马克西莫》；出版的休闲刊物有《电视7日》（周刊）、《首映》（电影月刊）以及《巴黎观察》等。2001年新出版的《一路平安》是一本国际性的旅游刊物，正在培育市场。

这次赴法国的中国期刊代表团成员，都是当时中国的名刊大刊的社长、总编辑、主编，有《读者》的彭长城、《故事会》的何承伟、《知音》的胡勋璧、《中国妇女》的韩湘景、《家庭》的郑谦、《中国社会科学》的秦毅、《十月》的王占君、《青年文摘》的张洪溪、《瑞丽》的李春娅、《缤纷》的刘蕴杰、《女友》的张若一、《中华医学会》的陈炜明、《共产党员》的艾广明、《海外星云》的苏放、《深圳青年》的董韶华，以及湖南教育报刊社的汤质良等。培训就在桦榭菲力柏契出版集团总部办公大楼举行。我在培训班开班仪式上有个简短致辞："在五月花季，一个生机盎然的季节，中国期刊代表团不远万里，来到有着悠久文化传统的法兰西共和国，向世界著名的桦榭菲力柏契出版集团学习取经，这是一件不寻常的事。之所以说不寻常，是因为在中国期刊出版的历史上，从来没有组织过如此强大的阵容，以如此独特的形式，进行过如此高层次的交流。参加这个代表团的成员，可以说都是中国期刊界的精英，他们在中国期刊出版工作中都已成就了一番事业。但是，面对期刊国际化的趋势，他们不甘落伍，怀着强烈的发展愿望，怀着虚心学习的诚意，以一个小学生的姿态，来参加这个培训班。我相信，以这次培训班为标志开通了中法两国期刊界的'热线'通道，两国期刊界之间的交流与合作，将翻开新的一页。

"中国的期刊事业近20年来,有了很大发展,9000多种期刊,年总印数近30亿册,可谓期刊出版大国。但中国的期刊数量多、规模小、力量分散、经营单一,品牌期刊少,缺乏国际竞争力,中国还不是一个期刊出版强国。中国期刊的人均占有量与世界发达国家相比,还有很大差距,巨大的市场潜力有待开发。中国期刊在国际期刊市场的占有量很小,与文明古国的地位极不相称,与中国蒸蒸日上的经济形势极不相称,中国期刊人有一种责任、有一种压力。中国加入世界贸易组织,为中国期刊的对外交流与合作提供了一个契机。也许正因为如此,才有这次中国期刊代表团的法国之行。我们为着友谊而来,为着学习而来,为着发展而来。共同的愿望,共同的利益,共同的目标,使我们走到了一起。我们将不虚此行,这一次培训班将在中国期刊的发展历史上留下足迹。"

桦榭菲力柏契出版集团总裁热拉尔·德罗克莫雷尔先生在开班式上表示:"首先请允许我以法国桦榭菲力柏契出版集团的名义欢迎你们来到巴黎,来到我们集团总部。我们非常荣幸地接待你们参加由桦榭菲力柏契出版集团和新闻出版总署联合举办的为期两周的培训。

"中国期刊代表团由新闻出版总署领导石峰先生亲自带队,代表团成员来自中国多家著名期刊社。桦榭菲力柏契出版集团领导以及所属主要子公司积极参与筹备培训班。每个讲课人为每次授课认真确定了主题,并精心安排了课程。这些都将为培训班能够取得成功奠定了基础。从上述几点看,桦榭菲力契出版集团和新闻出版总署非常重视此次培训。

"这期培训班是执行中国编辑培训计划中的第二次活动。第一期培训已于2001年9月在北京和昆明举办,取得了圆满的成功。

"按照中方领导和集团领导达成的协议,桦榭菲力柏契出版集团和中国的合作体现在以下四个方面:

1. 新闻出版总署与桦榭菲力柏契出版集团的领导将定期会晤。这些接触有利于双方之间的对话和建立良好的联系。

2. 通过我们期刊中发表的文章或专刊(《巴黎竞赛》画报),使全世界了解中国的历史和现状。我们希望翻译和出版中国作品,欧洲人一定会对这些作品感兴趣。

3. 培训中国编辑对我们来说是一件幸事,这一做法可以使我们与中国的业内人士交流经验。我们与新闻出版总署举办的培训班是一个为期五年的合作项目。

4. 我们集团要加强与中国在期刊版权方面的合作。我们很重视 15 年来同中国合作积累起来的经验。我们非常感谢新闻出版总署的宝贵建议和帮助。

"我们深信,在日益发展的世界中,中国将会在经济、文化和战略方面发挥举足轻重的作用。我再次表示法国桦榭菲力柏契出版集团与中国长期合作的决心,这一决心源自我们集团的战略决策。我们时刻准备与中国期刊交流经验,为中国期刊的发展做出我们的贡献。我们一定依照中国的法律法规办事,以此达到双赢的目的。"

热拉尔·德罗克莫雷尔先生的这一态度,表达了对双方合作交流的诚意和美好前景,为双方的进一步交往奠定了基础。通过双方的共同努力和筹备,2005 年,法文版《中国》杂志在法国正式出版,我还专门赴法国出席创刊发布会。合作方式是中方由中国新闻社提供内容,并为法方到中国采访和开发广告资源提供便利;由法方根据当地读者需求取舍中方提供的内容。这是中国期刊走向世界的一次创新尝试,也是第一次以这种方式向外国读者讲述中国故事。

培训结束回国，我要求每个人写一篇学习心得，并结集由上海文艺出版社出版，汤质良同志主动承担了此书的特约编辑工作。26万字的《越洋对话》，沉甸甸地凝结着我国期刊精英们的理想、追求、智慧、责任和担当。他们结合学习体会，联系自己所办的刊物，谋划未来的发展愿景，今天读来仍有一种冲动和力量。正如我在培训班开班致辞中所言："我们将不虚此行，这一次培训班将在中国期刊出版的发展历史上留下足迹。"尽管参加这次培训的人大多已陆续退出期刊一线工作岗位，但从这个集子里仍然可以读到那一代期刊人的梦想与追求。

《中国妇女》杂志社社长、总编辑韩湘景这样写道："在法国学习与考察的日子里，我不止一次地漫步在巴黎那条著名的香榭丽舍大街，感受世界时尚之都孕育和生长了《ELLE》和《Marie Claire》等引领世界生活和消费潮流杂志的香艳氛围；眼前来来往往的各种肤色、衣着各异的男人特别是女人，我在想，王府井、淮海路离香榭丽舍大街的路还有多远？在蓝色海岸之滨一家可以俯瞰海港的豪华餐厅里，我沉浸在对落日即将逝去的美丽的执着的注视中，不为法国大餐的精美所动，我真的感觉到杯中的法国红葡萄酒和宾主友好的笑容里，流淌的是竞争和强者生存的规则和双方为了自己而努力了解对方的诚意。在配有同声翻译和提供免费茶歇的总部会议厅中，桦榭菲力柏契派出最强阵容，非常有效率地为我们讲授从媒体集团管理、媒体收购、国际投资到各种管理工具的使用，甚至手把手地讲解一本杂志的创刊，倾其经营理念和经验。我在翻阅笔记重读法国同行对中国期刊培训团的真诚和友好时，脑海里一闪而过的是，我们对桦榭菲力柏契来说是伙伴还是对手？"

她在回顾了自己办刊的心路历程后写道:"《中国妇女》经历了一个非常痛苦和困惑的时期。在风起云涌的一轮又一轮市场逐鹿中,《中国妇女》也曾高一脚低一脚地人云亦云,但是更多的是对当然大刊的自恋和不愿面对现实的固执己见。年复一年,读者用选择购买的行为,警示《中国妇女》的日益加深的市场危机,在期刊市场上,没有说法和自我感觉,在公平交易的市场份额面前,刊刊平等。我们彻底放下大刊的架子和包袱,研究世界期刊发展轨迹,查阅了大量媒体业资讯,反复聆听了业界专家和成功者的理论观点、实战状况和经验教训,学习国内快速发展的办刊和经营经验,认真分析《中国妇女》杂志社在中国期刊的舞台上和市场中,究竟身处何处?有何优势?在中国文化产业化的背景下,有何发展的机会和可能?我们开始有了清晰的思路,逐渐形成了组建女性多媒体集团的思路和发展战略。"

她不无感慨地说:"如果注定要办杂志,办女性(生活、消费)期刊在今天这样一个消费日益扩大和加深的年代里,应当说是期刊的黄金领域之一;如果注定要办女性杂志,在全国妇联的背景下和在《中国妇女》杂志社的平台上,凭借中国妇女系列传媒多媒体的实力、资源和互动功能,创办和拓展妇女生活类期刊,也应当说是国内不可多得的条件之一;如果注定要加入国际竞争,我国加入世界贸易组织之后的过渡期和国家期刊审批制的存留期,将是中国期刊人无论如何也不能丧失的最后机遇之一。"

《瑞丽》杂志社常务副社长李春娅的文章起了一个颇有文学意味的标题《见贤思齐——访法感悟》。她说:"20世纪80年代,《世界时装之苑》(《ELLE》)在中国出版,它带给当时刚刚开始涉足时尚期刊编辑的我以强烈的震撼——精美的图片、隽永的文字、优雅的文化,让我又一次领略了法国现代文化和潮流。可以说,《ELLE》开拓了我的视野,将我带进了女性时尚期刊的天地。《ELLE》在中国的出版、发展,促使我们在创办《瑞丽》之初,形成了一个比较清晰的发展方向:走与《ELLE》不同的路线,补充《ELLE》没有的内容。《ELLE》不仅是法国桦榭菲力柏契出版集团创造的奇迹,也是世界期刊界的一个奇迹。《ELLE》是如何成为奇迹的?这个奇迹背后是怎样的人在怎样的运作和管理期刊?更是我一直想深入了解的问题。机会就在不经意间来了,2002年5月20日至6月3日,我有幸作为《瑞丽》杂志社的代表随中国期刊代表团,在《ELLE》的故乡、法国著名出版集团桦榭菲力柏契出版集团进行了为期两周的培训,实地参观了《ELLE》编辑总部,有机会近距离了解《ELLE》和桦榭菲力柏契出版集团其他品牌期刊的发展和国际化历程。

"法国方面非常热情地为我们安排了听课和实地考察,这些活动使我们深受教益。桦榭菲力柏契出版集团多年来积累的经验和原则以及规范的程序,在创办、管理、经营、发展期刊方面,建立了一套比较完备、高效的模式。我感到桦榭菲力柏契的成功,对中国期刊业的发展以及对《瑞丽》今后的发展有很大的借鉴作用和诸多的启迪,对于我们寻求更为高效的发展道路是大有裨益的。"她学习回国后结合他们的团队创建期刊品牌的历程,认为有两点特别重要:

"一是国内期刊要在日益开放的世界期刊市场上与国际品牌期刊竞争并胜出,必须形成国际承认的真正的品牌。品牌是一个期刊直接号召吸引读者的亮点所在,而高质量、高品位、高转载率、切合目标读者的期刊内容则是期刊品牌所赖以最终'征服读者'的'杀手锏',持续、稳定、优异、出众的期刊内容更是养育期刊品牌的生命源泉。反过来,当期刊品牌真正确立后,期刊又主要是通过品牌的力量来占领市场、赢得读者、征服广告客户的。因为期刊内容的竞争实质上是一种智力加'市场嗅觉'的竞争，这种以内容为王，创建强化品牌，并以品牌驱动市场的战略至关重要。

"二是要有自己的'绝招'，要拥有我们自己的自主知识产权。法国桦榭菲力柏契出版集团的实践证明，期刊出版者只有成为文化与时尚创新的组织者和主导者，才能练就真正属于自己的'绝招'，创立有生命力的自主时尚文化和确立自主知识产权，并以此作为扩张的基础。回顾20世纪90年代国际传媒集团的收购兼并浪潮，无一不是围绕着媒体品牌和知识产权而展开的，而他们的国际化经营也无一不是通过品牌来进行的。

"这两点是中国期刊发展中应该注意的关键问题。如何创建与国际品牌并驾齐驱的中国期刊品牌，是摆在中国期刊界面前的严肃课题，也是中国期刊如何立足于世界期刊之林的大问题。"

对此她在文章中谈了三点体会：品牌期刊的基石——清晰准确的期刊定位；品牌期刊的灵魂——个性鲜明的编辑内容；品牌期刊的保障——严密规范的管理体系。

《女友》杂志社社长张若一的文章题目是《学习 比较 思考》。她写道："来到桦榭菲力柏契集团学习，收获很多，尤其是国际企业集团的大规模运作，现代化管理以及那种浓郁的艺术、文化和商业相交融的气息，都和他们的国都——巴黎一样，给我留下了深刻印象。培训的时间有限，学习交流的内容很多，结合自己刊社的情况，谈一点儿浅显的感触。

"《女友》杂志社新世纪第一个三年规划——《女友》再创新三年规划中提出，我们的奋斗目标之一是'变经营规模为规模经营；变经营品牌为品牌经营；变经营资本为资本经营'。这些在我们看来还要通过艰苦努力才能实现的目标和理想，在桦榭菲力柏契集团已成为现实。也许他们的今天就是我们的明天，但我们更希望我们的明天不是他们今天的翻版，我们的明天就是我们自己的明天。"

她在分析研究规模经营时谈道："小规模经营是初始经营的模式，经营的商品单一，经营成本较高，不能很好地发挥其优势，抵御市场风险能力差。规模经营则是在企业群的基础上经营资源共用，优势互补，可以降低生产成本，加强科研开发能力，及时调整企业结构，不断扩展业务势力，缩减市场多种风险，从而使企业实现优厚的经济效益和深远的社会效益。"她在研究桦榭菲力柏契的发展过程后指出："国际期刊发展的轨迹及趋势表明，伴随人们生活水平的提高和文化市场的丰富多彩，期刊也将逐步朝着品种多样、内容小众化、广告专业化、装帧精美化的方向发展。一本刊物，简单的经营模式是无法与国际传媒集团相抗衡的，中国期刊的规模经营势在必行。《女友》杂志社在编辑出版刊物的同时，先后成立了广告、发行、设计制版、文化开发等经营公司，并在北京、杭州、深圳、济南、悉尼、温哥华等地建立了工作站，形成了以经营媒体为主的跨地区、跨行业的经营网络。"这说明《女友》杂志社已经意识到规模经营的重要性，并正在朝着这个方向努力。关于品牌经营，张若一认为："品牌的形成是从无到有，从小到大，是企业有形资产及无形资产的积累过程。品牌经营则是在完成经营品牌基础上对品牌进行深度开发、继续拓展的商业行为。这种行为是在适应社会发展，符合客观规律的基础上得到实现的。"她在听了桦榭菲力柏契出版集团对品牌的执着追求后，好像遇到了知音，更坚定了《女友》走品牌经营之路的信心。她写道："《女友》经历了15年的创业发展后，以它健康的办刊理念和创新的发展思路，使《女友》形成了个性化的风格和独有的特色，灵活的用人机制和严格的管理制度锻炼培养了《女友》队伍，保证了《女友》全方位的质量。《女友》得到了上级领导的肯定，受到了广大读者的欢迎，获得了较好的经济效益和社会效益。如果说，较好的社会影响给《女友》带来的是一定的品牌效应，那么品牌经营就是《女友》要走的发展之路。"资本经营是桦榭菲力柏契出版集团又一成功之策。她认为，"中国传媒的管理体制有它的特殊性，进入资本运行有一定的难度，但还是值得探讨的。"

《青年文摘》主编张洪溪的《访法随感》，这样记述他对桦榭菲力柏契出版集团的印象："法国桦榭菲力柏契出版集团的总部坐落于巴黎西郊，是一座银灰色的高大的现代化玻璃幕墙大厦。走进总部大门，一股清新优雅的气息扑面而来，大厅墙面柔和时尚的色调，物件摆设流畅起伏的线条，大幅装饰壁画和众多明星艺术照片组成流动跳跃的视觉冲击力，尽显这座具有近180年历史的书刊老店浓郁高雅的文化底蕴。……桦榭菲力柏契出版集团不断进取创新的精神，给来访者留下了深刻印象。阿歇特的后人在老阿歇特奠定的基础上，不断拓展出版帝国的疆域，进入20世纪90年代后，扩张的步伐明显加快……经过多年的持续努力和不断扩展，路易·阿歇特的后裔——桦榭菲力柏契出版集团现年56岁的总裁兼董事总经理德罗克莫雷尔先生，已将该集团发展成为一个横跨传媒各个领域的庞大的国际化出版集团。"他通过参观学习，把桦榭菲力柏契出版集团的经营特点归纳为：经营范围广泛，经营重点突出，经营策略高超，经营手段先进。他说："此次出访是在中国期刊出版工作者认真贯彻落实中央有关文件精神，进一步深化文化体制改革的大背景下进行的，是中国期刊界人士在走出国门、走向世界进程中迈出的重要一步，是近年中国期刊界对外交流中的重大活动之一，是中国期刊界的主要领军人物对当今世界最高水平的期刊出版产业集团的一次近距离的全面系统的学习和研究。"

《家庭》期刊集团党委副书记、管委会副主任、副总编辑郑谦文章的标题是《中国期刊：如何从"小作坊"到全球化——考察法国桦榭菲力柏契出版集团的启示与思考》。她说："中国期刊能否做强做大？如何做强做大？这是近年来上至新闻出版总署领导，下至办刊人都在不断探索与思考的问题。近20年来，尤其是随着中国加入世界贸易组织，已有多家外国期刊以各种方式在中国内地着陆，在中国的市场与中国期刊'短兵相接'，期刊的全球化浪潮就这样汹涌而来，势不可挡。中国办刊人该如何应对？我有幸参加中国期刊代表团赴法国，对桦榭菲力柏契出版集团（以下简称HFM）进行为期半个月的学习与考察。HFM非常重视，派出26名高层管理人员分别向我们考察团介绍其经营管理及运作的经验。这次考察，我们真切地感受到中法期刊之间巨大的实力落差。震惊之余是冷静的思考。"她的思考与启迪用三个充满深意的小标题来表达：

一、印象：市场，市场，还是市场。她认为："在国内，能用数据和图表准确地描述自己执掌的刊物在市场中的位置的办刊人，的确少之又少。这种状况不是妄自菲薄。国内大多数办刊人由于缺乏调研意识，往往是跟着感觉走，只凭经验去评估市场，难免犯经验主义的错误。相比之下，HFM十分理性，他们的每一项决策都建立在充分的市场调研的基础上，他们每时每刻都关注全球市场的千变万化。"在培训班上，HFM对欧洲期刊市场、法国期刊市场以及国际资本市场都做过详尽的介绍。她认为，人家对国际国内期刊市场的变化，自己旗下期刊在何时何地所占份额"如数家珍"，这就是HFM成功发展之所在。

二、经验：品牌，品牌，还是品牌。她说："考察团在法国逗留了15天，三分之二时间是在HFM巴黎总部关门听课，三分之一时间是到南方参观考察印刷厂、物流配送中心和报业。这15天给代表团成员最强烈的感触是：品牌，品牌，除了品牌还是品牌。百年老店HFM是世界一流的出版集团，年营业额达80亿欧元，经营范围包括图书、杂志、报纸、电台、互动式数字电视、互联网、杂志分销、广告、图片库等等。该出版集团经营的最大特色是，在每个经营的领域内都拥有高技术及有名的品牌，它拥有享誉世界的品牌杂志《ELLE》，它是全球最大的出刊分销商，它的广告公司是全球三大广告公司之一，它的图片库是世界三大图片库之一，等等。"她对HFM打造品牌的战略策略、运作模式及其管理，印象十分深刻，并作了深入的分析研究。我看了她的详尽记录，对她的敬业精神、专业精神十分赞赏。

三、思考：创新，创新，还是创新。她根据HFM的经营管理经验，结合我国期刊管理运行体制机制的实际，提出了七个方面创新的思考：（一）进一步改善发展环境。她提出"路有两条：要么解除体制机制的束缚，允许有能力做强做大的期刊在全国范围内进行兼并重组；要么解除计划体制，让所有期刊在市场中栉风沐雨、发展壮大"。（二）为国际化奋斗。她认为："办刊人应从战略的高度，把国内市场按国际标准做，从业务、运作到人才都必须国际化，否则，就会在中国自己的市场失去竞争力。"（三）寻求可持续竞争优势。她认为"这种竞争优势是镶嵌在企业内部的，不可克隆、模仿，也无法超越"。她联系《家庭》杂志实际，认为"如果《家庭》能走家居、旅游、家教、美食等细分市场的办刊之路,前景将十分可观。可惜因为刊号仍属紧俏资源,《家庭》因此无法走细分市场的道路,也难以发挥可持续竞争的优势。"(四)摆脱"小作坊"模式。她认为:"国内大多数期刊还处在'小作坊'办刊阶段,一个编辑部几个人编稿,给作者的稿酬毫无吸引力。这样的现实状况,要吸引高质量的稿件谈何容易,更不用说实施大的选题策划了。《家庭》若要融入期刊全球化的潮流,从观念到做法都须向世界名刊靠拢。"(五)广告经营亟待走出误区。她针对媒体之间大打广告价格战,广告业的生态环境遭到空前破坏,提出"广告要走出误区,最佳的方案是为广告客户提供更好的服务。如《ELLE》为客户提供广告有效性监测、读者消费行为习惯调查等等"。(六)管理手段应与国际接轨。她说:"利润是硬道理,如何通过管理出效益是令许多刊物掌门人头痛的问题。HFM运用收入与成本明细表进行管理,为我们提供了很好的范例。若没有与国际接轨的理财能力,对期刊的一切管理就会失去评估的尺度。"(七)中国期刊呼唤职业经理人。她认为:"在国内的办刊团队中,文字编辑出身的人居多,即使进入管理层,看不懂财务报表的也比比皆是。随着出版改革的深入,期刊的产业属性日益显著,刊社的市场化程度越来越高,越来越需要规范的经营和管理,因而对办刊人的要求也越来越高。刊社的领导人除了具备基本的领导素质,还必须具备管理才能、经营特长和专业知识,因而期刊业对职业经理人的需求日益强烈。"

快20年了,参加这次中国期刊代表团的成员中,目前仍坚守在办刊一线的就剩郑谦一人了。最近我与她微信联系提起这次"越洋对话"之旅,她仍然很感慨:"那是一段十分珍贵的经历,是人生丰厚的滋养,感谢石署长带领我们走过。"

中国期刊人在讲台上与法国同行分享来自不同文化传统的中国期刊的办刊理念和经营之道，也引起了他们的浓厚兴趣。桦榭菲力柏契出版集团总裁热拉尔·德罗克莫雷尔先生在培训班结业仪式致辞时说："我在此告诉大家，我的同事向中国朋友学到了很多东西。中国期刊的快速发展、不断完善、更专业化以及中国业内人士所做出的努力，都表明培训计划值得继续下去。"

《读者》杂志主编彭长城作了《〈读者〉：读者的心灵读本》的演讲。他说："法兰西的历史文明与源远流长的中华文明一样，成为世界文明的重要组成部分。值得骄傲的是，《读者》作为中国发行量最大的期刊，20多年来，刊登了大量的法国和有关法国的各类作品，将法国丰富的历史、文化和现实生活介绍给中国人民。从这点来讲，《读者》早已成为连接中法两国的纽带和使者。"他向法国同行介绍了《读者》的成长历程后说："关注人的内心世界，追求和坚守人性化理念和文化内涵，是《读者》成功的秘诀……世界缤纷多彩，但人性是互通的，人性中的真、善、美就是连通你我的共同语言。《读者》应当成为读者的心灵读本。中国著名的文化学者、作家余秋雨曾经对《读者》有这样一个评价：'它的大多数篇目，只是挖掘出了许多普通人蕴藏在心底的点滴美好；这些美好并不壮丽却纯净得不掺杂质，因此可以一篇篇、一期期地融合在一起，组成一个独立的精神天地；执掌这个天地的主角不是悲剧英雄、凌世超人或深思智者，而是平民百姓。'《读者》正是做到了这一点并始终坚守，从而受到了大众的欢迎和钟爱。"彭长城的演讲赢得了法国朋友的热情掌声。

上海文艺出版总社社长何承伟与法国同行分享的，是他长期研究国内外出版业发展积累的认知，对中国期刊未来发展做出的判断："中国正在迎接第三个期刊发展高潮的到来。"他认为："改革开放20多年来，中国期刊在前20年尽管竞争激烈，但从历史发展的角度来看，总体上还是相对平稳。进入21世纪后，中国期刊这种相对平稳的局面已经被打破，从现在起大约到2010年，中国期刊界将会进入一个发展变化快、格局不稳定的阶段。不仅9000多种期刊都要在市场竞争中找到各自的位置，已经实行国内外合作出版的期刊也将以其强劲的实力参与这种竞争。中国期刊的真正挑战到来了。当然，中国期刊所面临的机遇也到来了。"他对国内外期刊发展进行深入分析后提出："中国有巨大的期刊市场，在市场的推动下，我们总有一天会创造出代表东方人的世界性的品牌期刊！"这是中国期刊人的雄心壮志。现在回过头来看，何承伟的研判基本上是正确的，被此后十几年的实践所证明。进入21世纪以后，我国期刊业在品牌期刊带动下持续发展，期刊总印数从当年的29.51亿册，到2015年的33.48亿册，达到了峰值，定价总金额252.68亿元，也是前所未有的。数字化对纸媒的冲击几乎超出了所有人的预料，从2016年开始，期刊总印数逐年下降，期刊广告严重流失，期刊经营出现空前困难。但我仍然坚信"电子化不能取代书面杂志"，纸质期刊可能会进入一种更优雅的文化形态。风物长宜放眼量。

《知音》杂志社社长兼总编辑胡勋璧的演讲的题目是《〈知音〉：品牌的成长与规模化发展》。他向法国同行介绍了知音品牌规模化经营的四个层次的格局：第一层次是核心层——《知音》杂志；第二个层次是知音系列，先后创办了5种子刊；第三个层次是与期刊出版相关的产业——知音系列子公司；第四个层次是战略性投资项目。同时，他还介绍了《知音》成功的两点体会：变革与创新——品牌成长与规模化发展永远的动力；低成本扩张与以品牌期刊为先导——知音品牌规模化发展的重要策略。对知音品牌的未来他充满期待："在未来的五年，我们将采取'一体两翼'的发展战略。所谓'一体'就是将品牌杂志《知音》进一步做强做大；所谓'两翼'就是形成知音系列期刊产业群和立体开发多元产业。知音系列期刊产业群由文化综合类系列刊、时尚生活系列刊、经济与生活科技系列刊等三个系列刊群组成。我们所要立体开发的多元产业有广告业、发行业、印刷业、影视业、教育业和房地产业等。"他的这些想法和认知，使听者感到，一个实力强劲的期刊集团正呼之欲出，受到法国朋友的赞赏。

代表团的每一个成员的文章都有亮点。艾广明的文章《与期刊产业俱进发展的党刊》、刘蕴杰的文章《在期刊出版竞争中有所作为——巴黎期刊培训、考察随想录》、陈炜明的文章《他山之石　可以攻玉》、苏放的文章《欧美期刊发行方式的观察与思考》、董韶华的文章《品牌开路——法国HFM市场战略管窥》、汤质良的文章《为了期刊事业长盛不衰——访法归来谈夯实期刊集团化的基础》，等等。文章各有千秋，只因篇幅所限，不能在此分享。

为了适应改革开放的新形势,有更多中国期刊能够"走出去",2010年4月，中国期刊协会曾向新闻出版总署对外交流合作司提出实施"期刊越洋工程"的建议。

## 关于实施"期刊越洋工程"的请示

新闻出版总署对外交流与合作司：

根据新闻出版总署关于实施"走出去"战略的要求，中国期刊协会经与部分期刊社商议，拟在期刊界实施"期刊越洋工程"，现将我们的意见报告如下：

一、实施"期刊越洋工程"的必要性

1. 实施新闻出版"走出去"战略，期刊是不可或缺的重要组成部分，但是迄今为止，只有极少数期刊自发地进行过尝试，缺乏组织协调工作，收效甚微。实施"期刊越洋工程"，在业界可以起到号召和示范作用，对于扩大新闻出版"走出去"战略的影响，促进期刊业更快发展，提升我国文化软实力，都具有积极的意义。

2. 期刊"走出去"对于提升我国国际话语权具有独特的作用。图书"走出去"以后，一般更多地进入图书馆，对于扩大我国文化影响力当然很重要。期刊"走出去"以后，一般能在社会上流传，影响面更宽更直接；而且期刊文章短小精悍，观点鲜明，对读者的渗透力更强，直接影响社会舆论。实施"期刊越洋工程"，有助于国际社会更快更便捷地了解真实的中国。

3. 实施"期刊越洋工程"也是我国期刊业自身发展的需要。改革开放三十多年了，我国期刊仍然远离国际市场，作为期刊出版大国，特别是我国正在向出版强国迈进，这种状况是很不相称的。因此，通过实施"期刊越洋工程"，适时地推进期刊国际化进程，到国际期刊市场上去历练，对于发展我国期刊业实属当务之急。

二、实施"期刊越洋工程"的可行性

1. 随着我国国力的提升，国际影响力的增强，国外想接触、想了解中国的人越来越多；同时，大量华侨、侨民也迫切需要了解祖国的发展，而期刊是他们了解现实中国的一个重要窗口。这个国际国内的大环境，使实施"期刊越洋工程"成为可能。

2. 多年来，一些学术期刊出版了外文版，开始在国外发行，只是没有进行有效的推广；一些通俗类期刊也通过各种渠道、方式，向海外华人发行；同时，有的期刊集团或期刊社，经过多年积累，具备了一定的经济实力，正准备到海外去寻找市场。这些条件和尝试，为实施"期刊越洋工程"打下了基础。

3. 新闻出版总署积极推动"走出去"，一些期刊社也期盼着去尝试，有一定的主动性和积极性，这也是实施"期刊越洋工程"非常重要的条件。

三、"期刊越洋工程"的实施意见

坚持"实事求是，循序渐进，持之以恒，以求实效"的方针，争取五年少有成效，十年大见成效。

前五年分两步走：从2010年5月开始，选择10种期刊（科技类5种，通俗文化类5种），进行尝试。经过两年的实践，到2012年5月进行效果检查和总结，再选择10种期刊（学术类5种，社科类5种），进行第二阶段的部署，争取在阅读层次和影响面上有所突破。

第一步拟选的10种期刊是：

1.《中国神经再生研究（英文版）（Neural Regeneration Research）》，卫生部主管，中国康复医学会主办，2009年11月与世界前五大出版公司之一的荷兰威科集团（Wolters Kluwer）签订协议，全部出版文献在Ovid数据库平台电子销售，目前已在全球2000多个机构用户发行使用。已经组成国际化编委会，面向国内外发行，在学科内有较大影响，争取成为国际学术品牌期刊。

2.《细胞研究（英文版）》，中国科学院主管，中国科学院上海细胞生物学研究所主办，JCR中影响因子4.217，是目前国内同类刊物中最高的，有望成为国际学术品牌。

3.《地质学报（英文版）》，中国科协主管，中国地质学会主办，创办多年，有一定国际影响，中国科协推荐。

4.《中国药理学报（英文版）》，中国科协主管，中国药理学会、中科院上海药物研究所主办，论文被引率较高，已有较高国际影响力。

5.《中华医学杂志（英文版）（Chinese Medical Journal）》，中华医学会主管、主办，有独立网站（www.cmj.org），全文上网，实行OA出版，与PubMed数据库的链接，使用网上审稿系统（www.ecmj.org.cn），2009年底引进ScholarOne网上审稿系统，供国际作者投稿。被SCI核心版收录，2010年被国际医学期刊编辑委员会（ICMJE）新增为会员期刊。

6.《知音》，湖北省妇联主管，湖北知音传媒集团主办，已经实行转企改制，中文繁体字版已经在加拿大出版发行，在国外华人圈中有较大影响，今后仍主打国外华人市场。

7.《女友》，陕西省妇联主管，女友传媒集团公司主办，2001年《女友（澳洲版）》在澳大利亚悉尼创办，2003年《女友（北美版）》在加拿大温哥华创办，积累了一些经验，如能支持一把，影响会进一步扩大。

8.《读者》，读者出版集团主管、主办。该刊为目前国内发行量最大的期刊，中文版在美国、德国、英国、法国、加拿大和我国香港特区均有发行，有望在国外华人市场占有一定份额。

9.《烹饪艺术家》，教育部主管、中国人民大学主办，中英文版已经在美国、加拿大出版发行，拟推动该刊在更多华人市场发行，传播中国烹饪文化。

10.《中国国家地理》，中国科学院主管，中国科学院地理科学与资源研究所及中国地理学会主办，日文版在日本成功发行，《中国国家地理》的法文版、英文版版权的谈判正在加紧进行。

四、政策支持建议

1.将这10种期刊纳入新闻出版总署实施"走出去"战略规划，以进一步扩大这些刊物的社会影响力和知名度。

2.每年给这10种刊物一定的资金支持，起到鼓励和带动作用。

3.这10种刊物如为实施"走出去"战略需要刊号资源，请新闻出版总署作为特殊情况给予支持。

以上意见妥否，请批示。

中国期刊协会<br>2010年4月30日

这次"越洋对话"以后，我国又成功举办了第36届世界期刊大会，第二届、第四届亚太数字期刊大会，中国期刊正受到越来越多国际认可。从"越洋对话"到提出"越洋工程"，是中国期刊"走出去"战略的一个路线图，只可惜，这个建议因种种原因未能实施，但中国期刊"走出去"的步伐并没有停止。

# 率团访问考察日本出版业

上世纪90年代以后,对日本出版业曾经有人发出"出版王国世纪末的无奈"的哀叹,但仍不失为世界出版强国。据国际权威机构统计,20世纪末,全球图书出版销售总额约为800亿美元,美国以261.27亿美元,名列第一;德国以97.37亿美元,名列第二;日本以91.26亿美元,名列第三;中国以18.67亿美元,排名在英国、法国、西班牙、韩国、巴西、意大利之后,位列第十。在以销售额排名的世界出版集团十强中,德国的贝塔斯曼集团名列榜首,日本讲谈社以16.5亿美元,列第十位,小学馆以15亿美元,列第十一位。全日本有4600多家出版社,其中78%集中在东京,千人以上的大出版社有30多家;日本全国有2800多家书店、17万个销售网点,是世界上书刊发行网点分布最密集的国家;日本每年出版新书63000余种,市场在售图书50余万种,发行15.7亿册;日本全年出版杂志3655种,市场在售3000余种,发行51.2亿册。日本的期刊业占出版业的半壁江山,有的年份甚至超过图书出版业。改革开放以后,日本是第一个与我国合作出版的国家(1979年开始,人民美术出版社和日本讲谈社合作出版大型彩色旅游摄影画册《中国的旅行》,共5卷),也是第一个为我国培养出版发行人才的国家(1984年开始,讲谈社为我国培训出版研修生,持续多年,有57人接受了培训。受训人员后来大都成为我国出版行业的骨干)。因此,长期以来,我国出版与

2003年11月率团访问日本，代表团成员与日中文化交流协会事务局局长佐藤祥子合影。右一为陈实，左一为余昌祥，左二为王福珍（翻译）

日本出版联系交流比较多。

  2003年11月9日至11月14日，应日本中国文化交流协会邀请，我率中国出版代表团对日本进行了为期一周的考察访问。代表团成员包括新闻出版总署报刊司司长余昌祥、人民画报社副总编辑陈实、中国国家地理杂志社执行总编辑单之蔷、新闻出版总署外事司处长王福珍、新闻出版总署办公厅秘书任道远。在访问期间，代表团参观访问了16家在日本出版界具有重要地位的出版社、印刷公司和书店。这些出版印刷发行单位都是中日两国出版交流的积极倡导者和参与者，他们对中国不断发展的出版业和潜力巨大的出版市场有着深厚的兴趣，对中国出版代表团的访问也表现出极大的热情。

在参观访问过程中，中国出版代表团深入了解了日本出版界在长期市场化经营中形成的管理模式、经营理念及其面临的突出问题。在各种场合的交流中，我充分表达了新闻出版总署对中日出版界开展文化交流的高度重视和良好愿望，以及对中国出版业发展前景的坚定信心。此次访问以中日友好为前提，以历史交往为基础，以业务交流为纽带，以相互学习为目标，增进了两国出版界的友谊，拓宽了沟通信息的渠道，也加强了两国出版界在各自产业发展框架内开展合作的信心。

作为本次交流活动邀请方的日中文化交流协会，成立于1956年，当时日本政府对华采取敌视政策，中岛健藏（文学家）、千田是也（话剧导演）、井上靖（作家）等在日本知识界负有盛名的对华友好人士，克服重重困难，广泛团结了一批要求日中友好的文化界人士和社会团体，积极开展对华交流活动，为1972年两国邦交正常化做出了贡献。

此后的几十年里，日中文化交流协会一直致力于促进中日两国文化界的友好往来和业务交流，架设起了一座促进中日之间不断加深了解和友谊的桥梁。在该协会的努力下，从1964年商务印书馆原负责人（临时身份）王益同志带领中国印刷代表团访问日本开始，至2003年，已有20个以出版业为交流主题的中国代表团访问过日本出版界，1991年，我就曾随时任国家新闻出版署副署长的卢玉忆同志访问过日本。日本出版团组对中国的访问也不曾间断。这种友好互访即便在我国的"文化大革命"时期也没有中止过。

日中文化交流协会作为这些友好交往活动的组织者和策划者，见证了中日两国出版界在近40年的友好交往中不断加深了解、增进友谊的过程，也形成了一套有效的交流活动模式。全程陪同此次访问的日中文化交流协会事务局局长佐藤祥子女士工作敬业、经验丰富、安排周详，体现了该协会对中国出版界的真挚友情和细致了解。佐藤女士安排代表团访问的出版单位大部分为协会团体会员，协会通过向会员收取会费作为活动资金，定期邀请中国代表团访日、组织日本出版界人士访华，安排两国出版界以各种方式见面、交流。1991年以来，协会将两国出版界高层人士隔年互访作为主要活动方式固定下来，新闻出版总署作为我国的新闻出版行政管理机关，遂成为中方参与出版交流活动的主体。

由于日本采取的是完全市场化的出版管理体制，没有专门管理新闻出版的政府部门，再加上日中文化交流协会和中国出版界的历史渊源，以中国政府出版代表团与日本民间出版界人士进行交流，就成了两国出版界的一种主要交往形式。随着我国出版改革的不断深化和出版产业的迅速发展，日本出版界在本土市场日显颓势的情况下，对与我国出版单位进行商业合作的兴趣也在不断增加。此次中国出版代表团再次访问日本，日中文化交流协会的众多团体会员都要求代表团前往参观、进行交流，协会为平衡会员们的要求，不得不增加访问单位，缩短每次访问的时间，这也从一个侧面表现出了日本出版界对中国出版业的重视。

自11月9日至13日的5天时间里，代表团共参观访问了16家出版单位，其中出版社5家，分别为日本经营规模处于前列的综合性出版社讲谈社和小学馆，以及岩波书店、朝仓书店、有斐阁等3家以出版文学、学术书籍为主的出版社；日本最大的两家出版物流企业：日贩王子流通中心、东贩集团；日本规模最大的两家印刷企业，凸版印刷和大日本印刷；零售和连锁书店5家，分别是规模较大的八重洲图书中心、今井书店、三省堂书店以及主要销售中文图书的东方书店和内山书店；图书馆1家，鸟取县米子市立图书馆；出版培训机构1家，由含今井创办的书籍学校。此外，在日中文化交流协会的邀请下，代表团还会见了在日本新闻界具有重要地位的日本经济新闻社。

对于这些日中文化交流协会的会员来说，与中国出版界进行各种形式的交流早已成为"传统项目"。代表团所到之处，总能在参观、交流中发现两国密切文化关系的"史料"和两国出版界人士礼尚往来的"线索"。比如，在三省堂书店的介绍材料中，发现"三省"两字出自《论语》里的"吾日三省吾身"；在与鲁迅先生有着深厚渊源的内山书店门口，有郭沫若先生题写的店匾；在讲谈社有其培训过中国出版人员的名单；在米子市图书馆有2002年中国新闻出版总署向"日本第17届国民文化节"赠送的图书，等等。

代表团在广泛结交新朋友的同时，也没有忘记曾经为中日出版交流做出卓越贡献的老朋友。代表团参观了井上靖纪念馆并与其亲属会面，表达了对井上靖先生的怀念之情；在访问小学馆时，我特别看望了第一批到中国访问的访问团成员相贺彻夫老社长，向他表达敬意和问候，老先生深受感动。日中文化交流协会也对代表团这种"不忘旧情"的情怀，大加赞赏。

在11月13日日中文化交流协会组织的招待会上，中日两国出版交流活动的开拓者、曾多次受到我国领导人接见的协会常务理事白土吾夫先生以带病之身出席，我与他进行了亲切交谈，热情赞扬他为两国文化交流做出的贡献。面对100多位日本出版界和文化界长期对华友好的代表人物，我对他们表示由衷的敬意和感谢，再次表达了对以白土吾夫先生为代表的老一辈日本友好人士的赞扬之情。我在讲话中回顾了日中文化交流协会在促进中日

2003年11月访问
日本参观内山书
店留影

两国出版交流方面富有成效的工作，对日本出版界取得的成就和奋发有为的精神表示高度赞赏，并展望了中日两国出版界交流活动美好的未来。与会日方人士对和代表团的这次深入交流表示满意，到过中国访问的日方出版单位负责人纷纷向代表团表示，双方要继续努力，不断深化彼此之间的了解和合作。因为我曾于1991年访问过日本，所以参与交流的许多日方人士都能讲出不止一段可与代表团分享的经历。在这种富有"历史感"的友好氛围中，虽然访问时间短暂，代表团仍能真实地感受到两国出版界友好交往可以不断深入的前景。

人与人之间的往来是文化交流的重要途径，出版活动的相互借鉴是文化交流的重要载体，而这种交流体验又可以延伸和扩展到更大范围的社会群体，这是中日出版界友好交往能够绵延不断的一个重要原因。以中国出版界和日本讲谈社的合作为例，1962年，我国的文物出版社为讲谈社所出日文版《中国美术全集》供稿，以合作出书的方式开辟了中日出版界文化交流的道路。"文化大革命"之后，在我国出版业百废待举的时候，1979年，人民美术出版社与讲谈社合作出版《中国之旅》大型摄影画册，带动了中国旅游出版物的出版。1980年，文物出版社与讲谈社又合作出版《中国博物馆》，1983年再次合作出版《中国书籍大观》。此后，与讲谈社合作出版的中国出版社不断增加，以合作出版的形式向日本读者推荐介绍中国文化的精品图书越来越多，为促进两国人民相互了解和友谊，起到了不可替代的作用。

随着中国出版改革的不断深化和出版物市场的日益丰富，成为中日两国出版合作越来越重要的推动力。与此同时，出版业的高科技、数字化进程，以及大众文化的盛行，也为两国合作出版开辟了许多全新的领域。比如，《人民画报》有日文版的《中国视野》;《中国国家地理》杂志则有在日本发行、输出版权的日文版,且有一定的发行量。我国出版社与讲谈社版权合作的杂志《秀With》和《昕薇》在中国市场广受欢迎。比如,通过版权引进的日本村上春树的《挪威的森林》是2003年中国畅销书排行榜上的新宠,而日本引进版权的中国乐队"女子十二乐坊"唱片,在日本销售超过了百万张;日本凸版印刷株式会社与故宫博物院合作的数字化虚拟现实项目《紫禁城·天子的宫殿》,已成为建筑物、文物数字化的经典之作,等等。这些合作项目为中国出版走向国际市场提供了现实的注释,也为中日两国出版合作开辟了新的视野。

  在我国的文化体制改革中,我们强调占有市场和引导读者之间的统一性。中国出版在对外交流合作中,唯有尽可能多地增加出版物输出,才能更有效地传播中国文化,讲好中国故事。我记得,在1997年初召开的全国新闻出版局长会议上,辽宁省新闻出版局局长于金兰介绍了辽宁出版集团到加拿大多伦多办书店、建公司的情况,引起了与会代表的极大兴趣。时任国务委员李铁映同志在与代表们座谈时,提出了中国出版要造大船、漂洋过海、走向世界,更使这个话题成为代表们议论的热点。在2006年9月26日国务院新闻办公室和新闻出版总署在北京联合召开的报刊业"走出去"座谈会上,我曾提出了中国在对西方发达国家的文化信息传播中有三个"不对等":一是文化传播的深度和广度与中国对外经济发展的水平不对等,使得我们在输出项目、商品、技术等硬件的时候,缺乏文化、观念以及意识形态等"软件"的支持;二是中国对外文化信息传播的力度与西方向中国传播文化信息的力度不对等,造成了中西方文化交流乃至政治、经济交往中的"信息不对称",西方那些与其国家意志相混杂的文化价值观念随着商品输出进入中国，而中国的国家意志、传统文化则很难进入到国外的主流社会；三是现有传播渠道的影响力及深入程度与外国民众了解中国现状的需求不对等，对于那些想要进一步认识中国的外国人和想要在中国投资的跨国企业来说，他们能够接触到的媒体并不能完整而深入地反映中国社会发展的全貌。因此，中国出版"走出去"应该成为一种长期战略。

此次访日接触到的种种情况，使我们意识到，要想今后的中日出版交流可持续发展，就需要对过往的合作交流进行认真的总结，在总结的基础上更深入地研究思考一些问题。比如，如何正确、客观地看待文化的多样性？如何把握引进和输出的关系？如何实现输出文化产品的本土化？等等；需要更务实地推进合作项目，不能空谈，不满足于增进友谊，不能人一走茶就凉，就没有动静了。中日文化有良多同源性，可以交流合作的内容很多。我国出版业正处在改革转型的重要时期，需在尊重出版产业发展规律的基础上进行产业规划、结构调整、体制建设、市场开发和新技术应用，日本出版业的先进经营理念和兴衰发展历程，值得我们借鉴。为此，代表团回国总结时提出了几点启示性的建议：

（一）正确把握市场。日本出版业是完全以市场为导向的，他们自己说，有经验，也有教训。日本出版业也曾经出现过从高度发达到停滞不前的困境，其原因是多方面的。他们在与我们交流中曾谈到，盲目追求市场的结果，不一定能带来真正的繁荣，还可能导致拼数量而忽视质量的恶性循环。1994年，我国出书突破10万种，步入出版大国行列。10万多种书对我们这样一个人口大国来说多不多？不多。但是就我国当时的编辑力量来说，多了。出版的图书中，内容重复、大同小异、粗制滥造，甚至低俗无聊的书占了相当部分。所以，当时提出了"出版业要从以品种数量增长为主要特征的阶段向以质量效益为主要特征的阶段转移"。这是尊重市场的选择，收到了一定效果。但是到了1998年，图书出版品种又出现了大幅增长。日本出版业的困境警示我们，出版业在高速发展中，一定不能单纯追求品种数量，否则，带来的必然是虚假繁荣，是资源的浪费和效益的滑坡。

我国正在进行出版体制改革试点工作，将出版物推向市场是改革的一个重要方向，也是加快我国出版业发展的根本途径。这就要求我们必须更全面地认识市场在出版产业发展中的正面效应和负面效应。我们要创造长期的出版市场需求，而不是满足简单的阅读需要；要在发展市场的同时，加强对出版业总量、结构、布局的调控，政府管理这只手不能缺位。

（二）优化出版结构。我们在访问座谈中了解到，为了追求市场效益，日本出版业把专业图书市场和高教图书市场拱手让给了外国出版社，而没有着力培育国内的专业、教育出版社，大众图书出版业成为其出版业的主要力量。这种出版结构使得日本出版业日渐娱乐化、简单化，杂志、漫画当道，书籍出版不断衰落。

中国出版业的结构也存在着十分突出的问题：一是教材教辅图书在出版销售收入中所占比重过大；二是出版社的专业化程度不高，没有形成专业细分市场，知名出版品牌不多；三是出版机构和出版品种同质化严重。出版业的结构在很大程度上影响出版物市场的培育和出版业的长远发展。因此，在改革中，我们必须注重对出版结构的优化，通过市场和行政两只手合理配置出版资源，有效解决结构失衡问题。

（三）培育细分市场。日本期刊业异常发达，其中一个重要的秘诀就是市场细分化，这是日本出版业带给我们的有益启示。日本光文社的《JJ》系列女性杂志，其成功的关键就在于对受众进行了合理的细分，并密切关注每个层面受众的成长与需求。他们说，"完全站在读者的角度，按读者的需求来做杂志"，并"始终坚持抓住真正的读者，长期关注她们的生活方式和思想，随着她们的成长提供给她们不同内容的杂志"。我国类似的时尚类杂志在定位方面则还不够成熟准确，没有能够很好地抓住受众的心理与需求，没有像他们那样对读者"关心备至"。

培育细分市场不仅是期刊出版的需要，也是整个出版业发展过程中的必然趋势。那些能够找准市场定位的出版单位往往就能获得长久的发展动力，这一点已经为越来越多的出版单位所证明。比如，金盾出版社几十年来就瞄准农村农民的生产、生活需求出书，开辟普遍认为很难的农村图书广阔市场，取得了超乎想象的成功，就是一个例证。我国出版业想取得进一步的繁荣发展，就必须进一步地对图书、期刊等出版单位进行细分化、专业化的市场定位。

（四）建设物流体系。随着我国出版业的繁荣发展，出版物流体系建设已经逐渐成为出版改革的一个重要课题。我们在日本参观访问中看到，成熟的出版物流通体系对于节约成本、提高效率、扩大市场占有和协调供需关系，具有十分巨大的作用。新中国成立以来，我国的图书、期刊物流体系分别是以新华书店与邮政为主渠道建立起来的，改革开放以后，虽然有了民营渠道、自办发行等作为补充，但已经很不适应出版业发展的需要，显现出各种弊端。特别是地区分割现象十分突出，出版物销售的分布情况也极不平衡，严重阻碍了全国性统一开放的、公平有序竞争的大市场的形成。此外，出版物销售的信息化水平还不高，目前还只有少数出版单位能够实现对出版物流通情况实施监控，远未形成一个可以通过销售实时监控、及时调整库存和出版策略的信息传递体系。

报刊发行的地区性限制,一直是阻碍我国报刊业发展的一个重要原因,缺乏适应市场环境的全国性报刊物流系统,正是这种"割据"状态产生的根源。日本的杂志报纸之所以能够在这样一个人口比我国少得多的市场里,拥有世界领先的发行量,就在于其"中盘"拥有方便快捷、信息准确的物流配送体系,这对于我们提高报刊发行量也具有十分现实的借鉴意义。

中日出版界的交流合作已经有了坚实的情感基础和关系纽带,相信在今后的交往中,在友好交流、互相学习的道路上会走得更远。

## 都市报曾经的辉煌

在我分管报刊的那些年，是我国都市报最辉煌时期，发行量大，广告多，社会影响面广，年广告收入过亿的不止一两家，多的有几亿元。有一段时间，不少报业集团经济上主要靠都市报，当时就有"小报养大报"的说法。而且诸多重磅社会新闻常常是由都市报引爆的，对管理部门来说，都市报就像个"顽皮的孩子"，总爱惹点儿事。

说起都市报，我就想起了席文举同志。他原来是《四川日报》的副总编辑，是他和其他几个人于1995年1月，率先创办了由四川日报报业集团主管主办的《华西都市报》，他担任了第一任总编辑。《华西都市报》创办4年，期发行量就超过了50万份，年广告超过1亿元。当时一纸风行，蜚声报坛，在报界产生了一股"都市报冲击波"。全国的都市报如雨后春笋般兴起，到处请席文举同志讲课，他的讲话、文章被有的人当教科书，还有人说他开启了一个"都市报时代"。1997年，由广州日报报业集团创办的《南方都市报》也异军突起，一举成名，到2005年，其广告营业额达到惊人的14.2亿元。2006年，首届中国传媒创新年会对《南方都市报》的评价是：大胆接触和报道现实问题，敏锐捕捉、追踪社会时尚与潮流，有思想深度，贴近生活，可读性强。

其实，都市报在我国出现之前，很多省会城市都在20世纪50年代办有晚报，如《成都晚报》《羊城晚报》等，上海的《新民晚报》1929年就创办了。有的省会城市办得晚一点儿，如浙江的《钱江晚报》1987年才创办，但发展也很快。绝大多数晚报的定位是：党报的补充，读者对象更市民化一些。其内容既有时政新闻，也有社会新闻，还包括市民生活咨询、健康娱乐等，成为许多市民"茶余饭后"的读物。由于晚报是下午出版，与日报有个时间差，适合一部分读者的阅读需要，特别是老年人，到点儿了就买张晚报看看，成为一种生活习惯。

都市报的兴起，正应了"差异化"竞争的经验之谈。它与党报主流媒体的区别是在内容上，都市报更注重社会新闻、更贴近生活、更接触民生、更追逐潮流。在改革开放以后，人们的价值取向更趋多元，追求个性、追求生活成为一部分年轻人的时尚，都市报及时适应了这种社会变化。它与晚报的区别在于报道手法上，有些社会关注度大的民生、社会新闻，不惜篇幅作连续的、深度的报道，符合民众探求真相的心理，抓住了读者；在版面的处理上，特写大照片，通栏大标题，也颇吸引人们的眼球。而晚报由于内容定位、报道形式、版面风格等都已既成套路，调整起来不容易，一时间受到都市报一些冲击。

任何事物都有两面性。都市报在快速发展中，也出现过不少问题，成为管理部门关注的重点。有的追求轰动效应，炒作社会新闻，出现导向问题；有的借舆论监督之名，对企业进行敲诈，严重损害媒体信誉和形象；有的热衷于低俗的生活方式，对社会风气带来不良影响；有的报道失实，甚至搞假新闻，社会影响恶劣；有的进行恶性竞争，影响报业健康发展；等等。1997年创办的《南方都市报》发展很快，影响很大，出的问题也比较多。我记得2001年，当时石宗源署长到任时间还不长，因出现导向问题，约《南方都市报》负责人来北京谈话。那次谈话比较严厉，我也在场。《南方都市报》的负责人作了一番检讨和自我批评，并且提出了改进措施，包括人事调整等。

2001年4月10日至12日，我在成都主持召开了全国都市类报纸座谈会，有60多家都市类报纸总编辑和部分省新闻出版局负责同志参加。会议就都市报的现状、问题、发展趋势及对策进行了广泛深入的讨论，《华西都市报》《北京晨报》《楚天都市报》《南方都市报》《上海星期三》《都市消费晨报》等报的总编辑在大会上作了发言。会议认为，近几年来，中国报坛出现的"都市报现象"不是偶然的，是新形势下深刻的社会变革出现的"四个多样化"（经济成分多样化、组织形式多样化、就业方式多样化、利益关系和分配方式多样化），引起人们对精神文化生活选择的多样性的反映。自1995年1月四川日报报业集团创办了《华西都市报》，并获得初步成功以来，仅仅6年时间，都市类报纸已经发展到100余家，形成了可观的都市报群体。都市类报纸的办报思路、报道形式、内容风格、经营模式等，对整个报界产生了不少影响。会议对都市类报纸迅猛发展及在大众媒体中产生的影响作了积极评价：一是拓宽了党的宣传舆论阵地；二是壮大了党报实力；三是丰富了人民群众的精神文化生活；四是培育了报业市场。我认为，都市报的兴起对中国报业的改革、发展，作为一种探索有着积极的意义。会议提出的"树都市报形象，为主旋律和声"的要求是很及时、很必要的。会议认为，都市类报纸当前存在的重要问题，首先是品位问题、格调问题和导向问题，其次是结构和竞争问题。都市类报纸存在的这些问题，主要原因是队伍的素质问题，政治意识、政治责任感还不够强，对媒体的喉舌功能认识不到位，在舆论导向把握以及新闻真实性问题等方面，都表现得不够成熟。同时，工作中有时对新闻的判断、对新闻价值的认识，往往只以市场为取向。会议对如何有效防范都市报纸"小报化"倾向，如何优化报纸结构，如何规范市场竞争行为等问题进行了认真讨论，提出了一些解决问题的对策。我在讲话中对都市报提出了坚持"五变五不变"的要求：一是办报的体制可以变，党对报纸的领导不能变；二是报社的经营机制可以变，坚持社会效益第一的要求不能变；三是办报的思路可以变，政治家办报的原则不能变；四是报纸的定位可以变，弘扬主旋律的要求不能变；五是报道的视角可以变，党和人民喉舌的功能不能变。

这次座谈会对于引导都市类报纸健康发展，发挥了积极作用。多年以后还有人提起这次会议，提起"五变五不变"的要求。

2001年7月3日，新闻出版总署又发出了包括都市类报纸在内的《关于进一步加强社会文化生活类报刊管理的通知》，为确保正确舆论导向提出了八项要求：

（一）坚持正确的舆论导向。社会文化生活类报刊是党的重要宣传思想文化阵地，担负着宣传党的路线、方针、政策的任务，必须坚持正确的舆论导向，以正确的舆论引导人。在出版过程中，必须与党中央保持高度一致，严格遵守党的新闻出版方针和宣传纪律，严格执行国家对报刊出版的有关法规、规章。严禁在报刊上登载以下内容：（1）否定马列主义、毛泽东思想、邓小平理论指导地位的；（2）违背党的路线、方针、政策的；（3）泄露国家机密、危害国家安全、损害国家利益的；（4）违反民族、宗教政策，危害民族团结，影响社会稳定的；（5）宣扬凶杀、暴力、淫秽、迷信和伪科学，政治导向错误和内容庸俗、格调低下的；（6）传播谣言，编发虚假新闻，干扰党和国家工作大局的；（7）其他违反党的宣传纪律和违反国家出版管理、广告管理规定的。

（二）坚决制止虚假报道。社会文化生活类报刊登载社会新闻、纪实类稿件较多，在编发稿件时，必须按审稿制度严格把关。采用通讯员所写的新闻、纪实类稿件，要由报道涉及单位出具"稿件属实"的证明。转载其他报刊和出版物内容，必须向原刊发的出版单位或传播媒体详尽核实稿件来源情况，确定无误，方可转载。报刊登载虚假报道，无论何种原因，都要追究报刊社责任。

（三）实行持证上岗制度。新闻出版总署将会同有关部门建立健全报刊岗位规范，总编辑（主编）须符合规定的任职条件，编辑、记者以及广告、发行人员一律要经过培训、考核，持证上岗。有关部门要不间断地对报刊社从业人员进行马克思主义新闻观的教育，促进其政治思想素质的不断提高。

（四）落实领导责任制。社会文化生活类报刊的主管部门和主办单位，应根据《关于出版单位的主办单位和主管单位职责的暂行规定》，牢固树立政治意识、责任意识、大局意识，切实加强对报刊社的领导和管理，对宣传的社会效果负责。要确定专人和专门机构负责报刊管理工作，及时传达上级的有关精神，定期听取报刊社汇报，认真把握导向。所管报刊出现重大问题，主管部门和主办单位领导须承担责任。

（五）严格执行违规报刊警告制度。一个省、自治区、直辖市如一年内出现两个以上被中宣部、新闻出版总署责令停业整顿的报刊，下一年度则不得增加新的报刊品种，也不得办理报刊更名等事项。对严重违纪违规报刊要坚决撤销登记。

（六）继续调整报刊结构。各省、自治区、直辖市要根据事业发展需要和当地报刊市场的实际情况，继续调整结构，合理布局。对那些导向错误和格调低下、质量不高、发行量不大、两个效益都不明显的社会文化生活类报刊，要坚决停办。

（七）加强审读工作。各级新闻出版管理部门要进一步建立和完善审读制度，组建审读机构和审读队伍，在全国形成健全的审读网络体系。当前，要把学术理论、时事政治、文化生活、文学艺术、文摘等类报刊作为审读重点。严格执行重大情况报告制度，不报或迟报造成严重后果的，要追究有关领导责任。

（八）进一步规范报刊市场。各省、自治区、直辖市要对非法出版物加大查处力度，同时对内部资料性出版物和印刷品广告进行一次彻底清理。凡内部资料，一律不得定价、不得在市场上销售；凡印刷品广告，必须符合广告法规要求，不得有非广告信息，不得以报形、刊形出版；未经批准，在港、澳、台登记的报刊，一律不得在大陆征订销售。违反上述规定的，一律视作非法出版物予以取缔。

为了确保文化生活类报刊正确的舆论导向，根据报刊发展态势，还采取过多种措施，应该说，这一道道防线、一道道"工事"是很严密的。事实上，此后这十几年，我国报刊的发展总体上是健康的、平稳的、有序的，没有在导向上出现重大问题。

2005年7月20日，在宁夏召开了第十届全国都市报（晚报）总编辑年会，我在会上作了《把都市类报纸办成构建和谐社会的生力军》的讲话。2005年8月11日《中国新闻出版报》、《中国出版》2005年第8期发表了我的这个讲话，中国社科院的《新闻战线》2005年第9期也摘要发表。我讲了三个问题：

一、都市类报纸是构建社会主义和谐社会一支不可或缺的力量

都市类报纸是深入都市社会生活、贴近市民需求的大众化媒

体，它植根于百姓，服务于百姓，以其对民生的了解、对民情的关注，以及广泛的报道领域和丰富的社会信息，成为都市人生活中的重要伙伴。据统计，2005年全国出版的1926种各类报纸中，党报438种，占全国报纸总量的23%，晚报、都市类报纸285种，占15%，已经成为我国第二大报纸门类；因此，在构建社会主义和谐社会中，都市类报纸是一支不可或缺的力量。

我认为，都市类报纸要在构建社会主义和谐社会方面更好地发挥作用，就必须深刻理解党和国家的重大方针政策。构建社会主义和谐社会，是党的十六大和十六届三中、四中全会提出的重大战略决策。形成全体人民各尽其能、各得其所而又和谐相处的社会，是巩固党的执政地位的社会基础，是实现执政党的历史任务的必然要求。构建社会主义和谐社会的提出，使建设中国特色社会主义事业的总体布局，更加明确地由社会主义经济建设、政治建设、文化建设三位一体，发展为社会主义经济建设、政治建设、文化建设、社会建设四位一体。

2005年2月，胡锦涛总书记在省部级主要领导干部"提高构建社会主义和谐社会能力专题研讨班"上发表了重要讲话，对构建和谐社会的重要性进行了深入阐述：从国内看，在人均国内生产总值突破1000美元之后，我国的经济社会发展进入了一个关键阶段。在当前和今后相当长的一段时间内，我国经济社会发展面临的矛盾和问题可能更复杂、更突出。我们必须正确应对这些矛盾和问题，花更大气力妥善协调各方面的利益关系，正确处理各种社会矛盾，大力促进社会和谐。从国际上看，国际形势继续处于深刻复杂的变化之中，既给我国的改革发展带来了难得机遇和有利条件，也存在着巨大的挑战和风险。构建社会主义和谐社会，是我们把握复杂多变的国际形势、有力应对来自国际环境的各种挑战和风险的必然要求。所有媒体包括都市类报纸，要站在全党全国工作大局的高度，以构建和谐社会为己任，在化解矛盾、关注民情、促进稳定方面，发挥应有的作用。

## 二、明确定位、把握导向、提高品位、改善经营，是都市类报纸发展的方向

我们说都市类报纸是构建社会主义和谐社会一支不可或缺的力量，这是从都市类报纸的优势和应承担的社会责任来讲的。就世界范围内都市类报纸发展的历史和我国的现实状况来讲，这类报纸也有其弱点，会对和谐社会产生一些不利的影响。对此，我们要有清醒的认识，要站在更高的层面来看待这个问题。我们强调都市类报纸内容的贴近性也好，强调其市场规律性也好，作为执政党的媒体，都不应该完全陷入经营报纸的狭隘立场，而是要站在党执政兴国的高度，把办报作为构建社会主义和谐社会过程中的一项神圣事业。从长远来看，在日渐激烈的都市类报纸竞争中，自觉融入社会发展进程，推动社会进步，把报纸办成和谐社会的有机组成部分，也是都市类报纸求得可持续发展的必然选择。为此，我提出四个方面的要求：

（一）明确定位，把都市类报纸办成普通百姓喜闻乐见的主流媒体，包括读者定位和内容定位。

读者定位是经营性定位，明确给谁看的问题；内容定位则是社会性定位，要明确你的报纸在社会运行中要发挥什么样的作用，应该承担什么样的社会责任问题。要做到：（1）都市类报纸要保持深入百姓生活的本色。要深入到百姓生活中去，把大家感兴趣的话题找出来，通过报纸正面呈现给百姓，使都市类报纸成为

百姓的"连心桥"。（2）都市类报纸要树立服务群众利益的意识。向读者提供新闻是一种单向的服务，而通过报纸为读者解决生活中的困惑是一种互动式的服务，这是都市类报纸赢得读者信赖的关键，赋予了都市报一种人格化的品质，充当了公众利益的代言人。这体现了"以人为本"的办报理念。（3）都市报要正确开展舆论监督。反映社情民意、开展舆论监督，是都市报获得社会公信力的一个重要原因。舆论监督必须坚持党性原则，坚持实事求是，坚持为人民服务、为社会主义服务、为全党全国工作大局服务，牢牢把握正确的舆论导向，否则有可能走向反面。对都市报来说，这是有深刻教训的。（4）都市报也要担负起宣传思想阵地的责任。我之所以提出都市类报纸要做百姓喜闻乐见的主流媒体，就是说都市报不仅要做到百姓爱看，还要担负起宣传党和国家大政方针的责任；不仅要反映社情民意，还要用正确的舆论引导人。2001年4月，在成都召开的都市报年会上，针对有人提出"大报靠导向，小报走市场"的错误观点，我明确提出都市报要向"主流媒体"迈进，这是都市报定位的方向。

（二）把握导向，把都市类报纸办成引导社会舆论的重要阵地。

都市类报纸要起到主流媒体的作用，就必须根据自身的社会性定位来把握报纸内容的导向性，坚持正面宣传为主，充分发挥其贴近群众的优势，起到正确引导社会舆论的作用。所谓导向，主要体现在报纸对登载内容的选取上，就是报纸选择什么样的新闻、选择什么样的方式报道新闻，包括选择什么样的标题、采用什么样的图片、选择在哪一个版面发表，都是对读者进行引导的一种方式，而不同的选取就会给读者造成完全不同的印象，甚至导致不同的社会效果。这一点，相信大家都是十分清楚的。但我们一些都市类报纸所缺乏的，正是按照主流媒体的要求去做选择的原则性和引导舆论的自觉性，有的在内容选取上十分随意，有的对信息的真实性不加甄别，有的对报道可能产生的后果很少考虑等。这些现象，往小了说是损害报纸形象，往大了说就是不利于构建社会主义和谐社会。针对都市类报纸在把握导向方面存在的问题，有必要在以下几个方面提出要求：

一是要增强政治意识。我们在划分报纸类别时，从报纸的内容特点、经营管理模式和历史沿革上区分，往往把党报和都市类报纸作为两类不同的媒体看待。但从作为党的宣传思想阵地这个角度来看，两者并没有本质的区别，都市类报纸也是党和政府管理下的媒体。现实中，我国的多数都市类报纸还是各级党报的子报。因此，增强政治意识，与党中央保持高度一致，不仅是对党报的要求，也是对都市类报纸的要求。有的同志错误地认为，把握导向的责任主要在党报，都市类报纸的主要任务是赚钱，这种认识是缺乏政治意识、缺乏社会责任感的体现。一张没有国家意识和党性原则的报纸，在我国是不可能有生存空间的，必然会被读者淘汰、被历史淘汰。而增强政治意识，与党中央保持高度一致，则是中国特色社会主义媒体的基本要求和基本立场。

当前，都市类报纸缺乏政治意识、缺乏社会责任感的一个突出的现象，就是自觉不自觉地充当西方媒体的传声筒。学习国外媒体经验，为我们的报业发展提供了有益借鉴，这是无可非议的，但我们有些都市类报纸对此陷入一种盲目性，错误地认为西方媒体的报道权威，于是便随意转载，对其内容是否符合我们国家的立场和利益不假思索，实质上成了西方媒体的传声筒。这是一个严重的导向问题。一位媒体研究者发现，在美军攻打伊拉克的时候，一些国内媒体为了搞到所谓独家报道，直接从美国国防部的网站上翻译内容，连续登载，这种做法极容易误导读者。西方国家虽然一再声称新闻自由和新闻公正，但其政治立场却十分明显。在中国崛起的过程中，不少西方媒体更是加快了对我国实施舆论战的进程。有人根据2000年7—9月美国《纽约时报》《华盛顿邮报》等六家报纸刊发的报道进行统计发现，在有关我国的149篇稿件中，几乎全部都是在诋毁我国的人权状况或制造所谓"中国威胁论"。西方强势媒体因为有强大的经济实力，所以几乎垄断了国际新闻信息的发布权。从有关资料获悉，美国、欧盟和日本控制着全球90%的信息资源，而西方五大通讯社在全世界发布的新闻量占到了96%，在全球300强新闻信息企业中，144家在美国、80家在欧洲、49家在日本。对这些必然带有强烈政治意图和经济利益的新闻信息不加选择地转载，损害的必然是我们国家的利益。

  二是把真实性作为媒体生存发展的生命线，防止虚假报道。把握导向，报道的真实性是一个基础。2005年6月初，在北京召开了一个以"坚决制止虚假新闻报道"为主题的座谈会，中宣部的领导在讲话中，对虚假新闻的五种表现形式进行了概括：（1）捕风捉影的疑似新闻。就是把小道消息不加核实地当作新闻报道出来，有不少还是涉及国家政治、经济生活中的重大话题，比如股市、汇率等。（2）凭空编造的虚假报道。有些报社的记者，为了完成采访任务，或为了造成轰动效应，把子虚乌有的采访写得活灵活现，把写小说的劲头用在了新闻报道中，有违职业道德。（3）文题不符的标题造假。就是为了吸引读者眼球，把芝麻大的事情说得地动山摇，或者干脆就张冠李戴、混淆视听，为的就是读者看了标题后产生阅读的兴趣，严重损害报纸的公信力。（4）夸大其词的失实报道。对一些基础新闻事实进行再加工，朝着编者希望的方向夸大事实。（5）违反常识的误导性报道。对自己不熟悉的事情主观臆断、任意解释，结果造成新闻报道和真实情况严重不符。目前，虚假报道已经成为一种社会公害，引起了公愤，新闻媒体的公信力遭到了严重挑战，我们必须高度重视。出现虚假新闻，既反映了有些报纸内部管理不够严格，也说明了我们新闻队伍的素质有待提高。真实性是新闻媒体的生命，公信力是新闻媒体的灵魂，都市类报纸要想成为主流媒体、引导社会舆论，就必须杜绝虚假新闻。

三是恪守新闻职业道德准则。当前，商业利益对于都市类报纸的侵蚀，成了一个不可忽视的问题。西方传媒学界对于媒体的社会功用有两种理论：一种认为现代社会的媒体发展对促进社会公平、推动社会进步起到了积极作用；另一种则认为，在商业化的浪潮下，媒体已经逐渐沦为利益集团的代言人。用这两种观点来观察我国都市类报纸的发展历程和现状，我们会发现，都市类报纸在推动社会进步方面起到重要作用的同时，也出现了过度商业化的倾向。以广告为利润核心的经营模式虽然促成了都市类报纸的繁荣，却也出现了广告商和企业在某种程度上影响甚至操纵媒体的现实。报社的记者、编辑出于对新闻价值的坚持，虽然能够在一定程度上规避来自广告部门的压力，但最终新闻的内容往往还是会受到较大的影响。

这种现象看似不会对社会造成直接的负面影响，但实际上与"有偿新闻"没有本质的区别，对报纸的社会公信力和舆论引导力都是一种极大的损害。试想，如果报纸都受控于广告客户，那么党管媒体的原则如何实现？如果报纸只为部分利益集团服务，那么社会的公众利益怎么通过媒体得到保护？如果报纸自身行为不端，又有什么资格去对别人进行舆论监督？更可怕的是，如果这种情况被某些别有用心的人所利用，那我们的报纸到底是在为谁服务？这个问题关乎都市类报纸的办报方向和引导社会舆论的能力，值得大家深思和警觉。

（三）提高品位，把都市类报纸办成普通百姓的精神乐园。

品位问题，一直是都市类报纸被人诟病以致称为"小报"的重要原因。这几年，我们欣喜地看到，在努力把都市类报纸办成主流媒体的过程中，多数都市类报纸在坚持"三贴近"原则的同时，更加突出报纸的知识性、科学性和思想性，品位在不断提高。但就整体而言，都市类报纸的品位并不太令人满意。不少报纸仍然是把炒作明星绯闻、搜罗奇闻怪谈、渲染凶杀暴力、炮制黄色话题等作为吸引读者的"制胜法宝"，一天不发几条这样的所谓"新闻"，就担心没人看自己的报纸了。如果说被广告客户控制是因为太过迎合资本的话，那么低俗化倾向则是因为误解了读者需求而又对部分低品位读者的太过迎合。我一直认为，以低俗报道提高发行量是对读者需求的一种误解，而以高尚的精神打动人、鼓舞人，所获得的发行量将更加持久。比如，月发行量达 900 多万份的《读者》杂志，就是一个很好的例子。读者喜欢《读者》杂志，并不是因为《读者》内容低俗，而是因为《读者》品位高，思想性、知识性、科学性强，觉得读了《读者》对自己有启发、有帮助，有读者称之为"心灵鸡汤"。品位不高的报刊就好像是一个只会说脏话、假话的人，开始可能让人觉得新鲜，会听一听，但时间长了，别人就会讨厌他、躲着他。针对都市类报纸的内容和读者定位，提高报纸品位要注意几点：（1）突出社会引导功能。传承中华文化、传达国家政策、传播社会文明、传递科学知识等，都是都市类报纸为读者服务的重要方面，也就是要把自己当作读者的良师益友。都市类报纸要充分发挥社会教育功能，倡导爱国守法、明礼诚信、团结友善、勤俭自强、敬业奉献的基本道德规范，培养良好的文明风尚；倡导以文明礼貌、助人为乐、爱护公物、保护环境、遵纪守法为主要内容的社会公德；倡导以尊老爱幼、男女平等、夫妻和睦、勤俭持家、邻里团结为主要内容的家庭美德；倡导尊重人、理解人、关心人，热爱集体、热心公益、扶贫帮困，促进全社会形成团结互助、平等友爱、共同前进的社会氛围和人际关系。（2）把握好休闲娱乐性。休闲娱乐是都市类报纸的一个重要功能，也是吸引读者的一大特色。娱乐是社会的润滑剂，是大众文化的重要组成部分，也是民族文化的一个重要组成部分。但对娱乐的理解不能没有底线，不能为了取悦于读者无限制地制造娱乐，而是要以健康的心态和文明的方式给读者带来欢乐。有些报纸追求娱乐过了头，把明星私生活的无聊细节、弱势人群的生活苦难、天灾人祸的混乱场面等都拿来作为娱乐材料，冠上一个所谓风趣的搞笑标题吸引读者，看似有趣，实则无聊。（3）慎用负面报道。都市类报纸比较关注社会新闻，社会生活里发生的事情，只要有新闻价值，进行适度报道，有助于读者了解社会现实，是公众知情权的体现，也是报纸新闻价值的体现；对各类事故、刑事案件、天灾人祸进行及时准确的报道，也有助于相关部门改进工作，有助于读者从中吸取教训。但是，如果带着一种猎奇的心态过多地进行负面新闻报道，则有可能产生不良的后果。在一篇专门就北京一家都市报刊登负面报道情况进行研究的文章中，作者统计了这张报纸在连续5天的时间里的负面报道数量，在总共59则社会新闻里，关于车祸的新闻6条，关于跳楼、跳地铁的5条，关于事故致死的1条，关于气体泄漏爆炸的3条，关于发现尸体的2条，关于杀人的1条，加上其他负面报道，负面新闻总数达到25条。如果光看这个报纸了解社会的话，人们都不敢出门了。其实，如果过多地报道负面新闻，就社会的整体情况而言，也是不真实的、不客观的，因为社会中，积极的、正面的新闻永远是主流。所以我们要贯彻正面宣传为主的方针。

（四）改善经营，把都市类报纸办成适应社会主义市场经济的优质资产。

由于都市类报纸一出现就是走市场的，尝到过甜头，也吃到过苦头。都市类报纸在发展最快的时期，也是市场竞争最激烈的时期，价格战、折扣战、礼品战，可以说硝烟弥漫，特别是礼品战，送什么的都有，满街都是，堆积如山。有的人悄悄地说："怎么文化人也干这种事？"记得有一段时间，南京的报纸价格战打得利害，结果几家报纸都大伤元气。新闻出版总署做过一个调查，都市类报纸的竞争比我们想象的还要严重，都市类报纸每年促销的费用在1000万元以上的，比比皆是，这样下去，都市类报纸是走不远的。恶性竞争使一些都市类报纸很快陷入了经营困境。因此，改善经营是都市类报纸的一个重要课题。为此，新闻出版总署采取了一系列措施规范都市类报纸市场，最后不得不联手纪检部门，把都市类报纸恶性竞争纳入纠正行业不正之风进行整治。这是都市类报纸发展过程中的一个不能忘记的插曲。

### 三、都市类报纸要努力成为构建社会主义和谐社会的生力军

从都市类报纸发展的经验来看，要使其成为构建社会主义和谐社会的生力军，还有几个问题需要把握好：

一是坚持"五变五不变"的要求，是把握都市类报纸发展方向的基本经验；二是坚持"三贴近"原则，是发挥都市类报纸优

势的重要条件；三是建设一支高素质的新闻采编队伍，是提高都市类报纸质量的根本保证。

有感于我国报业的快速发展，2005年初，我曾接受《传媒》记者采访，畅谈了我国报业改革取得的新突破、报业改革面临的新课题、报业发展的新机遇，以及报业改革的新举措，根据这次采访整理成《深化管理改革，着力制度创新》的文章，《传媒》杂志于2005年第3期发表，《新华文摘》2005年第12期转载。

时过境迁，在数字化、新媒体的冲击下，到如今还有多少份都市类报纸，我不得而知。但都市类报纸"风光不再"，我看在眼里。不过，经历过那一个时期的报人，都不会忘记都市类报纸曾经的辉煌。

# 筹备第 36 届世界期刊大会

筹备第 36 届世界期刊大会，是我在新闻出版总署副署长任上做的最后一件事了，大会开幕时，我的身份是中国期刊协会会长。世界期刊大会在中国成功举办，标志着中国期刊真正登上了国际期刊舞台。

第 36 届世界期刊大会是由中国期刊协会原会长张伯海同志提出并开始筹备的。在他的争取和努力下，2004 年，中国期刊协会成为国际期刊联盟董事单位，从此中国期刊协会与国际期刊联盟的关系越来越紧密。

国际期刊联盟（全称 International Federation of the Period-ical Press，简称"FIPP"）成立于 1925 年，是在 20 世纪初期刊出版业日渐发展繁荣的条件下，世界期刊业界自发组合的非政治性、非赢利性的国际期刊行业组织，也是国际期刊行业中有广泛影响和组织力量的行业组织，拥有 50 多个国家和地区的 162 个会员。会员单位代表的期刊超过 11 万种（当时全球每年出版期刊约 20 万种）。国际期刊联盟吸收各国期刊协会、大型期刊出版公司等为会员，其会员单位所代表的期刊超过全世界期刊的半数以上，其成员涵盖了当今世界最主要的期刊出版商和国家地区性期刊组织。

由国际期刊联盟主办的世界期刊大会，是最具国际影响力的期刊行业盛会，每两年举办一次。每届大会都吸引近千位国际期刊出版业的精英人士参与，对加强全球期刊业交流，促进各国、各地区期刊业的繁荣起到重要的作用。国际期刊联盟活动范围过去一直局限于欧美，直到20世纪90年代开始，随着时代变化及西方期刊市场扩张的需要，开始逐步扩展到欧美以外的其他国家和地区。

中国期刊协会于2000年10月，以国际期刊联盟承诺唯一代表中国的全国期刊行业组织身份加入了该组织，并于2004年1月被推选为国际期刊联盟的董事会成员。

世界期刊大会素有"期刊界的奥运会"之称，每两年举办一次。第36届世界期刊大会是继1997年在日本举办之后第二次在亚洲国家举办，其他34届均在欧美发达国家召开。国际期刊联盟执行主席唐纳德·库墨菲尔德说："亚洲已经成为世界期刊业的重要组成部分，因此，国际期刊联盟重返亚洲，选择了世界上人口最多和最令人激动的国家、最富有活力和经济增长最快的首都北京，将它作为第36届大会的所在地。国际期刊联盟和世界其他地方一样，被中国的古老文化、活力和使自身在包括媒体和通信在内的各个领域内居世界领先地位的决心所吸引。"

世界期刊大会首次在中国举行，体现了国际期刊界对中国期刊业发展的高度关注，对富有潜力的中国期刊市场的浓厚兴趣，也有利于中国期刊业与国际同行的沟通与交流，学习借鉴其他国家的先进经验来促进自身的发展，其意义重大，概括起来有以下几点：

第一，让外国朋友与中国文化亲密接触。说实话，能够举办第36届世界期刊大会对我们来说确实是一次非常难得的机会，此前，世界期刊大会仅在亚洲举办过一届。通过大会，国外的著名刊社能够带来他们在经营和管理方面的先进经验，各国代表可以探讨目前期刊业普遍关注的热点话题，这对中国期刊界来讲，无疑是一次难得的学习机会。同时，通过大会，中国期刊界有机会与国际同仁进行交流、增进友谊，这不仅可以让更多的国外期刊界同仁了解中国期刊市场，促进双方交流合作，也有利于中国期刊实施"走出去"战略。总而言之，我们希望通过这次大会，为国内外期刊界搭建一个能够广泛开展交流合作的平台。

第二，通过世界期刊大会，可以展示中国文化和中国期刊。中国是一个文化底蕴深厚的国家，拥有优秀的传统文化，但过去我们在对外展示和宣传方面做得很有限，很多外国朋友并不是很了解中国，借此机会，我们希望通过他们的听、看、问以及与中国的亲密接触，能够进一步了解中国的传统文化，让中国的传统文化走向世界。这也是我们举办这次大会的目的之一。对中国期刊界来说，这也是一个很好的展示机会。尽管中国的期刊业并不算很发达，但近些年来也取得了较大、较快的发展，目前我们的期刊种类有9000多种，发行近30亿册，应该说这个绝对数字并不小，而且一些刊物的发展水平已与国际名刊大刊比较接近，有些甚至可以平起平坐。因此，应该让更多的国际同行了解中国期刊业所取得的成就。

此外，这次大会也是北京2008年奥运会之前在京举行的规模最大的国际会议之一。北京的新面貌和迎接奥运的新气象，通过与会的媒体界人士传播到世界各地，对于宣传中国、宣传北京也具有重要意义。

第36届世界期刊大会是我国期刊界首次举办的高规格国际盛会，为了彰显会议的中国特色，我们在会议的组织策划上做了许多努力：

第一，本次大会组委会主任由国务委员陈至立同志担任，副主任是由新闻出版总署柳斌杰署长（由于这期间新闻出版总署人事几经变动，开始由石宗源署长担任，他调任贵州省委书记后，由龙新民同志担任，龙新民离任署长后，由柳斌杰同志担任）、北京市人民政府王岐山市长和国际期刊联盟执行主席唐纳德·库默菲尔德担任的。秘书长由我和北京市人民政府孙安民副市长担任，执行秘书长由中宣部、北京市人民政府、北京市新闻出版局以及中国期刊协会等有关部门负责人担任。同时，还邀请了国际期刊界个别资深人士参加了大会组委会所设的各项工作委员会。筹备的具体工作主要由中国期刊协会承担。筹备期间召开过多次有中外人士参加的大会筹备工作会议。柳斌杰署长、王岐山市长都曾亲自会见参加大会筹备工作的外国人士，在会见时承诺一定会给这次大会以有力支持，明确表态要把在北京召开的这次大会办好、办出特色，办得让中外参加者感到满意。

　　第二，由于是上千人参加、规格比较高的大会，收取会费是件既复杂又敏感的事情，需要根据不同情况酌定。比如，对国际与会者按往届标准收费2750美元，对我们国内与会者如果按此标准显然太高，最后决定收5000元人民币；对国外与会者在2750美元基本会议费的前提下，又需要按国际会议惯例承诺各种折扣；需要考虑邻近国家，包括发展中国家与会者的优惠照顾等等，情况相当复杂。因此，如何做到大会经济收支平衡，是能不能办好这次大会的一个至关重要的问题。在筹措经费上，我们做了许多努力。让我们感到欣慰的是，中央及北京市财政部门都体谅到这次大会的实际需要和难处，给予了一定程度的经费资助；中外业界也伸出了支援之手，主要是以大会赞助商的方式，给大会以经济支持，大会当然也以相应妥善的方式，对赞助单位给以宣传回报。大会组委会本着节俭办会的原则，坚决杜绝铺张浪费。

大会结束后，经过严格审计，完全符合财务要求，会议经费还略有节余。

第三，组委会邀请中外业界富有实力的、不负众望的著名精英人士担任大会的主题发言人，或担任大会专题研讨的发言人。研讨会还有分有合，为了专题讨论发展中国家的期刊出版事业，还分设了中国期刊市场、亚洲期刊市场、东欧期刊市场，以及拉美期刊市场等一系列分会场。总之，我们努力把大会上的研讨活动组织得内容充实、各有所得，有力地展现了中国期刊人的通达、远见和睿智。

第四，在宣传工作方面，我们印制了大会的中、英文宣传品，设立了大会的专门网站（www.fipp36china.com），负责报道大会消息、筹备情况以及注册方案；在一些报刊上，陆续刊登了一些关于大会的宣传信息；设计期刊大会的会议专刊、赞助特刊，以及各类形式新颖的宣传品、纪念品。

第五，把大会活动安排得丰富多彩。在会标的设计上，选择了长城这一最具中华民族文化底蕴的形象作为大会的标识；选择了颐和园听鹂馆作为中国期刊协会欢迎晚宴的场地，使与会者充分领略了中国民族园林的湖光山色；选择了气势恢宏的人民大会堂宴会厅作为大会闭幕晚宴的场地，同时，配合具有民族特色的文艺演出；还安排了参观长城、十三陵、故宫、天坛等名胜古迹的自选活动，使与会者感受到中国的政治中心与中国传统民族文化的魅力；根据部分外国与会者的要求，作为北京大会会后的一次附加自选活动，还特别安排了上海之旅，使与会代表从另一个文化高地感受中国文化的吸引力。

细节决定成败。在大会筹备中，我们力争把各项筹备工作做得细致再细致，以确保万无一失。比如说，会议筹备工作涉及很多部门，除新闻出版总署外，直接涉及的还有外交部、海关总署、国务院台办、公安部、财政部等。又比如，整个会议的交通、消防、安全等保障工作由北京市负责，会后国外代表的上海考察活动由当地负责，协调工作比较复杂。为此，各方密切配合，北京市专门制订了保障手册，对各个环节进行细致的安排和部署；上海市委办公厅对"上海之旅"也非常重视，制订了具体的实施方案等。

2007年5月14日上午，在富有中国特色的开场演出后，由国家新闻出版总署、北京市人民政府、国际期刊联盟主办的第36届世界期刊大会在北京中国大饭店隆重开幕。来自全球45个国家和地区的1000多位期刊出版业精英会聚一堂，把脉世界期刊业的发展态势，共同探讨期刊界所面临的挑战和机遇。中国国务委员陈至立同志出席大会开幕式，并代表中国政府致辞。北京市

与国际期刊联盟主席唐纳德·库墨菲尔德
出席第36届世界期刊大会开幕晚会

市长王岐山同志出席开幕式并致辞。新闻出版总署署长柳斌杰同志在开幕式上作主题发言。新闻出版总署副署长李东东同志主持开幕式。国际期刊联盟主席克瑞斯·卢埃林、执行主席唐纳德·库墨菲尔德等嘉宾出席了开幕式。

本届大会以"杂志丰富你的世界"为主题。会议议题主要围绕"传统期刊出版的数字化发展战略""商业期刊与专业期刊：从传统出版业向多媒体的转变""提高期刊广告在整体广告中的份额""期刊从传统出版向媒体服务的转型""期刊高效发行的战略布局""发展中国家的期刊市场""期刊读者阅读品位和阅读习惯的变化"等诸多期刊业发展的热点问题进行。

针对这些议题，本次大会邀请了众多国际知名传媒界人士演讲和发言，包括美国IDG国际数据集团创始人麦戈文、美国国家地理协会副总裁特瑞斯·阿德逊、美国赫斯特国际期刊集团总裁乔治·格林、法国桦榭媒体集团总裁奎罗特、日本小学馆总裁相贺昌宏、日本讲谈社副总裁野间省身，等等；还有来自中国的《读者》《家庭》《知音》《时尚》《瑞丽》《故事会》《特别关注》《中国国家地理》等知名期刊负责人的演讲与发言。会议开得热烈而务实，与会者普遍反映不虚此行。

其实，在第36届世界期刊大会之前，国家新闻出版总署就为申办这次大会作了重要铺垫。2003年5月，第34届世界期刊大会在英国伦敦召开，国家新闻出版总署署长石宗源受东道主桦榭菲力柏契出版集团总裁热拉尔·德罗克莫雷尔的邀请出席大会。因国内出现"非典"疫情，以视频形式出席，并作大会发言。他说：

"期刊出版全球化发展的近20年，恰好是中国实行改革开放、出现历史性转折的20年。中国期刊从业者因而有可能摆脱封闭状态，用开放的眼光观察世界期刊业的发展，以乐于学习的心态与国际期刊界接触。近20年来，中国期刊界在改革开放的过程中，曾经以极大的热情，积极了解、借鉴和引进世界各国在期刊产品制作、市场营销与产业发展等方面的经验。应该说，中国期刊业近20年来出现的新局面，在不少方面得益于国际期刊界。我们不仅通过考察、办展览、培训、研讨等各种形式开展学习交流，也在直接对外合作出版方面进行了有益的尝试。从1980年与美国国际数据集团（IDG）合作出版IT类报刊开始，陆续同美国其他出版公司以及法国、德国、日本等国家开展过各类形式的出版合作。一些世界知名的科技期刊、经济期刊，也包括消费类期刊，都与中国有着良好的合作关系。2000年10月，中国期刊协会参加了国际期刊联盟，目的就在于使中国的期刊业更好地融入期刊出版全球化的潮流。2001年3月，中国邀请由25位全球代表性期刊出版公司负责人组成的国际期刊友好代表团前来访问。我会见了这个代表团，向他们介绍了中国出版业对外开放的方针和政策。我还有机会在其他场合会见过一些世界很有影响的期刊出版公司代表人士。在与国际同行们的交谈中，我深深感到对加强各国期刊出版的交流与合作，彼此有着广泛的共识。今年初，我们在北京举办了'期刊出版合作与管理研讨会'，请到3位美国期刊出版专家，向上百家中国期刊社的负责人讲解国际出版合作的运行规则与经验，目的是让中国期刊工作者进一步熟悉期刊出版全球化的环境，把握机遇，参与竞争。

2001年中国加入WTO以后，出版领域的对外开放进一步扩大，我愿借此机会向大家作简要介绍。出版方面，我国目前虽然还不允许外商直接投资出版领域，即不允许外商参与图书、报纸、期刊、音像制品、电子出版物的编辑、出版工作，但是，外商可同我国的出版机构进行版权合作，目前已经有一些国外的刊物和我国的期刊进行了卓有成效的合作；发行方面，根据我国加入世贸组织的承诺，图书、报纸、期刊的分销已逐步对外开放。具体步骤是，加入世贸组织一年内，允许外商从事图书、报纸、期刊的零售业务；加入三年内，将允许外商从事图书、报纸、期刊的批发业务。有关在华设立外商从事图书、报刊分销企业的规定已经公布实施；印刷方面，根据《外商投资产业指导目录》和《设立外商投资印刷企业暂行规定》，我国允许外商在华投资设立印刷企业。在包装装潢印刷方面，允许外商在华设立中外合资、中外合作、外商独资印刷企业。在出版物印刷和其他印刷品印刷方面，允许设立中外合资、中外合作印刷企业，中方控股或占主导地位。

今天，中国有9000多种期刊，品种上算是期刊大国。中国期刊年总印数达到29.5亿册，就人均占有量来讲，这个印数还比较低。中国期刊的年总经营额，发行收入大体为100多亿元人民币，广告收入为15.2亿元人民币，两项总额约为120亿元人民币，与西方发达国家相比，差距很大，说明中国还远不是期刊强国。中国的期刊出版单位正在深化期刊出版的改革，实行兼并重组，建立期刊出版集团，增强经营活力，提高市场竞争力，在市场竞争中做强做大。在这方面，中国期刊界要靠自己的努力，也需要与世界沟通，借鉴全球期刊业的优秀制作技术、先进经营管理方法，以及期刊产业规模发展等方面的有益经验。与此同时，当中国期刊工作者把自己置身于全球化坐标上的时候，也在考虑为世界期刊业的发展做些什么，在世界期刊之林树立起中国期刊的形象，让中国五千年优秀文明随着我们的期刊走向世界。在这方面，我们愿进一步加强与国际期刊界的合作。我们和大家一样，既希望受益于全球化，也愿意为全球化作出奉献。

由于中国正成为世界上充满生机、倍受关注的国家，也由于中国人口众多，是潜在的期刊消费大市场，近年来同我们接触、探讨国际合作的外国出版商日渐增多。对此，中国政府将坚持对外开放的政策，坚决履行我国加入世贸组织时的相关承诺，积极参与国际合作。同时，我们将进一步完善有关法律法规，改善对外合作环境，以维护外国出版商的利益，保障对外合作出版的健康发展。"

石宗源署长的这个视频发言，引起了许多国际同行渴望与中国期刊界进行合作交流的兴趣。

近20年来，中国就是这样深刻地感受着期刊出版全球化的潮流，并且在积极而慎重地探索自己参与全球化的途径。中国期刊界在期刊出版全球化趋势面前所持的态度是积极的，所坚持的原则是鲜明的。我们的原则，第一是期刊出版全球化中的自主性，遵循各国的法律法规，让每个国家都能够根据自身期刊发展的需求，选择国际合作的形式与途径；第二是期刊出版全球化中的平等关系，各民族、各国家之间应该互相尊重、互相宽容，而不是从属关系，更不容许强势文化支配以致取代弱势文化；第三是期刊出版全球化的最终目标，不应是各民族、各国家期刊出版同质化，而是不同传统、不同风格的文化多元发展。我们愿与世界期刊界在认同一个中国的基础上，共同为期刊出版全球化作出努力。

大会结束以后，组委会办公室向新闻出版总署和北京市政府提交了《关于第36届世界期刊大会的报告》：

新闻出版总署、北京市人民政府：

第36届世界期刊大会，于2007年5月13日至15日在北京成功召开，受到国际国内期刊界的普遍好评。由国际期刊联盟组织的每两年一届的世界期刊大会，是国际上影响较大的期刊行业聚会，自举办以来主要在西方发达国家轮流召开。2004年秋，国际期刊联盟主动向中国期刊协会提出2007年第36届世界期刊大会在中国北京召开的建议。经请示国务院，接受了这个建议，同意第36届世界期刊大会在北京召开，并决定由国家新闻出版总署、北京市人民政府与国际期刊联盟共同主办，由中国期刊协会、北京市新闻出版局承办。

为了加强对大会筹备工作的领导，2005年5月组建了由国务委员陈至立担任主任，由新闻出版总署署长柳斌杰、北京市市长王岐山以及国际期刊联盟执行主席唐纳德·库墨菲尔德担任副主任的第36届世界期刊大会组委会。两年多来，在国务院、新闻出版总署和北京市人民政府的坚强领导和有力支持下，大会各项筹备工作进展顺利，使大会取得了圆满成功。现将大会取得的主要成果报告如下：

1. 体现了和谐团结精神的世界期刊盛会

第一次在中国召开的第36届世界期刊大会，具有极强的吸引力，有586名外国代表、331名中国代表（包括我国台湾、香港）与会，另有主动前来采访的中外记者120名（国外主要是驻京记者）及邀请的相关单位代表约60名，与会总人数达到1100名。据知，这是历届大会人数最多的一届。国内外驰名期刊出版单位绝大多数都派代表参加了本次大会，有不少是公司总裁或副总裁级的重要人士，如美国国际数据集团总裁帕特里克·麦戈文、美国赫斯特期刊出版集团总裁凯瑟琳·布莱克、美国康迪纳仕国际出版公司董事长乔纳森·纽豪斯、美国梅里德斯出版集团总裁杰克·格里芬、美国福布斯集团副总裁克里斯托弗·福布斯、美国国家地理协会执行副总裁特瑞斯·阿德逊，以及法国拉加代尔活力传媒集团首席执行官迪迪尔·奎罗特、德国阿·施普林格出版集团期刊总裁安德斯·威勒、瑞士荣格公司主席迈克尔·荣格、日本小学馆株式会社总裁相贺昌宏、日本讲谈社副总裁野间省身、日本电通社总裁俣木盾夫等,中国知名期刊如《读者》《知音》《故事会》《中国国家地理》《家庭》《时尚》《瑞丽》等皆由社长或总编辑与会。应该说,这是一次国际期刊业界精英济济一堂的盛会,是为促进全球期刊行业交流与合作而搭建的一座宽阔平台。

党和国家领导人刘云山同志在大会期间会见了部分代表,国务委员陈至立同志出席大会开幕式并致欢迎辞,新闻出版总署、中宣部、北京市政府领导出席大会开幕式或参加部分活动,更突显出本届大会的高规格与隆重性。新闻出版总署署长柳斌杰应邀在大会开幕式上所作的主旨发言《促进文化交流,共建和谐社会》,高瞻远瞩,热情而准确地表达了中国期刊出版工作者的社会使命意识和与国际同业友好合作的开放思路。这一讲话的诚意和境界感染了中外听众,起到了激励与会者在和谐团结气氛中探讨交流、谋求共同进步与发展的引导作用。

本届大会的口号是:"杂志丰富你的世界"。这是大会组委会的中外代表们反复讨论后确定的。"杂志丰富你的世界"不仅含义广泛,并能广为接受,有益于谋求大会的契合点,达成共识。这一口号在推动大会的和谐团结方面起到积极的作用。

2. 大会研讨活动取得圆满的成果

世界期刊大会的核心内容是结合行业发展需要所精心组织的研讨活动。本届大会确定以"期刊数字化发展策略"作为讨论重点,并围绕这一重点延伸讨论一些相关问题,如数字化时代读者的阅读取向、广告主对于纸质媒体与网络媒体的广告投放选择等。这是因为数字技术发展及其对传统媒体的挑战与冲击,正在牵动着每个期刊出版工作者的心,成为大家在制定今后的发展策略时不能不认真对待的迫切课题。大会邀请了美国国际数据集团创始人帕特里克·麦戈文发言,他的国际数据集团现在已有相当份额的收入来自网络在线服务,预计2010年,网络在线服务收入将占全集团半数以上;大会邀请了法国拉加代尔活力传媒公司的迪迪尔·奎罗特发言,这位新上任的法国桦榭媒体集团和拉加代尔活力传媒公司的总裁,正在以大刀阔斧的改革,将该集团传统的期刊出版推向新的"电子时代";大会还邀请了日本小学馆总裁相贺昌宏以及美国数字媒体研究专家约翰·罗斯等人,分别从不同角度作了关于传统期刊数字化发展策略的主题演讲。以上这些演讲人,大都既有独到的数字出版理念,又有较丰富的数字出版实践,对传统期刊如何迎接数字化时代的到来提出一系列有见地、有借鉴意义的见解,中外听众大都感到受益颇深。围绕着数字化发展而延伸讨论的手机传播、搜索引擎应用等话题,也都使听众有所启发。总的来说,这次大会研讨活动质量高,重点突出,话题新鲜而切合实际,大家反映收获颇丰。不少与会者说,参加这次大会研讨活动,得到了一种"感觉",一种媒体人不可不具有的媒体变革"山雨欲来"的紧迫感,媒体新时代正向我们召唤。

　　为了关注发展中国家的期刊业,经与国际期刊联盟协商,安排了关于中国以及东南亚、中东、东欧、印度、俄罗斯等发展中地区与新兴市场国家的多个研讨专场。这些研讨比较充分地探讨了发展中国家期刊业在发展过程中所遇到的问题,尤其是为中国期刊代表提供了比较多的机会表达对于中国以及世界期刊业发展趋势的认识。大会发言人总计66位,来自15个不同的国家,几乎每个发言人都倾力地介绍了自己在期刊出版方面的精湛见解和获得成功的独到实践。中国有18位发言人,他们所作的高水准发言，大大提升了与会外国代表对于中国期刊出版的认识。让中国期刊界了解世界，让世界期刊界了解中国，这次大会无疑提供了极大的方便，并起到积极而深远的影响。大会研讨历时两天，研讨有分有合，先后有八场专题研讨。在整个研讨过程中，各项活动衔接有序，秩序井然。大会研讨中所设的中、英、日、韩、俄五种语言同声传译，由于事先做了精心准备和演练，其同声传译效果获得与会各国代表的认可，不少外国与会者诚恳地对我们说，讨论是十分成功的，引人入胜的。一位外国代表在会后所发来的贺信中说："有这么好的发言人和这么好的话题，这确实是一次出色的大会。"

3. 大会起到宣传中国、宣传北京的积极作用

本届大会的外国与会者很多都是国际传媒界的巨头，他们对中国的认识，在国外舆论中起着重要的作用。但他们大多数都没有来过中国，或长期没有到中国来。中国改革发展的新面貌，特别是北京迎奥运以来的发展变化，他们根本不了解，或者知之甚少。通过这次大会的活动，给这些外国来宾以强烈感受，留下深刻的印象。中央及北京市领导都曾要求通过这次大会有力地宣传中国，宣传北京。为此，从筹备工作一开始，就通过制作大会宣传品（包括印刷品、光盘）、建立大会网站、通过各新闻媒体发布信息以及印制大会会刊等途径，介绍中国新风貌，介绍北京的发展。在大会期间，除尽力把会议办得精彩之外，还组织了与会代表参观奥运场馆、首都博物馆等活动。会后，又组织中外与会者访问参观了《时尚》杂志社等多家知名杂志出版单位。外国与会者对这些活动表露出浓厚的兴趣，这些活动使他们对于进步中的中国，获得了较为全面的、丰富的、准确的认识。

在 5 月 15 日下午研讨会上作发言的印度出版界较有影响的

人士阿隆·普瑞（今日印度集团董事长、兼任国际期刊联盟副主席），发言时首先谈到自己对中国今日之进步感到"惊讶"，他说因为他过去并不相信中国所说的改革开放能够取得成功。阿隆·普瑞曾在过去国际期刊联盟的会议上，对中国有过不友善的评价，今天他认识上的改变，显然是受到了事实的感染和教育。还有不少外国与会者真诚地表达了对于中国悠久文化传统和社会进步的赞赏。通过这次大会，他们了解了中国，正如一位外国与会者所说："中国同行确是开放而且友善的"。

此次大会达到了宣传中国、宣传北京的目的。会后，我们还将继续同国际业界间的友好人士保持交往，把宣传中国、广交朋友的活动长期开展下去。

4. 大会的组织工作得到好评

据国际期刊联盟事后透露，将第36届世界期刊大会交给中国承办，其董事会成员曾有过不同意见，有人担心中国缺少这样的能力和经验。近两年来的筹备工作，在与国际期刊联盟的合作过程中，有时仍然会感到他们对于我们工作的顾虑和担心，在这方面甚至产生过一些小摩擦。大会如期召开，而且开得成功，博得中外业界的喝彩声，许多外国朋友对中国人所表现出来的组织能力感到由衷的钦佩。国际期刊联盟执行主席唐纳德·库墨菲尔德在会后来信中说："没有大会组织者所做出的努力、认真和耐心细致的工作，我们不可能通过如此辉煌的活动把中国介绍给来自国外的代表们。"

这是一次与会者期望值很高的行业高端大会。无论对会议的全局或细部、对有形的会议活动或无形的组织服务工作，与会者都要求很高。在各有关方面的支持配合下，令我们感到欣慰的是在这些方面的工作，基本上都达到了预期目的，未出现大的差错。

大会的 Logo 设计与发放的宣传册，其新颖别致的民族风格颇获好评。大会主会场的艺术设计，以一幅展现王羲之书法的中国卷轴画面横贯舞台，不仅令与会者耳目一新，而且展示了中国民族文化的气势恢宏；分别在颐和园、首都博物馆、人民大会堂举行的大型晚宴，以其浓厚的中国韵味迷住了外国与会者。一位外国代表在给大会发来贺信中说："能够参加这样不可思议的活动，我要对我的子孙们讲上 20 年。"

对部分重要的与会人士，在其抵京或离京时，我们备有专车去机场迎送。对所有与会代表，机场设置了专门绿色通道。大会开展各种活动时，代表们乘坐的专车都能够畅通无阻。服务周到的年轻志愿者，遍布大会每一个角落，个个阳光灿烂。会前安排了对北京名胜古迹的参观旅游，会后安排了访问杂志出版单位和自选上海游。会议期间，还为陪同家属精心组织了丰富多彩的各类游览、文化活动。大会安排了一系列具有民族特色的文艺演出，这些精选的节目，将大会的文化氛围点染得恰到好处。不少外国代表对我们说，北京大会办得如此完善周到，出乎想象。英国杂志协会的负责人对我们说，将于 2009 年在伦敦召开的第 37 届世界期刊大会，怎样能办出北京大会的水平，这给他们出了一个大难题。在大会结束时，绝大多数外国代表都向我们称赞大会的成功。一些平素较为矜持，对中国往往抱有偏见的外国期刊界知名人士，在人民大会堂举办闭幕晚宴上，也纷纷主动前来向会议组织者敬酒，对中国能够成功地承办这次大会表达真诚的祝贺。

当然，大会在筹办与举办的过程中，还存在诸多缺陷和不足，一些经验教训更需要我们认真总结。我们深切的感受是：没有党中央、国务院的高度重视，没有新闻出版总署和北京市委市政府的坚强领导，没有国际期刊联盟给予的不可或缺的工作帮助和经验指导，没有各有关部门的有力支持，是很难达到这样效果的。

大会的善后工作准备在6月底前全部结束。组委会办公室已对大会筹备工作进行了总结。对给予大会支持的有关单位都以组委会名义发了致谢函。大会的经费决算正在进行（对国外赞助这部分资金进出手续较为复杂），初步匡算，可以略有结余，并且国拨资金部分结余190万元（中央财政待拨的95万可以不再拨付，北京市也相应留下95万），审计报告容后上报。

专此报告。

第36届世界期刊大会组委会办公室<br>2007年5月28日

由于第36届世界期刊大会的成功举办，在很大程度上改变了世界期刊界对中国期刊界的看法，中国期刊在国际上的声誉有了很大提高。在2008年11月的首届亚太数字期刊大会上，国际期刊联盟主动向中国期刊协会提出，希望在中国召开第二届亚太数字期刊大会。亚太数字期刊大会是国际期刊联盟区域期刊大会，也是每两年举办一次。首届亚太数字期刊大会于2008年11月在日本东京举办，以传统媒体

在第36届世界期刊大会上

与新媒体的融合为主题，重点讨论了数字出版的技术手段、手机出版、新媒体下的赢利模式等内容，有来自17个国家和地区的期刊界代表参加了会议。

我们认为，数字技术发展突飞猛进，对期刊业的发展冲击越来越大。在中国举办数字期刊大会，有利于推动期刊数字化发展。经请示国家新闻出版总署批准，2010年10月1日，第二届亚太数字期刊大会在杭州召开，会期两天。大会由国际期刊联盟（FIPP）、中国期刊协会（CPA）主办，杭州市政府、浙江省新闻出版局承办。本届大会是继第36届世界期刊大会在北京成功举办之后，在中国召开的第二次最具影响力的国际性期刊大会。

此次会议吸引了来自中国、日本、韩国、新加坡、美国、英国、德国等国家和地区的近500人参加，其中，国际参会代表近100人，包括国际期刊联盟FIPP主席阿让·普瑞，日本NHK出版集团、印度世界媒体集团等一流期刊数字化相关企业的负责人。

在这次大会上，来自美国、德国等15个国家和地区的20多位知名媒体专家，为大会带来了他们对数字变革的精辟解读和数字变革实践的宝贵经验，有近30位中国期刊同仁及数字媒体高管与各国专家同台对话，中国政府有关部门负责人还就发展数字媒体及版权保护问题作政策解读。

大会研讨议题包括：杂志出版商将如何面对全球数字化浪潮；中国期刊数字化的现状与未来；新旧媒体的产业融合；面对数字化的今天，出版商如何与电信运营商携手；动漫出版业如何在数字时代盈利；电子阅读器：新的阅读习惯，新的营销方式；出版商如何运用新兴网络媒体平台；期刊革新探索：透视数字化条件下的广告投放；了解数字读者需求：出版商如何为其提供适宜的付费内容及服务；因地制宜：多渠道出版的内容策略；B2B出版商的数字化转型；中国政府对数字出版产业的政策解读；中国数字出版的版权保护等。这次大会可以被看作是第36届世界期刊大会的延续。我在第二届亚太数字期刊大会上作了题为《中国期刊数字化的现状和未来》的演讲。我认为，中国期刊业的数字化革新，经过近10年的探索和积淀，已经取得令人欣喜的进展。数字化正在悄悄地改变着中国媒体的格局，主要表现在三个方面：

1. 中国数字出版进入了快速发展期

数字化技术近10年来的发展，急速而深刻，凸显了出版业的创新实践。2008年中国数字出版业的整体收入达到50亿元人民币，比2007年增长46.42%；2009年数字出版业的整体收入达到99.4亿元人民币，又比上年增长98.8%。目前，每年出版电子图书50万种以上，并呈大幅增长趋势。

全国现有1937种报纸的大多数报社都开展了数字报业务，单独出版的数字报有700份以上；现有期刊网站580多家，电子期刊总量已经达到近万种。据有关方面预计，未来几年，中国数字出版用户每年将增长30%，收入每年将增长50%。

2. 产业形态初步成就

数字出版产业在发展过程中，以内容为基础，依靠技术革新，产业形态经过多年探索已经逐渐清晰，初步找到了适合数字出版自身发展的运营模式。以中国知网、万方数据、龙源期刊等为代表的数字期刊企业，已初具规模。例如，中国知网已成为全球著名的专业互联网与电子出版机构，拥有2000余万在线读者，在海内外拥有数千家机构用户。目前，期刊数字化从内容提供商到技术服务商，到网络发行平台，到终端阅读、移动阅读，已形成了期刊数字化产业链，并在逐步延伸和完善；在培养用户阅读习惯和广告商对数字期刊认知的过程中，将逐步建立起持续有效的赢利模式。这种以依靠著作权人与出版商结合、内容与技术结合、产品与渠道结合、收费阅读与广告经营结合的产业链，是数字出版产业形态的一大特色。

3. 数字化推进期刊国际化

数字出版使中国期刊借助互联网跨出国门，走向世界。例如，中国知网的海外机构用户已遍布美国、英国、德国等30多个国家和地区，包括哈佛大学、剑桥大学、美国国会图书馆等500家用户。在未来的岁月里，数字出版将有可能重组中国媒体的格局，使中国媒体产生新的造血功能，并进一步拓宽中国媒体国际化的渠道，创造出新的媒体发展空间。

中国期刊数字化发展呈现新的发展趋势，主要有：

1. 内容服务互动化趋势

媒体数字化不仅是媒体的电子化，而是一种全新的传播和阅读方式。精美的高清晰度图片、动人的背景音乐、令人兴奋的视频、书刊化的页面等等，这种人类长久以来梦寐以求的"会说话的书刊"已经成为现实。特别是它的互动性正吸引着越来越多的读者，读者不但可以分享数字媒体的内容，还可以参与评论，与作者进行交流等。所以，这种内容出版和内容服务融合互动的数字化趋势日益被人们看好。

2. 数字媒体移动化趋势

随着移动技术的迅速发展，人们用手机收看电视、上网、读书读报，已经成为一种时尚。据统计，目前中国手机用户已达7.5亿，手机上网用户达到2.33亿，手机阅读用户发展速度惊人。手机移动阅读方式携带方便、收费简便，读者群广泛，为数字媒体的发展提供了广阔的市场，将成为今后一个时期期刊数字化的一种重要形式。移动出版内容涉及手机文学、手机书刊、手机游戏、手机动漫等，几乎可以覆盖传统出版的所有形式。随着3G的广泛应用，移动阅读更加便捷，将催生更多的业态和传播方式。

3.赢利模式多元化趋势

赢利模式是人们非常关注的问题，也是媒体数字化转型的一个坎。目前，中国政府鼓励和支持传统媒体的内容生产者与新媒体企业的合作联合，发挥各自的优势，实现资源共享、互利共赢快速发展的目标。赢利模式在探索中初步呈现付费阅读、广告、增值服务等多元化趋势。

中国期刊数字化在快速发展的同时，面临着三大难题：

一是版权难题。目前的期刊数据库由于海量的作者，一个网络运营商几乎不可能得到作者的直接授权，纠纷不断。如果版权问题得不到妥善解决，将成为期刊数字化的严重阻碍。

二是数字化发展的人才相对不足。数字化对媒体产品的制作、运行、经销、服务等都提出了新的要求，既懂数字技术，又懂媒体运作规律的人员，目前还不多，与数字媒体的快速发展很不适应。

三是赢利模式依然是个难题。赢利模式是期刊数字化发展必须解决的关键因素，有良好、成熟、稳定的赢利模式，数字化才可能持续向前推进。目前电子杂志就陷入了赢利模式的困境，一些电子杂志不得不停刊。这些问题，相信在数字化的实践中将会逐步得到解决。

中国推进数字出版面临极为有利的条件，数字出版业的发展势不可挡。

首先是中国政府实施数字出版战略，制定了鼓励传统出版向数字出版转型的一系列政策措施，积极推进覆盖整个行业的数字化重大项目实施其中，"国家数字复合出版系统""数字版权保护技术""中华字库""国家知识资源数据库"等国家级重大文化工程项目,采用国家支持和企业自主研发相结合的方式,正在加快进度。与此同时,中国政府坚决打击侵权盗版行为、大力保护知识产权,为数字出版健康发展提供有力保障。

其次是中国政府力推数字技术发展,为数字出版发展提供了更为有利的条件。目前,中国政府正在力推技术创新体系建设,增强企业研发能力以数字化带动出版现代化,鼓励创造自主知识产权,以推动出版传媒技术升级换代,争取研发成功数字出版核心技术,构建覆盖广泛、传输快捷的新闻出版体系;根据规划,通过若干年努力,将打造 5～8 个年产值超过百亿的国家数字出版基地或国家出版产业园区,并制定了相应的财税政策和金融政策,以鼓励企业增加数字科技投入。

再次是数字阅读人数快速增长,传统阅读方式向数字化阅读方式转移,为发展数字出版提供了巨大商机。国家文化体制改革全面推开,也将为期刊数字化注入新的活力。

当然,面对数字出版的迅猛发展,有一部分人对传统出版的未来产生了悲观情绪,更有甚者,预言传统出版将很快消亡,说是"无可奈何花落去"。坦率地说,我对传统出版业的未来仍充满信心、充满期待。我认为:

1. 数字化不是洪水猛兽而是春风送暖。一些人把数字化看作对传统出版的冲击,视为洪水猛兽,一开始就把自己站到了数字化的对立面,这是一个天大的误解。传统出版从手抄到雕版印刷,从雕版印刷到活字印刷,从活字印刷到电子排版、分色印刷,每一次技术革新都极大地推动了传统出版业的发展。数字化是出版技术手段的又一次革新,是出版传播途径的扩展和延伸,大大提升了传统出版的传播力和影响力。数字化对传统出版是如虎添翼、春风送暖，必将为传统出版带来新的生机与活力。

2. 传统出版仍然有着无穷魅力。据美国杂志出版人公司不久前的一项调查表明：在美国，仍有92%的成年人阅读杂志，2009年美国杂志的订阅量继续保持上涨，2009年全美新增杂志总量同比增长10%；使用ipad的青少年当中，有75%的人阅读杂志，34岁以下的杂志阅读者总量要大于这个年龄之上的杂志阅读群。由此可见，实际情况并不像有的人想象的那样，有了新媒体、阅读器，年轻人就不再阅读传统出版物了，传统出版物仍然有着自己的独特魅力。当电视出现时，有人预言电影院将关门大吉，事实上至今电影院仍然火爆。网上购物发展很快，超市里也不见人少。我想，逛书店那份体验是网上购书所无法替代的。当然，新旧事物的交替更迭是事物发展的客观规律，但它是一个过程，是新事物在旧事物基础上的发展、超越，要理智地对待。

3. 传统出版正在积极主动利用数字化，融入数字化。数字出版的基础在传统出版，传统出版是数字出版的内容提供商，数字出版是传统出版在传播介质层面的发展。在数字出版面前，我们不能迟疑，不要彷徨。我有时候感到我们做传统出版的，在数字化、网络化面前，有点儿蒙头转向了，网络媒体利用传统媒体的资源迅猛发展，进而成为自己的竞争对手，而束手无策，大有被网络"绑架"的感觉。其实，网络也好、数字出版也好，他们卖的仍然是内容，而内容的源头在传统出版。因此，传统出版理应主导网络出版、数字出版。我认为，什么时候做传统出版的在这一点上觉醒了，数字出版才能真正走上健康发展的轨道。

第二届亚太数字期刊大会成功举办的影响不断外溢。第四届亚太数字期刊大会原来已经有国家承接，不知道是什么原因，该国最后放弃了主办权。情急之下，国际期刊联盟找到中国期刊协会，希望中国来承办。经研究并经国家新闻出版总署批准，2014年11月，第四届亚太数字期刊大会又在北京成功举办。会后，国际期刊联盟执行主席克瑞斯向我竖起了大拇指。

我觉得，数字化技术就像一座高山，山高先得月，就看谁捷足先登！

# 见证汶川地震恢复重建奇迹

"2008年5月12日,汶川特大地震的灾难震惊世界。重灾区自西南向东北绵延300多公里,除了造成惨重的人员伤亡外,2000万人失去家园,50个县的学校、医院等公共服务设施需要重建,10万平方公里土地上的路、电、水等基础设施需要恢复。灾区的产业毁了,灾区民众的生计断了。仅纳入国家规划的重建项目就有29704个,总投资超过1万亿元人民币。这是一场与灾难抗争的特殊战斗。谁曾料想,仅仅两年时间,一座座崭新的城镇在四川地震灾区拔地而起,国家规划的重建项目有85.2%已竣工,两年解决了530多万户城乡群众的住房问题,新建学校2655所,交通水利等基础设施基本恢复,共和国最大的水电装备制造企业——东方汽轮机厂,投资50亿元异地重建,生产能力已远远超过震前水平,实现了'三年重建任务两年基本完成'的目标。一串串数字、一幅幅画面、一个个喜讯,真是令人难以置信,多少人为之感叹:这是'汶川奇迹''中国奇迹',也是'人类奇迹'。"这是我为《见证汶川奇迹——全国党刊记者四川地震灾区纪行》一书写的"序言"开头的一段话。

全国党刊四川地震灾区集中采访活动,是在"5·12"汶川特大地震灾后恢复重建两周年之际,于2010年9月13日在成都启动的。采访活动由四川省委宣传部、四川省委外宣办、全国党刊研究会、中国期刊协会党刊分会联合主办。全国近百名记者深入北川县、绵竹市、汶川县、都江堰市、彭州市等6个县（市）14个镇村进行了集中采访，行程约1100公里。我全程跟随采访，"见证汶川奇迹，感受中国力量，讴歌时代精神"。一路走下来，不停地感动，不断地感慨，但更多的是感悟。这是我一生中少有的难忘经历，也是一次难得的心灵洗礼，得到的启示和教育终身受益。

记者们采写出多体裁、多方位、多层次的深度报道，大力宣传全国人民弘扬的伟大抗震救灾精神，颂扬四川人民重建美好家园的巨大成就和精神风貌。这次采访活动对每个记者来说都是不寻常的，是一次职业精神的历练，又是一次从业初心使命的再教育。我跟大家说："我们做媒体的有责任与全国人民和四川灾区人民一道，把在恢复重建中表现出来的战天斗地的事迹，以及前后发生的翻天覆地的变化，告诉全国人民，告诉全世界人民。"采访成果在各媒体发表后，产生强烈反响。这些优秀作品事例真实生动，文字优美流畅，情感真挚感人，从不同角度、不同侧面再现了灾区恢复重建的"人类奇迹"。

一路上，"感恩"的标语随处可见，听到最多的还是"感恩"两个字，这是发自灾区群众最淳朴、最真诚、最强烈的肺腑之言。

他们难忘党的关怀。中央领导在地震发生后第一时间赶赴灾区亲自指挥协调抗震救灾，第一时间部署灾后重建工作。地震发生不到一个月，国务院就颁布了《汶川地震灾后恢复重建条例》；震后37天，国务院就制订了《汶川地震灾后恢复重建对口支援方案》，中央领导还多次亲自检查落实重建计划。四川省从省委、省政府到市、县、乡、村各级领导几乎天天和灾区群众在一起，同甘苦、共命运、齐奋进。在彭州市宝山村，当群众因恐慌纷纷逃命时，年过七旬的村党支部书记贾正方在村委会门前坐镇，召集全体党员庄严宣誓。在危难中群众有了主心骨，他们感恩党的坚强领导。

他们难忘亲人解放军。地震发生最危急的时候，解放军最先赶到，不怕牺牲，排除万难，冲在前，敢担当。老百姓看到解放军就像看到了救星，看到了希望。解放军冒着生命危险去寻找求生的生命，在余震频发中抢修交通命脉，自己饿着肚子把干粮留给受灾群众，在极其困难的条件下修建临时校舍、医院。解放军不但是抗震救灾的英雄，也是灾后重建的功臣。灾区群众更明白了为什么把解放军叫人民子弟兵。他们感恩解放军的英勇无畏。

他们难忘对口援建。举全国之力，支援汶川灾区恢复重建，体现了社会主义制度的无比优越。中央一声号令，10万援建大军开进汶川地震灾区。这次中央动员了18个省（市）对口援建，援建项目3648个，概算援建资金达770亿元。当我们站在安县新落成的社会福利中心，这是辽宁省援建的项目，大家都为这里的优美环境、漂亮建筑、先进设备所折服。我问一同前来采访的辽宁《共产党员》杂志的同志："辽宁省有这样先进的社会福利中心吗？"他摇摇头说："没有。"这个建筑表达了辽宁人民对灾区人民的心愿。当地群众感恩全国人民的无私奉献。

他们难忘人间大爱。在巴蜀大地，处处涌动着爱的暖流，新汶川凝结着全国人民乃至海外友好人士诚挚的情感。在采访中，听到看到了许多让人难以忘怀的事：上海的沈翠英老人卖掉自己的房子，把筹集的450万元钱用来援建学校，当地群众为了感恩，把新小学命名为"都江堰尚慈翠英小学"；清华大学硕士毕业的程莉，一个年轻漂亮的女孩儿，先在灾区当志愿者，后来就义无反顾地扎根在汶川，参加灾区建设，现在已经是水磨镇的镇长助理，等等。在援建大军中，我们还看到了香港、澳门同胞的身影。

汶川地震发生后，港澳同胞纷纷捐钱捐物，两地的援建项目就有286个，投入资金125.8亿元。爱在这里相聚，爱在这里传递，爱在这里沉淀。他们感恩人间真情。

感恩的心迸发出无穷的力量，灾区群众是恢复重建的主力军。全国人民的无私支援温暖着灾区群众的心，激发起灾区群众建设新家园的强烈愿望。他们说，中国有句老话，大家的援助救急不救穷，建设美好家园还得靠自己。他们把失去亲人的悲痛深深地埋在心底，把党和人民的关怀牢牢铭记，把抗震救灾中凝结而成的不屈不挠精神发扬到极致。汶川的奇迹在他们手中延续。

应对汶川特大地震灾难，是对中国共产党执政能力的又一次严峻考验，是对我国社会主义制度的又一次严格检验。答案写在巴蜀大地上，答案铭刻在全国人民心中。

这是汶川灾后恢复重建感动我的一个视角。记者们笔下的生动故事更是感天动地。

云南《党的生活》记者陈昌文的文章《走进汶川》，他笔下的记述催人泪下：

在蒙蒙细雨中，我们走进老北川地震遗址，我们来祭奠成千上万死难的同胞。

低沉哀伤的《安魂曲》在阴云低垂的天空中缓缓飘散。到处是断壁残垣、残垣断壁。曾经楼房林立、人声鼎沸的城市，如今一片废墟，一片寂静。城中右边的山坡上，一面鲜艳的红旗随着微风轻轻飘动，周围只有乱石残垣。那里原来是北川中学新校区，琅琅书声、青春笑脸，曾经是县城一大风景。大地震顷刻间吞噬了那里所有的建筑和那么多鲜活的生命！山坡下，一块小小的平地，绿草如茵。草坪前竖立一块石碑：沉痛悼念"5·12"特大地震遇难同胞。我们，来自全国各地的党刊记者近百人，分三排在碑前肃立。哀乐响起，我不禁潸然泪下。

天地不仁，生命脆弱。在哀乐声中，我依稀看见那些废墟上血肉模糊的惨状，依稀听见孩子惊恐的惨叫、母亲凄厉的痛哭。两年多前那短短一瞬间，近10万生命被毁灭，小小的北川县城就有2万多人遇难，至今仍有1万多同胞被埋在那些废墟里。废墟旁立着一些木牌，上面写着：亲人已经安息，请不要打扰他们。每看到这样的牌子，我的心便尖锐地疼痛！

救人第一，大爱无疆。在哀乐声中，我仿佛又看到废墟上那一幕幕与死神争夺生命的感人场景。

"摘下我的翅膀，送给你飞翔。"他叫张米亚，29岁，是汶川县映秀中心小学数学老师。地震发生时他双手死死护住两名学生，自己却不幸遇难，救援人员不得不锯掉他僵硬的手臂以救出孩子。

"亲爱的宝贝，如果你能活着，一定要记住，我爱你。"废墟中，一位母亲双膝跪地，整个上身匍匐着，双手扶地支撑着身体，在她身下是一个三四个月大的孩子。孩子毫发未伤，母亲成了永远的雕塑，爱的雕塑。

在很多记者的文章中，都报道了宝山村党支部书记贾正方的事迹。我和这位英雄的书记也有过面对面的交流，他在余震不断、群众惊慌失措时，坐镇村委会安抚村民的场景深深打动了我，他说："我坐在这里，村民们就觉得党组织还在，大家就会感到有依靠。"辽宁《刊授党校》记者杨志和的文章《山之脊梁》记述得很详实：

山崩地陷中，有一种力量撑起了一片天；灾后重建中，有一批干部带起了一方百姓。彭州市龙门山镇宝山村党支部书记贾正方，就是这种力量的代表，这类干部的典型。

龙门山镇抗震救灾和恢复重建展览室内，有一张贾正方指挥干部群众抗震自救的照片。我们看到，贾正方沉着镇定，颇具大将风度。镇里干部介绍说：2008年5月12日那天下午，贾正方正在外地参加会议。大地震发生后，他不顾劝阻与个人安危，毅然冲破重重险情，连夜赶回宝山村。他站在惊恐未定的村民面前，铿锵有力地喊："有我在，大家不要慌！"宝山人称他为"我们的主心骨"。

我们来到宝山村，一条条柏油路贯穿全村，一块块绿化地错落有致，一栋栋别墅楼排列整齐。眼前秀美而宁静的新村，怎么会想到两年多前这里曾遭受过大灾难？如今的一切，源于"自力更生，不等不靠"的宝山精神。而它，又以雄厚的集体经济为坚实基础。

与彭州市龙门山镇宝山村党支部书记贾正方交谈

与贾正方交谈，得知他今年76岁，担任村党支部书记已40多年。他一直率领大家走集体化道路，开始在山上修梯田，后来致力于发展集体经济。如今，宝山村集体经济积累已达40多亿元，拥有26个集体企业。村民大都在集体企业里工作，人均月工资2000元左右。集体经济惠及全体村民，60岁以上老人每月有"茶水钱"；孩子上幼儿园、上小学全部免费，读初中高中、上大学有生活补贴……宝山被誉为"四川的华西村"。

"5·12"汶川特大地震，使宝山村遭受重创：全村遇难54人，倒塌房屋7078间，损毁企业20多个，集体经济损失27亿多元。回首大灾难的场景，贾正方说："那真是心疼啊！"面对从天而降的灾难，贾正方坚强挺立，成为"震不垮的宝山脊梁"。他带领党员干部和群众自力更生，攻坚克难，恢复生产，重建家园。如同涅槃的凤凰，宝山村终于浴火重生。贾正方说："当初我承诺过，要在两年内让所有宝山人都住上别墅，现在我们做到了。"

"一方有难，八方支援"是中华民族的传统美德，在社会主义制度下，这种美德形成了战无不胜的中国力量。

举全国之力对口援建，18个省（市）20万援建大军，与当地3000万干部群众，在满目疮痍的废墟上艰苦奋战，用智慧与汗水、拼搏与奉献，为汶川描绘着美丽壮阔的崭新画卷。"首都标准""广东速度""上海质量"，援建者竭尽所能把自己心目中最美好的构想勾画在震区大地上；"湖南思想""福建理念""河北规划"，援建者昼夜兼程改写着灾区的面貌；"河南奉献""山东情谊""浙江关切"，援建者用心与心的沟通，共建起汶川人民的幸福生活和美好家园。社会主义中国的国家意志和动员能力，在空前灾难面前得到空前体现。一座座在断壁残垣上重新崛起的新城，展示着中华民族不屈的力量。

北京《前线》杂志社记者李燕林、林小波的文章《为了什邡的明天更美好》，记述了北京与什邡携手共建，带动什邡跨越式发展的感人故事。北京援建者用78天时间，建成43.71公里长、被称为什邡人民"生命线"的广青一级公路。在那场让什邡人民不堪回首的特大地震中，地处什邡北部的龙门山的遇难者，有很多人是因为当时的山路崎岖不平，行车速度慢耽误了抢救时间，有的甚至是因为车在路上颠簸而不幸罹难的。这就是"生命线"的含意。24所学校和幼儿园，都严格按照国家标准建设，电化教学一应俱全，教育设施超过北京同类学校水平，援建者说："在咱北京，恐怕条件这么好的学校也不多。""北京—什邡产业合作园"3.17平方公里，包括9条道路、6000平方米单层标准化厂房、给排水、电力、燃气、污水处理等基础设施建设，不到两年交付使用，成为推动什邡工业上台阶和产业结构调整的重要平台；以什邡人民医院为中心，北京援建者投资5.3亿元，共援建12个卫生项目，在什邡的每个乡镇都建了医院，总建筑面积9.1万平方米，床位1261张，为什邡构建了遍布乡镇的防病治病网络。北京援建的住房"安全第一、注重人文、尊重自然、经济适用"，援建了2000套居民廉租房，还投资16.8亿元，补助8.4万户农民，让他们自己建设永久性住房。北京向什邡共计投入的70亿元，"变身"为一所所学校、医院、养老院，一条条道路和一处处漂亮的新民居。什邡人说："与北京共建，什邡的城市发展将提速10至15年。"

《上海支部生活》记者张学振的报道《上海人在都江堰》，用数字看上海援建。报道说，上海对口支援都江堰市灾后重建，共117个项目，投资总额82.5亿元。

"五个体系"：一是教育支撑骨干体系，共26个项目，涉及

24所学校基本建设和两项装备配套项目，占灾后重建学校47%，可容纳规划学生数3.4万名；二是医疗卫生服务体系，共28个项目，涉及6个市级医疗机构、14个乡镇卫生院和村卫生室及医疗设备等，共1800张床位，占都江堰灾后重建医疗床位数74%，实现了当地老百姓在家门口看病的心愿；三是城乡安居房基础体系，共8个项目，涉及57.1万平方米安居房、廉租房及公建配套，可安置5600户受灾居民，同时，援建74个农民集中安置点的水、电、气、路、通信等配套基础设施；四是城乡用水治污框架体系，共13个项目，包括1个自来水厂和8个污水处理厂，管道全长130多公里，能让80%的都江堰市民喝上清洁优质的自来水，并实现污水管网全覆盖，保护成都市水环境和市民用水安全；五是支农惠民保障体系，共21个项目，主要是10万亩现代生态农业集聚区，包括1个现代化农产品交易市场、10个特色示范基地，覆盖12个乡镇、60%耕地、44%农民。

"两个支撑"：一是公共服务支撑，共13个项目，主要是都江堰市文化馆、图书馆、档案馆等公共服务设施；二是产业发展提升支撑，共4个项目，涉及10万平方米标准厂房创业就业基地和道路建设。

一系列软件项目援助和智力支持，共4个项目，主要是帮助编制都江堰市灾后重建总体规划和城镇体系规划、旅游规划、综合交通体系规划、现代农业发展规划、城市片区规划等5个专业规划，并组织沪川两地经济、社会、规划、建设、生态、环境等各领域100多名专家，为都江堰市灾后重建建言献策。

通过政府引导、市场动作方式，促进两地企业签订100个经济合作项目协议，签约金额57.6亿元。建立都江堰特色农产品进入上海市场"绿色通道"，实现销售收入1.6亿元，促进两地

3000多名职工稳定就业、两万多户农民增加收入。

组织8批1118名医疗人员、两批127名教师、两批210名公安民警开展支医、支教、支警援助；18个区县与对口乡镇签订《社区守望相助协议》；组建4支236人社工服务队在板房区开展社会关系重建和社工培育；选派两批39名大学生开展志愿报务；为都江堰市196个农家书屋各配备1500册图书。

都江堰人感恩上海，说："你们的恩情我们要用一辈子来还！"上海援建人感恩都江堰，说："我们留下的只是有形的建筑，而你们给予我们的是无形的精神财富，容我们再次感恩都江堰！"

《四川党的生活》记者邓灼的通讯《东汽：泰山压顶不弯腰》，是震区企业恢复重建的一个缩影。

在四川成绵高速路上，有一块印着"绿色动力造福人类"的宣传牌格外引人注目。这是汶川地震中受灾最严重的企业之一——东方汽轮机有限公司的广告标语，它向世界昭示着地震中的国有大型企业，仅仅用了两年时间就站起来了。

东汽，借助灾后重建的契机，转变经济发展方式，调整产业结构，形成了火电、核电、气电等"多电并举"的能源发展格局。尤其是风力发电成为新能源中增长速度最快的产业，产能呈几何数字往上走，2007年产出量是208台，2008年仍产出800台，2009年产出1100台；到2010年的产值达200余亿元，风电产值占100亿元，约占东汽总产值的50%。

2008年5月12日14点28分，东汽厂大门前那个醒目的钟楼，将时间永远定格。这是东汽前所未有的灾难——职工和家属300余人遇难，1000多人受伤，其中200余人重伤；5100余户职工住房遭到破坏，上百万平方米厂房倒塌或损毁；2000余台生产设备损坏，全厂的直接经济损失近27亿元……一个有着42年发展历程、年产值过百亿元,研发大型火电、风电、燃机以及核能发电设备的国家重大装备企业,被大自然以如此极端的方式重创。

定格14点28分,一曲感天动地的英雄壮歌从此唱响。

地震发生时,东汽总经理张志英正在汉旺镇东汽总部这个可抗10级地震的12层办公大楼的4层开会。几十秒后,晃动刚结束,所有人立即冲下楼,会集到楼下平台上。"请所有的党员、干部集合!"张志英急切地喊道,"职工同志们,我们刚刚遭遇了一场历史罕见的大地震,请大家务必保持镇定。巨震刚刚过去,可能还会有余震,但是,救人第一,请各单位领导立即组织干部职工清点人数,迅速组织自救……"

不到一个小时,抢险救灾指挥部成立,张志英任总指挥,同时立即启动应急机制。在通信完全中断、水、电全部中断的情况下,在外界救援尚未到达、自身救援力量和工具设备严重缺乏的艰难条件下,党委专门组织党员抢险队、党员突击队以及团员青年志愿者等队伍,动用一切可调配的人力、物力和工具装备进行自救。各级党政领导班子临危不惧、沉着应对、驾驭全局,在领导抗震救灾和组织恢复重建中担当中流砥柱,发挥了强有力的作用。一场与时间、生命赛跑的战斗打响了……

12日下午4点,东汽德阳基地干部职工已经全部到达救灾现场。12日、13日,他们通宵达旦地在危险的废墟中扒刨救人。13日晚,中铁23局的救援队首先到达,14日,中国救援中心人员也赶到增援,东汽的干部职工全力配合,救出了多人。15日凌晨3点,救出了废墟中最后一位生存者。接着他们继续配合救援队在废墟中寻找遇难者遗体。

18日,转入生产资料抢救阶段,开始分批转移生产物资。有职工回忆说:"那时候,在厂区的任何地方,只要有人把红旗一插,就立刻有人围上来,大家组织起来救援。"东汽职工黄新松在这个特殊时刻写下:"地震,可以无情地夺走我们亲人的生命;地震,可以疯狂地毁坏我们的家园,但地震撼不动东汽人坚强的意志!因为,东汽人的意志是钢铁铸成的!"

东汽的生产自救,在"5·12"汶川大地震发生3天后就已经开始了。"地震是5月12日发生的,15日在北京有个投标会开标。那时招标单位知道东汽受灾,就把东汽从投标单位名册上划掉了。"风电事业部销售部长赵毅给记者讲述了这样一个故事,"没想到,我们还是去了,我们的出现让所有在场的人大吃一惊。"最终,东汽中标了4个项目中的一个分项目,33台1500万千瓦风电机组,标的总额3.2亿元。随后,一系列的记录在延伸:

5月17日下午,震后第5天,东汽风电事业部恢复生产。当时东汽风电事业部总经理张生平说:

"很多参与生产的职工在这次地震中痛失亲人,大家化悲痛为力量,连夜奋战,完成4台风电机组装;

5月19日,东汽与中国节能发电投资有限公司签订12.4亿元共134台风电合同;

5月20日,东汽震灾之后的首批风电机组成功发往山西左云电厂、内蒙古赤峰电厂;

5月24日,东汽'抗震救灾、恢复生产、重建家园'誓师大会在德阳基地举行;

6月6日,在一片废墟中,位于汉旺的东汽主机四分厂又传出令人振奋的轰鸣声;

6月20日,东汽岭澳核电汽缸灾后首次发运仪式在东汽德阳分部隆重举行,当天,还有8台工业汽轮机从东汽汉旺基地发往电厂;

8月1日，新基地隔板制造中心在德阳市八角井破土兴建，这是东汽灾后重建迈出的又一步。一步、两步……重建的步伐越迈越大。

2009年2月26日，东汽广受关注的设备安装启动仪式在新基地举行，拉开了东汽新基地边建设、边搬迁、边安装、边生产的大幕……

正是靠着这样的东汽人，2008年，东汽在经历了巨大灾难之后，完成了2320万千瓦的产品产量，是当年原生产计划的88%；完成了108亿元的产值，比2007年增长了13%，把地震造成的损失和时间最大限度地抢了回来。

经历磨难的东汽人，令世界惊叹！是什么让东汽人在最危难的时刻，首先想到营救身边的同事？是什么让东汽人在最紧要的时候，能够抱成一团，勇往直前？是什么让东汽人夜以继日地战

在"汶川"灾后重建地接受记者采访

斗在抢救设备、转运物资、恢复生产、重建家园的第一线？东汽人给出了这样的回答：是'不怕牺牲、敢于胜利、坚韧不拔、艰苦创业、自主创新、勇攀高峰'的东汽精神，它支撑着东汽度过曾经艰苦卓绝的创业岁月，也支撑着东汽凤凰涅槃、浴火重生！"

在这里，只是转述了这个长篇通讯的部分内容，已足以让我们看到了东汽人在废墟上挺立的脊梁，看到了中国工人阶级不屈不挠的奋斗精神！

奇迹铸丰碑！

大地震、大救援、大重建、大发展，令"汶川"深入人心，成为中华民族永恒的记忆。而汶川正是我们华夏民族记忆中第一位抗灾救灾的大英雄——大禹的出生地。站在汶川绵虒古镇，仰望巍然耸立的大禹雕像，我们叹服着历史渊源的神奇。从大禹到李冰，再到当代四川人，这片土地成就着一代又一代迎难而上的抗灾英雄，也成就和铸造着从大禹治水，到李冰筑堰，再到抗震救灾、恢复重建，这一个个人间奇迹和历史丰碑。

## 举办刊博会了却了我的一个心愿

一个人有一个心愿，就像一颗种子埋在心底，总盼着它破土而出。

我从2000年开始分管报刊，后来又在中国期刊协会工作，前后18年，对期刊产生了感情。我一直有个心愿，希望期刊也像图书一样，每年有个集中展示给读者的机会，举办全国期刊博览会。我认为，举办"刊博会"至少有以下几点好处：一是集中展示期刊整体实力。我国期刊分布较为分散，单个期刊社实力相对较弱，难以在社会上树立形象，集中展示可以取得规模效应。二是可以扩大期刊在读者中的影响力。我国期刊与世界发达国家相比，产生较晚，其实力和影响力都弱于图书。其实，期刊的思想文化影响有其独特性，在政治、思想、社会、经济、文化、科技等领域的发展中发挥着重要作用，集中向读者展示，每个读者总可以从中挑选到自己喜爱的期刊。三是可以有利于刊社之间开展互动交流。利用"刊博会"机会举办论坛，对期刊发展中遇到的新情况、新问题进行讨论交流，有利于刊社之间相互学习、取长补短，促进期刊业的健康发展。四是可以增强刊社的发展动力。"刊博会"的影响是双向的，除了对社会、对读者产生影响以外，刊社自身也可以从中得到启示、鼓舞和信心。

湖北是期刊出版大省，当时《知音》《特别关注》等发行量超过百万的期刊就有7种，在全国有较大影响。2009年6月，中国期刊协会曾组织辽宁、安徽两省的期刊协会对湖北的期刊业发展进行过考察，以下是考察报告：

## 湖北期刊业强势发展的调查与思考

近几年来，湖北的期刊业发展较快，月发行量百万份的期刊不断涌现，引起业界的高度关注。今年6月中旬，中国期刊协会牵头，邀请辽宁、安徽两省期刊协会会长到湖北进行了实地考察，得到了一些启发，也引起我们思考。

湖北是个期刊大省，有405种期刊，在全国居第三位，仅次于上海（620种）、江苏（439种）。根据2008年统计，湖北省期刊总印数为2.4亿册，平均期印数为1110万册，均居全国第二位，人均消费期刊3.2册，远高于全国人均2.2册水平。目前，《知音》《特别关注》《知音漫客》《新传奇》《初中生天地》《最小说》《情感读本》等，月发行量已超过或接近100万份，其中，《知音》月发行量达到600万份，《特别关注》单期发行量已突破300万份，《新传奇》（周刊）推出仅70天月发行量已突破100万份。湖北的学术专业期刊也比较突出，有30种（次）学术专业期刊在历届国家期刊奖评选中获奖。该省的《外国文学研究》杂志被AHCI（艺术与人文科学引文索引）收录（全球只收录1133种），《地球科学》《高电压技术》等，在同类期刊中都较有影响。

湖北省2008年期刊销售额6.22亿元，利税1.66亿元，排在广东之后，居全国第二位。湖北的知音传媒集团目前总资产达7.6亿元，2008年实现经营收入4.1亿元，利润1.4亿元，是全国经营实力较强、经济效益较好的以期刊为主业的传媒集团，目前正在积极筹备上市。从湖北期刊业发展的实践中，我们得到了颇多的启示。

1. 坚持把做好内容放在第一位。期刊产业是内容产业，毫无疑问，内容是第一位的，内容是基础，内容质量是期刊的生命。但一个时期以来，在这个问题上，在期刊界有些混乱，有人提出渠道为王，营销是第一位的，致使一些期刊社只注重营销手段，而忽略了在内容上下功夫，出现了各种恶性竞争现象。在湖北，凡是发展比较快、比较好的期刊，无不注重内容质量。《特别关注》每期选稿量都在 150 万字以上，从优中选优，二审选出 15 万字交给社长终审，最后用稿量是 12 万字。《特别关注》杂志社认为，现在是期刊产品过剩，读者对刊物质量挑剔得很，内容上不去，一切都无从谈起。因此，他们每周开两次会，既务实又务虚，据说已经开过 800 多次。每一期都要开编前会，提出选稿要求，每选一篇稿选稿人都要讲出你选这篇稿要给读者什么。所以我们感到，支撑《特别关注》发展的首先是内容的精益求精。

2. 推进体制机制创新。由于我国的期刊业是从计划经济体制下发展过来的，计划经济的烙印很深。要适应社会主义市场经济体制，必须进行体制机制改革与创新。我国各省基本上都有一个教育报刊社，近年来，湖北教育报刊社异军突起，成为全国教育报刊社的领跑者。我们考察后认为，这与他们在 2003 年报刊治理整顿后，按照中央的要求，进行了比较彻底的体制改革不无关系。在 2003 年的报刊治理整顿中，为减轻基层和农民负担，中央要求党政部门要与所办报刊脱钩，湖北教育报刊社划转到湖北长江出版传媒集团有限公司，从而脱离了行政渠道，纳入了产业发展的轨道，并进行了内部运行机制的改革。更难能可贵的是，体制变了，教育部门对报刊社的关心支持没有变；关系变了，报刊社服务教育的宗旨作用没有变。他们的体会是，体制转变以后，摆脱了行政束缚，办刊视野开阔了，产业意识增强了，市场观念确立了，刊物发展更快了。

3. 发挥品牌优势。湖北省期刊具有明显的品牌优势，如《知音》《今古传奇》以及新秀《特别关注》在全国都很有影响。发挥品牌优势成为湖北近年来期刊业发展的一大亮点。为发挥《今古传奇》品牌优势，成立了今古传奇集团，近年来陆续推出了《今古传奇故事版》《今古传奇武侠版》《今古传奇奇幻版》等系列刊，形成了全国独一无二的传奇文学期刊品牌。知音传媒集团充分发挥品牌优势，创办了一系列子刊，而且办一个成功一个，有的已经成为新的品牌。如《打工》杂志创刊以来，月发行量一直稳定在 50 万册以上，年广告收入超过 500 万元，逐步发展成为励志类品牌期刊。2006 年初创办的《知音漫客》，至今年 3 月，月发行量已突破 100 万册，实现一年一个新飞跃的跨越式发展。2008 年 7 月，该刊被新闻出版总署确定为"中国原创动漫作品扶持项目"，并获 20 万元扶持资金。为了发挥品牌效应，他们将该刊的连载作品结集出版单行本，迄今已推出 44 个品种，总发行量在 500 万册以上。《知音漫客》已经成为又一个响亮的新品牌。

4. 构建产业平台。我们在湖北考察中感觉到，期刊业在我国出版产业中还比较弱小，产业的特征还不十分明显，而我国期刊业发展的空间还很大，引导得好，期刊业将成为出版产业一个新的经济增长亮点。湖北省新闻出版局看到了这一点，他们积极为期刊业构建产业平台，壮大期刊业实力。为此，他们提出"实施五大战略，建设期刊强省"的口号，即集团化集约化发展战略、精品名牌发展战略、数字化发展战略、"走出去"发展战略、大项目带动发展战略。这里仅举"大项目带动发展战略"，他们确定了 3 个期刊发展项目，一是"知音动漫游产业链发展项目"，该项目包括《知音漫客》周刊化、《知音漫客》丛书图书系列开发、知音动漫动画游戏开发、知音原创动漫培训及知音漫客网站建设等内容；二是"知音系列数字影视项目"，该项目主要是以知音原创内容为核心开发数字影视产品，形成一个数字影视产品创作、生产及发行平台；三是"传奇文化产业园项目"，该项目主要以"传奇"内容产业为核心建设文化园，促进今古传奇集团规模化发展。同时，去年他们还在武汉举办了第一届期刊交易博览会，今年还将举办第二届，逐步使其成为全国期刊出版发行的交流、交易中心。

5. 领军人才的独特作用。我们在湖北走访了几个名刊大刊，有一个强烈的感觉：一个人决定一个刊。这话听起来有些绝对、有些偏颇，而实际情况确是如此。比如说，不管《知音》也好，《特别关注》也好，他们能够比较好地发展，有多种因素，但是，如果没有胡勋璧就不可能有《知音》的今天。这不仅是我们的感触，这些刊社的班子成员、员工有的也这么认为。他们的坚定信念，他们的开拓精神，他们的敬业思想，他们的策划能力，以至他们的思想作风，都是令人钦佩的，听他们娓娓道来，使你感到他们是一批真正的办刊人。也许可以这样理解，胡勋璧他们代表了期刊界的优秀人才、领军人物，期刊业的发展离不开这样优秀的领军人才。

由此，我们提出如下思考性建议：

1. 应进一步重视期刊业的发展。我国期刊业的体量还很小，9000多种，总印数30亿册，定价总金额180亿元。我国现有9000多种期刊，真正走市场的不到五分之一，而美国有25000多种期刊，走市场的消费类期刊有8000多种。我国30亿册刊物，人均只有2.2册，而世界人均5册多，美国人均12册，日本人均

20多册。我国1985年就达到过25.6亿册，20多年过去了，才增加不到5亿册，而这20多年，我国经济已经翻了几番，无论哪个行业的发展都不至于这么慢。180亿元的总定价，不及发达国家一个大型期刊集团的年销售额，按照目前期刊交易成本，期刊社的利润已寥寥无几。我国目前期刊定价总金额只有图书定价总金额670多亿元的26%，而发达国家图书期刊一般是平分秋色，日本期刊高于图书。这些数据足以说明我国期刊出版之落后，之弱小。

2. 推进体制创新很关键。在与几家大刊接触中，大家都比较关注体制问题。相比较而言，知音传媒集团在管理体制上比较自主，运行机制比较灵活。我们共同感到，如果《特别关注》杂志有《知音》杂志那样的体制机制，有胡勋璧那样的自主权，《特别关注》一定会发展得更快，做得更大。在座谈中，我们感到目前出版管理体制中有两个影响从业者积极性、创造性的要害问题需逐步加以解决，一是业绩与职工利益、企业负责人利益的关联性问题，二是企业法人代表的决策和分配自主权问题。目前正在大力推进的转企改制是解决这个问题的一个很好契机，但绝不是转企改制了，这个问题就解决了。在体制问题上，一是坚持党管媒体不动摇，二是有利于把握舆论导向，在这个前提下，可否放开一点儿、灵活一点儿、多样化一点儿。

3. 培养期刊职业经理人应提上议事日程。近年来，中宣部、新闻出版总署十分重视领军人才的培养，这是很有战略眼光的举措。我们想从另一个角度提出职业经理人制度问题。中国期刊协会就这个问题在业界征求意见，大家认为这是经营管理理念上的一个重大突破。前不久，湖北省新闻出版局副局长邵明义同志在《新闻出版报》发表题为《期刊社社长职业化势在必行》的文章，在业界引起反响。有的期刊社负责人告诉我们："尽管我现在还不是职业经理人，但我的目标是做一个期刊职业经理人。"在我国目前的体制下，期刊社的负责人一般都是任命的，这就容易出现这样的情况，一个从来没有接触过期刊的人也许被任命为期刊社社长，或者一个期刊社社长干得好好的，期刊社发展也很好，一纸命令把他调开了。这种情况不是个别的。办期刊，作为一种职业，应该有专门的知识，应该具备良好的素质，要有一支专业的职业经理人队伍。职业经理人不应是任命的，而应实行聘任制，这样办刊就相对比较专业，比较稳定。

4. 管理部门转变观念迫在眉睫。在改革开放的今天，发展是第一要务，管理工作如何为发展服务，我们几个做了一辈子管理工作的人在这次调研中感触颇多。期刊社的同志对下一步的发展有很多设想，但是按照现行的管理规定，这也不行，那也做不了，大家很着急。确实是这样，我们做管理工作的，下面提出一个要求，往往以现行的管理规定来决定行还是不行。其实，任何一个管理规定都是有阶段性的，客观现实在不断变化，尤其是在倡导改革创新的今天，下面提出的有些要求，可能是一种创新，可能是发展中的一个重要问题，不能简单地拿现有规定说事。由于我国期刊业在很多方面仍实行审批制，管理部门权力比较大，对期刊业的发展影响也比较大。所以我们提出，管理部门要转变观念，要真正树立起为发展服务的思想。

以上建议，仅供参考。

中国期刊协会赴湖北考察组<br>2009 年 7 月 7 日

我为什么要在这里全文引用这个考察报告呢？只想说明中国期刊交易博览会落户在武汉，是有道理的。武汉素有"九省通衢"

之称，为了利用地理位置的优势，扩大湖北期刊的影响力，自2008年开始，湖北省新闻出版局就着手举办了中国（武汉）期刊交易博览会，受到业界的普遍欢迎和参与。中国期刊协会对此高度关注，我还参加了2009年的期刊博览会，并在大会上发言。我说："新中国成立以来，我国的期刊业有了很大发展，实力不断增强，60年共出版发行期刊794亿册，其中改革开放前30年是86.49亿册，改革开放后30年707.51亿册。特别是近几年，期刊出版产业在改革的推动下，发展态势很好，自2007年总印数突破30亿册以后，2008年继续保持增长，达到31.05亿册。但是，如果把当前期刊的发展与我国全面建设小康社会的历史进程联系起来，与我国人民日益增长的精神文化需求联系起来，与世界期刊业的发展趋势联系起来，还有很大的差距、很大的潜力、很大的发展空间。因此，这次大会提出'振兴我国期刊出版产业'的口号，给社会以鼓舞，给业界以信心，我非常赞成。"

我接着说："我国期刊业的发展与经济社会发展不相适应的原因很多，其中缺少宣传，缺少展示，缺少读者与期刊亲密接触的机会，是一个重要原因。图书的展示机会就很多，有一年一度的全国书市（现在改称图书交易博览会），全国图书订货会，北京国际图书博览会，还有各省市办的书展、书市等等，还有不少国际大型书展。有的出版社虽然感到应接不暇，有的甚至抱怨劳民伤财，但是不可否认的是无论书展、书市、订货会年年都搞得很红火，对图书出版业的发展起了重要的推动作用。而期刊业至今还没有一个全国性的展示会、征订会、交易会，读者买图书远比买期刊方便得多，使期刊出版在人们的心目中逐渐被边缘化。在发达国家的出版业中，期刊占半壁江山，有的国家期刊业超过图书业，比如日本。而我国期刊业的年销售总金额只有图书的四分之一左右。我前面讲过了，其原因是多方面的，但是，扩大期刊的社会宣传，使期刊与读者有更多的接触机会，让群众对期刊有更多的认知度，对期刊业的发展是必不可少的。因此，在目前期刊业发展最快的湖北省举办期刊博览会，既是湖北期刊业发展的需要，更是全国期刊业发展的需要，我十分赞赏湖北省新闻出版局倡导、牵头举办这个博览会的眼光和魄力，同时，我也十分感谢知音传媒集团为推动全国期刊业共同发展所作的努力。我期待这个期刊博览会越办越好、越办越大，办成全国期刊展会的品牌，办成有国际影响的期刊展会。在这里我必须说明一点，参加这个博览会就某个刊社来讲，不一定有直接的经济效益，但是就长远来讲，就整个期刊业发展来讲，你的参与是应该的，是值得的，是有意义的。

把博览会与行业的年会结合起来，是这个刊博会的一个特色。刊博会是群英荟萃的机会，这次刊博会，全国知名的文化综合类期刊的领军人物都来了。当前期刊业确实面临很多发展机会，也面临很多挑战，需要探讨的话题很多，如何应对网络媒体的冲击，如何在金融危机面前调整发展策略，如何利用国家调整产业结构的机会发展期刊业，如何拓展期刊发行渠道和市场平台，如何扩展期刊广告市场，如何开展多媒体经营，如何深化期刊业改革，等等。前来参加刊博会的刊社负责人，不但自己有很多疑虑要寻求答案，他们还有很多办刊的实践感受需要交流，他们还能为当前文化综合类期刊的发展状态号脉诊断，他们的真知灼见利用这个机会贡献给业界，无疑会给大家以启示。希望大家积极参与，积极奉献，这里有你有我共同的期待。"

我还说："大家来湖北参加期刊博览会，还会给你意外的收获。湖北是个期刊大省，近几年来，湖北的期刊业发展很好、很快。

前段时间中国期刊协会组织辽宁、安徽的期刊协会领导对湖北期刊业的强势发展进行了考察学习，很受启发。最近不少省市的同志来湖北学习期刊业发展的经验，得到大家交口称赞。目前湖北省月发行量超百万的期刊已有六七个，个个都来之不易，个个都令人赞叹。特别是知音传媒集团，他们利用品牌优势，开展多媒体立体经营，实力不断增强，影响力日益扩大，已经成为全国发展最好的期刊集团之一。还有《特别关注》杂志，短短几年时间，单期月发行量已超过300万份。他们的创业精神，他们的办刊经验，他们的战略眼光，他们的发展愿景，都值得我们学习，值得我们赞赏。因此，这次期刊博览会在某种意义上也是一个现场会，一个经验交流会，相信大家会不虚此行。"

2011年的中国（武汉）期刊交易博览会，中国期刊协会开始介入，与中国邮政报刊发行局、湖北省新闻出版局、湖北省期刊协会一起共同主办，由特别关注杂志社承办。博览会期间，还举办了中国期刊零售业创新与发展论坛、第28届文房四宝交易博览会、全国期刊体制改革与数字化发展研讨会、期刊新秀推介会、出口订货会等。本届博览会围绕期刊界普遍关心的"如何促进期刊零售量增长"这一核心话题，由期刊社与邮政、民营两大发行渠道的代表共同研讨。全国期刊社携优秀期刊亮相，50多个城市邮政零售公司和一批知名民营期刊零售商应邀参会，10多位知名期刊"掌门人"、期刊营销专家和高校营销学学者作精彩演讲。这一年的期刊博览会同样取得了巨大成功。

中国期刊协会参与举办以后，湖北方面就酝酿着提高刊博会主办单位的规格，成为名副其实的全国性期刊博览会。2012年6月，湖北省人民政府正式商请国家新闻出版总署共同举办中国（武汉）期刊交易博览会，并获得同意。2012年12月18日，国家新闻出版总署在北京举行新闻发布会宣布，由国家新闻出版总署、湖北省人民政府、中国邮政集团公司共同举办的"中国（武汉）期刊交易博览会"，将于2013年9月14日至16日在武汉举办；同时决定，从2013年起，湖北武汉将成为中国（武汉）期刊交易博览会的长期举办地。在筹备过程中，国家新闻出版总署与国家广电总局合并，所以第一届中国（武汉）期刊交易博览会由国家新闻出版广电总局、湖北省人民政府、中国邮政集团公司联合主办。自此我国期刊有了国家级、国际化、综合性的交易博览会。

2013年9月14日至16日，首次由国家新闻出版广电总局、湖北省人民政府、中国邮政集团公司主办的中国（武汉）期刊交易博览会在武汉新落成的国际博览中心举行。作为深入贯彻落实党的十八大精神，推进社会主义文化大发展大繁荣的重要举措，本届刊博会以"期刊让生活更精彩"为主题，集中展示我国改革开放以来的期刊出版成就，推动国际出版合作与交流，促进期刊贴近群众丰富生活，体现了"国际视野、国家平台、国内一流、国际影响"的特色，受到期刊出版界和广大读者的广泛好评，认为首届期刊交易博览会堪称"期刊界的奥林匹克盛会"，办得非常成功，很有特色，超出想象，出乎意料。

作为全国首次期刊行业会展，本届刊博会表现出规格高、规模大、国际化、亮点突出、群众参与度高等特点，其展场规模、参展单位数量、参观人次等都居于全国同类展会前列，得到社会各方广泛关注。

（一）规模宏大。为打造刊博会品牌，本届刊博会在突出展出规模、展出内容、展出功能上下功夫，全部展出面积达10万平方米，共分为8个展馆，分别为国内期刊馆、海外期刊图书音像综合展示馆、国内图书展销馆、文化衍生品展销馆、新媒体馆、演武大会综合馆，以及汽车文化馆和媒体人才招聘区。共有海内外13000多家报刊社、400多家图书音像出版机构参展，展出各类出版物和文化衍生产品达50多万种，展会期间，共接待读者和观众达30多万人次。

（二）规格超前。本届刊博会得到了报刊出版单位和发行单位的广泛支持和踊跃参与，新华社、人民日报社、求是杂志社、光明日报社、经济日报社、中国出版集团等知名报刊出版单位，解放军总政宣传部、工信部、国家卫计委、中国邮政集团、中国科协等中直部门及各省区市报刊单位参展，极大地提高了展会的规格和影响力。全国人大教科文卫委员会主任委员、中国出版协会理事长、原新闻出版总署署长柳斌杰发来贺信，国家新闻出版广电总局党组书记蒋建国及中国邮政集团、部分省市区、中央部委10余位省部级领导，以及各省（区、市）、解放军、中国邮政、港澳台等35个代表团，40余个国家和地区的300多家国际知名期刊图书出版机构参加了本届刊博会。

（三）亮点突出。本届刊博会亮点纷呈，一是国际化程度高。共有英、美、德、法、俄、韩、日等40个国家和地区的300多家国际知名期刊图书出版机构参展，展出国外各类图书音像制品共计10万余册。二是活动丰富。刊博会期间共举办各类活动73场，参与人数9万多人。其中，期刊传媒国际创新发展论坛、中国邮政报刊发行高峰论坛、华中国际版权高峰论坛、海外数字出版与图书馆资源建设高峰论坛、百家社长论坛等论坛活动11场，动漫大赛、第二届演武大会、中国（武汉）汽车文化节、人才招聘等专业活动4场，余秋雨、张召忠、唐骏等文化名人演讲签售活动5场，太极拳表演等大众互动活动17场。三是信息发布权威。国家新闻出版广电总局发布了"全国百强报刊"，中国期刊协会发布了《2013世界杂志媒体创新报告》，并邀请专家从英国来华作专题报告，中国邮政集团公司发布了年度报刊邮政发行排行榜100强，人民网发布了年度最受读者欢迎的50种期刊。四是论坛规格高、专业性强。"2013期刊媒体国际创新发展论坛"共2天，会聚了众多中外媒体精英，共同探讨新形势下期刊媒体的创新发展之路，成为名副其实的高峰论坛。国家新闻出版广电总局副局长邬书林出席论坛并作了主题演讲，中宣部、国家新闻出版广电总局有关部门相关负责人，以及多位期刊界、新媒体界的60余位知名人士分别作主题报告。

（四）效果显著。一是经济效益突出。展会期间现场销售、订货额达3.4亿元，参展单位共达成各类交易意向30多项，其中长江报刊传媒（集团）有限公司与美国阿普达公司达成战略合作协议，共同开发"集群式数字报刊网络云平台"，协议金额3000万美元。二是社会效益明显。展会期间读者参观踊跃，人气非常旺，展现了文化的魅力，一些观众多次到展馆购买书刊，参与新媒体互动。同时，海内外传媒单位云集武汉，不仅为武汉带来系列收入，也宣传了湖北近年来经济社会文化的发展成就。

当时，我国期刊业正处在体制机制变革、产业转型的重要关头，又面临新媒体的强力冲击，传统期刊业还有没有未来？未来在哪里？疑惑之风在业界蔓延。有鉴于此，我在"2013期刊媒体国际创新发展论坛"上作了《中国期刊业发展的前行之路》（《传媒》杂志2013年第10期刊发）的演讲。我就如何看待期刊业面临的挑战、当前期刊业发展的有利条件、我国期刊业未来发展路径这三个方面，发表了我的看法，和与会者分享。

我说，应当承认，部分期刊从业者对期刊业未来的疑惑是有一定根据的。新媒体的强势发展，分流了传统期刊的部分广告，分流了部分读者，很多期刊社的经营陷入了前所未有的困境。而正在大力推进的市场化取向的体制机制改革，对很多专业性期刊来说，感受到的是不适应、是压力，而且目前还没有看到令人鼓舞的改革前景。

我回忆说，2004年，我国南方的一个杂志就曾经发表了一篇题为《中国杂志业濒临失败》的署名文章，作者把当时的期刊业描写成"一盘散沙、一群乱蚁或一只在锅里被慢火煮热的井底之蛙"，并断言，"中国现有的品牌杂志5年后集体玩完"。当然，事实证明，这篇文章的预言太过极端，10年了，我国的品牌杂志不但没有"集体玩完"，而且很多杂志包括一些品牌杂志都有了长足发展，这是有目共睹的。以时尚传媒集团为例，2004年开始进入由世界品牌实验室发布的"中国500最具价值的品牌"榜单，连续10年榜上有名，品牌价值由5亿元跃升至35.68亿元，年均增长21.9%；2012年营业收入超过13亿元，净利润超过1亿元。

我重提这篇文章和举时尚传媒集团的例子，并没有要掩饰当前期刊业面临困境的意思。当前的困难是个严酷的现实，必须面对。但是在困难面前我们该怎么办呢？有人给我打比喻说，当前我国期刊业如同一片落叶好像在飞翔，毕竟在坠落。这个比喻很生动、很形象，也多少说明了当前我国期刊业的处境，但是我要说，即使在坠落毕竟还在飞翔，在飘落的过程中，在外力的作用下，还有可能向上飞扬。因此，只要这片落叶还没有着地，我们就有责任让它继续飞翔。当然，当前的期刊业是不是已经是一片落叶，大家还可以讨论。我认为，传统期刊业仍处在成长性空间。

这里确实有一个如何正确认识和把握期刊业发展趋势的问题，有一个我们从业者的精神状态问题。现在大家都谈论"中国梦"，我们期刊从业者也要有梦想，要有振兴我国期刊业的强烈愿望和责任感，在看到困难一面的同时，还要看到光明的一面，看到社会对期刊业发展的强烈期盼。我们没有理由在挑战面前束手待擒。

我说，其实，当前我国期刊业发展有着许多有利条件，活跃着许多积极因素，我国期刊业还有相当的发展空间。

第一，中国梦赋予了期刊业发展的强大动力。党的十八大对我国期刊业的发展无疑是最大的"利好"。十八大报告对增强我国文化软实力，推动文化事业、文化产业全面繁荣发展，提出了新的更高的要求。党的十八大以后，以习近平同志为核心的党中央提出了实现中华民族伟大复兴的中国梦。中国梦反映了中国人民对中华民族伟大复兴的强烈愿望，中国梦凝心聚力，为实现党的十八大提出的奋斗目标增添了无穷的力量。期刊业是社会、经济、文化、科技发展不可或缺的组成部分，在实现中华民族伟大复兴的征程上有着不可替代的作用。我们期刊人要有期刊人的梦想，期刊业的发展一旦汇聚到实现中国梦的伟大洪流中，其力量势不可挡。中国梦为期刊业的发展注入了强大动力。

我们从事期刊出版工作，要善于与党和国家的工作大局联系起来，要自觉地把我们的工作汇集到社会大潮中去。只有这样，你才会感到你的工作不是孤立的，你工作的时候才能站得高些、看得远些，你才会感到有支撑、有信心、有力量。如果你拘泥于为办刊而办刊，就会自觉不自觉地陷入一种盲目性，成为一种纯粹的谋生手段。中国共产党在拯救民族危亡的斗争中，我们的先辈们冒着被查禁、被拘捕甚至牺牲生命的危险，创办各类刊物。他们也有经济压力、生活压力，但是他们义无反顾地为此前赴后继，传播革命真理、传播救国理想。他们为什么能这样？因为他们有梦想，有信念，有抱负。如果我们今天能把实现中国梦作为自己的理想和抱负，办刊的责任感、使命感就会油然而生。

第二，小康社会建设为期刊业提供了广阔的发展空间。党的十八大向全世界宣告，我国将在2020年全面建成小康社会。我国的小康社会是一个"五位一体"的协调发展的社会，包括文化软实力的显著增强，人民的精神文化生活的全面提高。全民阅读将成为国家重要文化工程，并将以立法形式来倡导全民阅读，这是前所未有的。期刊业的繁荣发展是文化软实力的重要标志，既是小康社会目标的题中应有之义，又是小康社会建设的重要条件。在国外的小康社会指标体系中，就有年人均拥有期刊数量的指标。中国社会科学院在20世纪90年代制定的我国小康社会指标体系中，也包含了年人均期刊拥有量。可以说，小康社会建设对期刊业的发展是一种刚性需求。这就是所谓的"题中应有之义"。何为"重要条件"呢？就是小康社会建设需要期刊业提供智力支持、舆论环境、文化保障。根据有关部门的研究表明，我国科技人员从期刊中获得的情报信息占整个情报信息来源的70%—80%，有的学科占90%以上。近百年来，诺贝尔奖得主的重要研究成果都是以期刊论文形式首先发表的。所以，中国科学院卢嘉锡老院长曾经说过，期刊对科研工作发挥着龙头和龙尾的作用。总之，人们的学习、科研、工作和生活，都离不开期刊。

但是，目前我国期刊业的发展水平与小康社会建设还很不适应，与人民群众的实际需要还有很大差距。其主要表现在：（1）期刊社规模小，经营分散，总体实力较弱，竞争力不足。我国近万种期刊，分散在6000多家出版单位，平均一个出版单位不到两种，大多数期刊只能勉强维持生计。（2）期刊整体质量有待提高，很多期刊市场适应能力差，学术期刊影响力不大，高质量的学术论文外流严重。有资料显示，2012年中国学者发表在英国

《自然》杂志上的论文比上年增长了35%。目前，我国重大科技成果大多在国外期刊上首发。（3）期刊结构不尽合理，不适应读者与社会的实际需要。美国的学术期刊占全部期刊的24.9%、消费类占70%，我国的消费类期刊占比不到30%。期刊作为一种文化消费品，没有消费类期刊的充分发展，不可能成为一种产业。美国有许多世界顶级的学术期刊，期刊产业也做得很大；而我国学术期刊影响力小，期刊产业的规模也很小。美国一个老年期刊能发行一两千万册，我国近30种老年期刊发行量加起来才500万册左右，而我国的老年人口有1.86亿，美国只有0.54亿，不到我国的三分之一。（4）期刊年人均拥有量与世界年人均拥有量还有较大差距，与发达国家年人均拥有量差距更大。前些年联合国教科文组织统计，世界年人均拥有期刊5.2册，我国现在不到3册，日本20多册，美国有10多册。可见差距是显而易见的。差距就是发展空间，全国期刊界的同仁们在学习贯彻党的十八大精神中，对期刊业的繁荣发展要有一种急起直追的责任感、使命感和紧迫感。

第三，数字化增强了期刊的传播力。当前期刊界面对新媒体的崛起，对挑战一面看得重一些，对机遇一面研究得不够。大家被动地感受到广告被分流、读者被分流，而没有主动地去借力新媒体。有人说现在年轻人都不看杂志了，于是我们也跟着喊，而没有认真地分析研究到底分流了多少？分流了哪一部分读者？如何把更多的读者留住？现在很多年轻人整天把着手机，不是在阅读，而是在玩手机。文化消费是一种"软消费"，存在很大的弹性和变数，任何一种文化产品，只要有足够的吸引力，就会有足够的消费者。做文化产品，既要紧跟消费者消费偏好的变化，又要对其消费意愿进行引导，同时还要有坚守，才能形成健康的符合时代要求的社会文化消费。前段时间我看到上海发布的一份图书馆阅读白皮书，其中有一组数据：2012年上海市中心图书馆总流通量超过3771万册次，同比增长了23.5%。由此可见，虽然网络阅读迅速发展，传统阅读也同样在增长。近年来，有的期刊的发行量有所下降，但期刊总印数连续8年同比持续增长，从2005年的27.59亿册到2012年的33.48亿册，增加了5.89亿册。据2013年5月29日《中国新闻出版报》刊登的一篇文章《从美国报业止跌看全媒体转型方向》披露，近10年来，美国报业收入逐年下降，裁员、减薪、缩版、合并和倒闭的新闻不断，而2012年稳住了发行量。据美国报刊发行核查局（ABC）的统计，到2012年9月为止的半年发行量，613家日报仅下降了0.2%，而528家报社的星期天报纸却增加了0.6%；美国四大报纸《华尔街日报》228万份（印刷版149万份、数字版79万份），《今日美国报》171万份（印刷版162万份、数字版9万份），《纽约日报》160万份（印刷版71万份、数字版89万份），《洛杉矶时报》64万份（印刷版49万份、数字版15万份）。这说明，新媒体的崛起并没有给传统媒体带来灭顶之灾，新媒体至少在短期内还不可能替代传统媒体。数字化、新媒体与传统媒体不是你死我活的关系，是可以融合发展的，如果善于借力，还能增强传统媒体的传播力。

第四，体制机制改革将为期刊业焕发生机和活力。我国期刊总印数1985年就曾经达到过25.6亿册，27年了，仅增加了7.8亿册。这个数据如果与我国同期经济社会的发展数据相比，是一个不能容忍的业绩。也许不能完全这样比，但至少说明期刊业的发展与经济社会的发展极不匹配。原因固然很多，但根本原因在于体制机制改革滞后，经营理念、发展模式与社会主义市场经济体制不相适应。因此，改革势在必行，不改革就肯定没有期刊业的未来。

但是，现实情况是很多人对现行的改革积极性不高，主动性不强。究其原因，一是可能目前改革还没有切中要害，二是可能改革措施顾及从业者利益不够，三是可能与一部分人思想观念还没有转变有关。我认为，改革管理体制与改革运行机制两相比较，管理体制是根本，没有管理体制的根本性突破，运行机制改革很难取得实质性成效。而管理体制的改革，关键又在行政管理的改革，行政管理改革没有迈出实质性步伐，光要求出版单位改革，自然得不到出版单位的有力响应。

这里也有一个如何正确认识改革中遇到的困难和问题的问题。改革是一种探索，难免会遇到这样那样的问题，我们应该客观分析、理性对待。改革作为一个过程，有些问题是阶段性的，解决这些问题也需要一个过程。有些问题也许并不是什么问题，而是我们的观念不适应改革的发展，比如所谓"身份"转换问题。我国期刊业长期在计划经济体制下运行，对原有体制的惯性要有足够的估计，改革不可能一蹴而就。我国经济体制改革的经验证明，体制改革能极大地解放生产力，一旦改革的效能得到充分发挥，期刊业的发展就会释放出强大的生机和活力。所以，我们对改革的方向要坚定不移，对改革的部署要满腔热情，对改革的未来要满怀信心，使改革成为我们期刊人共同的期待。希望期刊界的同仁们树立信心，投身改革。期刊业还有未来，期刊业的未来就掌握在我们自己手中。

我已经从管理一线岗位上退下来多年，只能从一个研究者的角度对我国期刊业未来的发展提几点看法，供大家做个参考。

第一，从加强分类指导入手，营造新的"期刊生态圈"。我国目前期刊的生态环境，受计划经济的影响还很深，已经与市场经济环境很不适应了。比如，期刊社的主管主办单位有行政级别要求，使得有的期刊上不着天、下不着地，既不利于加强管理，又不利于行业自主发展；又比如，省际期刊同构问题，这个省有什么刊，那个省也有什么刊，形成期刊市场严重扭曲和分割；还比如，很多期刊社企业、事业体制界限不清，期刊社难以形成真正的市场主体。当然，这些情况要完全改变、很快改变也很难，但完全不改变又已经难以为继，所以要加强分类指导，先易后难，逐步破解。

期刊出版单位相对于图书出版单位，情况更复杂一些，各类期刊的宗旨不同，地位作用也有差别，生存环境更是千姿百态，改革必须从实际出发，因刊而宜。在推进期刊编辑部的改革中碰到了一些问题，我认为问题就出在对期刊编辑部的特殊性和我国期刊编辑部的生态环境调查研究不够。美国类似于我国期刊编辑部的期刊（主要是科技类的）也很分散，2431家出版机构出版6720种这类期刊，平均每家2.8种，出版10种以上的只占全部出版机构的3.3%。他们对这类刊物有很多扶持措施：一是税收减免和关税保护，二是政府直接或间接拨款资助补贴，三是基金支持，四是出版物邮资费率优惠，五是非定价销售。这就给这些期刊创造了良好的生存环境，所以能够产生世界顶级的科技学术期刊。当然，他们的这些做法也是在长期的探索中逐步形成的，适合他们的经济社会环境，不能照搬。但如果我们在推进科技学术类期刊改革时，也能综合参考这些情况，进行分类指导，为各类期刊的生存发展营造良好环境，推进改革可能就会顺利得多，各类期刊在改革中就可以各得其所，竞相发展。

第二，从行政管理改革入手，推进期刊全行业改革。近年来，在中央的统一部署下，期刊业改革取得积极进展，也有明显成效。但是在进一步深化改革中，有的人对改革热情不高，认为现在这样的改革意义不大，比如虽然转企改制了，但是变化不大，仍然不能成为市场主体。问题在哪里？我认为，问题在于行政管理改革没有跟上。目前，期刊社存在的体制机制弊端在很大程度上是由行政管理体制造成的。所以，期刊业的改革关键在于体制机制改革，而体制机制改革的关键又在于行政体制的改革，行政管理体制改革不先行，期刊出版单位改革难以收到实效。这就好比一匹马被拴在木桩上，绳索没有解开，你要马奔跑起来，这是不可能的。我这里讲的解开绳索，是说要破除体制性障碍的意思，而不是说要放开不管。马在奔跑中是需要驾驭的，没有驾驭就不能达到目标。为此，我对行政管理改革提出三点建议：

一要转变行政管理观念。我长期在行政管理部门工作，从我自己管理工作的体会来看，在管理工作岗位上，考虑得最多的是如何管住，不出问题。当然这是无可非议的，职责所在。但作为管理者的另一面，如何促进行业发展，如何更好地为行业发展服务，考虑得不够多。从"发展是硬道理"的角度看，后者可能是更重要的。《光明日报》曾发表一篇《用政府权力"减法"换取市场活力"加法"》的文章，道理讲得很好，就是政府要勇于简政放权，向市场放权，给企业松绑。这是行业管理部门必须面对的一个重要课题。

二要改进调控手段。对期刊业来说，总量控制一直作为宏观调控的重要手段，已经延续十几年了，先要总结一下这样调控的效果到底如何？再者十几年了，社会环境、市场环境都发生了巨大变化，固守这种调控办法是否妥当？在今天这样一个大变革时期，一项政策延续十几年不变，始终一个口径、一把尺子，是一件不可思议的事。而事实上由于体制等方面的原因，这种调控手段已经很难达到预期效果。我在与业界的同志接触中，很多有需要、有实力、有能力办更多刊物的期刊出版机构，都苦于得不到刊号而错失发展良机。由于发展需要得不到满足，一号多刊成为普遍现象，不利于规范管理；由于严格控制，刊号成为稀缺资源，刊号流转更加困难，不利于结构调整；更伤脑筋的是，买卖刊号成为业界的一种痼疾。根据当前的市场情况，如果对刊号资源配置适当松绑，期刊的总发行量可能有明显上升，既可以更有效地满足读者需求，同时又利于期刊结构调整，有利于规范期刊出版行为，也有利于期刊业健康发展。

三要完善扶植期刊业发展的政策措施。目前我国期刊业在出版业中处于弱势地位。发达国家和国际上有影响的传媒集团，期刊的营业收入在整个出版业中都占大头，像日本的出版业，期刊占70%左右，而我国期刊业的收入只有图书的四分之一左右。因此，我国期刊业发展潜力还很大，建议采取措施扶植期刊业发展：（1）建立学术期刊出版基金，着力打造学术期刊高地，以适应我国科技迅猛发展的需要。最近几年，世界级甚至国际领先水平的科技成果在我国不断涌现，所以，我在一个科技期刊主编座谈会上曾提出，我们从事科技期刊出版的，要为世界科技中心的转移做好准备。（2）制定期刊"走出去"规划，实施"期刊越洋工程"，以扩大我国期刊国际影响力，提升我国文化软实力。现在不是你想不想"走出去"的问题，而是一种国家使命，必须"走出去"。（3）完善社会组织、机构资助学术期刊出版的机制，改善学术期刊生态环境。这是解决学术期刊经济负担完全由国家背起来问题的重要途径。（4）规范期刊市场秩序，拓宽期刊发行渠道，建立覆盖全国的期刊物流配送中心，形成全国统一开放、竞争有序的期刊市场体系。目前,我国报刊发行有一个邮政系统非常完善的网络,可以说在全世界都是独一无二的,有很大优势、发挥着重要作用,但同时也存在着垄断行业普遍存在的各种弊端,优势没有得到充分发挥,必须进行改革。从市场经济的角度看,期刊发行应更多更充分地发挥民营经济的作用,形成更充分的竞争状态。(5)进一步推进全民阅读工程,发掘更多潜在读者。应在"农家书屋"工程的期刊上,进行延伸和扩展。(6)进一步健全、推进期刊发行量核查制度,促进行业公平竞争。这项工作要顺利开展起来,目前还离不开行政力量的推动。

第三,从调整结构入手,做强做大期刊业。调整结构是实现期刊业可持续发展的重要条件。从我国期刊业的现实情况看,当前需要研究调整学术期刊与消费类期刊的结构比例问题。发达国家一般消费类期刊体量都比较大,学术期刊突出做精。我国消费类期刊总量还很有限,学术期刊有过滥现象,且普遍质量不够高。而所谓的期刊产业,主要是指消费类期刊的规模效益。从产业的角度来考量,我国要发展期刊产业,就要加快消费类期刊的发展,扩大规模、提高质量、增加效益。如果我国有更多像时尚、知音这样的期刊传媒集团,期刊业就立起来了。我国消费类期刊没有很好地发展起来,与我们对消费类期刊的认识有关,普遍认为这类刊物是低俗的,是无关紧要的。其实,从社会需求来讲,消费类期刊需求巨大;从关注民生的角度讲,消费类期刊更贴近民生。因此,广大读者对消费类期刊的需求是正当需求,满足他们的需求也是我们出版人的责任。所以,我们要为消费类期刊正名,要理直气壮地发展消费类期刊,把消费类期刊作为发展期刊产业的着力点来做,当作民生工程来做。当然,做消费类期刊不但要守住底线,还要有担当,为社会提供正能量,这也是不言而喻的。

期刊业的结构不只是这一个问题，还包括各类别期刊结构，同一类别期刊不同层次、不同学科期刊的结构等等。就整个期刊产业发展而言，重组、整合是必然的趋势，其实这也是结构问题。

第四，从增加投入入手，加快数字化转型步伐。应当肯定，近年来期刊数字化转型取得了很大成绩，特别是一些科技学术类期刊，通过数字化建立起国际范围的作者队伍、审稿队伍，有效地扩大了国际影响力。传统媒体向全媒体发展是一个不可逆转的趋势，对此我们要有充分的思想准备和实际行动。但是，目前仍有许多期刊社对数字化、向全媒体转型很纠结。很多人说，"新媒体烧钱，咱烧不起"。新媒体的发展速度之快，对社会生活影响之大，完全可以用"惊人"来形容。我们做媒体的，对新媒体如果至今仍无动于衷、无所作为，就等于"等死"。在探索阶段，"烧钱"可能是个代价。互联网现在大家都觉得商机无限，其实在发展初期也是"烧钱"的。2013年上半年国务院印发的《关于促进信息消费扩大内需的若干意见》指出，到2015年信息消费规模将超过3.2万亿元，年均增长20%以上；要大力发展数字出版、互动新媒体、移动多媒体等新兴文化产业。我们要认清这个大势，进行积极探索，跨过这一步也许春光无限。在数字化转型面前，目前很现实的一个问题是期刊社普遍经济实力不强、投入困难，"烧钱"烧不起也是大实话。希望政府有关部门从传媒业发展的长远考虑，加大对期刊业数字化转型的资金投入，促进传统媒体更好、更快地向全媒体转型。

以上是我在首届中国（武汉）期刊交易博览会的论坛上的发言。有了这个平台，后来的几届博览会我也都在论坛上发言了。这是一种交流、一种探讨，我认为对期刊业的健康发展是有益的，不可或缺的。

此后，每年的刊博会都如期举办，并力求每一年的刊博会都有所创新，有新的亮点。到2018年成功举办了五届（从第四届以后每隔一年举办一次），2020年因发生新冠疫情，刊博会被迫中断了。

中国（武汉）期刊交易博览会作为我国唯一一个国家级综合性期刊交易博览会，本身承载了很多功能。它不仅仅是为期刊界提供了经验交流与信息共享的平台，在国家加强文化建设、提倡全民阅读的当下，刊博会也是文化服务于人民大众、倡导全民阅读的平台，推动社会主义精神文明建设的平台。湖北省人民政府站得高、看得远，舍得花钱办这件事，功不可没。湖北省新闻出版局投入大量人力物力为全国的期刊业服务，值得称道。湖北省对全国期刊业的贡献将载入中国期刊发展史册。

与其他以经济效益为主的活动平台不同，刊博会所起到的作用不能单纯以销售额、实际签单多少的经济指标来衡量，效益与效果有时候还是有区别的。刊博会直接产生的经济效益只是其中一个衡量指标，实际效果也很重要。大家在刊博会上通过展示交流，以别人成功的经验为自己借鉴。尤其是在现在传统期刊比较困难的情况下，通过这样规模大、影响大的活动，让读者重新认识纸质期刊魅力，让办刊人重新树立信心，这是看不见的作用。

通过这些年的发展我们看到，数字媒体是未来的方向。站在未来谋发展，就要在数字化、全媒体上下足功夫。在当前期刊业发展困境面前，业界的一部分人在认识上存在一个误区：认为只有纸质阅读才算是阅读，只有纸刊的发行收入才算收入，只有纸刊发展了才算发展。因此，他们成天围着纸刊打转，缺少战略眼光和谋划，始终走不出困境。我们经历多了以后都有一个体会，很多事站在眼下看未来，似乎不知所措，而成功以后回过头来看现在，似乎一切都那么简单明了。为什么呢？有句歌词叫"阳光总在风雨后"。这就是事物的发展规律。前几年我曾经到重庆的《商界》传媒集团考察学习。我一下车他们就跟我说，我们正在搬家，这地方又不够用了。后来他们告诉我说，有了互联网，需要做、可以做的事太多了，业务发展的空间很大。《商界》创办于1994年，目前已经形成以《商界》为龙头的财经期刊群。集团已经从单纯的期刊发行加广告的赢利模式，发展到文化产品的行业整合、品牌活动平台搭建的赢利模式；传播方式也开始从单一平面媒体传播形态，发展到多元、立体的传播形态；业务形态已经从媒体经营到涉足影视、电商、投融资等多个产业领域。他们对未来充满信心和期待。

　　当然，各个刊社的条件不同，有些事不是所有刊物都做得了的。但是，事在人为，任何刊物在谋发展时，站位很重要，思路很重要，做事情的意志很重要。不是有句话叫"思路决定出路"嘛，我们不妨思想再解放一些，思路再开阔一些，也许办法就会再多些。

　　我们都在选择未来，未来也在选择我们，这种选择与被选择的过程，构筑了期刊业的未来，决定着期刊业的成败。

# 努力倡导期刊数字化转型

接受新浪财经独家专访

"数字化引领期刊未来",这是我在由中国期刊协会主办、国新出版物发行数据调查中心和搜狐网协办的"2007数字出版引领期刊未来"研讨会上,向全国期刊界发出的呼吁。但是在当时,对这个呼吁有的人不以为然,有的人半信半疑,听进去的人不多。因为当时数字化还处于初始阶段,很多期刊人对世界期刊的这个发展趋势了解不多。但是,我认为更主要的是,当时我国期刊业还处于强劲的上升势头,从2005年的27.59亿册到2012年的33.48亿册,连续8年持续增长,很多杂志社没有生存的危机感。在这个时候,中国期刊协会组织研讨数字出版问题,并且提出"数字出版引领期刊未来"这样的口号,现在回过头来看,这次研讨会对于我国期刊数字化发展是具有开创性意义的。

数字技术的飞速发展，正在从根本上冲击着、改变着我们的生活方式、工作方式和交互方式，甚至思维方式。"世界经济论坛"主席施瓦布先生2015年在美国《外交》杂志网站上发表文章称，我们正在迎来"数字革命"，即第四次工业革命。他指出，第四次工业革命不是以线性速度前进，而是呈几何级增长。同时，它几乎打破了每个国家、每种行业的发展模式。而且，这些改变的广度和深度预示着生产、管理、治理整个体系的变革（2015年12月18日《参考消息》）。对于施瓦布先生所说的这种变革，我们已经感觉得到、触摸得到，但我们还无法预见这种变革将向何处发展。对未来我们既有憧憬的喜悦，又有未知的恐惧。

伴随着"数字革命"，信息传播技术日新月异，各种形态的新兴媒体层出不穷、锐不可当，对传统媒体的冲击、挑战已有切肤之感，原来的商业模式受到前所未有的冲击。绝大多数传统媒体出现了前所未有的经营困难，从2013年开始，我国期刊总印数已经连续多年大幅下滑，很多期刊面临生死考验，期刊业向何处去正在拷问着每一个期刊人。

我在中国期刊协会工作这10多年，是期刊数字化转型非常快、非常关键的时期，也是我逢会必讲、写文章必提的问题。根据我个人的观察，直到我离开期刊协会，在对待媒体融合发展的问题上，还有的人不思进取，甘愿抱残守缺；有的人看到了这是一种趋势，但不知如何去做；有的人浅尝辄止，半途而废。如此种种，都阻碍着媒体融合向纵深发展。究其原因，在我们的传统媒体队伍中，很多人对新兴传播技术、对新兴媒体还认识不清，理解不深，懂得不多。显而易见，这是期刊业融合转型的短板。我曾读到一篇文章（《时代发现》杂志2015年第11期），说泰国有一个雕像很奇怪，从正面看，它是一个婀娜多姿的女人，但看不到她的脸；

从背后看,光秃秃的,什么都没有。泰国人说,这是"机会女神",寓意是,当机会来临时,我们往往看不到她的脸,因为她时常蓬头垢面;当机会走了,我们才发现她原来是机会,但你再想去抓她时,怎么也抓不住了,因为她后面什么都没有。面对媒体的数字化变革时不我待,我们能否从中得到一点儿启示呢?

这些年为推动期刊业数字化转型,我努力做了几件事:

## 一、召开"数字出版引领期刊未来"研讨会

这个研讨会是2007年11月召开的,可以说这是全国期刊界召开的第一个专门探讨期刊数字化的会议。这时我到期刊协会工作刚一年,"数字出版"对很多期刊人来说,还是个新鲜词,无动于衷,而世界范围内却已经迅速兴起。其实,我对数字化也不甚了了,只是在当时的那种社会氛围下的一种预感,有一种"山雨欲来"的感觉。而且我觉得,在数字技术日新月异的当下,一步跟不上,就可能步步跟不上。就在这时,2007年10月15日,中国共产党第十七次全国代表大会召开,胡锦涛总书记在大会的政治报告中指出:"在时代的高起点上推动文化内容形式、体制机制、传播手段创新,解放和发展文化生产力,是繁荣文化的必由之路。"这充分反映了我们党对新时期发展趋势和我国文化发展方向的科学把握,这也预示着我国传统出版业正面临一场深刻的变革。推动期刊数字化建设,正是对党的十七大精神的积极回应。于是,中国期刊协会主动联系当时在数字技术方面属于领先地位的搜狐网,商量共同举办期刊数字化研讨会,得到搜狐网的全力支持。我们确定的会议主题为"数字出版引领期刊未来",我在会上作了《创新传播手段,引领期刊未来》的主旨发言。

2007年12月4日《中国新闻出版报》发表了我的这个发言,并加了"编者按":

> 面对传媒业日新月异的发展态势,新媒体的替代性越来越强。在新形势下,期刊业如何认清发展方向,创新发展思路,积极利用新兴传播技术,紧跟信息化发展步伐,有效融入数字化发展潮流,实现产业转型和升级,开创行业的全新业态和发展模式,将决定期刊业未来的发展方向和水平。日前,由中国期刊协会主办、国新出版物发行数据调查中心和搜狐网协办的"2007数字出版引领期刊未来"研讨会在京举行,就期刊数字化的现状、经验、趋势三个议题进行深入探讨。本版自今日起,将连续以"期刊的数字化未来"为题刊发文章,描摹未来的期刊发展,探讨期刊发展之路。

我讲了五个问题:

1. 从提高我国文化传播力的战略高度,认识期刊数字化建设的重要性和必要性。

我认为,文化是一个民族的血脉和灵魂,文化的影响力反映了一个国家的软实力。在现代技术和社会条件下,文化的影响力不仅取决于内容是否具有独特的魅力,而且取决于是否具有先进的文化传播手段和强大的文化传播能力。当今世界是一个多极社会、多元社会,又是一个各种价值取向融于一体的社会,各种思想文化在信息化背景下相互激荡、相互影响,谁的传播能力强,谁的价值观、社会观就能广为流传。改革开放以来,我国经济社会快速发展,令世人瞩目,中国的国际地位和影响力与日俱增。但是,中国文化在世界的影响力还很有限,正确诠释中国经济社会发展的舆论还很难进入西方主流社会,在国际社会上,中国的声音还不够大。另一方面,对外开放已经成为我国的既定国策,中国的大门向世界敞开了，在世界优秀文化传进来的同时，腐朽没落文化也趁机而入，但是，我们与之争夺思想文化阵地的手段还显无力。因此，党的十七大从发展中国特色社会主义、提高国家文化软实力的战略高度，提出要运用高新技术创新文化生产方式，培育新的文化业态，加快构建传输快捷、覆盖广泛的文化传播体系。期刊是文化传播的重要载体和渠道，是我国文化软实力建设的重要方面。要站在国家战略大局的高度，着眼于解放和发展文化生产力，以科学发展观为指导，在数字化建设方面加大投入、加快步伐，运用高新技术创新期刊的生产和经营模式，以数字技术为依托走向国际社会，大力提高期刊的传播效果和社会影响力，为社会主义先进文化的传播做出新贡献。

2. 以科学发展观为指导，推进期刊数字化建设。

科学发展观是马克思主义关于发展的世界观和方法论的集中体现，是发展中国特色社会主义的重要法宝，也是期刊数字化建设的重要指针。党的十七大报告指出："科学发展观，第一要义是发展，核心是以人为本，基本要求是全面协调可持续，根本方法是统筹兼顾。"期刊数字化建设也必须遵循这一要求。

改革开放以来，我国期刊业经历大发展以后也面临着诸多问题。比如，期刊结构不能适应经济社会发展的需要；品种数量不少，但整体质量有待提高；管理体制、运营机制不能适应社会主义市场经济要求；经营水平不高，期刊业发展多年徘徊，等等。1985年我国期刊总发行量就超过25亿册，20多年了，始终没有突破30亿册，期刊业确实面临一个如何科学发展的问题。数字化既为我国期刊业的大发展提供了一个重要机遇，又是促进我国期刊业科学发展的客观需要。

我认为，在期刊数字化建设中，要深刻领会科学发展观的科学内涵，增强贯彻落实科学发展观的自觉性，着力转变不适应不符合科学发展观的思想观念，着力解决影响和制约期刊业科学发展的体制机制问题。数字化不是为了赶时髦，而是为了推动期刊业发展；期刊数字化的目的是为读者提供更快更好的阅读服务；数字化建设要着眼于期刊业的长远可持续发展；在推进数字化的同时，要统筹兼顾，坚持"内容为王"的发展思路，进一步做好纸质期刊的出版工作，不能顾此失彼。

3. 从数字化建设的长远目标出发，加快新媒体专业人才培养。

推进数字化建设，队伍是根本，人才是关键。目前我国期刊数字化建设的瓶颈是专业人才，就是既懂数字媒体又懂传统媒体的跨媒体专业人才紧缺。期刊数字化出版对很多期刊社来说，不是不愿做、不想做，而是不会做、不懂得怎么做。为此我建议：一是在推进宣传文化领域人才培养工程中，把数字技术人才培养纳入其中，培养一批文化数字化建设的领军人物和管理人才。二是有条件的期刊社要把数字化建设作为新的经济增长点，加大人力、物力、财力投入，为数字化建设创造条件，形成气候。三是数字化建设人才要引进与培养并举，不能光想着挖人才，自己培养是根本出路。要创新专业人才的培养、使用、管理机制，使专业人才起得来、用得上、留得住。四是期刊管理层要懂数字化。数字化建设是一个系统工程，需要管理层的正确把握，有序推进。数字化对期刊社的管理层的技术理解能力、市场把握能力、商业模式创新能力等都提出了更高的要求。因此，要加强期刊社领导班子综合素质的建设。

4. 从探求期刊数字化的赢利模式起步，筑牢数字化发展的基础。

在社会主义市场经济条件下，期刊数字化能否成功、能否发展，关键在于能否形成稳定有效的赢利模式。传统期刊的盈利主要靠发行和广告。近年来，一些期刊利用自身的社会影响和优势，开展各种社会活动或举办会展等，也获得较好的效益。而期刊数字化以后的赢利模式应该远不止此，还可以利用数字技术的优势和网络的广阔市场空间，开展各种形式的增值服务等等，但目前的赢利模式尚不成熟，需要进一步探索。基于这种情况，我认为，探求数字化条件下的赢利模式是期刊数字化建设题中应有之义，对赢利模式的追求应该与数字化建设同步规划、同步实施，以数字化带动新的赢利模式，以新的赢利模式促进数字化建设，实现赢利模式的创新，使数字化建设具有自身"造血"功能，以保证期刊化的可持续发展。

5.加强政府部门的监管和引导，为期刊数字化建设保驾护航。

数字化转型对期刊业是一次深刻的革命，需要统一思想，需要政策引导，需要有序推进，政府不能缺位。为此，我建议：一是政府部门要进行规划指引。新闻出版总署为指导报业数字化建设，成立了"数字报业实验室"，既解决了重复建设、盲目投入的问题，又为报业数字化建设起到了引领作用。这种做法在期刊数字化建设中值得借鉴。二是要政策支持。数字化建设需要投入，而目前多数期刊社的经济实力较弱，依靠期刊社自发进行数字化建设，可能很多期刊社只能望洋兴叹。因此，希望政府部门从期刊社的实际出发，制定有利于期刊数字化发展的政策，以促进期刊数字化建设。三是要尽快协调解决数字化的技术标准问题。目前在国内的数字期刊阅读器种类繁多，彼此之间不兼容，需要客户端下载不同的浏览器进行阅读，给读者带来很大麻烦。如果解决阅读器的统一技术标准，期刊数字化的发展必将得到极大推进。此外，网上支付的手段、客户端点击率的监测、广告到达率的统计等技术问题，对于期刊数字化发展都是至关重要的，同样需要在技术层面上加以完善。

我的发言在与会者中引起了一些共鸣。

## 二、成立数字期刊分会

2010年初，中国期刊协会正积极为当年10月即将在杭州召开的第二届亚太数字期刊大会做准备。首届亚太数字期刊大会在日本东京召开，它的背景，一是进入21世纪以来新技术日新月异，网络媒体对传统媒体挑战日甚，包括期刊在内的传统媒体变革迫在眉睫；二是随着技术的进步，期刊的数字化呈现越来越多的魅力，尤其是2007年1月，苹果发布了iPhone，11月Kindle面世。技术的革新加上资本的推动，"数字阅读"成为全球互联网最有想象力的领域之一，期刊的"数字阅读""数字化出版"也成为全球期刊行业议论的热点。

作为全球最具影响力的期刊行业国际组织，国际期刊联盟（FIPP）一直在最前沿引领着世界期刊业的变革。国际期刊联盟意识到新媒体正在全面冲击传统期刊业，期刊业必须直面这种变化和挑战，为此，决定以亚太地区期刊产业为聚焦，定期召开亚太数字期刊大会。2008年11月，首届亚太数字期刊大会在日本成功召开。

在中国，期刊的"数字化"潮流自2005年左右就已开始涌动。当时Xpuls、Zcom、Zbox等电子杂志网站兴起，吸引了资本、互联网和业界的大量关注；2006年，中国移动等运营商纷纷推出手机报服务；2007年iPhone和Kindle的面世，刺激华为、方正、汉王等互联网企业也积极投入智能手机或数字阅读器的开发。而无论是平台、技术和硬件厂商，要做数字阅读都离不开内容，主动与期刊社联系。而这时期刊社的情况与2007年有所不同了，部分期刊社开始对数字化一方面是踌躇满志、满怀期待，但同时又因为害怕错过风口而急于四处试水，缺乏引领和服务。

我一直关注媒体形态的变化。2007年2月，我兼任理事长的国新出版物发行数据调查中心成立了网络出版专业委员会，正是基于纸介出版已逐步向网络出版全面延伸，网络出版物的发行数据核查也提上日程。2010年，我进一步意识到，有必要在中国期刊协会下专门成立一个"数字期刊分会"，来为全国的期刊行业提供更专业、更深度的数字化转型服务。

适值负责国新网络出版专业委员会具体工作的钱鹏宇同志也提出这个想法。钱鹏宇同志原来是电子杂志网站Xplus和Zbox的负责人，他和团队的几位同事都对期刊行业有比较深的理解和丰富的数字出版的经验。于是在2010年3月，中国期刊协会经新闻出版总署同意，由钱鹏宇等人负责具体工作的中国期刊协会数字期刊分会筹备组成立了。一年后，数字期刊分会正式成立。数字期刊分会成立以后，一直与期刊协会集体办公，由协会统一管理。

数字期刊分会是应需而生的。从成立之初，我就给分会确定了6个主要工作方向，分别是：引领行业发展（期刊的内容形式和传播形式的数字化、期刊的融合转型发展）；建立行业标准（分类标准、格式标准、数据标准、广告标准）；规范行业行为（内容自律、职业操守）；维护行业利益（版权保护、广告价值评估、发行平台谈判）；拓展行业视野（组织国际及港澳台的会议、交流、报告，组织全国性的行业会议、展览、培训，关注技术趋势）；推动行业创新（榜单、奖项、研究课题）等。

数字期刊分会成立以后，做了很多工作，应该说对期刊数字化转型是做出了贡献的。还在筹备阶段,就面临一项重要任务,即谋划当年10月将在杭州召开的第二届亚太数字期刊大会。这也是中国期刊协会自2007年举办第36届世界期刊大会后,第二次举办世界性的行业大会。

  大会要考虑的问题很多,从议程设置、嘉宾邀请,到会场布置、会务服务,各个环节都必须紧密严谨。国际期刊联盟也非常重视,几次由其时任总裁CHris带队到杭州进行实地考察;浙江省新闻出版局和杭州市人民政府作为承办单位,也都给予了巨大的支持和帮助。数字期刊分会在协会的统一部署下,积极配合展开了各项筹备工作。

  大会于2010年10月14—15日在杭州成功举行。第二届亚太数字期刊大会主题为"数字革新,期刊未来",时任国家新闻出版总署副署长李东东,浙江省委常委、宣传部长茅临生,杭州

在第二届亚太数字期刊大会上作主旨演讲

市副市长陈小平出席开幕式并致辞。来自中国、日本、印度、韩国、美国、英国、法国等15个国家和地区的500多位期刊界、出版界、信息产业界嘉宾及相关产业从业者参加了本届大会。在为期两天的会议中，近50位中外嘉宾围绕大会议题，在会上进行交流。我在大会上作了题为《中国期刊数字化的现状和未来》的演讲。我在演讲的最后，讲了一段意味深长的话："杭州素有人间天堂之美称，天堂是令人神往的；数字化被认为将改变人类生活方式，是个令人遐想的神秘空间。我们还不知道数字化将会走向何方，但我们知道，未来总在人们想象之外。正因为如此，数字化才值得我们去不断追逐。"

搜狐网为大会进行了图文同步直播；《中国新闻出版报》、《中国图书商报》、《出版商务周报》、浙江在线、《传媒》杂志、《出版人》杂志及《广告主市场观察》等新闻媒体对大会作了跟踪报道并发表评论；中国期刊协会网站为大会设置"第二届亚太数字期刊大会"专栏，及时报道了大会所有相关信息。大会得到新闻出版总署的有力指导和浙江省委省政府、杭州市委市政府的大力支持，国际期刊联盟对本届大会高度重视，并悉心指导和帮助，业界同仁积极响应，特别是浙江省新闻出版局的精心组织和安排，使大会取得了圆满成功，获得了海内外参会代表的一致好评。

第二届亚太数字期刊大会可谓非常成功，获得国际期刊联盟的高度赞誉。因此几年后，国际期刊联盟向中国期刊协会提出，希望2014年第四届亚太数字期刊大会能继续在中国举办。

在沟通中，我认为，从2010年到2014年，世界杂志媒体业已经发生了巨大的变化，中国的数字期刊业也在经历了种种尝试、探索后，面临着瓶颈突破的困惑，经报国家新闻出版广电总局批准后，应国际期刊联盟之邀，2014年再次联合主办了亚太数字期刊大会。

根据国家新闻出版广电总局的具体要求，中国期刊协会把本届大会作为服务期刊行业的一次重要会议来办，立足期刊行业实际，围绕期刊业界当时关注期刊数字化转型等热点问题，与国际期刊联盟积极沟通联系、反复讨论研究，最后确定了举办本届大会的整体方案、大会主题，以及会议议程的安排、演讲嘉宾的邀请、会务的筹备安排等相关工作。具体筹备工作以数字期刊分会为主、协会全员协作展开。

2014年11月11—12日，第四届亚太数字期刊大会在北京顺利举行，来自亚太地区近20个国家和地区的450位嘉宾与会。在本届大会上，中宣部出版局副局长刘建生对中央提出的《关于推动传统媒体和新兴媒体融合发展的指导意见》谈了自己的学习体会，与大家分享了以市场内在驱动与政府支持引导相结合的中国特色新闻媒体发展模式。来自德国、英国、瑞士、美国、加拿大、韩国、日本、新加坡、澳大利亚等国家和中国台北杂志公会的23位演讲嘉宾，为大会带来了全球最新的数字化创新成果信息，分享在期刊数字化发展方面的理论思考和实践探索经验；国际期刊联盟市场部主管康巴斯·海尔，对国际期刊联盟主撰的《2014世界杂志媒体创新报告》进行了深度解读，诠释了跨平台杂志媒体品牌是如何能够持续不断地投放高品质互动内容，并为广告主提供物有所值的投资回报的实例。中方的演讲嘉宾，有中国知名网络新浪、百度、腾讯以及知网、万方的代表，有在期刊数字化探索中崭露头角的新锐，他们的媒体理念、发展平台、经营模式给人以耳目一新之感；大会还邀请到了美国赫斯特杂志国际部总裁兼首席执行官邓肯·爱德华兹，瑞士Edipresse媒体集团亚洲区首席执行官高诚梓，时尚传媒集团董事长、《时尚》杂志社创办人刘江，在会议现场解答有关期刊数字化发展的有关问题。两天的大会，议程安排十分充实，从新旧媒体的产业融合到B2B杂志的数字化转型，从数字媒体商业模式到学术期刊的数字化传播，从社交媒体和智能手机市场到数字出版零售及发行等，一个个充满吸引力的议题，一位位重量级的国内外演讲嘉宾，牢牢地抓住了与会代表的注意力。

本届大会为来宾充分呈现来自中国、亚洲乃至全球的期刊媒体革新亮点，来自世界各地的媒体业引领者们分享了他们对行业未来的所思所想。大家一致反映，通过参加本次大会，最为深切的感受就是数字化引领期刊业的未来。数字化越来越受到业界关注，对于全球期刊业来说，数字化已不再是可做可不做的事，而是大势所趋，数字化转型正处在关键点，这种求知和交流的欲望更为强烈。国际期刊联盟总裁Chris先生等国外嘉宾也高度评价了大会和大会的组织工作。

在我离任中国期刊协会会长之前，还于2017年10月与国际期刊联盟签订了联合举办2018年第六届亚太数字期刊大会的合作协议。第六届亚太数字期刊大会于2018年6月在中国（武汉）期刊交易博览会期间与主论坛一起召开，也非常成功。

连续三届亚太数字期刊大会在中国举办，一方面是出于期刊协会引导行业变革发展的实际需要，另一方面也是因为国际期刊业界对中国期刊业的发展和中国期刊协会工作的认可。

数字期刊分会成立以后另一项重要的工作是，推动两岸期刊业界的数字化交流。自2011年5月至2018年6月，"两岸期刊交流研讨会暨期刊展"每年举办一次，持续不间断地举办了7届，形成了两岸唯一一个聚焦期刊业的、常态化的交流活动，获得主管部门和两岸业界的好评。

回首申请举办第一届"两岸期刊交流研讨会暨期刊展"时，数字期刊分会提出，两岸期刊业界虽然有断断续续的联络，却没有图书出版行业那样的常规化的交流，彼此之间缺乏了解和互动。经过行业调研及与台北杂志商业同业公会的沟通，2010年，中国期刊协会向新闻出版总署和国台办提交了相关报告，获得批复，于是开始抓紧筹备。由于是第一次举办，时间紧、手续又比较复杂，流程又不太熟悉，数字期刊分会几名工作人员克服了重重困难，顺利完成了第一届"两岸期刊交流研讨会暨期刊展"。

"两岸期刊交流研讨会暨期刊展"一直秉持"小而美、小而专"的原则。从2011年首届两岸期刊研讨会至2018年，两岸乃至全球的媒体环境都发生了巨变。研讨会作为两岸期刊业者最重要的对话平台，每一年都由中国期刊协会与台北杂志商业同业公会提前筹划，精心选取当年度的业界议题、聚焦热点，有针对性地邀请演讲嘉宾，以期给与会人员最有价值的分享。7年来，累计共举办7场主题研讨会，展览大陆杂志500余种，赴台期刊单位272家，赴台人员476人次，参访30余家台方单位，台方参与研讨会暨期刊展的专业人士1500人次，普通社会人士观展的尚不计在内。

"两岸期刊研讨会暨期刊展"为两岸唯一一个针对期刊行业的常规业务交流活动，而且在台影响力已经超越期刊行业，扩散到传媒界、教育界等更多领域。

从业务上，持续7年的活动，让台湾业界人士认识到大陆不断增强的经济和文化实力，也通过交流更深入了解了大陆在相关产业的管理政策规定和市场情况，我们拜会的大部分台方单位，在这7年中都开始或扩大了在大陆的合作业务。

在情感上，7年不辍的交流拜访，让台方人士看到大陆对台湾坚定不移的善意，直言"如家人定期串门"，彼此非常亲近亲切。台方也非常重视我们的交流和拜访，每次均由各单位在台的第一负责人接待，精心安排参观和座谈。

"两岸期刊研讨会暨期刊展"对于增进两岸期刊数字化乃至整个传媒界的理解与信任、传播大陆期刊出版业的文化实力和品牌影响力、增强台方从业者及民众对大陆的了解与归属感，具有独特与重要的价值。

我离任中国期刊协会会长后，第八届、第九届两岸期刊研讨会暨期刊展都如期顺利举办。2020年，由于疫情因素的不可抗力影响，持续9年的两岸期刊研讨会暨期刊展被迫暂时中断。两岸业界都十分期待这一活动早日归来。

数字期刊分会成立以后，聚焦新媒体、媒体转型融合发展的专题培训工作有了新进展。

据统计，自2011年1月份的首期期刊数字新媒体产品及营销研修班，到2017年11月的期刊转型融合发展培训班，7年间数字期刊分会负责举办了16期新媒体专题培训。培训人数从最开始的每期三四十人，到后来的每期200人，规模和影响力越来越大。

数字期刊分会举办的这一系列培训在业界具有相当高的口碑，一线期刊社绝大多数新媒体部门都组织参加过培训，许多早期参加培训的学员后来都成为了所在刊社的新媒体负责人。究其原因，与分会一开始就秉持的"领先、创新"的培训宗旨分不开。我也一直鼓励分会，既然是做新媒体培训，就要敢于尝试，敢跨界去请新讲师、讨论新话题。所以多年来分会培训邀请的讲师，既有本身在新媒体领域领先尝试的期刊社负责人，还有更多的互联网企业（例如华为、阿里巴巴、腾讯等）、移动广告公司、技术服务公司的高管甚至创始人，培训的主题从新媒体的产品、技术到运营、营销，一直紧扣和引领新媒体发展的潮流趋势。从2011年的"智能手机应用程序技术与产品详解""APP产品设计与营销策略""新周刊的'微革命'"，到2017年的"二更：短视频启示录""互联网知识经济的全景与机遇""知识传播的古腾堡时代"，可以说，新媒体甚至整个互联网历年来发展的热点从智能手机、APP、微博，到微信、社交媒体、移动广告，再到短视频、音频、知识付费，在数字期刊分会组织的培训中都有清晰的体现和深入的分享。

正是基于这种围绕期刊新媒体与转型融合，又不局限于期刊的培训思路，数字期刊分会组织的培训特色鲜明，常常给来培训的学员耳目一新、饕餮盛宴之感；许多学员将每年一度的培训学习视为不可或缺的充电之旅。《中国新闻出版报》《中国图书商报》《传媒》杂志等行业媒体都曾就研修班内容做过专题报道。这一系列培训对于提升行业从业人员的业务能力、推动行业的新媒体和转型融合发展，起到了一定的作用。

数字期刊分会还为4届中国（武汉）期刊交易博览会承担"期刊媒体国际创新发展论坛"和数字期刊馆的组织布展任务。从2013年9月首届中国（武汉）期刊交易博览会到2018年我离任中国期刊协会会长时，刊博会一共举办了4届（2013—2016年每年一届，后改为两年一届），协会都作为承办、主办单位参与，数字期刊分会也一直承担新媒体展区的招展、布展及主论坛的具体工作。

回顾4届刊博会，新媒体展区的展览面积在各展区中虽然不算突出，但全部针对新媒体企业招展、布展，一些技术公司，如万方、知网、龙源；相关产业，如汉仪字库、兆宏电子；以及部分海外企业，如 Adobe、ProQuest 等都有参加。而主论坛则一直是刊博会的重头戏，每年主论坛都保持了高水平的演讲嘉宾阵容，从政府领导，到国际化的演讲嘉宾；从刊社的领军人物，到优质互联网企业管理者，绝大部分演讲都干货十足，堪称业界盛会。其中，自 2015 年第三届刊博会开始，协会牵头、数字期刊分会具体负责，最后以刊博会组委会名义主办了"期刊数字影响力 100 强遴选活动"，数字期刊分会进行了细致的数据收集、整理和分析工作。由于本活动全程遴选都是以第三方数据为基础，所以遴选结果相对客观，获得刊社的普遍认同。遴选活动分设大众类期刊与学术类期刊两个类别，每年各有 100 种期刊入选。而遴选结果的发布，也确如我们所预期，对业界是一个非常大的积极促进作用。

数字期刊分会成立以来，还开展了许多公益性的行业服务。特别值得一说的是编辑《中国数字期刊行业资讯》和举办"数字期刊行业沙龙"，这两项工作都是需要投入很多的时间、精力和经费的，都免费服务业界。《中国数字期刊行业资讯》第一期于 2010 年 1 月 7 日编辑发行，定位于聚焦中国期刊数字化行业，关注产业发展融合趋势及新业务发展模式，跟踪国际市场动向，反映中国期刊数字化的现状、问题与发展需求。资讯为双周刊，一开始为电子版，高峰时单期发行近 10 万人次，后来还印制了几期纸质版。

资讯的工作十分繁重。数字期刊分会组织了专人团队负责采编，并开设官网，投入不小。除了摘编全球范围内的相关资讯，分会采编团队还做了不少原创报道。以 2011 年为例，全年策划了出版政府奖、2011 全球广告周、数博会、摄影类杂志等行业选题，还特别关注典型案例，采访报道《南方都市报》《第一财经周刊》《FT中文网》《看天下》《商界》以及浙江传媒梦工场等，给业界人士带来新鲜资讯及最新解读。在资金、人力十分紧张的情况下，资讯最终坚持了50多期，实属不易。随着微博、微信的兴起，人们获取行业资讯的方式也更方便、更灵活，定期出版的《中国数字期刊行业资讯》也完成了历史使命。

"数字期刊行业沙龙"每年举办3—5期，先后举办了20多期。每期沙龙都设定一个特定主题，定向邀请数字期刊各个产业链单位参加，与会人员有针对性地讨论、交流，效果很好。

数字期刊分会还积极促进产业上下游之间的合作。2011年7月，应各大刊社的要求，分会牵头成立了"中国数字期刊技术联盟"，联盟单位超过100家，各项与刊社有关的技术服务项目，都有领军公司加入。自成立以来，免费为各大刊社数字化提供了不少技术支持，还组织联盟里的技术厂商参与过外文局、人民日报社等传媒集团下属刊社数字化项目的招标工作。

引导行业规范也是数字期刊分会从成立之初一直关注的工作。2016年刊博会期间，为保护机构及个人的数字号内容创作权益，引导规范数字号行业的有序发展，推动跨平台之间的数字号版权合作，根据《中华人民共和国著作权法》的规定及行业现实情况，数字期刊分会联合中国知名的第三方新媒体服务机构——新榜，发起成立了"数字号版权互助联盟"。该联盟成立的宗旨即为"推动跨平台数字号版权保护"。

回头来看，数字期刊分会这么多年基本上都是在最初设定的六大方向上展开工作的。他们的工作很忙，当然，由于人力、物力、业界环境等各方面的关系，数字期刊分会有的工作进入得比较深，成绩也比较显著；有的还不够。总体说来，数字期刊分会的种种努力和尝试都是值得肯定的，对期刊数字化发展也发挥了预期的作用。

### 三、引进《世界期刊创新报告》

中国期刊协会持续 7 年引进《世界期刊创新报告》，为业界带来世界期刊媒体数字化的最新成果，数字期刊分会为此做了大量工作。2010 年，国际期刊联盟出品了首本《世界期刊创新报告》。该报告汇聚了大量全球期刊业富有启发性、创新性的案例，非常有价值。数字期刊分会提出，为推进中国期刊的创新，跟上全球步伐，协会有必要引进该报告，并愿承担相应工作。我认为这当然是件好事。经过沟通，中国期刊协会取得国际期刊联盟的独家中文版授权。2011 年 10 月，《2011 世界期刊创新报告》中文版发布，数字期刊分会还邀请英文版主编专程从英国来北京举行专场报告会。这是该报告首次被翻译成中文，并在中国大陆及港澳台地区同步发布，报告发布后获得广泛好评，很多单位预订该报告并期待更多海外精品报告。

自此，中国期刊协会坚持每年引进《世界期刊创新报告》（后国际期刊联盟更名为《世界杂志媒体创新报告》），到 2017 年已是第 7 年。虽然授权费、翻译、印制的人力财力成本不菲，协会还是克服困难、挤出经费给予支持。因为这个报告对于中国期刊业界是非常必需的工具书、案头书，确实是非常有价值的。

另外，值得一提的是，由于国际期刊联盟在编写相关案例时的局限性，《世界期刊创新报告》中一直鲜有中国案例。因此，受《世界期刊创新报告》的启发，也是为了弥补缺憾，2014 年，数字期刊分会提出要出版一本我们自己的《中国期刊创新报告》。我觉得很有必要。于是，和浙江日报报业集团"梦工场"合作，历时半年多的采访、编辑，《2014 中国期刊创新报告》出炉，汇聚了当时中国期刊业界最领先、最有可借鉴性的 30 家刊社的创新案例，反响热烈。后来，由于经费、人力所限，《中国期刊创新报告》没能持续出版，十分遗憾。

斗转星移，任秋去春来。我离任中国期刊协会3年多时间里，期刊数字化日新月异地发展。2021年10月，作为老朋友，我去龙源数字传媒集团公司看望汤潮夫妇，听汤潮董事长的介绍，有的新概念我都听不太明白了。我比较早就关注到他们了，我把龙源期刊网当作我当年观察期刊数字化的一个点，参加过他们的一些活动。2005年开始，他们与中国出版科学研究所（2010年9月更名为中国新闻出版研究院）每年联合发布的中国人文大众期刊阅读影响力TOP100榜单，目前已经连续发布16年。这些数据已经成为期刊社了解人们阅读期刊的风向标。我曾经在会议上对期刊社的负责人讲过，龙源每年给刊社提供的年度数字化传播数据化分析报告，是大数据时代的"调研报告"，是非常宝贵的信息，希望期刊社好好研究它、利用它，以改进我们期刊的内容编辑。

汤潮夫妇20年前从国外回来，创办龙源期刊网。当年数字化阅读还不被太多人接受，可谓创业艰难，但他们坚持下来了。我曾经问过汤潮，你们当时为什么要创办龙源期刊网？汤潮告诉我，他们夫妇都是改革开放的幸运儿，在改革开放初期分别被公派留学加拿大、日本，汤潮是70年代末国家派出的第一批留学生之一，心中长存报效国家的愿望。20世纪末，互联网在北美最先兴起，当时他们夫妇都在多伦多约克大学教书，发现世界了解中国，海外华人了解中国和中国文化，受到了时空的局限，订阅书刊花钱费时，尤其是订阅杂志，航空件很贵，海运一般需要3—5个月的时间。作为一个在国内外从事过教学工作的学者，他们感到了一种使命感，并敏锐地察觉到互联网是中国文化传播到世界最理想的方式，于是在1997年12月首先创办了龙源书网，次年创办了龙源期刊网。

作为哲学专业的学者，汤潮从龙源网创办开始就持续不断地提出新观念、新思想，推动期刊和中国文化的数字化发展。他为龙源确定的宗旨是："为知识创造价值，为知识创造财富"；为龙源期刊网确定的发展定位是："聚刊社力量，建服务平台，让中国期刊走向世界、走向数字化未来"。多年来，汤潮几乎每年都在数字出版博览会和文博会等论坛发表关于数字出版、数字发行、数字版权和知识服务相关的新思想、新模式、新产品。

经过20年的发展，龙源先后与4200多家人文大众类期刊社合作，推动了期刊的数字化转型。龙源根据《中华人民共和国著作权法》的有关规定，在业界推出的"逐一签约、按篇计费、分成共享、公开透明"的知识产权运营模式，已经成为数字出版行业的基本做法。数字化时代的版权问题，尤其是作者的授权，已经成为数字化发展的难题之一，龙源在探索过程中，曾付出过沉重代价。他们的努力也带了很好的成果，龙源先后获得版权界的最高奖"金慧奖"、北京市和全国版权示范单位的称号。

这次到龙源，得知他们在版权探索方面又有了新的举措，提出了"知识区块链"理论并捐资成立了知识区块链研究中心，与北京市版权局版权链形成战略合作。通过区块链不但可以精准地保护作者的权益，而且能以"激励"的模式放大知识的价值，形成良好的数字版权生态和知识价值链。

在产品和服务方面,除了龙源期刊网的3000多万个人用户外，从2000年开始，龙源就以首创的"电子期刊阅览室"的产品形态打开了海外市场，为美国、加拿大及海外的公共图书馆、大学和政府机关提供线上服务。据我所知，这是中国人文大众文化产品，包括《中国新闻周刊》《大众医学》《当代》《大众电影》《读书》《故事会》《读者》《财经》《党建》等，以规模化的形式进入西方主流社会和人群的案例。美国纽约公共图书馆和加拿大多伦多公共图书馆是最早使用"龙源电子期刊阅览室"的机构用户，订阅的期刊种类从最初的200种，发展到今天的2000多种。随后，用户扩大到了圣路易斯、旧金山、洛杉矶、蒙特利尔、温哥华、卡而加里，以及澳大利亚、日本和我国港澳台地区的主要公共图书馆。人文大众类期刊将中国的政治、经济、文化、民生等资讯，以最快捷的方式传播到西方社会。他们通过访问所居住区域的图书馆网址，凭着自己的借书证号，即可远程登录访问他们所在的图书馆，购买中国的期刊，实现在线阅读，及时获取资讯、享受阅读。近期，龙源又推出"城市主流超级客户端"，提出"让阅读链接城市的一切"，使融媒体服务、政府服务、公共文化服务、全民阅读、生活便利服务"融为一体"，形成新时代的知识服务模式。他们已经完成了300多个城市超级客户端建设，2021年底可全部上线。

基于多年来的观察，我感觉，龙源期刊网始终心存高远、不忘初心，服务于读者、服务于人民，这一切都出于他们一直由衷地爱着这个国家，愿意为这个国家的文化发展竭尽全力！我由衷地向他们致敬！

这只是我了解到期刊数字化新发展的一个点，数字化世界肯定比这更精彩。

# 组织编撰《中国期刊史》

完成《中国期刊史》的编撰，是我在中国期刊协会工作的最后一项重要任务，也是我聊以欣慰的一件事。

组织编撰《中国期刊史》的起因，是中文期刊诞生200周年。1815年8月5日，英国传教士威廉·米怜（Willian Milne，1785—1822）和他的中国助手、刻字工梁发（1789—1855，又名梁亚发，广东肇庆人），在华人聚居的英属殖民地马六甲创办了《察世俗每月统记传》（Chinese Monthly Magazine）。学界普遍认为，这是世界上第一本以华人为读者对象的中文期刊（亦可称为杂志）。后因米怜病重无人主持，该刊于1822年停刊，共出版80多期。其主要以传播基督教教义和伦理道德为主，同时，介绍一些西方历史、地理、风俗和科学知识等方面的内容，也偶有新闻刊发。当时英国是近代报刊业出现较早的国家之一，《察世俗每月统记传》从内容到形式都因袭了英国人所办刊物的特征。

一些学者认为，清乾隆五十七年（1792年）由清代名医唐大烈编纂的《吴医汇讲》是中国最早的中文期刊。《吴医汇讲》到清嘉庆六年（1801年）停止刻印出版，前后历时10年，共刊印11卷。《吴医汇讲》尽管有专业类期刊的一些元素，但尚不具备期刊的本质特征，从形式到内容更像文稿汇集的丛书，而且当时编者的主观意图也并不是当作期刊出版。所以，学界一般认为，从严格意义上讲，把《吴医汇讲》作为最早的中文期刊有些牵强。对此，刘兰肖博士在本书首卷中作了比较翔实的阐述,权当一家之言。以《察世俗每月统记传》的创办为标志,到2015年中文期刊已经走过了200年的历史。

纵观这200年,中文期刊的产生、发展以及曾经的波折不是孤立的,都与这200年中国社会的变迁密切相关。任何社会现象的产生发展乃至消亡,都是在一定社会历史条件下发生的。期刊作为一种信息传播媒体,它的出现反映了当时社会生产力和思想文化发展的需要,曾经出版的任何一种期刊都承载着大量社会发展变化的信息。据有关资料记载,法国的第一个科技期刊《博学者杂志》(Jovrnal des Scavans)诞生于1665年,是世界上最早的科技刊物。16世纪前后,欧洲社会生产力的发展,使欧洲社会发生重大转折——从封建社会开始向资本主义社会过渡,加上欧洲文艺复兴运动,成为时代变革的先声,也极大地推动了法国的科技进步。在这样的社会背景下,《博学者杂志》的创办可谓是应运而生,其水有源。

期刊媒体是一种特殊的社会利器,既能客观地记录社会的发展变化,又能对社会变迁的种种因素做出一定程度的揭示,同时又会反作用于社会。在这个作用与反作用的过程中,期刊和社会同呼吸、共命运,在社会生态环境的滋养和磨砺下成长。因此,把200年来中文期刊的发展脉络梳理清楚,把期刊业的发展进步与社会的发展进步之关联性揭示出来,把不同历史阶段的杰出办刊人的办刊理念和经营模式加以总结,对于我们深刻认识期刊在社会发展变革中的地位和作用,科学总结期刊业的发展经验和规律,正确把握新时期期刊出版的舆论导向和发展方向,都有着重要的意义。特别是自20世纪末以来,新兴媒体的迅速崛起,对传统期刊业形成强势冲击,期刊业的发展出现历史性拐点,期刊

主持召开《中国期刊史》专家座谈会

与《中国期刊史》顾问张伯海老先生（右一）主持召开主创人员座谈会。右二为吴永贵，右三为李频，左一为刘兰肖

形态正在发生着深刻变化。在这个新旧融合、交替的节点上来回顾过去、审视当下、展望未来，更具有标志性的意义。由此，中国期刊协会产生了组织编撰《中国期刊史》的动议。

经过座谈访问，听取各方意见，明确了主旨思想，初步确定了要编撰一部什么样的期刊史的问题。同时，组建了长期从事期刊研究、以中年学者为主体的撰稿班子。张伯海老先生是业界公认的从事期刊出版研究的资深专家，在国家行政机关管理期刊出版工作20多年，虽年逾八旬，却始终为期刊业操心劳神，且颇有建树，编撰《中国期刊史》也是他的夙愿，特聘他为编撰顾问。

以200年历史时段编撰的这部《中国期刊史》，不仅意在客观、准确地记录中国期刊曾经的发展历程，更想在科学总结我国期刊发展的客观规律中，将中国特色社会主义期刊事业的核心品质传递给新一代期刊人，以期在期刊的数字化变革中，步子走得更加坚定执着。

这部《中国期刊史》有以下几个特点：

第一，"全景式"地展示了中国期刊200年的发展历程。从1815年第一本中文期刊《察世俗每月统记传》创办，到2015年本书基本截稿，整整200年。这部《中国期刊史》通过对不同时期期刊发展状况的综合叙述，对各个历史时期有代表性、有广泛影响力的期刊的深入介绍，对一些不同凡响期刊事件的粗略回顾，较完整地再现了中国期刊200年的发展面貌。本书近200万字的篇幅，对各个不同历史时期涉及期刊的事件、人物以及期刊的发展状态都用了足够的笔墨进行描述。特别是新的历史时期，我国期刊业发展达到了新的高峰，面对新媒体的挑战，期刊业经历体制转型和媒体形态转型的双重考验，是中国期刊发展史上最精彩的阶段，值得人们去关注。在编撰过程中，本着实事求是的精神，不回避矛盾、不掩盖问题，对敏感时期的期刊发展状况也有客观的阐述。200年来，中国期刊业的发展可谓跌宕起伏，恰如一幅层峦叠嶂的"画卷"。当然，"全景式"只是一种比喻，在这一"画卷"中，疏漏还很多，"景色"还不尽如人意。

第二，"居高临下"观察中国期刊业的发展轨迹。苏轼的《题西林壁》是一首哲理诗："横看成岭侧成峰，远近高低各不同。不识庐山真面目，只缘身在此山中。"即景说理，耐人寻味。观察期刊业的发展史何尝不是这样，必须跳出期刊业才能看清期刊业的发展轨迹，即所谓要"居高临下"。"居高"，一是站在时代潮流的高度，把期刊业的发展放到时代潮流的大背景下去观察分析。时代潮流代表着社会发展的趋势，期刊业是伴随着社会的发展而成长的，研究期刊史就要研究其在推动社会进步上有哪些期刊走在了时代的前列？产生过什么作用？二是站在历史唯物主义的高度。历史唯物主义是关于人类社会发展一般规律的科学，是马克思主义哲学的重要组成部分，是科学的历史观和方法论。分析研究涉及期刊业发展的重大事件，必须从经济的发展、生产关系的调整、社会思潮的兴起、阶级矛盾的变化等方面，去剖析其中的原因，否则就可能缘木求鱼。三是站在实事求是思想路线的高度，去判断一个刊、一件事、一个办刊人的是非曲直。实事求是是马克思主义科学世界观，看待历史最重要的就是要坚持实事求是，还历史的本来面貌。四是站在意识形态领域错综复杂斗争的高度，观察期刊界的风起云涌。期刊的意识形态属性决定了任何一次思想文化领域的斗争，都会在期刊上反映出来，回眸期刊业的发展历史不能少了这根弦。这是《中国期刊史》撰稿过程中把握的几个重要原则。由于有这些原则的指导，使200年来我国期刊业的发展主线清晰、是非分明，也使这部期刊史有了一定的思想深度和史料价值。

第三，史、论并茂，是《中国期刊史》始终所追求的。客观记载、诠释人类社会的演变过程称之为历史，历史是客观存在的反映。作为一部《中国期刊史》，主要应该把中国期刊的历史沿革、来龙去脉、发展过程客观地记录下来，包括代表我国社会发展历程的刊物，以及相关的背景、人物、事件、物件等等。然而历史是一门科学，历史不是客观事物的堆砌，写历史也不是记流水账，史学工作者必须赋予它深刻的思想、鲜明的观点、有益的启迪，这样的历史才立得起来，这样的史书才可为后人提供借鉴。所以，撰写《中国期刊史》一开始我们就强调，史实要可靠准确，史料要翔实充分，评价要客观公正，观点要正确鲜明。纵观全书，这一点虽然仍有欠缺，但也可以说基本达到了，至少可以说撰稿人努力了。

第四，点与面结合。这里所说的"点"，即个案，它表现为一个有代表性的刊物、一个典型的办刊人、一个涉刊的重大事件，或者一个时段、一个地区的刊物状况等。全书涉及的刊物大约有上千种，其中一个刊物用一章或一节的篇幅加以介绍的就有100多种；涉及历史上有重要影响的办刊人也有几十位，其中梁启超、章士钊、邹韬奋、储安平、胡愈之等做了重点记述；涉刊的大大小小事件不少，贯穿全书。所谓"面"，即对一个时期、一个发展阶段或一个区域、一个类别期刊的综合性、概括性的记载、论述，这是《中国期刊史》的筋骨，有粗有细、有详有略。本书除了开篇有一个《绪论》外，每卷开头都有一个《导言》，对四个阶段期刊业发展的背景、特点等进行概括性的分析交代，起到"纲"的作用，纲举目张。

第五，学术性与通俗性兼顾。史书一般都板着面孔说话，缺乏亲近感，如何让史书"活"起来，也是《中国期刊史》追求的目标之一。史书要有学术性是毋庸置疑的，要有严谨的理论表达，要有独到的创新见解，要有科学的求证方法。有一部分学术著作很难兼顾通俗性，这也不难理解。但是作为一部期刊的专业史书，则完全可以也应该做到学术性与通俗性相统一。中国期刊的发展历程本身就有神奇色彩，一个发明了造纸术、印刷术的文明古国的第一本中文期刊，居然是由外国人创办的。一本影响巨大刊物名称的由来、一个建树非凡期刊主编的人生经历、一个非同寻常涉刊事件的背后都可能蕴含传奇故事，把它挖掘出来，都会给《中国期刊史》增色。本书的撰稿人都是做研究工作的，学术性基本上没有问题，难在通俗化。为了增强《中国期刊史》的可读性，在编撰过程中，我们始终强调，从内容设计到史实表述，都要尽可能做到好读、好懂，多讲故事、多加插图，使枯燥的内容形象化。在这方面，可以说大家都努力了，但做得还很不够，特别是全书的插图，还应该做得更好些。

第一卷（1815—1911），自晚清到辛亥革命的期刊历史。这一时期是中国期刊的萌生和初创期，重在探寻中国期刊生长的本土"基因"，由从事出版科学基础理论研究的刘兰肖博士撰稿。她对这一时期中国社会的政治、经济、文化、科技等诸多社会生态环境进行了深入剖析，试图回答中国期刊发展历史研究中的一系列疑惑和问题，提出了许多自己独到的见解。如，中国是文明古国，中国古代的四大发明中，造纸术和印刷术都与出版业息息相关，中国古代的出版业是走在世界前列的，但是为什么到了近代，中国期刊的产生却比西方国家晚了约150年？为什么第一本中文期刊是由外国人创办、在境外出版的？1840年鸦片战争以后中国沦为半封建半殖民地国家，为什么以反帝反封建为旗帜的期刊没能在中国如期出现？晚清时期中国期刊的时代特征是什么？等等，这些问题作为编撰期刊史都是回避不了的。刘兰肖博士从一个历史学者的角度，纵览这一时期中国社会的政治生态和文化现象，坚持历史唯物主义观点，对腐朽没落的封建制度，对西方列强的疯狂入侵和掠夺，对以林则徐、康有为、梁启超等为代表的反帝反封建力量可歌可泣的抗争，以及近代中国人期刊观念的嬗变，都做了全面客观的评析，向读者呈现了这一时期中国期刊成长的时代景象和历史风采，可谓艰难曲折。

中文期刊的真正兴起是在清王朝覆灭前的十几年。随着维新运动高潮的到来以及革命思潮的发展，民众日益觉醒，期刊成为仁人志士手中强大的思想武器，期刊业得到了蓬勃发展。这一时期最有代表性的期刊和办刊人以及期刊业呈现的特征，本卷都做了详尽而客观的介绍。

第二卷（1911—1949），主要是民国时期的期刊历史。这一时期中国社会风起云涌，阶级矛盾错综复杂，革命斗争艰难曲折，但势不可挡，思想文化领域良莠共生、阵线分明，中国期刊的生态环境光怪陆离；而反映人民心声的进步期刊在夹缝中生长，其战斗性得到了充分洗礼，涌现出一批革命性、思想性、斗争性都很强的期刊和办刊人。该卷由民国史研究专家吴永贵博士撰稿。

辛亥革命以后，产生了一个具有这一时期标志性特征的刊物《新青年》（1915年9月15日，陈独秀在上海创办《青年杂志》，1916年9月1日第二卷第一号改名为《新青年》）。《新青年》距离第一个中文刊物《察世俗每月统记传》的创刊，正好是100年时间；而《青年杂志》的创刊到2015年中国传统期刊在数字化大潮中出现转折，又正好是100年。在这两个100年中，《新青年》在中国期刊的发展历史上有着承前启后的重要意义。《新

《青年》的创办标志着中国期刊在社会变革中开始走到历史的前台，传播先进思想和文化，为人民群众拨云驱雾，为社会生活注入生机活力，无论是传播力、感召力、影响力都实现了一个大的提升与飞跃。

辛亥革命推翻了清王朝，中国处于社会大转折、大变动中，民族矛盾激化，军阀混战加剧，社会思潮四起，为期刊业的发展赋予了全新的使命。晚清时期的士大夫阶层有崇尚"清议"的传统，也可以说这是当时中国社会的一种舆论形式。一些上层人士和知识分子经常在一起议论国是，对社会现象高谈阔论，对人对事品头论足，以表达自己的政治见解。中日甲午战争失败以后，民族危亡、国难当头，使他们意识到"清议"不能救国。于是他们从西方报刊舆论的影响力中得到启发，纷纷投身办报办刊，以扩大自我政见的社会影响。这是中国知识分子阶层以言论影响政治的一种自我觉醒和升华，也是中国舆论形式的一次大转折。

期刊的"战斗性"日益彰显，是这一时期期刊业发展的内生动力。在这一卷中，吴永贵博士在深入分析当时社会背景和政治流变的基础上，着重介绍了在解放区和"白区"创办的较有影响的期刊，特别是对在中国共产党领导下由革命先驱直接参与创办的期刊和杰出的办刊人都做了全面介绍。同时，还原了当时出现的一些期刊流派的独特现象，如"语丝派""现代评论派""论语派""新月派"等。当然，社会是多元的，对期刊的需求也是多方面的，因此这一时期还有许多其他流派和性质的期刊，作者也择其要者进行客观评介，包括20世纪20年代文化保守主义的刊物，以反映当时期刊出版的生态和原貌。

第三卷（1949—1978），是新中国成立以后到党的十一届三中全会之前的期刊历史。这一时期是新中国期刊的重建和探索阶段,是为新中国期刊业定性、定调、定方向的时期。在这个过程中,期刊业获得了空前的发展,但也经受了十年"文化大革命"的摧残,经验和教训都极其深刻。这一时期期刊业发展所留下的印迹,可以说至少影响了两代期刊人。该卷由研究中国近现代思想史和中外出版文化史的专家范继忠博士撰稿。

中华人民共和国的成立意味着中国社会性质的根本改变,中国的历史从此开辟了一个新的时代。改变落后的生产关系,清除腐朽的上层建筑,建立适应生产力发展要求的新制度、新体系,成为这个新时代的主题,一切"从新"成为这一时期最耀眼的主题词。属于上层建筑范畴的期刊业,既要承接革命战争年代中国共产党领导期刊出版工作的优良传统,更重要的是要"再造"一个全新的期刊业。范继忠博士把新中国之初期刊业的这个"再造"过程,称之为新中国期刊业的"奠基"。

中国共产党在长期的革命斗争实践中,对社会舆论的独特作用有着自己独到的理解,深谙包括期刊在内的出版工作在新中国新政权建设中的重要性和特殊性,在建立新中国的千头万绪中即对新生的出版事业进行了精心部署。1949年2月成立了中央宣传部出版委员会,着手设计新中国出版事业的建制和布局。同年10月3日中华人民共和国成立第三天,该委员会就在北京召开了全国新华书店工作会议,毛泽东主席为大会题词:"认真作好出版工作"。时任中央人民政府副主席的朱德同志在开幕讲话中,号召全国出版工作者准备迎接随着经济建设高潮而到来的文化建设高潮,勉励大家把《中国人民政治协商会议共同纲领》中"发展人民出版事业"这一条变成现实。这次会议为新中国出版事业的发展在方向上、政策上、组织上、制度上、业务上奠定了基础。会议结束的10月19日,中央人民政府第三次会议通过任命:胡愈之为出版总署署长,叶圣陶、周建人为副署长,并于11月1日召开出版总署成立大会。与此同时,10月25日《人民文学》杂志创刊,这是新中国第一本全国性文学刊物,毛泽东主席为创刊号题词:"希望有更多好作品出世"。11月15日《新华月报》创刊,毛主席为之题写刊名。这一切还原到当时历史环境和条件下,说明党中央、毛主席对出版事业是何等的重视和关怀。

1950年9月,在中宣部出版委员会召开的第一届出版会议上,作出了《关于改进期刊出版工作的决议》;1952年12月20日,中共中央又发布了《关于加强报纸期刊出版发行工作的规定》,这对中国的期刊出版工作而言,可以说是开天辟地的。同时,有关管理部门还先后作出了一系列政策性规定,如不允许成立私营出版机构,期刊定价不得有地区差价,期刊只能交邮政发行,等等。回顾这一时期中央人民政府对期刊业的种种规范和要求,对社会主义期刊事业来说,有的是带根本性的,至今仍需坚持;有的是为巩固新政权、实行计划经济体制或政治运动使然,是阶段性的,须与时俱进;也有对期刊业发展的规律认识不足、对期刊的市场属性尊重不够带来的缺憾,这在探索社会主义期刊事业发展过程中是不可避免的,今天我们需要多维度地去考察。

胡愈之先生是新中国期刊业的奠基者和开创者之一。他是新中国第一任出版总署署长,对旧中国期刊业进行的整合改造,对新中国期刊业发展方向的确定和体制的建立,对新型期刊业运行机制的规范和扶植政策的制定,以及亲自主持创办《新华月报》的实践,等等,在中国特色社会主义期刊业的形成、发展过程中,都留下了不可磨灭的业绩。他的出版理论建树和办刊思想、办刊实践,影响深远。

新中国成立之初创办的许多刊物,直到今天仍有较大影响,这是十分难能可贵的。特别是逐步形成的"中国""中华""人民"等字头的系列期刊,成为新中国期刊的一个重要特征。新中国成立以后出现的党刊系列,至今仍是推进党的建设和解读党的方针政策的重要阵地。地方刊物也曾伴随新中国的脚步得到了长足发展。对这一时期我国期刊业发展的脉络和经历的曲折,范继忠博士也进行了全面梳理和介绍。由于频繁的政治运动,也出现过一些昙花一现的刊物,书中也做了客观描述。而因政治、经济因素造成的期刊出版大起大落现象,作者也进行了深入研究和分析,以求留下前车之鉴。至于"文化大革命"对期刊业造成的损害,作者力求进行实事求是的评述,也给读者留下了思考的空间。

第四卷(1978—2015),是党的十一届三中全会以后跨越近40年的期刊历史。这一时期的中国期刊业,经过正反两方面经验教训的总结和沉淀,在改革开放大潮的带动下,发展过程尽管并不平坦,但始终保持旺盛的生命力,是中国期刊业发展最好的时期,也是体现中国特色社会主义期刊事业最充分的时期。特别是党的十八大以后,开启了以实现中华民族伟大复兴中国梦为目标的新时代,期刊业开始了新的征程。期刊品种由1978年的930种增加到2015年的10014种,总印数由1978年的7.62亿册增加到2015年的28.78亿册(2012年曾达到33.48亿册的峰值)。这一卷由李频博士撰稿。李频博士长期研究当代中国期刊,20多年来始终站在文化体制改革前沿跟踪我国期刊业的改革发展,时有新颖观点与业界分享,并出版了《共和国期刊60年》一书。他对这一时期的期刊发展走势有深入的研究和思考。

我国实行改革开放以后,期刊的生存发展环境发生了根本性改变。

第一是政治环境的变化。党的十一届三中全会以后,我国平稳有序地推进政治体制改革。虽说这种改革是我国社会主义制度的自我完善，但是，政治体制改革牵一发而动全身，对社会的方方面面都不由自主地带来悄然而深刻的变化。期刊出版也不例外，从管理体制到运行机制都迫切需要进行改革。党的指导思想从"以阶级斗争为纲"转变为"以经济建设为中心"，思想解放运动，真理标准大讨论，国家行政管理体制、管理机构改革等，直到党的十八大以后提出一系列治国理政的新思想，大力倡导社会主义核心价值观，等等，都对期刊业的发展提出了新的更高的要求。

第二是经济环境的变化。经济体制改革是改革开放以后首先着力的方面，而且持续深入、跨步前行。从承包制到绩效挂钩，从鼓励个体经营到放手发展民营经济，从确立市场主体到完善法人治理结构，从股份制到混合所有制，从发挥市场的基础性作用到发挥市场的决定性作用，等等，以市场为导向的经济体制改革，是对计划经济体制的一种全方位的渐进式的颠覆。经济体制改革的目标是建立中国特色社会主义市场经济体制。随着这个目标的逐步实现，整个社会的所有经济活动无一例外地都将经历深刻变革。期刊作为一种文化产品，虽然有其意识形态的特殊性，但同样要经过市场环节才能发挥其功能，它的商品属性也是不言而喻的。因此，期刊经营也要摆脱计划经济的束缚，走进市场，最大限度地发挥市场机制的作用。这就要求期刊从业者解放思想、转变观念、创新机制，在确保党的领导和正确舆论导向的前提下，建立起与社会主义市场经济体制相适应的经营模式，实现社会效益与经济效益的最大化。

第三是社会环境的变化。改革开放以后，中国共产党重新确认了我国仍处于社会主义初级阶段，并把它作为我们认识当前社会矛盾、制定方针政策的基本出发点。社会主义初级阶段就必须承认社会利益的多元化和价值取向的多元化，由此又出现了社会思潮、利益诉求空前活跃。而在由计划经济向社会主义市场经济的社会转型过程中，各种思想文化相互激荡，社会矛盾空前凸显，倡导和弘扬社会主义核心价值观、营造和谐的社会环境更加紧迫而艰巨。"执政为民"理念深入人心，老百姓的维权意识日益增强，又增加了社会工作的复杂性。2001年12月1日，中国正式成为世界贸易组织（WTO）成员，这是我国对外开放的里程碑事件，对我国社会生活产生了深刻而深远的影响。期刊作为社会思想、文化理念、价值取向的传播载体，从指导思想到刊载内容都必须进行调整和创新。

第四是文化环境的变化。"文化大革命"结束以后，思想文化领域首先进行了拨乱反正、正本清源，这是这一时期期刊出版工作面临的首要任务。随着改革开放逐步推进，文化领域的改革也日益活跃起来，文化工作的体制机制随之发生了很大变化。"三个代表"重要思想提出以后，"始终代表中国先进文化的前进方向"成为期刊出版舆论导向的根本要求。党的十六大明确提出了要建设社会主义文化强国的任务，并采取了一系列扶植激励文化大发展大繁荣的政策措施。习近平总书记更把增强国家文化软实力，提高到关系我国在世界文化格局中的定位、关系我国国际地位和国际影响力、关系"两个一百年"奋斗目标和中华民族伟大复兴中国梦的实现的高度。这是中国共产党人对文化的地位和作用认识的新境界。期刊出版工作是文化建设的重要组成部分，对期刊业的改革发展要求更高、任务更重、责任更大。

第五是媒体格局的变化。20世纪90年代以后，数字技术借助互联网在传播领域的广泛应用，各种新兴形态的媒体应运而生，其发展之快、影响之大、冲击之猛，出乎人们的想象。媒体格局的变化，传统媒体面临新的严峻考验，有人甚至用"柯达"的终结来警告传统媒体的未来。但是，数字技术和互联网为传统媒体带来的机遇也是前所未有的。传统媒体可以利用互联网和数字化整合内容资源，创新传播形式，提升传播速度，扩大传播范围，等等。传统媒体与新兴媒体融合发展，将给传统媒体带来新的生机和活力。

这些变化对期刊业的影响是全面而深刻的。李频博士对改革开放以后期刊业发展的时代背景和特征做了深入的分析，对这一时期期刊业发展的轨迹和概貌做了清晰的描述，对新时期出现的期刊现象进行了多维度的思考。特别是20世纪80年代前后期刊业呈现的独特景象，他认为在世界期刊史上都是绝无仅有的，很有研究价值，为此他做了重点介绍。尤其是他对这一时期较有代表性的若干期刊，进行了认真调查研究，用较大的篇幅进行剖析，以期总结出带有规律性的经验或者启示。有的期刊情况较为复杂，是非曲直需要经过时间的沉淀，记录下来，以便后人研究思考。

这一时期期刊业的发展也不平静。1985年针对出现出版物的庸俗化倾向，对包括期刊在内的出版工作进行了全面整顿；1989年针对"自由化"问题在报刊中的表现，又对全国报刊进行了清理和压缩；2003年为减轻基层和农民订阅报刊的负担，整合停办了一批利用权力摊派发行的报刊。这三次报刊的治理整顿，对端正报刊出版工作方向、规范报刊出版秩序、改善报刊经营环境都产生了积极作用，也在中国期刊发展史上留下了深深的印记。李频博士对2003年的报刊治理整顿进行了初步剖析。

第五卷为中国期刊发展纪事。这一卷是为了丰富《中国期刊史》的史料性，弥补书中的缺漏而安排的。这一卷由《中国期刊年鉴》主编、期刊创刊号收藏爱好者段艳文先生整理编撰。他采用编年体条目形式记录了中国期刊200年的发展脉络，并对期刊业发展中产生过重要影响的政策、法规、人物、事件等，进行了系统整理和记述。《纪事》是《中国期刊史》的有机组成部分。

在拟议本书编撰结构时，曾设想科技期刊单独立卷。科技期刊是我国期刊的重要组成部分。科技期刊在我国期刊史上影响深远，在中国期刊早期发展阶段，随着"西学东渐"的兴起，在洋务运动、戊戌变法的推动下，首先影响中国的是科技知识、科学理念。其间，科技期刊发挥了媒介的应有作用。可以说，我国早期科技期刊的影响力要超过其他门类的期刊。辛亥革命推翻了封建专制，追求新思想、新文化成为当时主流社会舆论，随之与其相适应的各门类期刊迅速崛起，但科技期刊始终占有半壁江山，很多科技期刊对我国科学事业的发展产生了重要而深远的影响。如1912年的《中国工程师学会会报》发表了我国杰出工程师詹天佑的《京张铁路工程纪略》等，不仅首次为在我国复杂环境中修筑铁路提供了经验资料，而且也大大提高了中国人民自力更生办铁路的信心。又如，1915年由留学美国的任鸿隽、杨杏佛等为发起人创办的《科学》杂志，在《发刊词》中就发出"为芸芸众生所托命者，其唯科学乎，其唯科学乎"的呼唤，振聋发聩，并大量发表海内外学子探讨如何发展中国科学事业不同观点的文章。新中国成立以后，为了适应经济建设高潮的到来，中央政府高度重视科技的发展，1950年中国科学院就创办了《科学通报》《中国科学》《科学记录》（外文版）等，随后又创办了《中华外科杂志》《中华儿科杂志》《知识就是力量》等十几种科技期刊。1963年、1965年国家两次召开科技出版工作会议，对科技期刊出版工作予以特别关注，促使一大批科技期刊应运而生。改革开放以后，我国实施"科教兴国"战略，科技事业迎来了新气象。

在"科学技术是第一生产力"思想的指引下,科技期刊如沐雨露,茁壮成长,逐步形成了中国科学院、中国科协、中华医学会、中国高校四大科技期刊集群,建立了学科门类齐全的科技期刊体系,各类科技期刊始终占全部期刊品种的50%左右。科技期刊的不断发展,对普及科学知识、培养科技人才、促进科技交流、推动科技进步、增强科技实力等方面都发挥了不可替代的作用。有资料表明,我国科技人员从期刊中获取的科技情报占整个情报信息来源的70%—80%,有的学科占比更高。特别是在将科技成果转化为生产力方面,科技期刊更是功不可没。曾经有人提出科技期刊在《中国期刊史》中应独立成卷,考虑到这部《中国期刊史》编撰体例的因素,科技期刊在各个阶段的发展背景与其他类别期刊的发展背景基本类似,单独立卷多有重复之虞。因此,决定把科技期刊按四个发展阶段穿插在其中,以体现《中国期刊史》的完整性和统一性。但是从结果来看,在本书中科技期刊的分量明显不足,科技期刊的发展没有得到足够的反映,这不能不说是一大缺憾。因此,单独出版《中国科技期刊发展史》也是值得期待的。

为了使科技期刊在本书中得到应有的反映,特聘请时任中国科学院自然科学期刊编辑研究会副理事长、对我国科技期刊发展历史研究专家钱俊龙先生撰稿,提供给各卷主撰人参考选用。钱俊龙先生也为《中国期刊史》的成书做出了可贵贡献。

期刊作为一种传媒、一种信息载体,无论是在什么社会制度下、处在什么社会发展阶段的国家创办,都有其自身的一些共同的基本属性和发展规律。但它毕竟属于意识形态范畴,必然受到社会制度和社会发展阶段的深刻影响。因此,不同社会制度、不同发展阶段国家创办的期刊,又必然有其不同的特征。中国期刊业经过整整200年的发展,在社会变迁中成长,特别是经过40

多年改革开放的洗礼和考验，逐步形成了中国特色社会主义期刊事业的基本特征。

一、坚持马克思主义指导地位的根本气度。我国是中国共产党领导的社会主义国家，中国共产党是以马克思主义为行动指南的政党，我国的期刊业是中国共产党领导的社会主义事业的组成部分，毫无疑问必须坚持以马克思主义为指导，在今天则必须坚持以习近平新时代中国特色社会主义思想为指导。这是中国期刊事业与资本主义国家期刊业的根本区别之一。这就要求期刊出版工作必须站在马克思主义立场上，解决好为什么办刊、为谁服务、怎么办刊的问题；必须以马克思主义的基本观点为行动指南，坚定中国特色社会主义的理想信念，传播社会主义核心价值观，代表社会主义先进文化的前进方向；必须运用马克思主义思想方法，用辩证唯物主义的思维、实事求是的历史观和群众路线的工作方法，观察问题、分析问题、处理问题，使期刊成为传播马克思主义的重要阵地，弘扬社会主义核心价值观的重要载体，指导社会实践活动的重要利器。

二、坚持党管媒体的根本原则。党管媒体是中国特色社会主义期刊事业坚持正确舆论导向和政治方向的组织保障。党管媒体的原则是通过国家的一整套严密的行政管理制度得以实现的：首先是完善的法律法规体系。从期刊出版单位的建立到新闻采访、组稿编辑、审稿加工、征订发行等等，都有明确的规章。其次是严格的审批制度，确认谁可以创办期刊，确保期刊出版权始终掌握在马克思主义者手中。第三是实行主管主办单位负责制，并对期刊主管主办单位的职责作了明确规定，使党管媒体的原则"落地"。第四是对期刊出版工作者实行资格准入，并对期刊编辑人员开展定期培训，对期刊社的主要负责人实行任命制度。第五是对期刊出版人员中的中共党员要用党的纪律约束。

党管媒体的内涵是十分丰富的，除了把握方向、管好导向，还有促进发展的重要职能。新中国成立以来，无论是哪一门类的期刊，都是在党的关怀与领导下发展起来的，如制定发展规划，制定扶持期刊业发展的政策，建立国家发展基金，开展评优激励活动，培训业务骨干，组织国内外交流合作，等等。随着时代的发展、改革的深入，期刊管理的某些制度也要与时俱进。在依法治国的大背景下，党管媒体的原则应该坚持，但党管媒体的实现形式可以进行深入探讨。

三、坚持为人民服务的根本宗旨。新中国成立以后，人民掌握了国家的权力，成为国家的主人，我国宪法明确规定："中华人民共和国一切权力属于人民。"因此，我国所从事的任何一项事业都必须坚持为人民服务，这就要求期刊社的所有采编经营活动都要以人民的利益为最高准则，树立"以人民为中心"的办刊理念。

在新时期，幸福生活是人民群众的现实追求，期刊出版工作要为小康社会建设、为实现"两个一百年"的奋斗目标服务；安居乐业是人民群众的最大愿望，期刊出版要为全国的安定团结大局服务，始终坚持正确的舆论导向；提升精神文化生活水平是人民群众的迫切需要，期刊出版要为城乡广大读者提供内容健康、适应不同需求、丰富多彩的文化产品；树立社会主义核心价值观是人民群众的根本追求，期刊出版要坚持用人民群众喜闻乐见的形式，播种梦想、凝聚人心、鼓舞斗志。

四、坚持"百花齐放、百家争鸣""古为今用、洋为中用、推陈出新"的根本方针。这一方针是在深刻总结我国科学文化事业发展的经验教训的基础上确立起来的。期刊出版工作是一项科学文化工作，具有很强的思想性、知识性和科学性，要自觉地为广泛传播科学文化知识，为面向现代化、面向世界、面向未来的民族的科学的大众的社会主义文化建设，为提高我国文化软实力做出贡献。在期刊出版工作中，既有政治思想问题，又有学术艺术问题，两者要严格区分开来。在艺术问题上坚持"百花齐放"，在学术问题上坚持"百家争鸣"，既反映了科学文化发展的客观规律，又反映了社会主义新时期民主政治建设的现实要求。

科学文化是人类的共同财富，是超越时空、跨越国界的，各国的科学文化因交流而丰富、因交融而发展。我国期刊业的发展表明，文化的进步和发展，在很大程度上体现在包容性上。在先进文化的指引下，对古代文化的包容与融合，对外国文化的包容与融合，对当代创新文化的包容与融合，对不同学术观点的包容与融合，是代表社会主义先进文化前进方向的题中应有之义。

五、坚持社会效益与经济效益高度统一的根本目标。我国期刊出版工作的社会效益与经济效益的矛盾，是在计划经济体制向社会主义市场经济体制转轨的大背景下日渐突出的。这对矛盾是客观存在的，且有其普遍性，是不可回避的。期刊作为一种思想文化载体、信息传播工具，深刻地影响着人们的社会实践和行为准则，所以我国的期刊出版工作必须坚持社会效益第一的原则。我国期刊出版工作本质上不是赚钱的工具，不能沾上铜臭气，更不能不择手段地挣钱，而要把党的利益、国家的利益、人民的利益放在首位，以践行为人民服务为神圣使命。但是，期刊作为一种文化产品，又具有商品属性，要通过市场流通产生价值，发挥其应有的作用。因此，期刊出版工作不但不排斥经济效益，而且要十分注重经济效益。任何矛盾既有对立的一面，又有统一的一面。社会效益与经济效益通常处在对立的状态，处理不好就会偏离方向，在期刊出版工作的实践中教训不少。而社会效益与经济效益又是完全可以统一的，期刊的质量高，就会受读者欢迎；越受读者的欢迎，经济效益就越好。这里的关键是要实事求是、客观理性地评价一个期刊的社会效益。

六、坚持分类指导的根本要求。期刊是丰富多彩的，不同门类的期刊，其宗旨、性质、作用，以及运行机制、生存环境和发展水平，千差万别。政府部门的期刊管理工作必须从实际出发，因刊而宜，实施科学管理、分类指导。比如，在宣传教育功能上，对时政类期刊和对学术类、消费类期刊的要求应有所不同；在税收政策上，对时政类、学术类期刊和完全市场化的期刊应有所区别；在资金扶持上，要首先支持科技、学术类期刊的发展；在推进集约化发展上，要首先推进消费类期刊的整合；等等。只有这样才能为我国整个期刊业的发展营造良好的环境。

中国期刊业的这些特征是一个有机的整体，是在期刊业发展过程中逐步形成的。但这些特征又不是一成不变的，随着改革的深入、社会的发展，中国特色社会主义期刊业的特征将不断丰富和完善。

中文期刊诞生至今已经有200多年，中国期刊业的未来向何处去，正在考验着每一个中国期刊人。

2014年8月18日，习近平总书记主持召开中央全面深化改革领导小组第四次会议，会议审议通过了《关于推动传统媒体和新兴媒体融合发展的指导意见》。会议强调："坚持传统媒体和新兴媒体优势互补、一体发展，坚持先进技术为支撑、内容建设为根本，推动传统媒体和新兴媒体在内容、渠道、平台、经营、管理等方面的深度融合，着力打造一批形态多样、手段先进、具有竞争力的新型主流媒体，建成几家拥有强大实力和传播力、公信力、影响力的新型媒体集团，形成立体多样、融合发展的现代传播体系。"这个《指导意见》是从国家层面对传媒业的发展进行顶层规划设计，为传统媒体和新兴媒体融合发展指明了方向，也为传统媒体的未来发展开辟了一条光明大道。构建现代传媒体系的新时代将从此开始。基于网络技术和数字技术的飞速发展，以《关于推动传统媒体和新兴媒体融合发展的指导意见》为指引，中国期刊业在可预见的未来，将呈现新业态，即纸质期刊和新兴媒体融为一体；构筑新机制，即探索建立与现代传媒业相适应的管理体制和运行机制；创造新价值，即发挥新兴媒体的独特优势，放大主流媒体功能。

趋势之一：期刊形态呈现多元。纸质期刊尽管已经处于消亡的通道中，但它不会很快消失，还将存在相当长一个时期，只是不能期望再有目前这么大的发行量。纸质期刊和新兴媒体融合，是一个"化学反应"的过程，融合将派生出很多新的信息载体。这些载体是多元的、分众的，而它们的生命力则取决于它的内容和支撑内容的先进技术。因此，有的载体可能只是来去匆匆的过客，即使再好的载体也不能指望像纸质期刊那样存在几百年之久。未来的社会将处于媒体快速更新的时代。

今天我们对期刊的未来形态也许还描述得不那么清楚，但未来一定比我们想象的更美好、更神奇、更丰富多彩。当代期刊人要以拥抱未来的姿态对待新媒体，以互联网思维去培育新媒体，以求实的精神走好当下的每一步。

趋势之二：体制机制呈现创新。传统媒体和新兴媒体的融合是全面的、深刻的、渐进的变革，新闻采集平台、内容表达方式、信息传播渠道以及商业模式等，都将发生意想不到的变化。融合以后产生的形态多样、手段先进的新型媒体，是一种集多种功能于一身、全方位服务公众的信息平台。这种信息平台既不同于传统媒体也不同于目前的微博、微信等，而是一个立体的、智能的强势传播媒介。在未来的传媒格局中，各类媒体的边界将会越来越模糊，从你中有我、我中有你，发展到你就是我、我就是你。在未来的媒体大家族中应该还会有期刊，但是期刊的内涵和外延都已经发生很大变化，作为一个期刊人，其经营的模式和范围都已远远超出期刊的概念，期刊人将作为纯粹的媒体人而存在。在融合的过程中，不同媒体形态、不同经济成分、不同管理体制和运行机制，相互取长补短、同生共荣，融合后产生的新型传播载体将是一个全新的经济体。因此，现行的期刊管理体制和运行机制都必须与时俱进，进行必要的调整。融合或许将倒逼传媒业管理体制和运行机制的改革创新。

　　构建新型的媒体管理体制和运行机制，是建立现代传播体系的关键所在，但这是一个不断探索、创新、完善的过程，可能还会出现一些思想障碍和认知误区。要坚持解放思想、实事求是、从实际出发的思想路线，要遵循新闻传播规律和新兴媒体发展规律，要坚定改革的方向和目标，为中国特色社会主义现代传媒业繁荣发展而不懈探索。

　　趋势之三：价值评价更加务实。任何一种媒体都有传递信息、传播知识、传承文化的功能，而期刊作为传统主流媒体，长期以来以传播社会主流价值、传承社会主义先进文化、引领社会风尚为使命，可谓独占鳌头。可是现在却被一些新兴媒体"抢了彩"，很多人正在为读者日益疏远传统主流媒体而烦恼。但是，如果冷静地看待这个问题，应该从传统媒体自身寻找原因。传统主流媒体的内容固然很好，然而受众为什么会疏远了？新兴媒体尽管内容缺乏公信力，却为什么能聚人气？当然，从社会学的角度看，原因并不那么简单。但是，人们的观念随着时代的进步在变化，传播的手段随着信息技术的发展在改变，传统媒体无论是表达方式还是传播手段都落伍了。所以这里就涉及对传统媒体社会价值的评价问题，主流媒体不但要内容好，还要有越来越多的读者。

新兴媒体与传统媒体看似竞争对手，其实相互之间有着巨大的依存关系。新兴媒体以其新颖的内容、互动的模式、快捷的传播吸引了越来越多的读者。但是，客观地看，现在接触传统媒体的人比过去多了而不是少了，只是人们获取传统媒体信息的渠道多样了，这是媒体人的福音。传统主流媒体在坚持主流意识的同时，要争取到更多的读者，就要"走下神坛""放下身段"，接地气、察民情、转作风、改文风，用现代传播手段重振雄风，才能使自己成为真正具有较强竞争力的现代主流媒体。

《中国期刊史》能最终成书，我感到很欣慰，其中的甘苦自不必说。李频博士在他撰写的第四卷后记中这样说：

"1978年以来的期刊出版繁荣昌盛，变迁印痕纷繁复杂。能在石峰、张伯海等前辈的引领下尝试改革开放期刊史的思考、写作，诚为我治学求知历程中的幸事，收获远不止一书一事。当代不写史、难以写史，学界早有定论。面对我迎难而上后的沮丧，石峰主编伸以援手，开列了本书提纲，那种豁然开朗的解脱与轻松，只有在'苦逼'、求索多年后才弥觉珍贵。"

当然，这是李频博士的谦虚，他对这一时期期刊业的发展是有深入研究的，但也说明《中国期刊史》的完成，饱含着艰辛。

我为《中国期刊史》出版写了《绪论》，反映了我对中国期刊发展历史的肤浅认知，对中国特色社会主义期刊事业特征的初步总结，对期刊业未来发展趋势的大胆预测。时代在发展，未来更可期。我相信，期刊业的未来肯定会比我们现在想象的更美好。

《中国期刊史》顺利出版
人民出版社召开出版座谈会

  人民出版社的邵永忠同志是《中国期刊史》的责任编辑，做了很多指导和编辑工作；召集会议、与编撰者联络等具体事务，主要是期刊协会的刘晓玲、章红两位同志做的。我由衷地感谢所有为该书工作过的同志。

# 第三部分

# 管理工作中的创新探索

创新是时代赋予的使命，做任何事都要去探索。我直接做报刊管理工作的时间不长，创新管理对我来讲很有挑战性。报刊管理工作责任很大，事关国家大局，来不得半点儿失误。所以，管理工作创新要在大政方针下谋划，做力所能及的事。成败都已成为过去，思考却还在继续。

**李晓晔：** 听您谈了这么多，对我全面了解这一时期的新闻出版发展历程很有帮助。我看过您不少文章，听过您一些讲话，您对新闻出版工作的改革创新有很多自己的见解，特别是您分管报刊和政策法规工作以后，在管理工作上做了一些创新探索。请您谈谈这方面的情况好吗？

**石　峰：** 我是在报刊管理工作上做了一些创新尝试，但感觉很难，所以也谈不上有什么成果。我在这里只能谈谈我在这方面做过的一些事。

## 建设"中国期刊方阵"

2000年10月，石宗源同志接任国家新闻出版署署长后，12月即在安徽合肥召开了全国报刊管理工作会议，提出要"革新管理"的工作思路，并把抓"中国期刊方阵"建设作为改进期刊管理工作的一种尝试。

抓重点，抓典型引领，是我们党做好各项工作的一种重要方法。2000年5月，我接手报刊管理的时候，全国共有8725种期刊。当时我国期刊处于快速发展过程中，但在全国叫得响的期刊并不多，在世界有影响的期刊更少。新闻出版署在2000年8月召开的全国百种重点社科期刊出版工作座谈会上，提出了建设强劲的"中国期刊方阵"的设想，就是想通过建设"中国期刊方阵"，引领新世纪期刊出版事业的进一步繁荣发展，创立更多有世界影响的品牌期刊。同时，为了应对我国加入世贸组织后可能面临的国际竞争，要体现我国期刊出版的使命和担当，就必须壮大我国期刊出版的实力和竞争力。所以提出"中国期刊方阵"建设，也是贯彻落实中央关于加强思想文化建设的一项重要战略举措。时任中共中央政治局委员、中央书记处书记、中央宣传部部长的丁关根同志对此事高度重视，2000年9月24日在《新闻出版要情》（第14期）《把百种重点社科期刊建设成为重要的宣传思想文化阵地》上作了重要批示："尽最大努力，建设'中国期刊方阵'，创出10～20个有世界影响的名牌期刊。要制订具体的工作方案，需要给予哪些支持，请提出。"11月11日又在中宣部有关期刊方阵建设的上报件上批示："请商新闻出版署，精心组织实施，关键是要抓落实。"丁关根同志的重要批示，对我们建设"中国期刊方阵"和创出有世界影响的中国名牌期刊，是极大的鼓舞，具有重要的指导意义。时任中宣部副部长龚心瀚、中宣部出版局局长邬书林多次与新闻出版署研究，落实丁关根同志重要批示精神，提出了具体的建设性意见，最后决定由新闻出版署牵头，在中宣部出版局的指导配合下，制订出具体工作方案，抓好落实。具体工作则由我负责。

我们计划分五个层面建设宝塔形的"中国期刊方阵"。

第一个层面为"双效"期刊层面。以全国现有8725种期刊为基数，按15%的比例选取社会效益、经济效益好的1300种左右期刊，作为"宝塔"基座层面加以建设。通过地方和中央部委优秀期刊评比，通过全国百种重点社科期刊、百种重点科技期刊的评选，推进这个层面期刊质量的提升，打造创立期刊品牌的基础。

第二个层面为"双百"重点期刊层面。通过每两年一届的滚动式的百种重点社科期刊、百种重点科技期刊的评比，以及三至四年一届的国家期刊奖、国家期刊奖提名奖的评选，促使重点期刊既要保持重点期刊荣誉又要争创国家级奖项。这一层面，是承上启下、充满活力和竞争力的层面，是"中国期刊方阵"的中坚层面，也是创立品牌期刊最需要关注和重视的层面。每届进入全国"双百"重点期刊的数量拟控制在300种以内。

第三个层面为"双奖"期刊层面。在全国"双百"重点期刊基础上评比出的获国家期刊奖、国家期刊奖提名奖的期刊，在国内期刊市场、在有关类别期刊群落、在有关专业领域都有较高的知名度，已经基本树立了自己的品牌形象，对全国期刊有示范效应。这一层面期刊建设的重点，是利用期刊品牌效应，通过兼并等形式，形成规模经营，有重点、有计划地组建期刊集团，形成品牌系列期刊。同时，要推动这个层面的期刊扩大国际影响。这一层面的期刊数量以不超过200种为宜。

第四个层面为"双誉"层面。根据国际期刊联盟和其他国际权威期刊质量认证机构提供的信息，我国社科期刊当时有26种排名在世界期刊500强的前50名，有120种科技期刊是在国际科技学术界有影响的期刊。这一层面期刊，一方面是国内知名度最高的名牌期刊，一方面又在世界某一类别期刊群落中有一定地位或某一种科研、学术领域有一定影响的知名期刊。进入这一层面期刊的标准，主要依据国际期刊联盟年度公布的列入世界500强期刊名单和科学技术部根据国际通用的"影响因子"确定的期刊。这一层面的期刊数量约在150种左右。

第五个层面为"顶尖"期刊层面。在这一层面要努力创出有世界影响的中国名牌期刊，成为饮誉海内外的著名品牌。其基本标准是：①党刊类、时事政治类、综合文化类、教育教学类、信息文摘类、指导工作类期刊期发行量超过100万册，年税后利润3000万元以上；②社科学术理论类期刊，期发行量30万册以上，年度被国际或国内媒体、科研人员摘转、引用10篇（次）以上；③科技的基础理论类期刊期发行量在2000册以上，应用技术类期刊期发行量在5000册以上，被美国、俄罗斯、日本、德国、法国、英国等国家的国家级图书馆、重点科研机构（实验室）常年订阅，所刊登的学术论文到国际专业年会交流产生一定影响的，科研成果在国内应用产生重大经济效益或向境外国家、地区转让的。这一层面期刊总量控制在60种左右，争取用5年左右时间，创出 10 种至 20 种有世界影响的中国著名品牌期刊。

2000 年 10 月 27 日，新闻出版署专门向丁关根同志提交了《关于建设"中国期刊方阵"工作方案的报告》，主要内容包括"指导思想""具体措施""建议要求"等。

**指导思想：** 高举邓小平理论的伟大旗帜，深入贯彻党的十五届五中全会和中央思想政治工作会议精神，按照"三个代表"重要思想的要求，以唱响主旋律为主线、以提高质量为重点、以优化结构为手段、以深化改革为动力、以满足人民群众日益增长的精神文化需求为出发点，创建强劲的"中国期刊方阵"，为社会主义现代化建设提供强有力的智力支持和舆论保证。

**具体措施：** 建设"中国期刊方阵"、创中国名牌期刊，要经过长期不懈的努力，需要分步骤组织实施。当前拟采取以下几项措施：

1. 深入贯彻中央"两办"1999 年"30 号文件"精神，进一步优化期刊结构布局。根据"30 号文件"的要求，在 868 种厅局刊物中，已经有 299 种划转到非政府部门，对优化期刊结构走出了重要一步，但是还远没有彻底解决"与市场脱节，结构重复"的问题。应进一步大幅度减少行政厅局办刊，引导更多的期刊开展健康有序的竞争，在竞争中优胜劣汰，巩固和扩展期刊主阵地，使"期刊方阵"建立在经受市场考验的基础上。

2. 全国百种重点社科期刊是建设"中国期刊方阵"的基础，要加强对百种重点社科期刊的宣传，扩大其社会影响力，进一步发挥这些期刊在把握正确的舆论导向、形成科学有效的管理机制和运行机制、加强办刊队伍建设、严格遵守党的宣传出版纪律等方面的榜样和"酵母"作用。有关工作正在部署。

3. 对新办期刊实行试办期制度。从明年 1 月起，新办期刊包括改变办刊宗旨的期刊一律先试办两年，试办期满达不到国家规定的质量标准或出现严重违规行为的，即停办。新创办的期刊实行新办法，形成有生有灭的机制，促使优秀期刊问世。

4. 进行组建期刊集团试点工作。目前已出现几个期发行量在百万份以上、年利润在5000万元以上有相当实力的期刊，这些期刊都有扩张的愿望和条件。拟选择几个一贯坚持正确导向，经营管理经验丰富，办刊队伍素质较高，经济实力雄厚的期刊作为组建期刊集团的试点。期刊集因的试点不采取通过行政手段组合的方式，拟采取自我扩张的方式，在政策上加以扶持和引导，通过审批进行控制。

5. 给部分大刊名刊增配刊号办子刊。根据资源优化配置的原则，经与中宣部出版局商量，已筛选了11个有办刊实力和经验的品牌期刊各增配了一个新的刊号，允许其办两个甚至两个以上期刊，发挥品牌效应，把现有的大刊名刊做大。今后，在期刊总量控制的前提下，这项工作将继续有序地进行。

6. 积极探索到国外去办中国期刊的途径。有世界影响的名牌期刊是在国际竞争中形成的。此前我国只有极少数期刊以海外版形式在国外发行，且效果都不太理想，更没有在国外形成较大影响。面对新世纪的挑战和我国将在更大范围内、更深程度上参与国际经济合作与竞争的形势，现在我们有必要也有条件到国外去办中国期刊，在与国外期刊界的合作与竞争中，创中国期刊名牌。第一批计划选择35个国内的名牌期刊，采取多种方式和途径在国外与人合作或独立办刊进行试验，政府有关部门给予必要的支持和帮助。这项工作已着手进行，争取明年内这项工作有实质性进展。

建议要求：

1. 在调整期刊结构中，允许有实力的期刊进行跨部门、跨地区的期刊兼并或联合，打破期刊部门所有、地区所有，以优化资源配置。

2. 组建出版集团、报业集团的试点都是经过中宣部批准的，希望中宣部同意进行期刊集团的试点。具体方案由新闻出版署与中宣部商量。

3. 在确保期刊出版掌握在党和政府手里、确保舆论导向正确的前提下，经过批准，允许期刊社吸纳社会资金和境外资金。建议选择意识形态性不强的领域开展期刊中外合资合作试点，以利于"以进带出"，带动我国的期刊到国外办刊。

4. 为鼓励有条件的期刊到国外去办刊，在相关政策上给予优惠。

在中央的关心支持下，经过一个时期的努力，建设"中国期刊方阵"的目标是可以实现的。

2001年6月，新闻出版总署发出通知，决定从新世纪的第一年起，动员全国期刊界的智慧和力量，有计划有步骤地建设"中国期刊方阵"，推进我国期刊出版事业的发展，并为此制定了《建设"中国期刊方阵"工作方案》。最后的《方案》将"中国期刊方阵"的基本框架分为4个层面，即第一个层面为"双效"期刊，选取社会效益、经济效益俱佳的1000余种期刊；第二个层面为"双百"期刊，即通过每两年一届评比产生的百种重点社科期刊、百种重点科技期刊200种左右；第三个层面为"双奖"期刊，即在全国"双百"重点期刊基础上评选产生的国家期刊奖、国家期刊奖提名奖期刊100种左右；第四个层面为"双高"期刊，即高知名度、高学术水平的期刊50种左右。

2001年11月1日，新闻出版总署将拟入选"中国期刊方阵"的名单向社会公告，接受读者监督。这次公布的社科"双高"期刊有《半月谈》《故事会》《读者》《知音》《家庭》等24种，社科"双奖"期刊有《中共党史研究》《文物》《文艺研究》《世界知识》《人民文学》等49种，社科"双百"期刊有《中国财政》《长安》《人民论坛》《当代》《世界博览》等71种，社科"双效"期刊有《军营文化天地》《中国民兵》等624种；公布的科技"双高"期刊有《中国科学》《科学通报》《高等学校化学学报》《金属学报》《中华医学会杂志》等40种，科技"双奖"期刊有《力学学报》《林业科学》《中华外科杂志》《煤炭学报》《生理学报》等58种，科技"双百"期刊有《电视技术》《动物学报》《高能物理与核物理》《航空制造技术》《湖南农业》等122种，科技"双效"期刊有《半导体学报》《北京林业大学学报》等496种。同时，还公布了军队"双奖"期刊《第四军医大学学报》《航天医学与医学工程》2种，军队"双效"期刊《传染病信息》《海军工程大学学报》等10种。

2001年11月1日至4日，为配合"中国期刊方阵"建设启动，新闻出版总署在北京中国国际展览中心举办主题为"建设强劲的'中国期刊方阵'，创立品牌，走向世界"的中国期刊展，有全国7000多种期刊参展，展览面积有2.1万平方米，有15万人参观了展览；专门开设了"'中国期刊方阵'展厅"，有1300余种入选期刊展出，吸引了众多读者。展览期间，中国期刊协会组织了多个研讨会，20多位期刊界的专家、学者、刊社总编辑围绕"如何做大中国期刊的发行市场和广告市场""中国期刊市场发展趋势及中国期刊业国际化运营战略"和"期刊工作者要以发展中华民族的期刊事业为己任"三个主题进行了研讨。

随后，新闻出版总署对推进"中国期刊方阵"建设的政策措施做出进一步安排。

第一，继续进行期刊结构调整。调整的主旨是允许"中国期刊方阵"第二个层面即"双百"层面以上的有实力的期刊，进行跨部门、跨地区的期刊兼并或联合办刊。凡兼并或联合办刊的期刊，可以打破期刊部门所有、地区所有。

第二，优化资源配置。严格贯彻执行《关于新办期刊实行试办制度的通知》和《期刊年度核验的暂行办法》，对新批办或更改刊名、办刊宗旨的期刊，受到两次以上警告处分的，或6个月内不能正常出刊的，坚决予以停办；对超过年检规定时间一个月而不参加年检的，对上一年度缓验而本年度仍无改进的期刊，坚决予以停办；对严重违纪违规的期刊，坚决予以停办。凡属停办的刊号，由省级新闻出版管理部门报新闻出版总署批准，原则上配置给"中国期刊方阵"第二个层面以上的期刊创办子刊。

第三，进行组建期刊集团试点工作。当时，社科期刊已出现几个期发行量在百万份以上、年利润在3000万元以上的有相当实力的期刊，科技期刊已出现几个以主管部门为核心的遍布全国的专业期刊群落。这些期刊和期刊主管部门，都有规模经营的愿望和条件。按照一贯坚持正确导向、经营管理经验丰富、办刊队伍素质较高、经济实力较强作为基本条件，社科期刊拟优先选择《读者》《知音》《家庭》《女友》《半月谈》《中国青年》《中国妇女》作为试点单位，科技期刊优先选择中国科学院、中国科协、中华医学会作为试点单位，有计划、有步骤地进行组建期刊集团试点。期刊集团试点不采取通过行政手段组合的方式，拟采取自我扩张方式，新闻出版管理部门在政策上加以扶持和引导。

第四，积极探索到国外创办中国品牌期刊的途径。国际上一些著名品牌期刊的扩张方式，主要通过国际竞争，到各国或地区雇佣当地出版人才，创办适合当地读者文化需要、适合当地读者阅读习惯、尊重当地风俗习惯的品牌系列期刊。借鉴这一办刊途径，不仅有利于到国外办中国品牌期刊，也有利于扩大我国的对外宣传。以前我国只有极少数期刊以海外版形式在国外发行，没有在海外形成影响。面对新世纪的挑战和我国将在更大范围内、更深程度上参与国际经济合作和竞争的形势，现在我们有必要也有条件到国外去办中国的期刊。第一批拟计划选择《中国石油》《知音》《女友》《东方娃娃》《中国烹饪》《中国收藏》《民间故事选刊》等国内品牌期刊，分别采取独资办刊、合资办刊、版权合作办刊、国内出版委托海外发行商独家代理等形式，逐步扩大到国外办刊的数量。地方或国家有关部门，对到境外办刊的期刊，在选择合作伙伴、资金支持、减免国内税收、增强自身实力等方面，给予优惠政策和必要的支持。争取2001年内有1—3种期刊到国外办刊。

第五，建立中外合作的报刊发行量认证机构。利用国际权威报刊发行量审核机构，认定报刊发行量及报刊整体质量，是世界各国报刊扩大知名度的途径。我国期刊要创立有世界影响力的著名品牌期刊，也必须走这条捷径。拟选择BPA国际机构与中国期刊协会或总署报刊服务中心合资合作，成立BPA——中国报刊认证公司。美国的BPA公司是目前世界上最具影响的媒体认证三大公司之一（另两家分别是美国的ABC公司和英国的ABC公司）。BPA公司在国际的影响比另外两家公司都大，具有69年的历史，认证业务遍布美国、英国、德国、法国、日本、意大利、澳大利亚、智利等50多个国家和地区。我国的对外版权合作期刊，如《商业周刊（中文版）》《微电脑世界》《时尚》《计算机世界》以及香港特区出版的《财富（中文版）》已经由该公司认证。与该公司合作，不仅可以使我国一些名牌期刊获得国际认可，可以提高全球性出版公司、投资公司、广告公司对我国报刊的信心，促使其合资合作、广告投放，对我国期刊业及国家经济的发展都有好处。拟在 2001 年上半年，与 BPA 公司进行实质性谈判，争取年内建立合资合作认证公司。

与 BPA 公司合资合作的设想最终没有谈成。2005 年 4 月，我国自己成立了国新出版物发行数据调查中心，建立了出版物发行量核查制度。

"中国期刊方阵"建设推动了我国期刊业发展和品牌期刊的成长。后来由于期刊评奖活动的限制和调整等原因，"中国期刊方阵"建设没能进一步地持续推动。但是，为"中国期刊方阵"设计的标识，入选期刊至今仍作为一种曾经的荣誉刊登在封面上。

# 推进报业集团化发展

推进报业集团化发展，是调整报业结构、优化报业资源配置、提高产业集中度、形成规模化优势的重要举措。集约化经营既是报业经济增长方式转变的目标，也是做强做大报业的必然要求。在报业的改革发展政策中，集约化战略被置于十分重要的位置。

我分管报刊工作的那几年，正是推进报业集团化建设的高潮。2001年1月，新闻出版署在上海召开全国报业集团建设发展研讨会，全国16家报业集团主要负责人出席。会议总结了组建报业集团试点工作取得的成功经验，肯定了组建报业集团是我国报业为适应社会主义市场经济体制、进一步深化改革所采取的重要举措。会议认为，组建报业集团强化了党对报纸工作的领导，加强了党对舆论宣传工作的把握，促进了我国新闻事业的迅速发展，集团的社会效益、经济效益以及社会知名度得到大幅度提高。2001年又批准了《湖北日报》《云南日报》《新华日报》《重庆日报》《吉林日报》《长春日报》《河北日报》《湖南日报》《长沙日报》《杭州日报》组建报业集团。至此，全国报业集团达到了26家。这些报业集团在以报为本、优化结构、健全管理机制、整合资源配置等方面，都取得了阶段性成果。

2002年6月3日，新闻出版总署发出了《关于新闻出版业集团化建设的若干意见》，对集团化建设的有关政策、集团的领导体制、组建集团的报批程序、集团化建设的规划等都提出了明确要求。这个《意见》规定：试点报业集团、出版集团、期刊集团和音像电子出版集团，经批准，可兼营报纸、期刊、图书、音像制品、电子出版物和网络出版业务。试点集团实行多媒体经营，应着重于现有的资源整合。在治散治滥中调整出来的指标，主要用于有关试点集团及试点单位的多媒体经营。积极支持有关试点集团和试点单位与其他媒体经营单位进行跨媒体的兼并、重组与合作联营。对报业集团的领导体制，《意见》明确规定：报业集团属事业性质，以中央、省级党报和具备条件的省会城市、计划单列市党委机关报为龙头组建。报业集团实行党委（党组）领导下的社委会（编委会）负责制，党委（党组）书记兼任社长。

在党的领导下，运用市场机制，以资产和业务为纽带，实行联合、重组、兼并，重点培育发展一批舆论影响力大、经济实力强的报业集团，使之成为我国报业市场上具有强大竞争力的新型市场主体和战略投资者，成为中国特色社会主义报业的中坚力量，对于巩固社会主义舆论阵地具有重要的战略意义。

为了推进报业集团化建设，我和报刊司的同志曾专门到广州日报报业集团去学习总结他们的经验。广东是我国改革开放的前沿，"敢为人先"成为广东人改革开放精神的写照。1996年1月15日，经中宣部和国家新闻出版署批准，中国第一家报业集团——广州日报报业集团正式组建成立，在全国报界引起极大关注。

《广州日报》创刊于1952年，改革开放以后，特别是组建报业集团以来，得到了空前的发展。《广州日报》在全国地方党报中，率先进行扩版，最多时日均52版，"香港回归"纪念刊达200版；《广州日报》最早搞自办发行，最高日发行量达到165万份；《广州日报》在我国媒体行业中最早实施ERP系统（全智能化管理），使报社的资产整合更加有效；他们最先提出"数字化记者"的概念，通过数字相机、手提电脑、卫星数字电话进行跨地域采访；2004年10月18日，广州日报报业集团与上海文广新闻集团、北京青年报社签署了合作协议，实施跨地区办报，于2004年11月15日推出全国首家综合性财经类日报《第一财经日报》。广州日报报业集团实施多品牌的发展战略，建立了集1张主报、15张系列报、4家杂志社、1家出版社和1个网站的"报业航母群"。2004年，《广州日报》以46.17亿元的品牌价值位居全国综合类报纸首位；2004年广告经营收入17.17亿元，纳税2.54亿元，成为广州地区第三纳税户。

《浙江日报》2000年6月成立集团以后，迅速发展。集团拥有传统主流媒体38家，新兴媒体包括浙江在线新闻网站、"浙江新闻"客户端、浙江手机报、腾讯·大浙网、边锋浩方网络平台及APP、媒体法人微博、微信公众号等200多个。该集团现有6.4亿网络注册用户、4000万活跃用户、2000万移动用户，被评为全国首批"数字出版转型示范单位"，荣获"2017中国应用新闻传播十大创新案例"。2009年成立浙报传媒控股集团公司，现有独资、控股子公司36家，经营业务包括传媒及传媒相关产业。2011年9月29日，浙报集团媒体经营性资产在上海证券交易所成功上市，成为全国第一家媒体经营性资产整体上市的省级报业集团，市值超过300亿元。浙报集团把顺应用户需求变化作为中心环节，重塑传播逻辑，转变发展方式；坚持新闻传播价值，服务集聚用户，从提供单一新闻咨询向以新闻咨询为核心的综合文化服务转变，围绕建设具有"党报性质、浙江特点、原创特色、开放特征"的主流网络媒体平台，做大做强主流媒体舆论阵地。浙报集团按中央的要求，正在加快媒体融合向纵深发展。由世界媒体实验室评选的2020年度"世界媒体500强"榜单,浙江日报报业集团连续8年入选,位列第238位,整体实力位居国内报业品牌第一。

自广州日报报业集团成立,到我卸任新闻出版总署副署长的2006年,我国的报业集团化建设走过了10年的历程。10年间,经中宣部和新闻出版总署批准,全国共组建了39家试点报业集团,其中,中央级报业集团两家(光明日报报业集团、经济日报报业集团),省级报业集团23家,省会城市及计划单列市报业集团14家,报业集团化建设取得了丰硕成果。2006年初,我曾撰写《总结经验,深化改革,全面推进报业集团化建设》(《传媒》2006年第2期)的文章进行总结。

党的十六届五中全会指出,在全面建设小康社会的进程中,"十一五"时期具有承前启后的重要历史地位,必须紧紧抓住机遇,应对各种挑战,认真解决前进道路上面临的突出矛盾和问题,立足科学发展,着力自主创新,完善体制机制,促进社会和谐,开创中国特色社会主义事业的新局面。报业作为精神文明建设的重要阵地和文化产业的重要组成部分,在"十一五"期间,必须全面落实科学发展观,认清形势、找准方位、创新体制、加快发展,才能为构建社会主义和谐社会做出更大贡献。为此,报业集团化建设的经验和成果值得我们认真梳理和总结。

一、报业集团化建设的阶段性成果

经过10年的发展,我国报业集团化建设取得了可喜的阶段性的成果。39家报业集团已经成为我国报纸出版业的主导力量,规模不断壮大,影响力日益提升,社会效益和经济效益显著提高,初步实现了构建宣传舆论主阵地的目标。主要体现在三个方面：

1. 报业集团成为党的宣传舆论工作的主阵地

随着报业集团化建设的稳步推进，以党报为龙头组建的39家报业集团，已经成为党的宣传舆论工作的主阵地。集团化建设促使区域报纸出版资源的整合，不仅使党报的地位更加稳固，而且通过集团化建设，建立了较为强大的系列子报子刊体系。党报集团的系列报刊面向市场、面向群众，凭借党报集团优越的政治资源、经济实力和人才优势，在市场竞争中确立了广泛的影响力和竞争实力；而且系列报刊的良好经营效益，又在经济上反哺党报，为党报提供了坚实的经济基础。

党报集团通过新闻改革和信息资源整合，紧密围绕党和国家工作大局，不断创新系列子报子刊的新闻报道，结合不同媒体的受众特点，开展有声有色的重大战役性、专题性报道，形成主旋律鲜明的"大合唱"，充分发挥舆论主导作用。与此同时，集团利用信息资源丰富的优势，在坚持正确导向的前提下，把子报子刊办得多姿多彩，满足了广大人民群众多层次、多样化的精神文化需求，扩大了党报的影响力。因此，集团化建设实现了通过不同读者定位的报刊，将党的声音向基层群众更为广泛传播的目标，进一步巩固了党的宣传舆论主阵地。

2. 报业集团成为我国报纸出版业的主导力量

报业集团建设的重大战略意义，同时也体现在占据报业市场的优势地位上。通过集团化建设，已组建的39家报业集团已成为我国报纸出版业的主导力量。2004年，全国各级党报连同所属系列报总数达1017种，占全国报纸总量的53%，平均期印数占全国总量的47.71%，总印数占67.86%，总印张占76.67%；39家报业集团拥有的报纸数量占全国报纸总量的17%，但平均期印数占全国的 30%，总印数占全国的 41%，总印张占全国的 56%。报业集团的广告收入、利税总额等，也都远远超出一般报社，不少报业集团的年经营总收入已超过 10 亿元，在区域报业市场上确立了优势的竞争地位，部分报业集团已具备辐射全国报业市场的能力。报业集团所属晚报、都市类报纸，在全国同类报纸中占有绝对优势，在 2004 年和 2005 年两次全国晚报、都市报竞争力监测中，报业集团所属晚报、都市报在竞争力前 20 强中均占有 18 席。

通过集团化建设，报业集团所属报纸的影响力、经济实力和市场竞争力，都可以代表我国当时报业发展的最高水平，是推动我国报业繁荣发展的主力军。

3. 报业集团改革成为全国报业体制机制改革的标杆

集团化建设也是文化体制改革的重要突破口和推进器。报业集团的改革基本涵盖了报业出版体制机制改革的所有重要领域，中央和各地党委政府给予了高度重视。在集团化建设过程中，各报业集团根据中央精神，结合自身特点，勇于探索，不断创新，初步形成了一套既符合社会主义精神文明建设要求，又适应社会主义市场经济体制的报业集团管理体制和运行机制。

在 2003 年中央文化体制改革试点中，有 4 家报业集团被列为试点单位，按照中宣部和新闻出版总署批准的改革试点方案，进一步深化改革。在管理体制改革方面，各报业集团建立并不断完善党委领导和法人治理结构相结合的报业集团管理体制，既实现了集团的市场主体地位，又始终坚持党管媒体的原则。在运行机制创新方面，各报业集团大力推进内部三项制度改革，积极探索集团与下属二级单位实现"统分结合"的有效途径，深入研究解决采编与经营两分开的制度要求与操作难题，采取了一系列创新举措，取得了初步成效，既坚持了正确舆论导向，又增强了集团的经营活力和运行效率。经过两年来的改革，基本实现了试点改革的目标，为进一步推进报业体制机制改革积累了经验。

## 二、报业集团化建设的基本经验

回顾 10 年的报业集团化建设取得的阶段性成果，有几条基本经验值得认真总结：

一是坚持党管媒体的原则，确立党委领导下的报业集团管理体制。

报业集团作为党和国家重要的思想舆论阵地，必须确保党和人民喉舌的性质不变、党管媒体的原则不变、党管干部的制度不变、正确舆论导向的要求不变。在报业集团化建设的探索和实践中，始终把确立党委领导和法人治理结构相结合的报业集团管理体制作为现实目标，不断得到完善。目前，各党报集团在实行事业体制的政策框架内，基本形成了以集团党委会为最高决策机构，党委会领导社委会（或董事会），社委会领导编辑委员会和经营管理委员会，实行采编与经营"两分开"，实现了党委统一领导、采编与经营分系统运行的管理体制。这种管理体制既体现了党对媒体的领导，又为报业集团作为市场主体面向市场经营提供了制度保障。

二是坚持把社会效益放在首位，形成社会效益和经济效益高度统一的运行机制。

在社会主义市场经济条件下，报业的双重属性，即意识形态属性和产业属性日益显现，维护意识形态属性要经受市场规律的考验，尊重产业属性要经受社会效益的考验。建设报业集团的目的，是为了形成强大的舆论主导力量，毫无疑问社会效益是第一位的；而报业集团的舆论主导作用，又必须通过市场机制才能实现。在报业集团化建设中，既要始终把社会效益放在首位，坚持正确的舆论导向，又要尊重市场规律，实现良好的经济效益。因此，建立社会效益与经济效益高度统一的机制是报业集团建设的关键。已有的报业集团都是以党报为龙头建立的，在集团化建设过程中，首先要办好党报，壮大党报实力，扩大党报影响力，使党报成为舆论的主导力量；同时，要大力办好子报子刊，以群众喜闻乐见的形式，使舆论宣传工作贴近实际、贴近生活、贴近群众，满足群众日益增长的精神文化需求，使集团里的党报和子报子刊在社会效益与经济效益上都起到互补和互动作用，相得益彰。10年的报业集团化建设之路，朝着这个目标前进，实现了报业集团舆论导向正确、社会影响力扩大、经济实力增强，成为相对强势的媒体集团，发挥了党的宣传思想舆论主阵地的作用。

三是坚持深化改革，在市场竞争中壮大报业集团。

报业的集团化建设，是报业在社会主义市场经济条件下，将报纸宣传功能与报业市场经营相结合的一种尝试。我国的现代报业是在计划经济体制下发展起来的，长期以来，报纸的出版发行以计划分配为主，报纸内容以灌输宣传为主，办报人的市场观念比较淡漠。虽然改革开放以后，情况有了很大变化，但是，无论是管理体制还是运行机制，特别是办报理念上，与社会主义市场经济体制还很不适应，与经济社会的发展很不适应，与报业发展的要求很不适应。最重要的问题是对市场的认识，对市场的适应，对市场的运用。因此，必须围绕市场机制坚持不懈地深化改革。

在深化改革过程中，关键是要不断深化对市场规律的认识。在今天，取得良好的经济效益要靠市场，取得良好的社会效益也要靠市场。任何一张报纸，有市场占有率才能有竞争力，才能有舆论主导权，即使是党报，脱离市场也有可能被边缘化。因此，报业集团运行机制的创新、报纸定位的调整、运营流程的整合、人员结构的优化、技术装备的升级等等，都要有强烈的市场意识，充分运用市场机制，有效发挥市场功能。报业集团要发展，就必须积极参与市场竞争，在市场竞争中精心培育报纸品牌与核心竞争力，努力扩大市场份额，树立报业集团在报业市场中的优势竞争地位。

四是坚持大力推进人才队伍建设，建立和完善新型人才管理机制。

随着报业集团化建设的发展，特别是要参与日益激烈的报业市场竞争，人力资源状况，特别是优秀的采编人才和经营管理人才的储备和开发，日益成为影响报业集团发展水平的关键因素。报业的集团化发展不仅意味着报纸出版资源的集中与整合，还意味着高素质的报业人才队伍的培养、开发和使用。大家愈来愈意识到，只有大力培养造就能够顺应我国报业发展要求、具有开拓创新能力的高素质人才队伍，才能把报业集团的出版资源真正转化为生产力，才能提高报业集团的影响力和竞争力。为了更好地发现人才、培养人才和用好人才，还必须建立健全符合报业发展要求的科学的人才评价、使用、激励等保障机制。当时，我国报业集团的人力资源状况，无论是政治素质、业务素质还是经营管理能力，都普遍优于一般报纸出版单位，这是推进报业集团化建设不断发展的重要保障。

这些在实践中不断得到总结和升华的基本经验，体现了中央对报业集团化建设的基本要求，其指导意义已不限于试点报业集团，而是对我国整个报业的改革、发展和管理都具有普遍的指导意义。

### 三、当时报业集团化建设面临的问题

报业集团化建设虽然取得了重要的阶段性成果,积累了宝贵的经验,但我们也看到,当时无论在理论层面,还是在实践层面、技术层面,我国的报业集团化建设还处于一个长期的阶段性演进过程中。报业集团的改革和发展不可能逾越我国报业当时所处的发展阶段,制约我国报业发展、束缚报业生产力解放的若干瓶颈问题,同样制约着报业集团的发展壮大,其中一些问题对于报业集团化建设长远发展尤显突出。这些问题主要包括:

1. 报业集团的市场主体地位尚未真正确立

尽管党委领导与法人治理结构相结合的报业集团管理体制已经在制度层面得到确立,但运行层面仍存在诸多问题。现有报业集团主要是党报集团,事业单位性质,法人治理结构如何与事业集团架构有机结合的问题尚未得到根本解决,因此,多数报业集团仍存在着浓厚的管理机关的倾向。到底是"报办集团"还是"集团办报"的争论,分歧就在于报业集团究竟是准行政化的管理主体,还是新型市场主体的问题。这个问题应该在实践中探索一种既适合中国国情,又符合报业发展规律的新体制。

2. 报业集团的发展模式尚未摆脱粗放经营的积弊

组建了报业集团并不等于实现了集约化经营,当时有的报业集团尚未完成发展模式的转变。其表现是,有的报业集团还是热衷于"铺摊子",加上由于行政推动组建的报业集团不可避免的"拉郎配"问题,出版资源并未得到整合,规模效益得不到显现;有的报业集团盲目追求数量,不计成本地扩大发行量、报纸版数、广告额,导致质量效益下降,抗风险能力脆弱,可持续发展能力低下;有的报业集团一味地扩张报刊品种,忽视对既有品牌报刊

的维护和投入，使集团的品牌报刊竞争力不是增强而是削弱。随着改革的不断深入，市场环境的深刻变化，这些情况我想当有所改变。

3. 报业集团的报刊结构尚未得到进一步优化

为支持报业集团的发展，当时新闻出版总署对报业集团的报刊出版资源给予优先配置，尽可能满足报业集团集约化发展的需要。然而，有的报业集团出版资源长期闲置，出版资源开发利用效率低下；有的报业集团子报子刊长期经营不善，亏损严重，成为集团发展的包袱；有的报业集团同时办有几份定位重叠的都市类报纸，导致同质化自我竞争，特别是在中心城市的报刊市场，往往引发发行大战、广告大战、人才大战等恶性竞争，损害了报业健康发展的市场秩序；有的报业集团忽视细分报刊市场的培育，不能充分满足群众多层次、多样化的阅读需求。这是当时的情况和问题。这十几年媒体结构发生了重大变化，尤其是都市类报纸已经风光不再，传统媒体的结构优化应另当别论。

4. 报业集团对信息传播技术的变革缺乏战略眼光

以互联网和无线宽带多媒体技术为先导的传播技术革命正在使报业面临深刻的战略转型变革。如何顺势而进，适时利用新兴媒体技术拓展报业价值链，牢牢把握新兴数字内容产业的主导权，是对我国报业的前所未有的挑战。当时，报业集团对先进适用技术的应用还停留在采编系统、人事财务管理系统、印务系统的信息化、数字化，尚未在发展战略、经营策略、人才储备等方面做好应对出版形态转型的思想准备。这个问题这十几年已经有了根本性变化。

当然，报业集团化建设还面临诸多外部环境的因素，都不同程度地对报业集团发展带来影响或挑战。然而，任何新事物的发展，都呈现出阶段性演进的过程，在报业集团化建设的初期阶段，出现这样那样的问题是在所难免的。同时，我们还必须看到，报业集团化建设正面临着难逢的历史机遇：国民经济的持续快速发展为报业集团的发展提供了坚实的物质基础；中央文化体制改革的推进为报业集团解决发展的体制瓶颈创造了条件；全面建设小康社会为报业集团的发展提供了广阔的市场空间；信息技术变革为报业集团进入数字内容产业、加快内容整合和综合开发带来了机会。在这样的历史机遇面前，报业集团化建设要进一步坚定信心、把握机遇，向新的发展阶段迈进。

## 四、贯彻科学发展观，进一步推进报业集团化建设

党的十六届三中全会系统完整地提出了"科学发展观"，强调以人为本，实现全面、协调和可持续发展。按照科学发展观的要求，搞清楚新的历史时期中国报业为什么发展、如何发展等关于报业的发展方向、发展模式、发展战略等重大问题，是摆在我们面前的一个重要课题。在报业集团化建设过程中，以科学发展观为指针，我国报业的发展必须是代表先进文化前进方向的发展，必须是运用市场机制实现社会效益和经济效益最佳统一的发展，必须是实现集约化经营、走产业化道路的发展，必须是坚持以人为本、始终为大多数人服务的发展。

根据这一要求，结合我国报业的实际，要正确认识和妥善处理速度、结构、效益、质量之间的关系，努力走出一条依靠科技进步和提高从业人员素质，导向正确、速度较快、结构优化、社会效益和经济效益俱佳、市场竞争力不断提高的报业集团化建设

发展之路。为此,当时我们提出必须解决好以下几个问题:

1. 解放思想、与时俱进,实现报业体制创新

体制是影响报业发展的十分关键的问题。在报业集团化建设的新阶段,报业集团体制机制改革的目标是:党管媒体得到全面落实,主流媒体主导社会舆论,现代企业制度支撑报业集团发展,报业集团的市场竞争力不断增强,精神文明建设要求和报纸经营规律实现有机结合。为实现这些目标,报业集团创新体制机制的着力点,在于报业的意识形态属性与产业属性的完美统一。

首先要切实解决报业集团的市场主体地位问题。报业集团要在"党委领导、政府管理、行业自律、企事业单位依法运营"的管理体制架构内,重点解决市场主体缺位问题。报业集团化建设探索了10年,当时真正取得国有资产授权经营的报业集团很少,产权不明晰、责权不统一,不利于发挥法人在市场竞争中的积极性和创造性。因此,报业集团要转变发展模式首先要深化体制改革,培育和重塑新型市场主体。报业集团应积极探索党委领导与法人治理结构相结合的有效实现方式,在明晰产权的前提下,进行体制和机制创新,逐步落实资产授权经营,建立和完善国有资产经营责任制度,消除行政化倾向,增强市场主体活力。按照企事业分开的原则,剥离经营性业务,组建集团控股的企业;有条件的,可争取在集团层面组建投资控股企业,并依托集团投资控股公司构建母子公司、两级法人框架,使报业集团真正成为我国报业市场上新型的竞争主体和文化领域的战略投资者。

2. 以科学发展观为指针,大力改善报业经营

一是转变增长方式。报业集团的增长方式要从规模数量型增长向质量效益型增长转变,转变竞争策略,增强效益观念。长期以来,报业良好的经济效益掩盖了经营中存在的问题,不计成本

打价格战、发行战、广告战，盲目追求扩大发行量、广告量的增长，严重影响了报业的健康发展。为此，在经营思想上要实现三个转变，即从数量优先转变为效益优先，从同质化竞争转变为差异化竞争，从追求规模转变为追求质量。对报业集团经营业绩的考核，要从侧重发行量、广告额、经营总收入等数量型指标，转向利润、积累、实力等效益型指标，要考察报业集团的抗风险能力和可持续发展能力。

二是调整经营策略。报业集团的发展优势在于集约化经营，当时，在许多报业集团这个优势还没有得到充分的发挥。在新的发展阶段，报业集团的经营结构要向立体化、集约化方向转变。国外一些大的报业集团，无不实行立体化经营，除了办报纸，还经营广播电视、网络、杂志，甚至房地产、娱乐业、体育运动项目等，不但增强了实力，扩大了社会影响力，而且起到了"东方不亮西方亮"的作用，增强了抗风险能力。我国的报业集团经营比较单一，很脆弱，经不起风浪。要从经营战略上进行调整，有条件的报业集团要从以印刷、发行、广告等传统报业经营为核心业务的战略，向以精确定位的内容产品和定制化的增值服务为核心竞争能力的多维度、多渠道的立体化经营战略转变，改变单一经营，特别是过度依赖广告经营，甚至是某几类广告经营的模式。

三是优化产品结构。由于国家对报刊实行总量控制，报刊资源成为稀缺资源。与一般报社相比，报业集团的报刊资源相对丰富，但是，一些报业集团并没有意识到这个优势，报刊资源的开发利用效益不高，报刊结构不合理，产品布局忽视细分市场报刊培育。在新的发展阶段，报业集团应大力优化报刊结构，实现以党报为龙头，不同定位的系列报刊共同发展，全方位覆盖各类读者市场，特别是要改变晚报、都市类报纸的同质化结构，加大对适应细分市场需求的城市周报和其他专业性、行业性报刊的投入，使报刊资源转化为实际效益。

四是开拓市场空间。报业集团要增强新市场的开发能力，提高覆盖率，扩大影响力。当时，各报业集团对中心城市报业市场的开发，在量的增长上空间已十分有限，市场开发应转向质的提升。新市场的开拓重点是一般中小城市和广大农村乡镇，这不仅是因为这些地区广大群众的报刊阅读需求的满足度还很低，而且也是响应中央关于建设新农村的号召的实际行动。虽然，农村市场的开发存在一定困难，但报业集团有责任为农民提供更多的精神食粮，为新农村建设做出应有的贡献。

五是发展数字报业。数字化、网络化是传播技术发展的大趋势，报业集团作为大型内容新产品生产和传播机构，必须跟随时代的潮流，深刻理解报业发展的技术走向，清醒认识新技术对报业形态和赢利模式的重大影响。对于新技术的应用，一方面，战略上必须重视，深入研究可适用的技术及其应用方式，着力开发数字内容产品，延伸内容产品的价值链；另一方面，战术上又要脚踏实地，实施项目的选择和运作一定要理智，讲求实际，不要赶时髦。

### 3. 转变政府职能，加强市场监管，为报业集团创造良好的发展环境

体制机制创新也好，改善报业经营也好，都与政府职能的转变密切相关，从管理理念到管理方式再到管理手段，都要实行转变。报业发展模式的创新离不开合理的、科学的发展政策的支持，这些政策包括报纸出版资源配置，建立报纸出版退出机制，实行跨媒体兼营，扩大报业投融资渠道以及财税政策等等，政策不科学、不配套或滞后于发展要求，都有可能制约发展模式的转型，

挫伤体制机制创新的积极性。因此，政府行政管理部门要从报业发展的客观需要出发，深入实际调查研究，适时调整相关政策，为报业发展提供良好的政策环境。

加强市场监管是政府行政管理部门的一个重要职责。近年来，一些地方报业市场恶性竞争愈演愈烈，报纸的发行市场秩序、广告市场秩序的混乱不堪，对报业的健康发展产生了严重影响，多数报业集团卷入发行大战、广告大战，其结果是几败俱伤。一个时期以来，有关部门花大气力对报纸发行秩序进行整顿，目的就是要维护报业市场竞争的正常秩序，而竞争有序的市场秩序是报业集团走向新的发展阶段的不可或缺的市场环境。

以上这些回顾和总结，反映了我们当时对报业集团化建设的认识。时过境迁，报业改革发展阔步向前，特别是党的十八大以后，以习近平同志为核心的党中央，高度重视新闻媒体的深化改革、融合发展，提出了一系列重大政策措施。在习近平新时代中国特色社会主义思想指引下，报业集团建设发生了深刻而巨大的变化。

来时的路不一定完美，但不应该忘记，谨以此留作借鉴。

# 推出新办期刊"试办期"制度

为了控制总量、提高质量，从1985年6月6日中央书记处、国务院批准并转发中宣部《关于整顿内容不健康报刊的请示》以后，就一直严格控制新办报刊。1985年5月，曾经在江苏扬州召开过一次全国报刊管理工作会议，着重研究建立报刊质量管理体系问题。会议提出的现阶段报刊管理的工作方针是：围绕质量，定量管理，评比分等，优胜劣汰。但是，虽然严格控制，每年都还要根据实际需要，审批部分报刊创办，特别是为适应市场更名并改变办刊宗旨的期刊，每年都有几百种之多。

我分管报刊工作以后，听报刊司的同志反映，有的期刊更名以后，仍找不到市场定位，办刊质量不高，发行量少，建议对新办期刊，包括更名并改变办刊宗旨的期刊，实行试办期制度。经过调查研究，并征求部分报刊管理部门和期刊出版单位的意见，认为实行试办期制度，有利于营造期刊业健康发展的环境氛围，是可行的。经过一定程序，2000年11月10日，国家新闻出版署发出了《关于对新办期刊实行试办期制度的通知》。《通知》作出八条规定：

一、新办期刊实行试办期制度，试办期为两年。变更期刊名称或办刊宗旨，视同新办期刊，亦实行试办期制度。

二、新办期刊的出版，必须严格执行办刊宗旨，坚持为人民服务、为社会主义服务的方针，坚持正确的舆论导向，严格遵守新闻出版管理的有关法规、规章。

三、新办期刊在试办期间,其出版质量必须达到国家规定的质量标准。社科类期刊出版质量应达到《社会科学期刊质量管理标准》(该《质量标准》制定于 1995 年 7 月,为试行标准。1996 年 5 月,新闻出版署技术发展司对该标准主持了鉴定会并通过鉴定。1996 年 5 月 15 日,新闻出版署重新公布了《中国社会科学期刊质量标准》)的规定要求;科技类期刊出版质量应达到《科学技术期刊质量管理标准》的规定要求。两年试办期满,由其主管部门进行验收,经省级出版管理部门核验,报新闻出版署核准。两年试办期内未达到规定质量标准的,取消其出版资格,由新闻出版署批准撤销登记。

四、新办期刊在试办期间有违反新闻出版管理规定的,要从严查处,加重处罚,两次行政警告即取消出版资格。

五、新办期刊在试办期间不得变更名称、刊期和办刊宗旨。

六、新办期刊在试办期间因违反出版管理规定被撤销登记的,其主管部门、主办单位在 3 年内不得再次申请创办期刊。

七、对新办期刊实行试办期制度,是加强期刊管理的一项重要举措,有关部门必须以高度的政治责任感,加强对新办期刊的监督和管理,促进期刊业繁荣发展。

八、新办期刊试办期制度从 2001 年 1 月起实行。

实施新办期刊试办期制度,效果是值得肯定的。虽然因试办期间没有达到质量标准而被取消出版资格的期刊很少,但是因为有"试办期"的约束,大家对质量都比较重视,对提高期刊质量还是起到了促进作用。

在实施新办期刊试办期制度的过程中,关键是对期刊质量的评估问题。评估的依据是《科学技术期刊质量管理标准》(1992

年由国家科委制定。科技期刊由原来国家科委、后来的科技部负责审批管理,根据2001年12月25日国务院颁布的《出版管理条例》和《行政许可法》的规定,2005年4月统一归新闻出版总署审批管理)和《中国社会科学期刊质量标准》。这两个《标准》规定得很具体。比如《社科期刊质量标准及质量评估办法》对"学术理论类期刊质量标准"作出的规定:

一、政治标准:(1)严格遵守国家宪法法律。(2)坚持党的基本路线,全面、准确地宣传党的路线、方针、政策,严格遵守党的有关宣传纪律。(3)遵守《中华人民共和国保守国家秘密法》,维护国家利益。(4)认真贯彻党和国家的民族政策、宗教政策、对外政策,维护国家利益,促进祖国统一、民族团结和社会稳定。(5)严格遵守党和国家有关出版的方针、政策和法规,严格执行《期刊管理规定》等期刊管理办法和制度。(6)严格按照办刊宗旨及专业分工范围出刊,坚持正确的舆论导向和"为人民服务、为社会主义服务"的政治方向,认真贯彻党的"双百方针",促进社会科学的繁荣与发展。

二、业务标准:(1)学术水平。能代表该学科的学术水平,反映该学科的研究前沿和研究热点,在该学科的研究中起到促进作用。(2)社会影响。关心社会现实,理论联系实际,在解决实际问题上做出突出贡献,或者对决策部门和管理部门的工作有较大的帮助。符合或基本符合上述要求、具有较大影响的文章有一定比例。(3)写作质量。所载文章论点明确,论据充分,概念严谨,推理逻辑严密,没有自相矛盾不能自圆其说的情况。(4)尊重知识产权,并遵守《中华人民共和国著作权法》,在每篇文章后标明足够的参考文献,并在醒目位置标有英文目次、摘要及版权说明。

三、编辑标准：（1）整体构思明确，面向既定读者；内容稳定性与变异性掌握适度，各期的内容与风格具有连续性；与同一学科的期刊相比，在内容与风格上具有自己的特色；栏目设置合理，栏目之间具有关联性。（2）整体设计思想明确，封面、插图、图片设计健康、新颖、大方，图文搭配适度，符合刊物专业特色，全年具有连续性；封面刊名突出，并有英文刊名，年度期号及各种规范标识完整。（3）文字无繁简混用；使用语言规范，语句简练，无病句，无生造名词、概念，无知识性、常识性错误，标题目次页无差错；内文差错率符合规定标准。（4）标题、目次、图表、注释、公式、参考文献编排规范；标点符号、数字及计量单位等书写格式符合国家规定。（5）版本记录齐全、完整和规范，主办单位、出版单位、印刷单位、发行单位、出版日期、主编（总编）姓名、发行范围、定价、刊号（包括分类号及取得国际刊号者）、广告经营许可证无缺漏。（6）版式设计疏密得当，字号选择既能体现编辑思想，又有较好的视觉效果；文章标题突出，转接页少，无逆转。

四、出版标准：（1）期刊的出版、印刷、发行、核验，以及登记项目的变更，符合审批登记的有关规定。（2）按规定日期出版，不无故拖（脱）期，不随意出版增刊、合刊。（3）印成品字迹清晰、字体完整，版心周正；照片反差适度，层次分明；装订整齐、牢固，无缺损。（4）积极做好刊物的宣传征订工作，在创刊两周年后，发行量达到与读者对象相适应的水平。（5）遵守《广告法》等经营广告的有关法律、法规，刊载广告内容必须真实可靠、导向正确，广告设计美观、健康、大方，无低级、虚假广告。

《学术理论类期刊质量评估办法》进行了量化，如业务标准占40分，编辑标准占30分，出版标准占30分。政治标准得分作为系数，分为三个等级分，与其他三条标准所得总分相乘，为最后得分。有重大政治事故，一票否决。

应该说这个《质量评估办法》是比较严格的，但又是最基本的要求，评估也较为复杂，如果真正能达到这个标准，那我国的期刊质量将提高一大截。

对学术期刊质量评估，又涉及对学术期刊的评价体系问题，这似乎又超出了新办期刊实行试办期制度的问题，但也确实有联系。学术界对现有的学术评价体系和评价过程一直有不同看法，不少人曾提出了诸多批评意见。这也很正常。学术期刊评价体系的科学与否同学术期刊的发展密切相关，需要不断加以完善。

首先，科学的评价体系能够促进学术期刊遵循其内在规律和基本宗旨而发展。学术期刊是学术研究成果和学术传承的主要载体，是推动学术创新和理论创新的重要平台，它的发展必须以学术为本，因此学术期刊的评价体系也应以促进学术发展和繁荣为根本目的。科学的学术期刊评价体系通过各种指标的列示，能够在一定程度上反映学术期刊所刊发文章是否具有创新性、前沿性，其学术观点和学术价值是否经得起时代的检验，从而可以引导学术期刊科学地分析和运用评价指标，深入地了解期刊目前的基本状况，从栏目设置、选题策划、学术活动组织等方面发挥期刊自身的优势，在关注期刊数量评价结果的同时，更加注重学术质量和学术影响力的提升，培育学术期刊自身的特色和风格。

其次，科学的评价体系有助于营造良好的学术生态环境，为学术期刊健康发展提供必要的条件。定量数据的合理使用，需要有一个良好的学术环境做支撑，遵守学术研究的道德和规范，是每一个科研工作者和学术期刊编辑应该遵守的法则。只有在这个前提下进行定量数据的比较，得出的结果才会有实际的意义。否则，即使数量指标再高，内在的质量不高，也不能反映出学术研究的真实水平。科学的评价体系通过相关评价指标的设置，可以促进学术道德水平的提升和学者的学术自律，有效防范学术不端行为的发生，可以督促学术期刊在出版与发表的环节筑起学术不端行为的"防火墙"，把好学术研究成果的"出口关"。

《中国人文社会科学期刊评价报告》和《中国人文社会科学期刊综合评价指标体系》，在建立科学的学术期刊评价体系方面进行了有益的探索，其指标体系的构成特别是评价指标的选取特点显著，且具有明确的导向性。最新的期刊评价指标体系至少有以下四大亮点：

第一，建立了由五级指标构成的多指标体系，从吸引力、管理力和影响力三个方面对学术期刊进行综合评价。既强调对学术期刊学术质量和学术影响力的评估，同时，也注意到了与学术质量紧密相关的导向管理、编辑人员管理、流程管理等制度因素的重要性，有助于学术期刊整体水平的提升。

第二，加入了学科专家、编辑专家和重点读者三个层面的专家定性评价指标，将定量指标和定性评价结合起来。在运用量化指标的同时，评价主体的多元化有助于将评价机构从事计量分析的研究人员与学者、期刊编辑、读者的力量综合起来，以促进学术研究水平的提高、促进学术期刊发展为根本目的，超越单纯的量化范式，避免主观因素的干扰，提高评价结果的科学性。

第三，增加了对学术期刊遵守学术规范、流程规范和运用现代信息技术情况的评价指标，意在反映学术期刊的规范化、制度化运作情况。学术期刊学术质量和学术影响力的提升，需要有科学的管理制度做保障，其中抵制学术不端行为，加强编辑队伍建设,严格遵守评审规范、编辑规范和出版规范是重要内容。

第四,增加了期刊网站建设、在线稿件处理系统、网络显示度等指标,符合学术期刊数字化、网络化发展的新趋势。现代信息技术的迅速发展对学术期刊运行机制和传播形式产生了巨大的影响,学术期刊的数字化、网络化发展已经成为必然的趋向,新媒体转型与融合发展对于学术期刊未来的发展具有极其重大的意义。这些指标的选取,无疑会促进学术期刊数字化进程的推进。

新办期刊质量评估与学术期刊评价体系两者如何结合,有待于实践中探索。

在审批管理工作中,如何做到"精准审批",使新创办的报刊符合社会实际需要,光靠一个人或一个部门把关,难免产生主观主义弊端,对此我是很有体会的。2003年,吉林省新闻出版局提出创办一个叫《意林》的刊物,我问他们,"意林"是什么意思?他们说这是一个刊物的一个栏目,很受青少年喜欢,但解释了半天我也没听明白,就把这个申请放下了。过了一段时间,他们又来北京,坚持要办这个刊物,我说那你们就试试吧,结果没几年刊物发行就过了百万册。这件事对我触动很大,凭主观审批是很难做到"精准"的。

后来新闻出版总署就提出了"新办报刊实行可行性论证"的要求,并将"期刊出版可行性报告"纳入2005年修订发布的《期刊出版管理规定》中,作为创办期刊、设立期刊出版单位申请必须提交的材料之一。"可行性报告"要求申办单位对创办期刊的必要性、可行性做出充分的论证。特别是"可行性"方面要求很具体,包括创办期刊的人力、物力、财力等条件,同类刊物的市场状况调查,如何与现有的同类刊物开展差异化竞争,期刊的预期市场前景等。

期刊出版管理中还有一个坚持了多年的"年检"规定，每一年期刊社要对期刊进行自检，由当地新闻出版管理部门进行核验，质量不合格或有违规行为的，将"缓检"甚至撤销登记。这样，期刊出版的质量管理形成了三道保障：创办前的"可行性报告"，创办后的"试办期制度"，办刊中的"年检制度"。这些制度和办法，有力地保障了我国期刊业的健康发展。

# 建立"中国数字报业实验室"

"中国数字报业实验室"是 2005 年开始酝酿,2006 年正式建立实施的。自 2004 年开始,新闻出版总署依托《中国经营报》组织活动的力量,每年召开一次中国报业竞争力年会,办了好几届。冯玉明女士当年在《中国经营报》任竞争力工作室主任,现在是华闻传媒产业研究院的院长。每次年会都是她带着一班人在新闻出版总署报刊司的指导下组织实施的,后来就把她借调到新闻出版总署报刊司工作了。"数字报业实验室计划"就是她和报刊司的同志一道策划下实施的。

20 个世纪 90 年代末期,中国社会主义市场经济格局初步形成,相对于其他行业,中国报业是党和国家新闻舆论宣传主阵地,在传媒产业化、市场化进程中,报业承担着更为重要的职责和使命。受益于国家文化体制改革和多项行业发展政策的利好,20 世纪 90 年代的中国报业赢得了空前的发展机遇,一批报业集团相继挂牌成立,都市类报纸异军突起、生机勃勃,在新闻规律与市场规律的共同作用下,中国报业焕发出新的生机和活力。进入 21 世纪,伴随着网络信息传播技术的迅猛发展,传媒生态持续巨变,新业态、新模式不断兴起,传统报业又迎来了一场战役:数字化转型升级。如何将持续了百年的纸质媒体生产方式和运营逻辑,融入全新的网络世界?如何在技术、市场、受众的不确定性面前,既要守住国家宣传舆论阵地,做好舆论引导,又能适应互联网时代读者变用户的现实，转变信息供给和报业运管方式，实现报业的创新发展？这些都成为中国报业的重大课题。业界在一段时间里经历了"广告依赖论""报业寒冬论""报业内容在新闻门户网站的传播权待保护"等问题的争论后，形成了一个广泛的共识是"传统报业亟待进行数字化转型升级"。"中国数字报业实验室计划"由此提出并吸引了国内一批报业集团、都市类报纸和专业类报纸出版单位的积极响应，成为中国报业应对新技术、新媒体的挑战，实现转型升级、融合发展的一段重要历程。

建设中国数字报业实验室，旨在举全行业之力，广泛联合相关产业，共同推进我国报业面向未来的战略转型，进一步巩固和加强党的宣传舆论阵地，牢牢把握信息传播技术变革条件下新闻宣传和传媒市场的主导权。中国数字报业实验室的组建，对于转变我国报纸出版业的发展理念、发展模式具有重要意义。报纸出版单位和相关行业机构在大力发展数字报业这一战略共识的基础上，自主联合、互利互惠、共同探索、集成创新、示范推广、整体推进，必将为我国报纸出版业开创出新的发展局面，必将为我国新型数字内容产业的发展探索出宝贵的经验。

为迎接数字、网络、多媒体技术为主导的多元传播格局对传统报纸出版业的挑战，抓住全球范围内数字内容产业蓬勃兴起的发展机遇，新闻出版总署报刊司着眼于行业发展，深入调查研究，制定了数字报业发展战略，并在 2005 年 8 月举行的第二届中国报业竞争力年会上，向全行业发出大力发展数字报业的号召，以推动传统报业的数字化转型升级。

2006 年 7 月，报刊司组织力量研究编制的《全国报纸出版业"十一五"发展纲要》出台，《纲要》把"大力发展数字报业"确定为"十一五"时期报纸出版业的重要发展目标，同时，将"中国数字报业实验室计划"列为推动报业发展的14项行动计划之一。2006年8月3日,在第三届中国报业竞争力年会上,"中国数字报业实验室计划"正式发布。"中国数字报业实验室计划"鼓励报纸出版单位开展自主创新,积极探索网络报纸、手机报纸、电子报纸等多种数字出版形式和经营模式。作为该计划的核心内容,中国数字报业实验室（China Digital Newspaper Laboratory）以电子纸张作为内容显示介质的主要突破方向,以无限宽带多媒体技术为主要传播技术,以兼容的信息标准为内容制作和传播标准,营建新型报纸出版业态和运营环境。

"中国数字报业实验室计划"的目标在于凝聚行业创新者的智慧,共同探索适应报业发展需要的数字化、网络化的内容显示介质技术、信息传播技术和运营模式,实现传统纸介质出版向数字网络出版的战略转型,推动报纸出版业态的重大变革。在新闻出版总署数字报业发展战略指导下,中国数字报业实验室以"把握变革方向,推动报业转型;探索适用技术,提升应用效益;融合关联产业,重塑报业形态;共享实验成果,促成集成创新"为宗旨,总体任务包括:合作开发适应数字报业发展需要的数字化、网络化、多媒体的介质技术、显示技术、传播技术,以及对网络等最新技术的研究、评估、选择、推广和试用;研究受众对数字内容产品及增值服务的消费体验和消费需求;探索数字内容产品的生产、分销方式和经营模式;建构统一开放的数字报业技术标准、运营环境和准入规则;定期组织有关数字报业的拓展培训和专项研究;定期组织开展与国外数字报业同行间的研讨交流、互访考察等;引进国外先进技术,促成集成创新,推广实验成果,降低行业转型成本和新技术投资风险;聘请数字报业相关领域专家作为专家顾问,组建由技术专家、投资专家、技术型经济专家及政策法规专家等组成的专家委员会；维护传统报业在数字内容领域的合法权益。

《全国报纸出版业"十一五"发展纲要》行动计划中，对于"中国数字报业实验室计划"作了这样的描述：

计划目标：探索适应数字报业发展需要的数字化、网络化的内容显示介质技术、信息传播技术和运营模式，实现传统纸介质出版向数字网络出版的战略转型，推动报纸出版业态的重大变革。

计划概要：

1. "数字报业实验室"的主要实验内容为：（1）电子报纸出版发行形式；（2）电子报纸的受众阅读体验；（3）数字报业的运营环境、价值链和商业模式；（4）政策法规和监管模式。

2. "数字报业实验室"为开放性试验计划，由新闻出版总署发起邀约，报纸出版单位及电信业、软件业、电子设备制造业、广告业、市场调查机构、学术研究机构等关联行业机构在自愿基础上共同参与。

3. "数字报业实验室"以电子纸张为内容显示介质的主要突破方向，以无线宽带多媒体技术为主要传播技术，以兼容的信息标准为内容制作和传播标准，营建新型的数字化、网络化报纸出版业态和运营环境。

4. 实验计划于2006年年底前启动，以三年为实验期分步推进。首期选择10种全国性报纸及10个中心城市的20种地方性报纸，实验读者规模约1000人。

总之，"中国数字报业实验室计划"建设的意义在于广泛凝聚业界的先知先行者，为中国报业数字化转型升级投石问路。

面对中国报业数字化转型升级的诸多难题，"中国数字报业实验室计划"是学习借鉴了国际上通行的产业创新思路和方法，在面对重大产业调整期,面对新的业态、产品、模式充满诸多不确定性的情况下,由行业创新先行者机构进行自动自发的创新实验。作为开放性的报业创新实验组织,中国数字报业实验室采用的是虚拟联盟的机制,由政府发起,行业创新主体自愿参与,成本共担、成果共享,是一种重研发、轻运营的组织形态。基于这样的组织形式,新闻出版总署报刊司委托当时的总署信息中心传媒发展研究所承担发起邀约工作,具备一定数字网络建设基础的报纸出版机构以及电信运营商、软件开发商、电子显示终端制造商、广告商、学术机构等关联行业机构,在自主自愿基础上组成的虚拟的、非营利性组织。实验室接受新闻出版总署报刊司的业务指导,成员单位选举国内领先的数字报业创新机构组成常务理事单位,我本人时任国家新闻出版总署分管报刊业的副署长,被中国数字报业实验室常务理事会邀请担任理事长。实验室秘书处常设在新闻出版总署信息中心传媒发展研究所,传媒发展研究所执行所长冯玉明女士任秘书长。实验室成员分为报业成员单位和关联产业成员单位两类,在自愿申请、现任理事单位资格审议后成为理事单位,即解放日报报业集团、重庆日报报业集团、辽宁日报传媒集团、湖北日报传媒集团、新华日报报业集团等近30家报业成员单位,以及汕头大学长江新闻与传播学院、复旦大学新闻学院、上海理工大学出版印刷学院、北京北大方正电子有限公司、荷兰iRex科技有限公司、北京紫光新华科技发展有限公司、中国网通集团公司等11家关联产业成员单位。"中国数字报业实验室"还根据数字报业战略发展现状,组建了"中国数字报业专题实验室",成立多媒体数字报刊、移动新媒体技术、电子阅读器三大专题实验室,作为实验室重点实验项目的技术研发和应用基地。每个专题实验室设置四个轮值主席机构,组织协调专项实验。

"中国数字报业实验室"成立之后,开展了以下一些数字化创新实验:

一是推动理论研究和创新研究。为了更好地服务于中国数字报业的发展,中国数字报业实验室通过搜集各成员单位的意见,结合专业人士及专家顾问团意见,总结归纳出各成员单位在数字报业发展中遇到的障碍和急需得到的相关技术支持问题,对实验项目进行评估、考察,确定具体项目,跟踪进程。此外,三大专题实验室开展专项实验,对本专题方向的最新数字报业技术进行研究、选择、试用、问题发现与效果评估,并负责实验进程的推进和实验成果的传播。在中国数字报业实验室首期培训会暨第一次工作会议上,实验室秘书处对数字报业的十大关键问题进行了梳理,列出了关键问题清单——数字报业产品的行业技术标准问题、数字报业的版权保护问题、报业跨媒体发展的政策界限问题、发展数字报业的认识和观念转变问题、人力资源储备问题、传统出版组织架构的改造问题、受众形态的研究匮乏问题、商业模式的探索问题、数字报业的资本合作问题,以及关联产业与报业之间的合作共赢问题。同时,冯玉明秘书长发布了实验室联合上海复旦大学新闻学院、汕头大学长江新闻与传播学院等机构所作的《城市多媒体数字报纸的受众形态和市场需求调查报告》《中国手机报受众调查报告》《"中外数字报业的商业模式"研究报告》三个报告。一系列理论研讨和调查研究,充分体现了实验室在中国数字报业发展领域的引领作用。

二是确立中国数字报业创新方向。根据我国报业的发展现状和战略转型需要,根据信息网络技术的发展水平、发展趋势以及在报业的应用现状和前景,中国数字报业实验室确定了"十一五"

时期推进我国数字报业发展的九大创新方向，即报业数字信息资源平台、报纸网站、电子商务平台、电子阅读器、移动采编系统、户外数字媒体、手机报、手机二维码、多媒体数字报刊等。确定上述创新方向的目的，并非仅止于引导全国报业探索数字化适用技术，而是旨在鼓励报纸出版单位结合自身条件和发展目标，通过积极投身数字报业的创新实践，在报业战略规划、内容产品开发、业务流程再造、商业模式创新、资本市场运作、适用技术研发、人力资源优化等关键领域，推动传统报业实现向现代报业的全面转型。

  三是遴选推荐中国数字报业创新项目。确定一批中国数字报业创新项目是中国数字报业实验室计划启动之后的重要基础性工作，旨在充分展示中国报业和关联产业机构在数字报业领域的探索和创新行动，推动数字报业战略的实施。鼓励报业积极利用先进技术，寻求传统报业升级转型的发展道路。2006年10月，中国数字报业实验室启动首批数字报业创新项目征集活动，全国共有50余家报纸出版单位和关联产业机构向数字报业实验室提交了项目申报材料，共计88个创新项目。实验室秘书处组织了报业专家顾问团的顾问和有着行业管理经验的专家对申报材料进行了评估，在认真研究各类新技术、新应用对报业升级的适用价值和应用前景的基础上，确定了第一批45个中国数字报业创新项目。这些项目来自各地领先的报业机构以及全国性行业专业报纸出版机构，涵盖了数字报业的九大创新方向，代表了我国报纸出版单位和关联产业在数字报业领域的创新水平。为进一步推动数字报业的发展，鼓励报纸出版单位和关联技术研发机构积极探索新技术、推出新项目，中国数字报业实验室于2008年启动了第二批中国数字报业创新项目的征集和中国数字报业实验基地的申请活动,并于当年底举办了以"分享·创新·同行"为主题的中国数字报业创新项目交流会。配合创新项目征集评估工作,中国数字报业实验室还开展中国数字报业示范项目的孵化推广工作,并组织力量围绕数字报业的创新方向和创新项目开展调查研究,为中国数字报业发展提供基础理论和应用模式支持。

四是打造数字报业沟通平台。中国数字报业实验室于2007年正式开通实验室门户网站中国数字报业网(w.dnor.n),并于2008年增设"传媒经营""图片生活""专题报道"等特色栏目。改版后的中国数字报业网成为一家服务于全国报刊业高层管理人士及相关从业人员、新媒体专业人员、致力于在数字报业领域谋求发展的企业,以及从事报刊业研究工作的专家学者的专业媒体网站。同时,中国数字报业实验室秘书处、新闻出版总署信息中心传媒发展研究所编辑出版了《中国数字报业》电子杂志,由中国数字报业实验室秘书长冯玉明女士担任主编。实验室秘书处积极尝试各种采编和发行方式,使之成为成员单位之间意见表达和实验成果的集成载体,并试着推向学界和关联产业,共同打造数字报业的信息平台。

五是组织业界交流研讨和拓展培训。中国数字报业实验室组织在数字报业领域的先行机构,将其实验成果、创新方案展示给更多更广的同行们,采取有针对性的专题研讨会、项目说明会、经验交流会的形式,拉近所有数字报业同仁之间的关系,促进互动共赢。通过实验室秘书处(新闻出版总署信息中心传媒发展研究所)卓有成效的组织协调工作,中国数字报业实验室相继召开了探讨中国数字报业发展战略的香山会议(2006年11月)、探讨中国数字报业商业模式的广州会议(2007年1月)、探讨中国数字报业创新方向的宁波会议(2007年2月)、中国数字报业新技术及其应用前景研讨会（2007年5月），以及"借奥运契机，发展数字报业"专题研讨会；实验室还于2008年8月邀请中国数字报业实验单位共赴呼和浩特，在内蒙古草原上对报业网站的平台价值进行了专题研讨。

有媒体将中国数字报业实验室定位为"报业转型的催化剂"，认为"中国数字报业实验室计划"的启动标志着报纸未来可能的形态正式进入实验阶段。

有媒体指出，"中国数字报业试验室计划"推动了"数字报业"理念在业界的形成，一些报业集团和报社率先进行了积极的探索和大胆的尝试。在新闻出版总署的大力推动和业界的大力支持和参与下，数字报业已经有了良好的开局。

在中国数字报业战略与实践高层研讨会上，各大报纸传媒集团表示了对中国数字报业实验室的充分认可。解放日报报业集团党委书记、社长尹明华评价，数字报业实验室计划是一个关乎报业未来的行动计划，这个行动计划也是一个伟大的改变，它使报业有可能在变化的时代中加快调整策略，做出最好的选择，在选择的过程中获得提升，进一步做大新媒体、做强主流媒体。辽宁日报传媒集团姜凤羽社长表示，数字报业是报业面向未来的一个至关重要的战略选择，辽宁日报传媒集团积极加入国家新闻出版总署数字报业实验室，愿意作为试验田，以开放、诚挚的态度，欢迎报业同仁一道共同研究和开发，促进数字报业更快、更好地发展。汕头大学长江新闻与传播学院教授、常务副院长范东升在《拯救报纸》一书中，高度评价了数字报业实验室计划。他指出，美国报业数字化转型的醒悟是从2006年前后开始的，几乎与其同步，中国国家新闻出版总署报刊司提出数字报业发展战略，并启动中国数字报业实验室计划。他认为，这是一项颇具前瞻性的计划，旨在联合传统出版业和新型的传媒机构，共同重塑报纸出版产业的新边界，锻造新的产业链，同时寻求新的赢利模式。他评价道，中国数字报业实验室通过两批共计75个创新项目的实践、尝试和推进，取得了一批实际成果，也为全行业的数字化转型积累了重要经验。他指出，创新项目中的手机报、报业网站、多媒体报刊、多媒体数字化平台等四个类型成果显著，为报刊出版单位建造了一整套数字化媒体传播生产线。他认为，中国报纸产业的全面数字化转型，将比欧美同行以及广播电视产业的数字化转型面临更多困难，因此报业转型需要简单明确的数字优先战略目标及其可行性方略。无疑，中国数字报业实验室计划在设置路标方面发挥着重要作用。

中国数字报业实验室以其先导性、研究性、开放性，成为中国数字报业发展进程中敢为行业之先的领衔实验机构。全体成员单位做好"拓荒者的准备"，为当代中国报业开疆辟土；满怀"探险家的勇气"，面对诸多未知的报业困境阔步前行；坚持"科学家的态度"，在实验中发现问题、解决问题，为中国数字报业的数字化转型积蓄理论和实践经验。

数字报业实验室的积极探索，有效激发了报纸出版单位和关联产业机构在数字报业实践方面的积极性和实验信心，大力推进了中国数字报业实验进程，产生了极大的社会反响。一批大型报业集团和行业专业报纸出版机构以及关联行业的领先机构率先行动，将发展数字报业确立为本集团、本单位面向未来的重要战略选择，开展了一系列创新活动，为报纸行业树立了一个又一个创新标杆。更多中小报社，包括西部欠发达地区的报业机构，也纷纷着手开辟数字报业领域的发展空间。通过政府、报业、研究机构和关联产业的共同推动，大力发展数字报业已经成为报纸出版业的普遍共识。与此同时，有关数字报业战略内涵的认识，也在业界的理论思考和实践探索中不断深化。

可以说，中国数字报业实验室计划的实施，对于转变我国报纸出版业的发展理念、发展模式有重要意义。报业出版单位和相关行业、机构，对大力发展数字报业这一战略，在达成共识的基础上，自主联合、互利互惠、共同探索、集成创新、示范推广、整体推进，为中国报纸出版业开创新的发展局面，为中国新兴数字内容产业的发展探索出宝贵的经验。

2008年底，审计署对新闻出版总署及其下属机构例行审计，因"未经相关民政部门批准的情况下发起成立中国数字报业实验室"，因此，实验室工作于2009年4月完全中止。今天回头看，数字报业实验室曾经提出的"信息二维码""移动采编系统建设""全媒体生产平台""垂直领域信息服务"等报业转型升级的方向，引领了一批又一批报人积极尝试，紧跟数字内容产业迭代更新的步伐，逐步成为报业数字化转型升级的标配性选项，终究是令人振奋之事。更令那些先行者们感到欣慰的是，随着全社会创新创业氛围的形成，特别是党的十八大以来，习近平总书记对媒体融合发展发表了一系列重要讲话后，上至国家新闻出版总署规划发展司、数字出版司，下至各地出版行政管理部门、行业协会，纷纷启动各类"实验室计划"，基于技术创新、模式创新、方向引领的政府倡导、业界支撑、跨界协同的"实验室"模式，已经蔚然成风，不断催生出数字内容领域的新业态、新产品、新服务。

我于2006年12月卸任新闻出版总署副署长后，数字报业实验室的工作就很少参与了。我对总署报刊司和实验室秘书处在那个时候就有那么多现在看来都不落伍的设想和探索，钦佩之至。

但这么有开拓意义的一件事就这样"自生自灭"了，我为之扼腕叹息。我把这件"半成品"的事记录下来，只是为了让报人记住曾经有过的事。

## 实施出版物发行数据核查

2005年4月25日,中国国内唯一从事出版物发行量调查统计和认证的机构——国新出版物发行数据调查中心在北京揭牌。揭牌那一幕我至今记忆犹新:当天下午3时许,在150多位国内新闻出版界代表和60多位国外嘉宾的共同见证下,时任新闻出版总署署长石宗源开启了一扇象征中国新闻出版事业起点的大红门,迎出了"国新出版物发行数据调查中心"的金色牌匾,我激动不已。此前,中组部同意我兼任国新出版物发行数据调查中心理事长(后经理事会选举产生)。国新出版物发行数据调查中心是中华人民共和国境内唯一被政府认定的从事出版物发行数据核查的非营利法人机构,依据章程在中华人民共和国境内独立进行第三方出版物发行量核查工作。

牌子一挂,我很兴奋;这理事长一公开,压力也随之而来。这又是一件前人没有做过的开创性工作,怎么做?怎么才能做好?在揭牌仪式上,我以新闻出版总署副署长和国新出版物发行数据调查中心理事长的双重身份致辞。我说,改革开放以来,伴随着经济的快速增长,中国的新闻出版业蓬勃发展,并逐渐成为社会主义市场经济体系的有机组成部分。同时,报刊广告经营的产业化水平也在不断提高,经营规模日渐扩大,已经成为报刊业发展的重要推动力。然而,在快速发展的同时,中国的报刊广告市场也存在不容忽视的问题,其中,发行量认证缺位造成的影响尤为明显。虚报发行量成为突出的行业不正之风，引发的种种争端，损害了中国报刊媒体的形象，严重影响了对报刊的广告投放，阻碍了报刊业的发展。因此，建立专业化的出版物发行数据认证制度，已经成为中国报刊业发展的当务之急。

在新闻出版体制改革过程中，加强宏观调控，用市场手段引导新闻出版业发展，是新闻出版总署工作的一个重要方面。面对报刊业发展急需建立专业化出版物发行数据认证制度的现实，在2000年的全国报刊工作会议上，新闻出版署署长石宗源同志就提出："要成立中国报刊认证机构，利用权威的中介机构认定报刊发行量。"从提出建立出版物发行认证制度的构想，到国新出版物发行数据调查中心的揭牌，可以说经过长时间的周密筹备，我们已经为建立专业化的出版物发行认证制度做好了充分的准备。

从新闻出版总署转变职能的角度讲，调查中心是国家指定的对出版物发行数据进行稽核和发布的机构，这是国新出版物数据调查中心的一个先天优势。调查中心的定位很清楚，其权威性要建立在科学的认证规则和客观公正的数据上，对发行数据的客观性负责是我们的工作准则。为此，在调查中心的筹建工作中，我们先后与相关国际组织和机构进行了深入的业务交流，通过参观考察、人员培训等多种方式，对认证工作的一般规律和规则有了深入了解；为了使认证工作更好地适应中国报刊业发展的实际需要，我们广泛开展调查研究，多次组织业内人士参加讨论会，在对国际通行的认证办法进行创新的基础上，形成了一套既与国际接轨，又能体现本土化特征的认证方法。今后，调查中心将秉承服务报刊界、服务广告界的理念，坚持客观、中立、科学、诚信的专业精神，致力于建立报刊市场经营的诚信机制，推动行业自律，从而维护报刊经营的良好秩序，提升报刊出版单位的整体水平，促进中国报刊业健康发展。

石宗源署长对此十分重视，他在2005年6月15日调查中心的一份简报上批示："认证中心的权威性（诚信）和法规体系建设至关重要。另外，还要有一支热爱这一事业的高素质队伍。"他还说："设立国新出版物发行数据调查中心，实现从计划经济体制到市场经济体制的根本性转变，就必须对出版物发行做权威、综合、全面的统计和评价，从而指导产业发展，这是党的十六大以后，我们做了前人不曾做过的事情，是贯彻十六大精神的重要举措。"为此，我对调查中心提出"扎实工作，稳步推进"的总体工作思路，要求调查中心始终把诚信建设、法规建设、队伍建设作为三大基础性工程抓住不放。从抓法规建设入手，促进队伍建设，严格管理，规范办事，练好内功，争取尽快在国内全面启动出版物发行量核查工作，以诚信服务和程序化、标准化管理，紧密配合新闻出版总署建立公平竞争、诚信经营的报刊市场新秩序。

国际上出版物发行数据认证已有近百年历史，有全球影响的认证机构有两个：一个是美国的发行量审计局，即报刊市场监测机构，成立于1914年。它制定有关发行数据的规章是国际上较为通行的一种报刊发行量认证制度，也称为ABC制度，得到世界许多国家的承认。另一个在世界范围得到认可的发行数据审计机构为BPA，即"国际媒体认证公司"，成立于1931年。世界上已有170多个国家和地区参加，我国有的刊物也曾接受BPA的发行量认证。

我国建立出版物发行量核查制度，最早是新闻出版署机关报刊服务中心提出的，主要策划人是时任报刊服务中心副主任的钱竹。随着我国出版物的繁荣发展，出版物市场的竞争越来越激烈，发行量虚假的现象很普遍。有的只有几万的发行量敢对外宣称十几万甚至几十万。这不但欺骗了广大客户，还严重扰乱了报刊市场秩序，损害了读者和广告主的利益。在报刊业发达国家，虚报发行量是出版单位的重大丑闻，被认为是一种商业欺诈行为，破坏了公平交易原则，严重影响广告商的信心，将受到严厉惩罚。而很多国家的报刊，广告收入占报刊社收入的80%左右，广告投放减少对他们来说是致命的打击。同时，我国加入世界贸易组织以后，对报刊发行量数据进行认证，也是落实加入WTO承诺的一项举措。在WTO一揽子协议的《多哈议定书》中，第2条"贸易制度的实施"C项的"透明度"原则，强调了信息披露制度的国际化要求。所以，2003年6月13日，新闻出版总署党组讨论了《关于建立报刊发行量认证机构的工作方案》，并责成机关报刊服务中心加紧筹备。2003年8月20日，新闻出版总署向民政部提交了成立国新出版物认证中心的函（根据民政部民间组织管理局的意见，将"认证中心"改为"调查中心"）。2004年3月11日，民政部批复："你单位申请成立国新出版物发行数据调查中心的材料收悉。经审查，符合《民办非企业单位登记管理暂行条例》规定的成立条件，理由充分，手续完备，准予登记。"

经过一个阶段的筹备，2004年11月23日，新闻出版总署发出《关于成立国新出版物发行数据调查中心的通知》，对调查中心的性质、机构、宗旨、职能作出规定。

一、调查中心的性质及其机构：调查中心从事出版物发行量等数据认证及相关信息的调查发布。调查中心实行民政部和新闻出版总署双重管理，民政部为登记管理机关，新闻出版总署为业务主管机关。调查中心由出版单位、广告公司、广告客户、政府主管部门等四个方面组成理事会。

二、调查中心的宗旨：（一）致力于推动国内外广告客户、广告商及相关机构利用报刊、互联网等出版物开展广告经营活动；（二）致力于推动报刊社、出版社、互联网等出版单位经营发展及走向国际市场，促进国际国内广告客户对报刊等媒介增加广告投入；（三）致力于推动出版业建立诚信机制，促进公平竞争，加强行业自律，维护出版行业、出版单位、广告客户、广告商、相关机构及著作权人的基本权益；（四）致力于推动出版社、报刊社、互联网等出版单位及其出版物提高知名度、提升竞争力；（五）为国家新闻出版管理部门对报刊社、出版社、互联网等出版单位进行审核检验、监督管理提供服务。

三、调查中心的主要业务职能：（一）向出版社、报刊社、互联网等出版单位、广告客户、广告商及有关调查研究机构，提供图书、报刊、互联网等出版物印刷量、发行量及相关数据认证及信息发布服务；（二）对出版社、报刊社、互联网等出版物的受众、客户构成及出版、广告、发行进行数据调查，向社会提供咨询服务；（三）组织开展出版社、报刊社、互联网等出版单位、广告客户、广告商及相关调查研究机构的国内外业务交流，促进国际国内广告客户对报刊等增加广告投入；（四）为以上机构、组织，提供与广告、发行有关的业务咨询、专业培训等；（五）开展国际数据互认业务；（六）主办期刊与网站。

调查中心宗旨、职能等明确以后，要对出版物发行量开展核查认证，首先要有科学、可行的核查规则。制定同类规章，日本人花了6年，韩国用了8年时间，而欧美等使用这种规程进行发行量核查已经十分成熟。我们从零起步，就要借鉴外国的经验和做法，制定出合乎中国国情、专业化、本土化的《出版物发行数据核查指引》，我要求"我们要一步到位"。为此，钱竹等人从筹备开始,两次赴美国专题考察,先后11次与美国BPA接触、交流、请教,对起草一个符合国际通常规则的《出版物发行数据核查指南》发挥了重要作用。然后,又派遣2名骨干赴英国ABC学习,进行"强化培训",并取得该组织认可的高级核查员资格。

与此同时,筹备组对国内报刊界进行了60多次调查研究,一次全国性问卷调查。在调查中发现,我国报刊市场秩序和出版单位的管理状况与发行数据核查的要求相距甚远,具体表现在商业合同订立不规范、执行合同没有什么约束力、票据保存不够完整等,这对提取能够全面、准确地证明发行量的财务文件和资料缺乏基本依据。为此,在钱竹同志主持下又依据核查的要求撰写了10万字的教材,对报刊出版单位进行普遍培训,使大家了解发行量核查需要具备的条件和要求。由此可见,报刊发行量核查不仅是核查一个发行数据,实际上也促进了报刊经营管理的规范化。

经过调查研究和国外学习考察,综合了英、美、韩、日等世界多国关于出版物发行量核查的通行规则,完成了《出版物发行数据核查指引(报刊部分)》初稿。随后《指引》起草小组先后召开了3次座谈会,请学者、专家对初稿提出修改意见,每一次座谈会后都要根据大家的意见修改一次。在此基础上,我又主持召开3次理事会(理事会由报刊出版单位、广告主、相关行业协会以及出版行政管理部门有关负责人组成)进行审议。审议通过以后,2005年7月21日,《出版物发行数据核查指引(报刊部分)》刊登在《中国新闻出版报》上,向出版界及社会各界征求意见,得到了各方面的支持和好评。

《出版物发行数据核查指引(报刊部分)》共7章119条:第一章《总则》,规定调查中心的宗旨、任务;第二章《核查申请、核查申请受理与不予受理》，规定了核查申请受理的条件和不予受理的理由；第三章《期刊的发行量核查》，规定了期刊发行量核查的流程、期刊发行数据的提交，以及核查分类、期刊发行量的逻辑核查和实质核查、期刊发行量的计算方法等；第四章《报纸的发行量核查》，规定了报纸发行量核查的流程、报纸发行数据的提交，以及核查分类、报纸发行量的逻辑核查和实质核查、报纸发行量的计算方法等；第五章《发行量核查报告的形成与公布》，规定了核查结果的确定、核查报告的形成及发布、核查报告数据的使用和版权等；第六章《异议与投诉》，规定了被核查出版单位对发行量核查报告异议提出的程序、其他出版单位对违反《核查指引》的出版单位，以及调查中心投诉的程序；第七章《附则》。

为了使核查工作顺利进行，理事会聘任张友元同志为调查中心主任（法人），陈桂平、钱竹为副主任。张友元是我的战友，1972年我们一起从不同部队来到北京，他被安排在人民美术出版社，后来当了副社长，做管理是一把好手。同时，我们又制定了《国新出版物发行数据调查中心（法人）章程》《出版物发行量核查工作细则》《出版物发行量核查收费标准》《廉洁核查规定》《保密规定》，以及人事管理、财务管理和行政管理等一系列规章制度共18项，为调查中心规范化、标准化、程序化地进行发行量核查，提供了比较完善的制度保障。调查中心是第三方核查机构，在人事、行政、财务和业务上，既独立于行政机关、报刊出版单位及广告代理机构，又能通过理事会充分接受各相关方的意见和监督，形成了行业之间相互制衡的民主决策机制。

为了扩大出版物发行数据核查的影响，配合国新出版物发行数据调查中心的揭牌，还策划了首届中国报刊经营管理论坛。

2005年4月25日，在调查中心正式揭牌成立的同时，论坛开幕。60位国际出版集团总裁，国内新闻出版界的知名人士200余人出席会议，在国内外业界引起巨大反响。外国嘉宾对中国建立出版物发行数据认证制度寄予厚望。BPA首席执行官、主席格兰·汉森说："无论是国际性的广告客户还是地区性的广告客户，都越来越需要中国的出版单位提供独立的第三方机构出具的可信的发行量认证报告。与此需要相应的是，国新出版物发行数据调查中心诞生，BPA对调查中心充满信心，并期待与之合作，共同开拓一条更符合中国市场的发行认证之路。"

美国国家地理学会成员、《国家地理》杂志执行副主席泰瑞·亚当森认为，国新出版物发行数据调查中心的成立和同时召

2004年7月，与国际媒体认证公司（BPA）主席格兰·汉森在加拿大会面交流

开的由新闻出版总署支持的中国报刊经营管理论坛,绝对可以被视为中国报刊改革的积极和具有历史意义的一步。

康迪·纳斯特集团亚太区总裁简武说:"能参加国新出版物发行数据调查中心的揭幕仪式,对康迪·纳斯特集团而言是莫大的荣幸。我们相信这是中国出版业历史性的一刻,同时也是中国的一次巨大机遇。在我们进入的大部分媒体市场中,对报纸和杂志的发行量进行独立公正的认证能力,成为我们考量该市场的重要标准。这种认证提供的是一种透明和信任,使真正诚实优秀的出版物在市场中健康生存和发展。"

德国VNU商业媒体集团总裁路德·贝克认为:"国新出版物发行数据调查中心的成立,实际上是让我们能够更透明地了解中国媒体市场的好窗口,是一个成功的开始。我个人觉得这是中国真正开始出版数据化竞争的历史性一刻,也是中国的出版业真正开始走向世界市场的关键一步,我们也会全力地支持这项工作。"

国际出版物发行数据核查联合会全球执行官、英国出版物发行数据核查局(UKABC)首席执行官克里斯·博依德致辞指出:"要在一个国家发展兴旺而成功的出版业,一个关键的因素就是建立责任制度。所谓责任制度,就是指传媒拥有者应向广告主及其代理公司提供准确、及时、完全透明的市场销售数据,而这样的数据必须依据行业共同认可的标准,并且是可独立验证的。这将使得广告主能够有信心做出比较和决断,而信心恰恰来自报告的数据。对中国而言,国新出版物发行数据调查中心的成立,意味着确立对出版商陈述的销售表现的信心的过程将变得更加容易。在某个出版门类中确立共同的审核规则和程序,将有利于这些标准得以维护并让所有出版商认同。英国ABC非常荣幸地为国新出版物发行数据调查中心的数名高层管理人员提供了初期的培训。"

外国嘉宾对成立国新出版物发行数据调查中心的充分肯定，更增强了我们做好核查认证工作的信心。

至此，可以说"万事俱备，只欠东风"。2005年9月22日上午，调查中心首批4名核查员到《艺术与设计》《产品设计》两家杂志社，按《核查指引》规定的程序要求，模拟完成发行数据核查认证。4天时间，核查员向两家杂志社提取了零售发行量、订阅发行量、机构消费发行量、免费取阅量、赠阅量、印刷量、库存量七个方面的数据，并实地取证、印证，于9月25日完成所有核查步骤。随后，各自独立写出核查报告，由调查中心对报告进行评估。9月27日，《中国新闻出版报》第5版以头条醒目的标题《发行认证——今日出发》作了报道。此后，又对《英语周报》进行了试点核查，并进一步完善了核查工作的各个环节。

在模拟调查认证的基础上，调查中心决定2005年10月28日正式启动核查工作。最早向调查中心提出核查发行量申请的报纸是《车友报》，杂志是《收藏界》，都表示支持配合调查中心的核查，并分别顺利完成了这两个报刊的发行量认证核查工作。2005年12月20日，调查中心举行了"中国出版物发行量核查启动仪式"。时任新闻出版总署党组书记、署长石宗源，党组成员、副署长柳斌杰、邬书林，党组成员、版权局副局长阎晓宏，党组成员、纪检组长王立英和各司局领导，民政部的孙维林局长，在京部分报刊社领导，广告界的有关人士等150多人出席了启动仪式；国际期刊联盟、国际出版物发行数据核查联合会发来贺信。可见当时总署以及有关方面对这项工作之重视程度。启动仪式上，调查中心主任张友元向各位来宾汇报了调查中心筹备工作情况，并宣读了《车友报》核查数据报告；调查中心副主任钱竹汇报了核查工作规则流程；石宗源署长向《车友报》颁发了全国第一份由调查中心核查的报纸发行量核查报告（标准版）"国新核字（报）0001号"。《中国新闻出版报》在头版通栏大标题作了报道，标志着中国出版物发行量核查正式启动。

  我在启动仪式上致辞时说，调查中心的成立，是新闻出版总署在新闻出版管理体制改革过程中，转变政府职能，加强宏观调控，用市场手段引导新闻出版业发展的一个重要举措。新闻出版总署授权调查中心为国家指定的、对出版物进行核查和发布的机构，民政部在调查中心的核查事务上给予了大量的指导和帮助，国家统计局发文同意调查中心从事出版行业的数据核查工作，国家发展和改革委员会给予调查中心收费的许可权限。这么多国家机关支持调查中心的成立与发展，充分说明调查中心在新闻出版业、广告业中的重要作用，我们当不辱使命。

  随着我国经济社会的发展和文化建设的大力推进，报刊广告市场潜力还很大，特别是期刊。在西方发达国家，期刊在整个广告投放中的份额都相对较大，比如法国占32%、德国占25%、美国和英国各占15%以上，而在我国，这一份额只有2%—3%。广告业和报刊业有着共同的发展需求，而这种需求又需要双方相互支撑、互为条件，可以说广告业与报刊业是一个利益共同体。但是在我国，媒体和广告主、广告商相互缺乏信任、理解和支持的问题还比较突出，这对于媒体和广告业的发展都十分不利，也有悖于和谐社会的建设。国新出版物发行数据调查中心作为中介机构，既为媒体服务，也为广告主服务，通过对发行数据的稽核，还媒体以诚信，为广告主提供可靠咨询。调查中心将为媒体和广告主之间搭建起一个互信平台，以达到和睦相处、共谋发展的目标。从国际上对开展报刊发行量认证国家的情况分析来看，进行报刊发行量认证，将使报刊广告年收入增长 33%，发行量年增长 9% 左右。

国新出版物发行数据调查中心主要是接受报刊社主动申请的核查。例如，为 2008 年北京奥运会而出版的《竞报》，主动申请每个月进行跟踪核查，并在该报头版显要位置实时公布调查中心核准的发行量；《广州日报》《中国国家地理》《读者》《青年文摘》等一批主要报刊也都主动申请了核查。除了接受报刊申请核查，调查中心也接受政府部门和广告主的委托核查。2006 年 7 月，针对我国报刊市场不规范的问题，中宣部、国务院纠风办、新闻出版总署、国家邮政局联合发出了《关于开展规范报刊发行秩序工作的通知》，委托国新出版物发行数据调查中心对北京、上海、广州、成都等 11 个城市出版发行的 44 种都市类报纸统一进行发行量认证，作为规范报刊发行秩序的一项重要措施。通过这次委托核查，有效遏制了我国报刊虚报发行量的现象，也为广告主的经营提供了一个更可预见的市场环境。此后，一些广告主也根据目标广告群开始委托调查中心对某些报刊进行发行量核查，也有因发行量问题广告主和报刊社发生纠纷告上法庭，司法机关委托调查中心进行强制核查的。调查中心建立以来，出版物发行量核查制度逐步完善，核查工作得到有序推进，已经为越来越多的媒体和广告主接受。至 2009 年 3 月，全国已有 90 多家报刊接受了调查中心的发行量核查。

我想特别讲一下《人民日报》主动申请核查的事。2008 年 2 月 12 日，国新出版物发行数据调查中心接到人民日报社关于核查《人民日报》发行量的申请表，调查中心对此高度重视。自 2 月中旬开始至 3 月 7 日，调查中心在人民日报社发行处有关同志的密切配合下，取得了《人民日报》印刷和发行的相关资料及发行处提交的发行数据报表。按照《出版物发行数据核查指引》规定，经过对《人民日报》提交的发行数据表进行逻辑核查和对相关印刷、发行、财务部门进行了实质性核查程序，调查中心认定《人民日报》平均期印刷量为2326186份，平均期发行量为2314643份，并将核查结果正式对外公告，引起国内外强烈反响。《人民日报》作为党中央机关报，我国发行量、影响力最大的综合性纸质媒体，在整个报刊业中具有举足轻重的地位。通过专业机构稽核翔实的资料和大量数据，使《人民日报》的发行量得到权威认证，把口说无凭变为科学依据，把猜测质疑变为广泛认可，进一步确定了《人民日报》在我国报刊出版行业的领军地位，有利于维护《人民日报》在国际上的良好声誉。同时，《人民日报》主动申请核查，为全国报刊做出表率，有力地推动了报刊发行量核查工作，有利于维护我国报刊出版市场的正常秩序。

我们做出版物发行量核查工作的理念是：

以诚信建设为目标。核查发行量不是我们的最终目标，我们的目标是要在报刊界树立诚信的风尚，为和谐社会建设贡献力量。

以服务立业。国新出版物发行数据调查中心的机构性质和宗旨都是服务，为媒体服务，为广告主服务，为管理部门服务。只有把自己的位置摆正了，才能把核查工作做好。

与广告主携手。要进一步做好报刊发行稽核工作，关键问题是要有广告主的参与和配合，要引入广告主的力量。报刊发行量与广告主的切身利益休戚相关，只有引入广告主的力量，才能真正使得发行量稽核工作有绵延不绝的动力。

坚持不懈。中国有句古话：知易行难。有的报刊对发行量核查工作的认识还有差距，有的广告主对发行量核查工作还不甚了解，核查工作碰到了一些困难。我们深知，在中国要使出版物发行量核查工作走向成熟，还有很长的路要走，还会遇到很多困难，但我们会坚持不懈地走下去，因为我们有坚定不移的目标。

2007年5月11日，我应约接受中央电视台"决策者说"栏目采访，并在新闻会客厅直播。主持人是李小萌。我在回答如何回应社会对调查中心的关切时表示，报刊发行量核查是一项立足当前、着眼长远的工作，刚刚起步两年，还不成熟，包括《核查指引》还需要进行完善和修订，核查队伍素质还需要提高，报刊社的经营管理还需要进一步加强，这样才能使核查工作更加顺利地进行。核查工作是为报刊社服务的，为广告主服务的，为社会服务的，最终应该说都是要对人民群众的利益负责。所以，核查工作看似一项专业工作，但需要方方面面的共同参与和努力。

经外交部同意，2008年11月11日，国新出版物发行数据调查中心在墨西哥坎昆，成功加入国际发行量核查组织（IFABC），这意味着我国的《出版物发行数据核查指引》完全符合国际核查规则，调查中心的核查数据将被全球相关方完全认可。这有利于国际广告在我国报刊的投放，也提升了我国报刊的国际形象。

2009年3月9日，时任新闻出版总署署长柳斌杰在"两会"期间接受记者采访时曾表示，"用三年时间对报刊发行量普遍进行第三方数据认证"。这是国家新闻出版行政管理最高领导对报刊虚报发行量乱象的强烈回应，也是对发行量认证工作的有力支持，调查中心的同志受到极大鼓舞。3月12日，调查中心即向新闻出版总署提出工作方案，落实斌杰署长的要求，并希望根据《报纸管理规定》和《期刊管理规定》，将报刊发行量核查纳入报刊年检规定项目。

但是，我国的出版物发行量核查最终还是半途而废了，责任在我。原因是多方面的，主观方面我作为调查中心的理事长，发挥各成员单位应有的作用不够,过于注重核查进展,在社会上特别是报刊界营造诚信经营的力度不到位,没有在一开始就立下更多必要的规矩,致使经过核查的报刊优势得不到充分显现,而未经核查仍在虚报的报刊却得不到应有惩治。客观方面也是大势使然,有利时机稍纵即逝。2013年以后,传统媒体受数字媒体冲击,发行量断崖式下滑,调查中心的核查环境发生了很大变化,发行量的核查需求大幅下降。其实,当时数字出版物的相关数据也很乱,如果能及时将工作重心转移到数字出版物的数据核查上来,也许调查中心的运转也不至中断。当然,我们也进行过尝试,困难重重。所以我的感受是,根据我国的国情,在社会主义市场经济条件下,开展像报刊发行量核查这样的工作,行政手段与市场行为如何协调配合,是至关重要的,需要研究的空间很大。

建立出版物发行数据核查制度,在我国是一项全新工作,虽然半途而废了,但探索是有意义的,对于完善出版管理、规范市场秩序、维护公平竞争,都产生了积极作用,经验与教训将留在出版史的记忆里。

# 后记